Ulfried Weißer

Wirtschaftstheorie ohne Wirklichkeit – Eine Grundlagenkritik

D1717995

Ulfried Weißer

Wirtschaftstheorie ohne Wirklichkeit – Eine Grundlagenkritik

Frank & Timme

Verlag für wissenschaftliche Literatur

Umschlagabbildung: © Christian Demski, Stade

ISBN 978-3-7329-0388-7
ISBN (E-Book) 978-3-7329-9627-8

Herstellung durch Frank & Timme GmbH,
Wittelsbacherstraße 27a, 10707 Berlin.
Printed in Germany.
Gedruckt auf säurefreiem, alterungsbeständigem Papier.

www.frank-timme.de

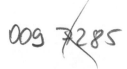

Die Kompliziertheit dieser Modellsprachen steht in keinem Verhältnis zu ihrer Brauchbarkeit, da sich ja kaum eine wissenschaftliche Theorie von Bedeutung in diesen komplizierten Spielereisystemen formulieren lässt.

Karl R. Popper: *Logik der Forschung*

Inhaltsverzeichnis

1   Einleitung

Ist das wirtschaftswissenschaftliche Studium, so wie es heute betrieben wird, geeignet, den Nachwuchs realistisch auf einen wirtschaftsnahen Beruf vorzubereiten? Dies ist nicht nur ein Problem der Studierenden, sondern auch ein Problem für Wirtschaft und Gesellschaft insgesamt. Denn: Welches Weltbild wird den Entscheidungsträgern von übermorgen an der Universität eingeprägt? Welche Kenntnisse und welche Kompetenzen erwerben sie? Lernen sie, die in der Bundesrepublik herrschenden Verhältnisse zu erklären und zu verstehen, um hieran mitwirken oder auch etwas ändern zu können? Oder studieren sie an der Realität vorbei?

Was ist davon zu halten, wenn eine junge Frau oder ein junger Mann nach einem erfolgreich abgeschlossenen wirtschaftswissenschaftlichen Studium niemals von einer Bevölkerungsgruppe namens *Mittelstand* oder von einer *betrieblichen Berufsausbildung* gehört hat? Oder wenn in einem Lehrbuch der Wirtschaftspolitik ein Institut namens *Bundesministerium für Wirtschaft* nirgendwo erwähnt wird? Und wenn der *Jahreswirtschaftsbericht* dieses Hauses von keinem Autor zur Kenntnis genommen wird? Was halten die Hochschulabteilungen der Landesregierungen davon, wenn es von den wirtschaftswissenschaftlichen Fakultäten keinen Wissenstransfer zu den Unternehmen und zu den Verwaltungen gibt, weil die sämtlichen Forschungsergebnisse nur in fremdsprachigen Zeitschriften in Übersee veröffentlicht werden?

1.1   Die Legitimationskrise

Dass hier etwas im Argen liegen könnte, wird auch von den Professoren, also innerhalb des Universitätsbetriebs, so empfunden. *Würden Sie sagen, dass die Wirtschaftswissenschaft heute in einer Legitimationskrise steckt?* Diese Frage stellte das Internetportal *WirtschaftsWunder* im Auftrag der *Süddeutschen Zeitung* im Mai 2015 mehr als 1 000 deutschsprachigen Ökonomen. 45,5 Prozent der Befragten bejahten diese Frage, 51,5 Prozent verneinten sie und 3 Prozent hatten keine Meinung. Dabei handelte es sich nicht etwa um eine aktuell aufgebrochene Krise, denn schon im Jahre 2010 gab es ganz ähnliche Ergebnisse.

In fast jeder anderen Wissenschaft wären eine derartige Frage und erst recht solche Antworten undenkbar – sie betrachten sich ganz selbstverständlich als durch ihre Leistung gegenüber der Allgemeinheit gerechtfertigt. Würde man die Professoren der Medizin, der Physik oder der Chemie die entsprechende Frage nach der Legitimität ihres Faches stellen, so würde vermutlich eher verständnislos zurückgefragt: Was soll denn da für ein Problem gemeint sein?? Denn in den anderen Fakultäten ist man sich überwiegend sicher, dass der große Forschungsaufwand durch spätere Ergebnisse gerechtfertigt wird – Ergebnisse, die teils der wissenschaftlichen Neugier geschuldet sind, teils aber auch später in der Praxis angewandt werden. Der Wissenstransfer von der Forschung in die Praxis ist also gewährleistet. Und die Wissenschaftler sind gewöhnlich auch davon überzeugt, dass das Studium den jungen Leuten eine handfeste Grundlage für ihre spätere Berufstätigkeit bringt. Wo also soll es, wenn man nicht gerade zur wirtschaftswissenschaftlichen Fakultät gehört, ein Legitimitätsproblem geben?

Einen Hinweis gibt ein Artikel von Gerald Braunberger in der *Frankfurter Allgemeinen Zeitung* vom 5. September 2016. Unter der Überschrift *Liberale Klassiker* fragt er:

> *Besitzen die modernen Ökonomen wichtige Kenntnisse, über die Adam Smith vor mehr als 200 Jahren noch nicht verfügte? Diese Frage wird immer wieder einmal gestellt. Und mit der Frage wird implizit die provozierende Antwort „Nein" mitgeliefert.*

Die ordnungspolitischen Ideen der liberalen Klassiker Adam Smith, Thomas Malthus, David Ricardo und John Stuart Mill sind unverändert aktuell: Privateigentum als Ordnungsfaktor, Zutrauen zum Wettbewerb, Skepsis gegenüber Staatsinterventionen und die Herrschaft des Gesetzes. Es hat aber den Anschein, als sei dieses abstrakte Ideengebäude dogmatisch versteinert und als sei darüber der Kontakt mit den aktuellen Geschehnissen der Wirtschaft verloren gegangen. In der *FAZ* vom 30. Dezember 2016 berichten Joachim Starbatty und Jürgen Stark über ein nach David Ricardo (1772 bis 1823) benanntes *ricardianisches Laster*, das darin besteht, *sich in ein Hypothesengebäude zurückzuziehen, Annahmen über Annahmen anzuhäufen, zwischen ihnen konstante Beziehungen zu konstruieren und dann politische Schlüsse daraus zu ziehen. Es läuft darauf hinaus, eine hypothetische Welt fern von Erfahrungen zu erschaffen, so als ob es die reale Welt wäre, und dann beständig in ihr zu leben.* Ebendiesem Laster des David Ricardo ist die heutige Wirtschaftswissenschaft verfallen.

© Frank & Timme Verlag für wissenschaftliche Literatur

Dieser Zeitungsartikel von Starbatty und Stark trägt die Überschrift *Schumpeter versus Keynes*. Hiermit wird das zweite große Problem der heutigen Wirtschaftswissenschaft angedeutet, das darin besteht, dass es etwa zwei gleich große Denkschulen der Wissenschaft von der Wirtschaftspolitik gibt, die den Regierungen und Zentralbanken zwei genau entgegengesetzte Strategien empfehlen.

Nur eine von den beiden einander ausschließenden Strategien kann richtig sein. Die Tatsache dieser widersprüchlichen Empfehlungen trägt zum Ansehensverlust der ganzen wirtschaftswissenschaftlichen Zunft bei. Beide Schulen haben in Wissenschaft und Politik prominente Fürsprecher und einzelne Regierungen folgen dieser, andere jener Richtung. Kurz umrissen laufen die beiden Strategien auf folgende Grundgedanken hinaus:

(1) Die eine behauptet, das schwache Wachstum der Wirtschaft, insbesondere in der konjunkturellen Flaute, habe seine Ursache in einer zu geringen Nachfrage. Mithin müsse die Nachfrage des Staates, der Unternehmen und der Konsumenten stimuliert werden. Diese Strategie wird gewöhnlich mit dem Namen John Maynard Keynes verbunden und heißt daher *keynisianistisch*. Und zwar soll der Staat seine Nachfrage erhöhen, auch auf Kredit, und die Zentralbank soll eine sehr lockere Geldpolitik betreiben: die Geldmenge erhöhen und den Zins auf nahezu null herabsetzen, sodass jedermann billigen Kredit erhält, sei es für Investitionen oder für den Häuslebau. Auch eine gewisse Inflationsrate soll alle Teilnehmer anregen, das Geld gleich jetzt auszugeben, bevor es verfällt. Bei überhitzter Konjunkturlage hingegen soll der Staat durch höhere Steuersätze Geld absaugen, also die Nachfrage verringern. Dieses Geld wird zurückgelegt und in der Flaute ausgegeben, um die Nachfrage anzufeuern (antizyklische Konjunkturpolitik).

(2) Die andere Strategie verdammt ebendiesen Ansatz als unverantwortlich. Ein nachhaltiges Wachstum der Wirtschaft könne nur durch ständige Innovation und durch eine Steigerung der Produktivität (Produktion pro Arbeitsstunde) erreicht werden, um im internationalen Wettbewerb bestehen zu können. Dies sei nur durch ein Auf und Ab der Konjunktur zu erreichen, wobei im konjunkturellen Abschwung viele unwirtschaftliche Anbieter ausscheiden. Ihr Personal und Kapital geht dann zu den produktiveren Betrieben über, sodass dieser Prozess einer *schöpferischen Zerstörung* zwar bitter für die Betroffenen ist,

aber die gesamtwirtschaftliche Produktivität und daher auch Wachstum und Wohlstand steigert. Das folgt dem Motto: *Was mich nicht umwirft, macht mich stark.* Der Zins soll keineswegs auf null fallen, weil nur durch einen hohen Zins als Preis des Kredits sichergestellt werden kann, dass das Kapital nur in die hoch rentablen Investitionen fließt. Durch einen auf null gesenkten Zins verliert dieser seine Auslesefunktion. Eine Stimulierung der Nachfrage ist zur Erzeugung von Wachstum ungeeignet, weil sie gute und schlechte Betriebe gleichermaßen fördert und die Produktivität des Ganzen nicht erhöht, sondern nur ohne den notwendigen Ausleseprozess mehr vom Gleichen erzeugt. Die Regierung solle keineswegs Schulden machen, um die Nachfrage zu erhöhen. Vielmehr ist sie zu strikter Haushaltsdisziplin aufgefordert und soll möglichst sogar den bisherigen Schuldenberg abtragen. Wichtig ist eine unbedingte Stabilität des Geldwertes, damit jedermann mit gleichbleibenden realen Größen rechnen kann. Diese Strategie wird gewöhnlich mit dem Namen Joseph Schumpeter verbunden.

Die Strategie (1) wird auch kurz als nachfrageorientierte Wirtschaftspolitik bezeichnet. Sie wird vom Internationalen Währungsfonds, von der Europäischen Zentralbank und von Japan favorisiert, allerdings ohne rechten Erfolg in Sachen Wachstum. Insbesondere Japan bildet ein abschreckendes Beispiel: Die Billig-Geld-Politik der Bank von Japan ermöglicht es den Banken, totgeweihte Unternehmen am Leben zu halten, bis sie wegen fehlender Rentabilität zu Zombie-Banken werden. Es ist nicht gelungen, ein nachhaltiges Wachstum zu erzeugen, weil Personal und Kapital in unwirtschaftlichen Verwendungen verbleiben. Für die Regierung gibt es keinen Druck zu Reformen, beispielsweise in Bildung und Ausbildung, Forschung und Entwicklung.

Die Stimulierung der Nachfrage führt zu kurzfristigen Strohfeuern und zur langfristigen Stagnation.

Die Strategie (2) heißt angebotsorientierte Wirtschaftspolitik, ist von vornherein langfristig orientiert und wird seit Ludwig Erhard, mit einer kurzen Unterbrechung Ende der 1960er Jahre, von der Bundesregierung verfolgt – mit großem Erfolg.

Das Problem ist jetzt, dass die wirtschaftswissenschaftlichen Lehrbücher ganz auf Strategie (1) eingeschworen sind und Strategie (2), die Politik der Bundesregierung, nicht zur Kenntnis nehmen. Dieser merkwürdige Zustand kommt dadurch zustande, dass immer noch das Stabilitäts- und Wachstumsgesetz von

1967 in Kraft ist, das auf die Vorstellungen von Karl Schiller zu einer Global-steuerung der Wirtschaft zurückgeht. In diesem Gesetz werden vier Ziele der Wirtschaftspolitik genannt:

- Preisniveaustabilität,
- hoher Beschäftigungsstand,
- außenwirtschaftliches Gleichgewicht (Export etwa gleich hoch wie Import),
- stetiges und angemessenes Wirtschaftswachstum.

Weil diese Ziele angeblich nicht gleichzeitig erreichbar sind, wurden sie als *magisches Viereck* bezeichnet.

Inzwischen gilt dieser Ansatz von Schiller seit Jahrzehnten als überholt und ist von der Bundesregierung durch eine angebotsorientierte Wirtschaftspolitik ersetzt worden. Dies wird seit Jahr und Tag aus dem Jahreswirtschaftsbericht der Bundesregierung deutlich. Aber ebendieser Bericht wird von den Lehrbuchautoren nicht zur Kenntnis genommen. Die Lehrbücher der Wirtschaftspolitik gehen jedoch immer noch vom nachfrageorientierten Ansatz aus. Hier wird also ein totes Pferd geritten. Ein ganzes Lehrbuch (Gerhard Mussel) ist nach den vier Ecken des magischen Vierecks gegliedert.

Insgesamt ist festzustellen: Die hiesige akademische Lehre und die deutschsprachigen Lehrbücher

- beschäftigen sich nicht mit der realen Wirtschaft Deutschlands, sondern mit irrealen mathematischen Modellen,
- und sie lehren eine Wirtschaftspolitik, die in der Regierung längst zu den Akten gelegt worden ist.

Insofern ist der Verdacht nicht von der Hand zu weisen, dass die akademische Jugend fehlausgebildet wird.

Diese Mängel sind seit Jahren erkannt worden, ohne dass sich aber in der Lehre etwas geändert hätte. Gefordert wird statt der heutigen Monotonie eine stärkere Vielfalt, mehr Pluralität in den Gegenständen der Erkenntnis und in den Methoden. Zum Teil kann hier auf ältere Ansätze zurückgegriffen werden, weil die Nationalökonomie um 1900 weiter war als heute, nämlich realitätsnäher und von größerer Methodenvielfalt. Hier könnte es viele Anknüpfungspunkte geben. Zum Teil werden ebenso auch aktuelle neue Forderungen aufgestellt, um den jetzigen nahezu sterilen Zustand zu ändern, der sich darin zeigt, dass die Wirtschaftswissenschaft der Öffentlichkeit und der Regierung wenig zu sagen hat. Hans-Werner Sinn, langjähriger Leiter des ifo-Instituts für Wirtschaftsforschung, gilt als Deutschlands prominentester Ökonom und meinte in einem Interview mit der Wochenzeitung *Die Zeit* vom 16. Februar 2012: *Ich gebe zu, dass sich zu viele Ökonomen im Elfenbeinturm vergraben haben. Bei manchem Forscher hat man den Eindruck, die Welt könnte untergehen, und der würde seine Forschung der zeit- und raumlos richtigen Wahrheiten so weiter betreiben.*

Die Kritik ist nicht neu. Schon 1974 forderte Stanislav Andreski in seinem Buch *Die Hexenmeister der Sozialwissenschaften. Missbrauch, Mode und Manipulation einer Wissenschaft* (deutsch 1977 bei dtv) auf Seite 251:

> *Wir könnten darauf bestehen, dass die Ökonomen die Grenzen und die empirische Zuverlässigkeit ihrer Modelle offenlegten, dass sie sich darauf einrichteten, kulturelle (und, wenn man so will, psychologische und soziologische) Faktoren zu berücksichtigen, und davon ablassen, Ratschläge auf der Grundlage einseitiger und unangemessener materialistischer Statistiken zu geben.*

Wie er schon damals feststellt (Seite 223), bietet die ökonomische Theorie auf Grund ihrer sehr engstirnigen Missachtung nichtökonomischer Faktoren eine sehr unsichere Basis für ökonomische Politik.

Dass mit den Wirtschaftswissenschaften etwas nicht stimmen könnte, trat ins allgemeine Bewusstsein, als sie die weltweite Finanzkrise 2008/09 vorher nicht vorhersehen und nachher nicht erklären konnten. Aber die Gründe für das selbst zugegebene Legitimitätsdefizit liegen weit tiefer und sind schon in den ersten Jahrzehnten nach dem Zweiten Weltkrieg angelegt worden. Das Problem ist, rundheraus gesagt, dass diese Wissenschaft den Kontakt zur Realität verloren hat. Sie sollte eigentlich das wirtschaftliche Verhalten der Akteure (Konsumenten, Unternehmer, Konzerne, Verbände) erklären: Wie kommen die dort ständig getroffenen Entscheidungen zustande? Wie lassen sie sich von der Politik beeinflussen? Wie entstehen die konjunkturellen Krisen, das Wachstum, die Innovation? Wie kommt die äußerst ungleichmäßige Verteilung von Einkommen und Vermögen zustande und wie lässt sich eine stärkere soziale Gerechtigkeit herstellen?

Auf derartige Fragen eines jeden wirtschaftlich Interessierten geht die Wirtschaftswissenschaft nicht ein. Die Forscher kommen nicht auf den Gedanken, die Akteure zu befragen oder die wirtschaftlichen Verhältnisse in Deutschland kritisch zu untersuchen. Stattdessen werden anspruchsvolle mathematische Modelle entwickelt, die aber auf offensichtlich unrealistischen Annahmen beruhen. Insbesondere wird von der Annahme ausgegangen, dass der wirtschaf-

© Frank & Timme   Verlag für wissenschaftliche Literatur

tende Mensch sich jederzeit rational verhalte – als wenn es keine spontanen Einfälle, kein Herdenverhalten und keine Unvernunft gäbe. Zudem haben sich die Wirtschaftswissenschaften gegenüber den anderen Humanwissenschaften abgeschottet, obwohl doch das Verhalten des lebendigen Menschen immer auch psychologische, soziale, rechtliche und geschichtliche Gründe hat. Weil die Forscher in einer künstlichen Modellwelt leben, gibt es keinen Wissenstransfer aus der Forschung in die Praxis, und die Studierenden werden nicht auf ein wirtschaftsnahes Berufsleben vorbereitet, sondern stellen nach dem Examen fest, dass alles ganz anders ist als im Studium gelernt.

In der erwähnten Umfrage wird eine der Ursachen des Legitimitätsdefizits deutlich. Der Aussage *Ökonomen setzen zu stark auf formalisierte Modelle* stimmten 32, 5 Prozent der Befragten *stark* und 29,8 Prozent *etwas* zu. Eine Mehrheit von über 60 Prozent sieht hier also ein Problem. Ein weiterer kritischer Punkt, von den Wissenschaftlern selbst eingeräumt, ist die Abschottung gegenüber den benachbarten Humanwissenschaften. Der Aussage, Ökonomen sollten Erkenntnisse anderer Disziplinen (Psychologie, Soziologie etc.) stärker in ihre Modelle aufnehmen, stimmten 47,6 Prozent der Befragten *stark* und 42,3 Prozent *etwas* zu. Satte 90 Prozent sehen hier einen Mangel, was aber jedenfalls bisher (2017) nicht bedeutet, dass etwa eine Öffnung zu den anderen Disziplinen stattfände.

Bei der folgenden Frage geht es um das Fundament des gesamten Fachs, das in allen Lehrbüchern gleich zu Anfang bekräftigt und als allgemeingültig vorausgesetzt wird: Der Aussage *Ökonomische Modelle waren in den Jahren vor der Krise zu stark auf der Annahme rationalen Verhaltens aufgebaut* stimmten 37,1 Prozent *stark* und 36,1 Prozent *etwas* zu. Fast drei Viertel der Forscher sehen hier ein Problem. Aber in allen Einführungen wird betont, nur das rationale Verhalten werde untersucht. Hier handelt es sich angeblich um ein Axiom, also um eine nicht hinterfragte offensichtliche Selbstverständlichkeit, die Grundlage für alles Folgende darstellt. Nur trifft dies Annahme offensichtlich nicht zu, und die Folgerungen aus einer Annahme können nicht besser und nicht realistischer sein als die Annahme, aus der sie folgen.

Die Wirtschaftswissenschaft, wie sie heute an den Universitäten betrieben wird, sieht sich aus diesen Gründen vielfältiger Kritik von außen ausgesetzt. Mittelständische Firmen werden von Inhabern geführt, die kein wirtschaftswissenschaftliches Studium hinter sich haben und gleichwohl – oder deshalb – erfolgreich sind. Eine Fundamentalkritik geht dahin, diese Wissenschaft sei wegen der Abschottung von den anderen Humanwissenschaften und wegen ihres Rückzugs auf die mathematischen Modelle steril geworden und habe zu den aktuellen Problemen der Gesellschaft und Wirtschaft nichts zu sagen.

Die Universität gilt als Stätte der Verbindung von Forschung und Lehre. Mit der Forschung ist die Erforschung der Wirklichkeit gemeint, wobei Aussagen und Theorien gewonnen werden, die anhand der Wirklichkeit überprüft werden können. Findet eine solche Forschung bei den Wirtschaftswissenschaftlern statt oder bewegen sie sich in geschlossenen Modellwelten, die nur auf interne Logik überprüft werden? Wäre dies der Fall, so könnten diese Wissenschaftler nicht nur den Studentinnen und Studenten kein brauchbares Rüstzeug für den späteren wirtschaftsnahen Beruf mitgeben, sondern darüber hinaus könnten sie auch zu den öffentlichen Debatten wenig beitragen und die Politik nicht kompetent beraten. Hat dieses Fach an Relevanz verloren? Sind eigentlich die hierfür aufgewandten umfangreichen öffentlichen Gelder gut angelegt?

Wirtschaftliche Praxis und wirtschaftswissenschaftliche Forschung laufen nebeneinander her und nehmen sich gegenseitig nicht zur Kenntnis. Die Forscher gehen niemals hinaus auf den Marktplatz, um sich das tatsächliche Verhalten der Teilnehmer anzusehen, sondern perfektionieren ihre Modellwelt, ohne diese Erkenntnisse jemals in der Praxis zu erproben. Ihre Forschungsergebnisse veröffentlichen sie in englischer Sprache in exotischen Zeitschriften in Übersee, wo sie von den hiesigen Praktikern nicht gelesen werden. Der in den Hochschulgesetzen angemahnte Wissenstransfer, die Befruchtung der Praxis durch die Forschung, findet nicht statt. In hochkomplizierten aufwendigen mathematischen Modellen werden jedermann bekannte Alltagserfahrungen reproduziert oder, noch schlimmer, komplizierte Modelle werden auf Annahmen errichtet, die jeder Alltagserfahrung widersprechen. Hier liegen die Verhältnisse bei den Ökonomen ganz anders als bei ihren Nachbarn, den Juristen. In der Rechtswissenschaft wird es in der Regel als sehr gravierender Vorwurf angesehen, wenn der theoretische Aufwand und die praktische Bedeutung in einem umgekehrten Verhältnis zueinander stehen, wie Uwe Kischel (*Rechtsvergleichung*, Verlag C.H. Beck, München 2015, Seite 538) bemerkt.

Am 7. September 2016 erschien in der *Frankfurter Allgemeinen Zeitung* der Beitrag *Wie die Ökonomen ihre eigene Krise beenden wollen – Der Volkswirte-Verband diskutiert, was sich in der Lehre ändern muss.* Hier wird berichtet:

Die Ökonomen und die Wirtschaftslehre befinden sich noch immer in einer Vertrauenskrise. Zu viel Mathematik und zu wenig Realitätsbezug der Modelle, überzogene Rationalitätsannahmen (Homo oeconomicus), zu wenig Psychologie und sozialer Kontext, zu wenig Beispiele aus der realen Welt und zu wenig Respekt für die Geschichte und die älteren Erkenntnisse des Fachs. Die Liste der Vorwürfe der Kritiker ist lang, die Michael Burda,

Makroökonom an der Humboldt-Universität und früherer Vorsitzender des Ökonomenverbands Verein für Socialpolitik, aufzählte.

Genereller Tenor der Debatte war:

Die Ökonomen müssen raus aus theoretischen Elfenbeintürmen und den Studenten und der Öffentlichkeit stärker vermitteln, welche Relevanz ihre Theorien und Modelle für die reale Welt haben. Einige Studenten sind so verzweifelt, dass sie in Eigeninitiative alternative Kurse organisieren: „Es ist so frustrierend, wenn man auf die aktuellen Fragen keine Antworten bekommt." Der Philosoph und Ökonom Jakob Kapeller (Uni Linz) warf der Wirtschaftswissenschaft vor, sie vertrete vielfach Dogmen. Ein neues Paradigma müsse anerkennen, dass der kühl-rational und egoistisch maximierende Homo oeconomicus nicht existiere.

Dies hört sich nach einer Grundlagenkrise an. Denn stets wird vorausgesetzt, dass unter *Wirtschaften* stets nur das rationale Verhalten auf der Grundlage des ökonomischen Prinzips (maximaler Ertrag bei gegebenem Aufwand oder gegebener Ertrag bei minimalem Aufwand) zu verstehen sei. Das natürliche und menschliche, nämlich spontane und irrationale Verhalten wird prinzipiell nicht behandelt, sondern von vornherein ausgeschlossen. Außerdem wird nirgendwo darauf eingegangen, dass *rational* so viel bedeutet wie *zielgerecht, zweckentsprechend* und dass die Ziele und Zwecke, um derentwillen das Ganze geschieht, ihrerseits nicht rational vorgegeben sind, sondern dem persönlichen Willen einzelner oder dem politischen Willen einer Personengesamtheit entspringen.

Die Wirtschaftswissenschaft strebt eine mathematische Exaktheit nach dem Muster der Naturwissenschaften an. In den Lehrbüchern wird von Ursache und Wirkung, von festen Kausalbeziehungen, von abhängigen und unabhängigen Variablen gesprochen. Darüber wird vernachlässigt, dass es in der Wirtschaft immer um menschliches Handeln, prinzipiell unvorhersehbares menschliches Verhalten geht. Dies ist niemals eindeutig kausal determiniert, weil der Mensch immer die Freiheit hat, sich so oder auch anders zu verhalten. Dieser fundamentale Unterschied zwischen Natur- und Humanwissenschaften fiel nicht weiter auf, solange die Arbeits- und Konsumtätigkeit des Menschen durch den Mangel an biologischen Existenznotwendigem gekennzeichnet war und die zum Überleben notwendigen Güter in der Planung des privaten Haushalts dominierten. Seinerzeit musste jedermann genau rechnen und die Ergebnisse konnten mit hinreichender Genauigkeit vorhergesagt werden. Von Mengen und Preisen konnte wie von den Gegenständen der Naturwissenschaft gesprochen werden. Hierauf machte Helmut Steiner (*Einführung in die Theorie der wirtschaftlichen Werbeleistung*, Verlag Duncker & Humblot, Berlin 1971, Seite 7) aufmerksam.

Mit steigendem Wohlstand wird jedoch nicht mehr nur das Notwendige gekauft, sondern es wird je nach Stil, Mode und Geschmack oder nach spontanen Einfällen des Augenblicks zugegriffen. Die Freiheit tritt in den Vordergrund und das eher kapriziöse als rationale Verhalten wird immer weniger berechenbar. Stets gibt es ein Knäuel von bewussten, halbbewussten und unbewussten Motiven, teils geplant, teils ungeplant und nicht selten später bereut, wenn sich die Mahnungen häufen und die Schulden nicht mehr bezahlt werden können.

So wirkt die in der Wirtschaftstheorie übliche Unterstellung, der Mensch verhalte sich stets rational, inzwischen weltfremd. Der Grundgedanke einer quasi-physikalischen Kausalität wird von der Wirklichkeit widerlegt. Die Erforschung des tatsächlichen Verhaltens ist längst von privaten kommerziell betriebenen Instituten übernommen worden. Die akademische Wirtschaftstheorie mit ihren mathematischen Modellen hat den Kontakt zur Wirklichkeit verloren.

Dabei hat der Begriff *rational* einen tiefgreifenden Wandel durchgemacht. Als rational gilt heute längst nicht mehr das vernünftige, begründbare Verhalten, sondern nur noch ein zweckentsprechendes effizientes Verhalten im Dienste von Zwecken, die von außen vorgegeben werden. Wird jedoch nur das zweckentsprechende Handeln gelehrt, aber nicht, wie und durch wen dieser Zweck gesetzt wird, so entsteht gleichsam ein Lehrbuch, worin nur das Pflügen, Eggen und Säen vermittelt werden, aber nicht, welche Früchte angebaut werden sollen und warum.

In dieser Beziehung waren wir im Mittelalter schon weiter als heute. In dem Büchlein *Scholastik* von Josef Pieper (St. Benno Verlag, Leipzig 1960) erfahren wir: *Für Albertus Magnus (1200 bis 1280) besagt „ratio" nicht nur die Fähigkeit des formal richtigen Denkens, sondern vor allem anderen die Fähigkeit des Menschen, die ihm begegnende Realität zu erfassen.* Eben daran scheint es heute zu fehlen: die ganze wirtschaftliche Realität, wie sie uns heute begegnet, vom Handwerker bis zum internationalen Konzern, ins Auge zu fassen. Es gilt zu verstehen und zu erklären, wie diese gigantische Maschinerie funktioniert, wie sie in Politik und Gesellschaft eingebettet ist und was die vielfältigen Beteiligten wollen und tun. Nicht zuletzt geht es um die Machtfrage: Wer das Ganze regiert und dirigiert. Hierzu gehört die Frage, wie sich die Herrschaft legitimiert, die innerhalb des Apparats ausgeübt wird, und zu wessen Nutzen das Ganze letztlich passiert. Naheliegend ist die Kritik von links, die heute gelehrte Wirtschaftstheorie diene nur einer Verschleierung der tatsächlichen Machtverhältnisse.

© Frank & Timme   Verlag für wissenschaftliche Literatur

Ein Krisenbewusstsein ist, wie oben berichtet, in der Wirtschaftstheorie durchaus vorhanden. Jörn Altmann berichtet in seiner *Volkswirtschaftslehre* (Verlag Lucius & Lucius, Stuttgart 2009) auf Seite 448f. über eine kritische Analyse von Bruno S. Frey, Professor für Empirische Wirtschaftsforschung an der Universität Zürich. Frey endet mit eher pessimistischen Überlegungen, die auch Bezug nehmen auf die abnehmende Zahl von Studenten der Volkswirtschaft, von abnehmenden Ressourcen in Form von Lehrstühlen und Wissenschaftlern und vom abnehmenden Interesse der Medien. Zwar wird in der Presse ständig ausführlich über Wirtschaftsfragen berichtet, denn normalerweise wird ja in den Medien und der Politik davon ausgegangen, dass an der Wirtschaft alles hängt und dass sie die materiellen Voraussetzungen für alles Übrige schafft. Wenn gleichwohl die Wirtschaftswissenschaft wenig Interesse findet, kann dies nur bedeuten, dass zwischen ihr und der tatsächlichen Wirtschaft kein rechter Zusammenhang erkennbar wird. Und in der Tat ergibt sich bei unbefangener Lektüre der Lehrbücher der Eindruck freischwebende Theorien ohne Bodenhaftung. An der wirtschaftlichen und politischen Realität, wie sie uns begegnet, scheint die Wirtschaftswissenschaft relativ wenig Interesse zu haben.

Um welchen Lebensbereich es sich handelt und welcher Grad von Rationalität, von zweckgerichteter Vernunft heute dort herrscht, wird aus dem Beitrag „*Heute Trend, morgen Müll*" von Alexandra Perschau (Greenpeace) in der Zeitschrift *Der Spiegel* (Heft 4/2017 vom 21. Januar 2017, Seite 70) deutlich:

> *Die Produktion von Kleidungsstücken hat sich in den letzten 15 Jahren verdoppelt – die Tragedauer jedoch halbiert. Jeder Deutsche kauft im Schnitt 60 Teile pro Jahr. Das ist absurd. Denn 95 Prozent der Deutschen geben an, dass sie Kleider in ihrem Schrank haben, die sie noch nie getragen haben.*

Derartiges wäre nach der Lehrbuchweisheit weder denkbar noch vorstellbar.

1.2 Die Kritik einer Wissenschaft

Vorweg stellt sich die grundlegende Frage, ob und inwiefern es sich bei der Wirtschaftswissenschaft überhaupt um eine Wissenschaft handelt. Hierüber wird in den Vorlesungen und den Lehrbüchern nur wenig gesprochen. Eine einfache Erklärung geht dahin, Wissenschaft sei alles, was Wissen schafft, nämlich was einen speziellen Aspekt der Wirklichkeit nachvollziehbar erklärt und uns hilft, die Welt in ihrem Aufbau und ihren Abläufen besser zu verstehen. Wie Wilhelm

Dilthey (1833 bis 1911) feststellte, gibt es einen grundlegenden Unterschied zwischen den Naturwissenschaften und den Geisteswissenschaften, zu denen die Humanwissenschaften gehören. In den Naturwissenschaften gibt es feste Gesetze: Wenn ein Experiment fachgerecht aufgebaut worden ist, sind die Ergebnisse exakt vorhersehbar. Der Forscher kann erklären, wie diese Ergebnisse ursächlich zustande kommen. In den Humanwissenschaften hingegen geht es immer um denkende und handelnde Menschen, geleitet von bewussten und unbewussten und in sich widersprüchlichen Antrieben, was zu ständigen Konflikten führt. Es ist also nichts vorhersehbar, es gibt keine festen ursächlichen Zusammenhänge, sondern der Forscher kann sich nur bemühen, sich gedanklich einzufühlen und die handelnden Menschen in ihren Motiven, Interessen und sozialen Bedingtheiten zu verstehen. Besonders deutlich wird dies in der Geschichtswissenschaft. Der Historiker soll ja nicht nur berichten, wann sich etwas zugetragen hat, sondern auch, wie es dazu kam: Welche politischen Rivalitäten, Glaubenskonflikte, gesellschaftlichen Umwälzungen und persönlichen Leidenschaften der Herrscher standen dahinter? Es geht in den Geisteswissenschaften um eine verstehende Psychologie (Dilthey).

Ob die heutige Wirtschaftswissenschaft in diesem Sinne dazu beiträgt, ein Stück Lebenswirklichkeit, nämlich die Wirtschaft, zu erforschen und zu erklären, ist nicht ganz sicher und soll Gegenstand dieses Buches sein. Zweifel sind in mehrerlei Hinsicht angebracht:

(1) Zunächst einmal zum Forschungsgegenstand: Fehlen in den Lehrbüchern wichtige Themen, die eine Vielzahl von Personen betreffen und die in der öffentlichen Debatte ständig umstritten sind? Wird in den hiesigen Lehrbüchern auf Besonderheiten der deutschen Wirtschaft eingegangen und hierzu ein Beitrag geliefert?

(2) Werden stattdessen Probleme behandelt, die in der Wirklichkeit nirgendwo vorkommen? Wird in der Theorie der Wirtschaftspolitik in aller Ausführlichkeit ein Ansatz ausgebreitet, der von der Bundesregierung schon vor Jahrzehnten als unbrauchbar zu den Akten gelegt wurde?

(3) Konzentriert sich die Wirtschaftstheorie in der Hauptsache auf Definitionen und begriffliche Abgrenzungen, was über die Wirklichkeit draußen im Feld nichts aussagt und insofern nicht Wissenschaft heißen darf?

(4) Lohnt sich ein volkswirtschaftliches Studium, wenn die weit überwiegenden späteren beruflichen Probleme im Studium nicht
angesprochen werden?

(5) Handelt es sich in der Betriebswirtschaftslehre – zumal beim Wöhe,
an dem kein BWL-Student vorbeikommt – nicht etwa um eine Erforschung des tatsächlichen betrieblichen Geschehens, sondern um ein
gigantisches allumfassendes Ratgeberbuch für Kaufleute – streng
anwendungsbezogen und daher eher in einer Fachhochschule zu
verorten als in der Universität?

(6) Der Grundgedanke der Universität bestand in der Einheit von Forschung und Lehre. Dies würde bedeuten, dass die Studierenden auch
an die Forschung herangeführt werden, zum Beispiel mit bisher ungelösten Problemen oder indem die Studierenden an die Methoden der
Forschung, an die Techniken zur Gewinnung neuen Wissens herangeführt werden. Geschieht dies?

(7) Weshalb kommt in dieser Lehre der Mensch, der Unternehmer mit
seinen persönlichen Interessen, gar nicht vor?

Auffallend ist bei allen wirtschaftswissenschaftlichen Lehrbüchern, dass sie sich
ausdrücklich nur an die Studierenden wenden und nicht etwa an die allgemeine
interessierte Öffentlichkeit. Beim Wöhe, dem Klassiker der Betriebswirtschaftslehre, heißt es auf Seite VI: *Als Verfasser sind wir bestrebt, den Kontakt zu
Studierenden und Kollegen weiter zu intensivieren.* Also nicht etwa den Kontakt
zu den Unternehmen, sondern nur innerhalb des Campus. Haben die Studentinnen und Studenten sich den Inhalt der Lehrbücher ganz zu Eigen gemacht,
so können sie hoffen, das Examen zu bestehen. Nirgendwo in den Lehrbüchern
wird der Anspruch erhoben, die Studierenden auf einen wirtschaftsnahen Beruf
vorzubereiten. Keiner der Verfasser richtet sich an eine interessierte Öffentlichkeit, an die Politik oder an die ausübenden Praktiker. Die Lehre bleibt ganz im
abgeschlossenen Raum der Universität. Die wenigsten Professoren haben einige
Jahre draußen in Unternehmen, Verbänden oder Politik verbracht. Insofern gibt
es ein Problem des Realitätskontakts und der praktischen Relevanz. Hier hilft
ein Blick in eine Nachbarwissenschaft. In seinem Monumentalwerk *Rechtsvergleichung* (Verlag C.H.Beck, München 2015) berichtet Uwe Kischel (Seite 470):

*Im kontinentalen Recht [...] herrscht ein reger Austausch zwischen der
wissenschaftlichen Beschäftigung mit dem Recht und seiner praktischen
Anwendung. Nicht nur treten Praktiker oft als Autoren auf und betätigen*

sich Wissenschaftler immer wieder einmal in der Praxis. Auch inhaltlich befruchten sich beide gegenseitig. Besonders plastisch lässt sich dies am Beispiel Deutschlands illustrieren.

Hinzu kommt, dass die Richter der obersten Instanzen und die Jura-Professoren sich von Zeit zu Zeit mit ganzseitigen Artikeln in den meinungsbildenden Tageszeitungen zu Wort melden und der öffentlichen Diskussion zu justizpolitischen Themen Anstöße geben.

Von einem ähnlichen Austausch zwischen Wissenschaft und Praxis ist in den Wirtschaftswissenschaften nicht zu berichten. Jedoch ist das Publikum an aufklärenden Informationen über das Funktionieren der Wirtschaft und die Ursachen von Krisenerscheinungen aller Art dringlich interessiert. Weil sich Professoren der Ökonomie, in ihren Modellen befangen, hierzu in der Öffentlichkeit zurückhalten, wird dieses Interesse des Publikums durch eine wuchernde Skandal- und Katastrophenliteratur befriedigt, die an vorhandene Vorurteile und Ängste anknüpft und diese verstärkt. Legendär ist auf diesem Gebiet das Buch *Nieten in Nadelstreifen. Deutschlands Manager im Zwielicht*, seit 1993 mit rund 400 000 Exemplaren verkauft (Verlag Knaur). Hier lesen wir: *Die Kaste der Manager hat in den letzten Jahren eine Machtvollkommenheit erreicht, die der Nachlässigkeit ebenso Vorschub leistet wie der Arroganz.* Gleichzeitig gilt aber auch das Gegenteil: *Die meisten von ihnen fühlen sich eher als arme Würstchen, die nicht so recht wissen, wie sie ihre Mitarbeiter dazu bringen sollen, das zu tun, was getan werden muss.*

Beliebt sind auch Enthüllungsbücher in der Art von Norbert Häring: *Markt und Macht. Was sie schon immer über die Wirtschaft wissen wollten, aber bisher nicht erfahren sollten* (Verlag Schäfer-Poeschel 2010). Dies wird vom Verlag empfohlen als *Ein Buch, das Tabus bricht und Überraschendes ans Licht bringt.* Nämlich: *Was uns als unabdingbare Forderung ökonomischer Vernunft verkauft wird, dient allzu häufig nur den wirtschaftlichen Interessen bestimmter Gruppen.* Hierzu passt das Buch von Albrecht Müller: *Machtwahn: Wie uns eine mittelmäßige Führungsgruppe zu Grunde richtet* (Droemer 2006) oder von Jürgen Roth: *Der stille Putsch: Wie eine geheime Elite aus Wirtschaft und Politik sich Europa und unser Land unter den Nagel reißt* (Heyne 2016).

Beliebt sind auch dunkle Ankündigungen: *Zehntausende Politiker und Finanzexperten aus aller Welt geben weiterhin vor, an die „unsichtbare Hand" zu glauben. Einigen dämmert es langsam, dass das Spiel irgendwann aus sein müsste, doch vielleicht ist es dann für ein öffentliches Bekenntnis zu spät,* so erfahren wir in

Wie Wirtschaft die Welt bewegt von Hans Bürger und Kurt W. Rothschild (Verlag Braumüller, Wien 2009).

Diese Art von raunender Katastrophenliteratur füllt den Platz aus, den die akademische Lehre in der Öffentlichkeit offengelassen hat. In dem kenntnisreichen Bestseller *Kein Kapitalismus ist auch keine Lösung* (Westend Verlag Frankfurt am Main 2016) stellt Ulrike Herrmann auf Seite 234 nüchtern fest: *Die Neoklassik hat [...] mit der Praxis der Firmen nichts zu tun und sich in eine fiktive Welt abgesondert.*

Die Lehrbücher vermitteln den penetranten Eindruck, als habe sich der Autor noch nie mit einem Unternehmer oder auch mit einer leitenden Persönlichkeit des Wirtschaftsministeriums unterhalten. Auf einen Außenstehenden wirkt die ganze Lehre merkwürdig irreal und kulisssenhaft. Es wirkt, als habe jemand ein dickes Buch über das Eisenbahnwesen geschrieben, hätte aber noch nie einen Bahnhof oder ein Stellwerk besucht und noch nie mit einem leitenden Eisenbahner gesprochen, sondern seine sämtlichen Erkenntnisse aus dem Betrieb einer auf dem Dachboden aufgebauten Modelleisenbahn gewonnen.

Nach erfolgreichem Examen gibt es für die Nachwuchsleute beim Einstieg in das Berufsleben einen kleinen Kulturschock: Die dortigen Herausforderungen sind in der Wirtschaftstheorie nie behandelt worden, und das in der Universität Gelernte interessiert im Rahmen der beruflichen Aufgaben niemanden. Die Lehre ist also nur zum internen Gebrauch innerhalb der Universität geeignet. Insofern kann sie kaum beanspruchen, die öffentliche Debatte über Wirtschaftsfragen zu beeinflussen oder die Politik zu beraten.

Wer bin ich denn, dass ich mich zu einer solchen Grundsatzkritik erdreiste? Äußerstenfalls wird hier eine Diskussionslawine losgetreten, die womöglich gar die Wissenschaftspolitik und die Vergabe von Mitteln beeinflussen könnte. Daher muss ich mit dem Gegenargument rechnen, zu einer solchen Kritik sei nur einer berufen, der jahrzehntelange Erfahrung im internen Forschungs- und Lehrbetrieb habe und zudem eine entsprechende Qualifikation nachweise, zum Beispiel als Professor für Volkswirtschaftslehre mit einem Jahr als Gastdozent an der Universität Stanford. Oder als renommierter Professor für Wissenschaftstheorie. Eine solche Stellung hätte allerdings den Nachteil, dass ich zum Wissenschaftsbetrieb und den dortigen Kollegen nicht den genügenden Abstand und nicht die Erfahrung aus jahrzehntelanger ganz unwissenschaftlicher Praxis hätte.

Geboren 1942 in einer Juristenfamilie, habe ich von 1960 bis 1965 an der Universität Hamburg Volkswirtschaft mit dem Wahlfach Soziologie studiert und dies 1965 mit der Prüfung zum Diplom-Volkswirt abgeschlossen. Obwohl die Prüfung als Gesamtnote *gut* zeigte und ich erst 23 Jahre alt war, entschloss ich mich, keine Promotion anzusteuern. Im Gelände hatten wir stets die Assistenten und Doktoranden gesehen – in untertäniger bis unterwürfiger Haltung einen Schritt hinter ihrem Professor. Bei uns Studenten hießen diese Kreaturen nur die *Mantelhelfer* oder die *Aktentaschenträger*.

Im Studium gab es eine Broschur *Hinweise zum wissenschaftlichen Arbeiten*. Darin stand aber nicht, inwiefern unser Fach als Wissenschaft zu betrachten sei oder was diese kennzeichne, sondern es ging nur um das korrekte Zitieren. Bei den Politikern, die wegen ihrer Doktorarbeit zurücktreten mussten oder sollten, ging es ja auch nur um diese Frage.

Der Sinn der Promotion besteht nicht etwa darin, zu zeigen, dass eine oder einer zum selbstständigen wissenschaftlichen Arbeiten fähig ist. Im Gegenteil: Hiermit wird geprüft, ob einer ganz im bisherigen Rahmen bleibt und allenfalls im großen Wissenschaftsgebäude ein Zimmer neu tapezieren kann. Es wird geprüft, ob er die richtigen Leute zitiert, sich die ganze bisherige Literatur zu eigen gemacht hat und an dieser Stelle weiterstrickt. Im eigenen Interesse wird sich jeder Doktorand hüten, sich etwa an den Fundamenten zu schaffen zu machen und grundsätzliche Probleme aufzuwerfen. Die zweite Prüfung, in demselben Sinne, ist später die Habilitation, und erst dann entscheiden die bisherigen Lehrstuhlinhaber, ob sie einen Neuen in ihren Kreis einlassen. Auf diese Weise erklärt sich, dass in allen wirtschaftswissenschaftlichen Lehrbüchern etwa dasselbe steht und niemand durch Originalität zu glänzen sucht. In den volkswirtschaftlichen Büchern wird jeweils das Kartellverbot breit behandelt. Anscheinend fällt den Autoren nicht auf, dass sie ihrerseits ein Kartell bilden, in dem keiner dem anderen etwas tut und in dem der Zugang für Neue extrem erschwert wird.

Jeder Wissenschaftler ist heute Teil eines Apparats. Auf diesen ist er angewiesen, wenn er Karriere machen will. Längst vorbei sind die Zeiten eines Arthur Schopenhauer, der durch eine reiche Erbschaft materiell gesichert war und in stolzer Einsamkeit und Freiheit über *Die Welt als Wille und Vorstellung* und ähnliche grundlegende Themen nachdenken konnte. Heute gibt es für den Forscher, der etwas werden will, einen unerbittlichen Zwang, möglichst viele Publikationen in führenden Fachzeitschriften nachzuweisen. Aber hier entscheidet nicht einfach irgendein Redakteur, welchen Artikel er beachtenswert findet und ins Blatt hebt. Vielmehr sind die führenden Vertreter des jeweiligen Fachs Herausgeber der Zeitschrift, und in ihrem Auftrag wacht der Redakteur darüber, dass alles im Rahmen des Gewohnten bleibt. In dieselbe Richtung wirkt die heutige Praxis des Peer-Reviews: Einige maßgebliche Vertreter des Fachs prüfen das Manuskript in einem aufwendigen Verfahren auf Qualität, nicht etwa auf Originalität, und

© Frank & Timme   Verlag für wissenschaftliche Literatur

entscheiden über die Veröffentlichung. In dem Artikel *Die Begutachtung der Begutachtung* (*FAZ* vom 9. November 2016) stellt Hannah Bethke hierzu fest:

> *Der enorme Publikationsdruck im Universitätssystem trägt dazu bei, dass nicht nur alle bei diesem Irrsinn mitmachen, sondern auch immer weniger eine Abweichung vom wissenschaftlichen Mainstream wagen. In den Sozialwissenschaften [...] ist das Phänomen zu beobachten, dass die begutachteten Texte sich in der Aufmachung immer stärker ähneln, und zwar bis zum verwendeten Vokabular.*

Insofern ist es für jeden Diplomanden eine Frage des Selbstachtung, ob er sich willig und total angepasst in diesen Apparat einfügt oder ob er in freier Wildbahn eigenständig sein Glück versucht.

Nach dem Diplom ging ich zur Industrie- und Handelskammer in Hagen/Westfalen, dem Tor zum Sauerland. Es handelt sich um eine alte Industriegegend, in der seit Jahrhunderten die Metallverarbeitung heimisch ist. In zahlreichen kleinen Fabriken werden landwirtschaftliche Geräte sowie Eisen-, Blech- und Metallwaren, etwa Kofferbeschläge, hergestellt. Antriebskraft waren die Bäche in den sauerländischen Bergen. Mit der Wasserkraft wurden schwere Hämmer betrieben, wenn nicht gerade der Bach im Januar eingefroren oder im Juni zum Rinnsal geworden war. Die Inhaber bezeichnen sich noch heute stolz als Fabrikant, wenn sie nur zehn Mitarbeiter haben, aber in elf Länder exportieren. Den Manager eines Großbetriebs wählen sie nicht in die Handelskammer-Vollversammlung, weil sie als eigenständige mittelständische Unternehmer einen bloßen Angestellten nicht für voll nehmen.

Nach einem Jahr in einem Sozialforschungsinstitut in Köln und sieben Jahren als Pressereferent der Akademie für Führungskräfte der Wirtschaft in Bad Harzburg war ich 25 Jahre Geschäftsführer der Industrie- und Handelskammer Stade, zunächst in der Außenstelle Cuxhaven und dann in der Zentrale in Stade. In Cuxhaven war ich gleichzeitig Geschäftsführer der dortigen Hafenwirtschaftsgemeinschaft, die es unternahm, nach der Fischereikrise den Fischereihafen Cuxhaven für den allgemeinen Hafenumschlag zu öffnen.

Nach der Pensionierung 2010 begann ich eine neue Laufbahn als Buchautor. *Endlich selbstständig!* (Verlag Beck 2010) ist ein Ratgeber für Existenzgründer, *Schluss mit dem Schuldenmachen!* (Verlag Mainz 2014) zeigt, wie sich Überschuldung und Privatinsolvenz vermeiden lassen. In *Die Bundesrepublik Deutschland – ein Erfolgsprojekt* (Verlag Frank & Timme 2015) geht es vor allem um die Gründungsgeschichte dieses Staates, worin von Ludwig Erhard die Weichen für die Wirtschaftsordnung gestellt wurden. Dieses Buch erscheint als Lizenzausgabe auch in der Volksrepublik China.

Das ganze Berufsleben hindurch hatte ich engen Kontakt zu den Inhabern mittelständischer Betriebe, die so ganz anders denken und handeln, als es in den volkswirtschaftlichen Lehrbüchern beschrieben wird. So kam der Gedanke auf, diese Bücher und damit die akademische Lehre einmal kritisch zu betrachten. Die wissenschaftstheoretischen Grundlagen liefert die *Logik der Forschung* von Karl Popper, Verlag J.C.B. Mohr (Paul Siebeck), Tübingen 1973, zur Politik *Die offene Gesellschaft und ihre Feinde,* ebenfalls von Karl Popper (erschienen unter dem Titel *Falsche Propheten. Hegel, Marx und die Folgen* im Francke Verlag, Bern 1958) und zur Wissenssoziologie *Die Struktur wissenschaftlicher Revolutionen* von Thomas S. Kuhn (Verlag Suhrkamp, 1976). Er ist Erfinder des Wortes vom *Paradigmenwechsel,* womit gemeint ist, dass der Fortschritt der Wissenschaften nicht kumulativ verläuft in dem Sinne, dass jeder Forscher dem großen Vorrat an Wissen ein wenig hinzufügt. Vielmehr wechseln Phasen der Normalforschung, in denen auf gegebenen Grundlagen immer mehr kleinere Erkenntnisse gewonnen werden, mit revolutionären Umbrüchen. Diese bahnen sich an, wenn sich neue Beobachtungen nicht mit dem bisherigen System erklären lassen und auch nicht eingefügt werden können. Wenn sich solche Beobachtungen häufen, ist jeweils eine Revolution fällig, ein Wechsel des gegebenen Rahmens oder Paradigmas. Das ganze große Gebäude bisherigen Wissens wird geschleift, natürlich gegen heftigen Widerstand seiner Bewohner, und die nächste Forschergeneration errichtet ein neues Gebäude, verfasst neue Lehrbücher und perfektioniert die Lehre, bis irgendwann wieder eine Revolution fällig ist.

Ob und gegebenenfalls wann künftighin ein solcher Paradigmenwechsel in die Wirtschaftswissenschaft hereinbricht, ist schwer zu sagen. Jedenfalls könnte er nicht wie in den anderen Wissenschaften üblich durch neue Beobachtungen ausgelöst werden, die mit den bisherigen Mitteln nicht erklärbar sind. Denn die Wirtschaftswissenschaften haben ja gar nicht den Ehrgeiz, den tatsächlichen Wirtschaftsprozess zu beobachten und zu erklären. Sie gewinnen ihr Erkenntnisse nicht durch Induktion, durch Verallgemeinerung von Beobachtungen, sondern nur durch Deduktion: durch streng logische Herleitung aus willkürlich formulierten Annahmen, die im Kollegenkreis für plausibel erklärt wurden, weil sie sich in den Kreis der bisherigen Annahmen einfügen. So wird beispielsweise angenommen, die Konsumenten strebten eine Nutzenmaximierung an. Diese Annahme gilt als logisches Pendant zu der Annahme, dass die Unternehmer eine Gewinnmaximierung anstreben. Ob die Konsumenten wirklich in streng rationaler Form eine Maximierung ihres Nutzens anstreben und wie sich dies vollziehen soll, überprüft niemand. Ähnlich wie in der mittelalterlichen Scholastik geht es immer um die Deduktion aus Obersätzen, die für jedermann als unbezweifelbar gegeben gelten.

Ohne Kontakt mit der Wirklichkeit bewegt sich das Ganze nur im Rahmen selbstgebastelter Modelle. Der Paradigmenwechsel der Wirtschaftswissenschaft könnte daher nur so ausgelöst werden, dass diese Modellwerkstätten mit ihren offensichtlich weltfremden Annahmen für irrelevant erklärt und geschlossen werden, weil sich aus ihnen nichts für die wirkliche Wirtschaft lernen lässt. Vielmehr verstellen sie den Blick auf das reale Geschehen. Wenn beispielsweise ein Student in fünf Jahren Studium gelernt hat, dass angeblich alle wirtschaftlichen Entscheidungen streng rational fallen, wird er sich schwertun, die spontanen Augenblicksentscheidungen beim Shopping und das Herdenverhalten der Börsenspekulation zu verstehen.

1.3 Die Vorgehensweise

Wie lässt sich eine kritische Betrachtung der heutigen Wirtschaftswissenschaft praktisch ins Werk setzen? Am einfachsten scheint es zu sein, sich ein halbes Dutzend gängiger Lehrbücher anzusehen, und zwar je drei Lehrbücher der Volkswirtschaft und der Wirtschaftspolitik sowie ein marktbeherrschendes Standardwerk der Betriebswirtschaftslehre. Und zwar sollen es nicht Übersetzungen aus dem Englischen sein, sondern auf deutsch geschriebene Werke von Professoren, die an hiesigen Universitäten lehren. Ferner sollen es nur Werke sein, die in renommierten Verlagen erschienen sind, also keine Einzelstimmen aus linken Kleinverlagen. Und nur Werke, die bereits in wiederholter Auflage erschienen sind und insofern als etabliert gelten können.

Naheliegend ist der Einwand, gerade diese ausgewählten Bücher seien nicht repräsentativ, es gebe auch ganz andere Stimmen. Allerdings stellt sich bei der Durchsicht dieser Bücher heraus, dass sie in etwa alle denselben Stoff und in derselben Art behandeln und vor allem, dass sie alle von denselben grundlegenden Annahmen ausgehen, vor allem davon, dass nur das rationale Handeln Gegenstand eines Lehrbuches sein könne. Insofern liegt die Vermutung nicht ganz fern, dass die anderen gängigen Lehrbücher in einer ähnlichen Spur liegen, dass ihre Autoren sich von der Kritik dieser sieben ausgewählten Werke mitbetroffen fühlen dürfen und dass das, was in diesen sieben Werken merkwürdig anmutet, sich in ähnlicher Form auch in den anderen Standardwerken findet.

Es geht um die folgenden Werke.

(1) Volkswirtschaft
- Jörn Altmann: Volkswirtschaftslehre. Einführende Theorie mit praktischen Bezügen, 7., völlig überarbeitete Auflage, Verlag Lucius & Lucius, Stuttgart 2009. – Professor Dr. Jörn Altmann lehrt an der ESB Business School, Hochschule Reutlingen/Reutlingen University, Lehrstuhl International Finance.
- Artur Woll: Volkswirtschaftslehre, 16., vollständig überarbeitete Auflage, Verlag Franz Vahlen, München 2011. – Professor Dr. Dr. h.c. mult. Artur Woll lehrte 1964/65 an der Universität Gießen, ab 1972 an der Universität Siegen. 1979 wurde er in den Wissenschaftsrat berufen, 1989 emeritiert.
- Hartwig Bartling, Franz Luzius: Grundzüge der Volkswirtschaftslehre. Einführung in die Wirtschaftstheorie und Wirtschaftspolitik. 17., verbesserte und ergänzte Auflage, Verlag Franz Vahlen, München 2014. Professor Dr. Hartwig Bartling ist Universitätsprofessor i. R. für Wirtschaftspolitik an der Johannes Gutenberg-Universität Mainz. Professor Dr. Franz Luzius ist Honorarprofessor an der Berufsakademie Mannheim und Hauptgeschäftsführer a. D. der Industrie- und Handelskammer Rhein-Neckar in Mannheim.

(2) Wirtschaftspolitik
- Rainer Klump: Wirtschaftspolitik. Instrumente, Ziele und Institutionen. 3., aktualisierte Auflage, Verlag Pearson Deutschland GmbH, München 2013. Professor Dr. Rainer Klump war bis 2015 Inhaber des Lehrstuhls für wirtschaftliche Entwicklung und Integration an der Johann Wolfgang Goethe-Universität Frankfurt am Main, ab 2015 Rektor der Universität Luxemburg.
- Gerhard Mussel, Jürgen Pätzold: Grundfragen der Wirtschaftspolitik. 8., überarbeitete und aktualisierte Auflage, Verlag Franz Vahlen, München 2012. Professor Dr. Gerhard Mussel ist Professor an der Dualen Hochschule Baden-Württemberg, Stuttgart. Professor Dr. Jürgen Pätzold ist Honorarprofessor an der Universität Hohenheim.
- Markus Fredebeul-Krein, Walter A. S. Koch, Margareta Kulessa, Agnes Sputek: Grundlagen der Wirtschaftspolitik, 4., vollständig überarbeitete Auflage, UVK Verlagsgesellschaft mbH, Kon-

stanz, mit UVK/Lucius, München 2014. Professor Dr. Markus Fredebeul-Krein lehrt an der Fachhochschule Aachen, Professor Dr. Margareta Kulessa und Professor Dr. Agnes Sputek lehren an der Fachhochschule Mainz Volkswirtschaftslehre und Wirtschaftspolitik. Professor Dr. Walter A. S. Koch war an der Fachhochschule Flensburg für diese Lehrgebiete tätig.

(3) Betriebswirtschaftslehre:

- Günter Wöhe, Ulrich Döring, Gerrit Brösel: Einführung in die Allgemeine Betriebswirtschaftslehre. 26., überarbeitete und aktualisierte Auflage, Verlag Franz Vahlen, München 2016. Dr. Dr. h. c. mult. Günter Wöhe, verstorben und Begründer dieses Werkes, war ordentlicher Professor der Betriebswirtschaftslehre an der Universität des Saarlandes. Dr. Ulrich Döring ist ordentlicher Professor emeritus der Betriebswirtschaftslehre an der Universität Lüneburg, Dr. Gerrit Brösel ist ordentlicher Professor der Betriebswirtschaftslehre an der FernUniversität Hagen. – *Der Wöhe*, wie dieses Buch bei den Studenten meist kurz genannt wird, beherrscht etwa zwei Drittel der Gesamtauflage der betriebswirtschaftlichen Lehrbücher. Alle anderen teilen sich das restliche Drittel.

Diese Bücher werden hier künftig nur mit dem Familiennamen des Verfassers und der Seite zitiert, bei mehreren Verfassern mit dem Familiennamen des jeweils Erstgenannten.

Die hier betrachteten Lehrbücher werden durchweg von den Verlagen als bewährte Standardwerke vorgestellt, der Wöhe sogar als Standardwerk seit mehr als 50 Jahren. Bei Woll erschien die erste Auflage 1970, bei Bartling 1976, bei Altmann 1988. Zwar wird bei jeder Neuauflage etwas ergänzt und es wird ein wenig aktualisiert, aber das Grundkonzept bleibt seit Jahrzehnten dasselbe. Insbesondere wird die Verhaltensökonomik, die seit etwa 1980 ihren Siegeszug angetreten hat, nicht zur Kenntnis genommen. So muss der Eindruck entstehen, als würden den Studenten heute die nahezu unveränderten Lehrbücher ihrer Großväter zugemutet. Verblüfft sind sie allerdings, wenn sie auf dem Flohmarkt ein Lehrbuch ihrer Ururgroßväter aus der Zeit um 1900 herum entdecken. Obwohl äußerlich leicht stockfleckig, wirken diese Werke sehr viel lebendiger, unbefangen und vor allem wirklichkeitsnäher als die heutigen. Sie ergehen sich nicht in sterilen Definitionsgleichungen und Verhaltensgleichungen, sondern unternehmen es, das Wirtschaftsgeschehen ihrer Zeit zu erklären und zu verstehen. Die Autoren versuchten nicht, politische neutral und werturteilsfrei zu arbeiten, sondern waren mutig genug, sich in das politische Getümmel der Kontroversen ihrer Zeit zu stürzen und herzhaft Stellung zu nehmen – sei es auf der bürgerlichen, sei es auf der sozialistischen Seite, sei es für Freihandel oder für Protektionismus. Sie haben gewarnt vor Entwicklungen, die ihnen als verhängnisvoll erschienen, und gefordert, was nach ihrer Meinung notwendig war. Insofern haben sie sich der gesellschaftlichen Verantwortung als Wissenschaftler gestellt.

Von dieser älteren Literatur werden gegen Ende dieses Buches einige Kostproben gegeben, und anschließend werden einige aktuelle in den genannten Lehrbüchern nicht oder nur am Rande erwähnte neue Entwicklungen kurz vorgestellt.

© Frank & Timme   Verlag für wissenschaftliche Literatur

2 Fehlende Themen in der Lehrbuchliteratur

Am Anfang des Buches, im Vorwort oder der Einleitung, legen die Verfasser meist ihre Absicht und ihren Anspruch dar. Das Problem ist also, inwiefern dieser Anspruch anschließend durch das Buch eingelöst wird. Dieser Frage wollen wir im Folgenden nachgehen. Insbesondere soll es in diesem Abschnitt darum gehen, welche Themen ein unbefangener Leser oder Student als wichtig betrachtet und im Lehrbuch erwartet, welche jedoch fehlen und welche Themen stattdessen behandelt werden.

2.1 Der Anspruch

In allen hier untersuchten Büchern wird ein Praxisbezug angekündigt und beansprucht. Es soll um die Realität gehen, um die Fakten und um die Brauchbarkeit im Arbeitsalltag.

- Altmann, Seite VII: *Besonders liegt mir am Herzen, die Zusammenhänge zwischen den hier vermittelten ökonomischen Theorien und der wirtschaftlichen Realität anhand von praktischen Beispielen deutlich werden zu lassen. Nach dem Studium dieses Buches sollten Sie die gerade erworbenen Kenntnisse und Zusammenhänge im täglichen Wirtschaftsleben mühelos wiedererkennen können und sich nicht nur darüber freuen, sondern auch praktischen Nutzen daraus ziehen können.*
- Woll, Seite VI: *Wissenschaft, wie sie hier verstanden wird, bedeutet systematische Konfrontation der Theorie mit Fakten.*
- Bartling, Seite VI: *Theoretische Bezüge und empirische Daten werden gleichermaßen berücksichtigt.*
- Klump, Seite 13: *Die Auswahl der behandelten Gebiete und Themen […] ist geleitet von der Idee, eine möglichst große Zahl von methodischen Ansätzen anzusprechen, die für die praktische Wirtschaftspolitik Relevanz besitzen.*
- Mussel, Seite VI: *[…] soll dem Leser klar werden, dass für die praktische Wirtschaftspolitik zwar zahlreiche Ansatzpunkte, aber keine Patentrezepte vorliegen. […] auch interessierte Praktiker sollen durch die Lektüre dieses*

Buches befähigt werden, das aktuelle wirtschaftliche Geschehen zu begreifen und zu beurteilen.

- Fredebeul-Krein, Seite 1: *Es folgt – weil es um „praxisorientierte" Wirtschaftspolitik geht – eine knapp gehaltene theoretische Fundierung. Es [...] sind auch die jeweiligen Ziele darzustellen und das Problem von Zielkonflikten zu behandeln. Mit diesen wird die praktische Wirtschaftspolitik ständig konfrontiert.*
- Wöhe, Seite V: *Studienanfängern kommt das Wöhe-Lehrbuch entgegen, indem es [...] betriebswirtschaftliche Theorie mit kleinen praktischen Beispielen veranschaulicht.* Seite VI: *[...] ein Lehrbuch bleibt nur aktuell, wenn es sich mit den fortwährenden Änderungen der Unternehmenspraxis auseinandersetzt.* Seite VII: *Die Überarbeitung des Lehrbuchinhalts verfolgt das Ziel, berufspraktische Aspekte der Betriebswirtschaftslehre stärker in den Vordergrund zu rücken.*

Zu dieser Frage bemerkt Georg Giersberg in der *Frankfurter Allgemeinen Zeitung* vom 30. Januar 2017 unter der Überschrift *Die Praxis hat es schwer in den Lehrbüchern*: *[...] sollten die Autoren [...] bemüht sein, ihre Themen nach deren Praxisrelevanz auszuwählen. Das würde Studenten und Praktikern entgegen kommen.* Insbesondere wird beanstandet, wie *überhaupt das inhabergeführter Familienunternehmen in der Betriebswirtschaftslehre unterbelichtet ist.* Stattdessen habe sich die wissenschaftliche Betriebswirtschaftslehre überwiegend um die kapitalmarktorientierten Unternehmen gedreht. Hier in der *FAZ* wird auf eine weitere Fehlstelle hingewiesen: *Die ganze Welt beneidet uns um die duale Ausbildung; doch in der Betriebswirtschaftslehre kommt sie kaum vor.*

2.2   Einige fehlende Themen

Altmann kündigt im Vorwort auf Seite VIII an: *Um Missverständnissen vorzubeugen: Dieser Band beschränkt sich auf die Darstellung einiger Themenkreise, die üblicherweise der Allgemeinen Volkswirtschaftslehre zugerechnet werden. Negativ ausgedrückt, bedeutet dies, dass eine Reihe von grundlegenden Sachthemen nicht behandelt werden können.* Ähnlich wie seine Kollegen beschränkt sich der Autor ausdrücklich auf das Übliche und verzichtet auf eigene Beobachtungen. Konkret bedeutet dies, dass im Buch Ähnliches steht wie seit Jahren und Jahrzehnten in allen volkswirtschaftlichen Lehrbüchern. Ich selbst habe mich gewundert, wie viel ich hier wiederfinde, was schon in meinem Studium 1960 bis 1965 vor nunmehr einem halben Jahrhundert gelehrt wurde. Aber nicht nur die Themen, sondern auch die Methodik sind die gleichen geblieben, insbesondere die Frage des Realitätsbezugs.

2.2.1 Die empirische Forschung

Das Lehrbuch *Volkswirtschaftslehre* von Paul A. Samuelson (in den USA 9. Auflage 1973, deutsch 1975 im Bund-Verlag-Köln) war Pflichtlektüre einer ganzen Studentengeneration. Hier heißt es auf Seite 22:

Die wichtigste Aufgabe der modernen Wirtschaftswissenschaft besteht in der Beschreibung, der Analyse und der Erklärung von Phänomenen wie Produktion, Arbeitslosigkeit, Preisen und deren Beziehungen untereinander. Soll eine Beschreibung brauchbar sein, so muss sie mehr sein als eine Reihe von unzusammenhängenden Berichten. Sie muss ein System erkennen lassen; nur dann kann man von einer echten Analyse sprechen.

Noch für Samuelson war es selbstverständlich, dass die Wirklichkeit, das tatsächliche Geschehen und der geschichtliche Verlauf, Ausgangspunkt der Wissenschaft war und, mit welchen Methoden auch immer, analysiert und erklärt werden soll. Für die Beschreibung, mit der alles beginnt, stellt die empirische Sozialforschung bewährte Methoden wie etwa die Befragung oder die teilnehmende Beobachtung bereit. Kurz und bündig erklärt Samuelson (Seite 26): *Die Brauchbarkeit einer Theorie hängt davon ab, inwieweit sie die Wirklichkeit erklärt. Logische Eleganz ist dabei belanglos.*

In den oben angeführten Lehrbüchern wird eingangs jeweils der Realitätsbezug betont. Auffallend ist allerdings, dass heute in den sämtlichen Sachverzeichnissen dieser Bücher die Stichworte *Empirie, Empirische Wirtschaftsforschung, Umfragen, Meinungsforschung, Stichprobe, Fragebogen, Interview, Statistik, Statistisches Bundesamt* fehlen. Wenn es den Autoren wirklich darum ginge, die Wissenschaft systematisch mit den Fakten zu konfrontieren, so läge es nahe, im Lehrbuch zu erläutern, mit welchen Methoden diese Fakten, die Realität, festzustellen sind.

Hierzu bemerkt Bartling auf Seite 18:

Bei der empirischen Überprüfung tut sich die Volkswirtschaftslehre allerdings ziemlich schwer. [...] So sind die Wirtschaftswissenschaftler darauf angewiesen, die Zusammenhänge und Kausalgesetzlichkeiten in erster Linie gedanklich zu durchdringen und zu erfassen [...]. Das meiste, was die Volkswirtschaftslehre heute ausmacht, sind Gedankenexperimente und

aus modelltheoretischen Analysen gewonnene Hypothesen. Der Bestand an
empirisch überprüfbaren Hypothesen ist (trotz inzwischen erheblichen Ein-
satzes statistischer Methoden) vergleichsweise gering.

Tatsächlich wäre es recht einfach, auf die bewährten Methoden empirischer Sozialforschung zurückzugreifen, um realistische Hypothesen zu gewinnen und zu
überprüfen. Die Tatsache, dass dies nicht geschieht, kann nur bedeuten, dass an
der Wirklichkeit wenig Interesse besteht.

Altmann verspricht (Seite 3): *Theoretische Untersuchungen bilden* […] *auch*
die Basis für Vorhersagen künftiger Ereignisse. Sie sind überprüfbar und gegebe-
nenfalls auch widerlegbar. Im Buch wird jedoch nirgendwo erläutert, wie eine
solche Vorhersage zustande kommen soll. Die theoretischen Untersuchungen der
Volkswirtschaftslehre haben sämtlich die logische Form *Die Unternehmen streben*
nach langfristiger Gewinnmaximierung. Dem entspricht bei den Haushalten das
Streben nach Nutzenmaximierung. Aussagen dieser Art sind weder beweisbar
noch widerlegbar, weil es sich lediglich um modellmäßige Annahmen handelt.
Und schon gar nicht lässt sich aus Aussagen dieser Art eine Vorhersage ableiten.

2.2.2   Der Mittelstand

In den sämtlichen untersuchten Lehrbüchern fehlt das Stichwort *Mittelstand*,
obwohl doch in der Öffentlichkeit immer wieder betont wird, wie viele Arbeits-
und insbesondere Ausbildungsplätze der Mittelstand schafft. Ebenso fehlt das
Stichwort *Mittelstandspolitik.* Die Stichwörter *Unternehmer* und *Inhaber, Inha-*
berbetrieb erscheinen in keinem der Stichwortverzeichnisse, obwohl doch die
Unternehmer die entscheidenden Persönlichkeiten sind, die die Marktwirtschaft
prägen. Stattdessen schildert Wöhe (Seite 45) im *Werdegang des Betriebs von der*
Gründung bis zur Liquidation als Bestandteil der Betriebsphase die *Lösung der*
Unternehmung vom Unternehmer (Gang an die Börse, Going Public), als ob dies
der übliche Weg wäre. Tatsächlich gibt es in Deutschland rund 850 börsenno-
tierte Unternehmen, dies sind 0,03 Prozent aller 3,2 Millionen Unternehmen.
Auf Seite 178 geht es bei Wöhe um *die zunehmende Kapitalmarktorientierung*
der Betriebswirtschaftslehre. Hier wird die Übernahme angelsächsischer Vorstellungen deutlich: In den USA ist die Finanzierung über den Kapitalmarkt
vorherrschend. Dies auch für Deutschland als dominierend vorzustellen, ist
insofern irreführend, als hier der Bankkredit das Übliche ist.

Dem eigentümergeführten Unternehmen ist bei Wöhe eine halbe Seite des
Lehrbuchs (Seite 55) gewidmet, wo aber nur Definition und Rechtsform dargestellt werden, nicht die typischen Probleme, Stärken und Schwächen.

   © Frank & Timme   Verlag für wissenschaftliche Literatur

Die Existenz und Bedeutung des Mittelstandes bleibt also den Studenten verborgen, ebenso die spezifischen Probleme dieser Unternehmer. Ein umfassendes Bild bietet das von Florian Langenscheidt und Bernd Venohr herausgegebene Werk *The Best of German Mittelstand: The World Market Leaders*, Deutsche Standards Editionen, Köln 2015. Robert Vieten fasst in seiner Besprechung *Die Besten* (*FAZ* vom 12. Dezember 2016) zusammen:

> *Zumindest für Deutschland [...] gilt, dass die Weltmarktführer überwiegend im Mittelstand zu finden sind. Es handelt sich bei diesen um hochspezialisierte Problemlösungsanbieter, deren Namen man üblicherweise nicht jeden Tag in der Zeitung liest, die aber für die Volkswirtschaft viel Gutes tun. So haben sich die Kraftpakete gerade in den Jahren nach der Finanzkrise als verlässliche Motoren der deutschen Industrie und bedeutende Generatoren von Arbeitsplätzen bewiesen. [...] Es sind Unternehmen, die in mehr oder weniger eng definierten Marktsegmenten weltweit vertreten sind. Sie zeichnen sich durch hohe Innovationskraft und Flexibilität sowie gelebte Kundenorientierung aus. In der Regel sind sie im Familienbesitz und orientieren sich nicht an Quartalsergebnissen, sondern verfolgen langfristige Ziele. Sie sind nicht selten rentabler als die börsennotierten Großunternehmen. Das Ausland beneidet Deutschland [...] um diese Unternehmen.*

Die Bedeutung dieser Unternehmen ist jedem wirtschaftlich Interessierten klar, und in der Politik wird dies entsprechend gewürdigt. Insofern berührt es merkwürdig, wenn dieser Begriff in den volkswirtschaftlichen Lehrbüchern nirgendwo erscheint und hierfür ein Lexikon in englischer Sprache herangezogen werden muss.

Gerade der Mittelstand wäre beispielsweise ein dankbares empirisches Forschungsfeld. Einmal angenommen, das sicherlich praktisch relevante Problem sei zu erforschen: *Von welchen persönlichen Zielen lassen sich die meisten mittelständischen Unternehmer leiten?* Dies wäre nicht nur von theoretischem Interesse, sondern auch bedeutsam für die Wirtschaftspolitik, denn diese müsste ja an den Zielen der Akteure ansetzen.

Der Mittelstand definiert sich historisch als der mittlere Stand in der Ständegesellschaft, nämlich zwischen der Führungsschicht und dem Arbeiterstand: die kleinen Selbstständigen, das Handwerk, die von der Familie geführten kleinen Existenzen des Einzelhandels. Heute gelten als mittelständisch alle Unternehmen, bei denen der Inhaber Eigentümer des Betriebs ist und selbst die Geschäfte leitet. Er haftet im Falle der Insolvenz mit seinem gesamten betrieblichen und privaten

Vermögen. Dies betrifft die Rechtsformen der natürlichen Personen als Kleinge-werbetreibenden, der Einzelunternehmen und der Personengesellschaften, vor allem der Offenen Handelsgesellschaft. Im Jahr 2014 waren dies in Deutschland 2,2 Millionen Unternehmen, nämlich 80,6 Prozent aller Umsatzsteuerpflichtigen. Ihre Lieferungen und Leistungen beliefen sich auf 1 508 Milliarden Euro oder 35,4 Prozent aller Unternehmensleistungen.

International gilt es als deutsche Besonderheit, dass sich die wirtschaftliche Aktivität nicht einseitig auf die Hauptstadt konzentriert, sondern flächenhaft über das gesamte Land verteilt ist. Dies betrifft vor allem den Mittelstand. Es wäre also eine lohnende Aufgabe, zu erforschen, von welchen Vorstellungen und Zielen sich diese Mittelständler gemeinhin leiten lassen. Dieses Pro-blem der Motivation ließe sich wie folgt angehen: Zunächst ein Dutzend ganz unstrukturierte ausführliche Interviews mit Unternehmern und ergänzend mit Verbandsgeschäftsführern, Unternehmensberatern und Steuerberatern. In diesen Gesprächen gewinne ich Anregungen, um welche Probleme es im Einzel-nen gehen könnte. Ergänzend ziehe ich alle erreichbaren Jubiläumsansprachen, Nachrufe, Firmengeschichten und einige Dutzend Internet-Auftritte der Firmen hinzu: Was wird jeweils rühmend hervorgehoben und als besonderes Verdienst dargestellt? Aufgrund dieser Punkte entwerfe ich einen Fragebogen, der von einer repräsentativ ausgewählten Stichprobe von Unternehmern zu beantworten ist. Ergänzend werden die öffentlichen Statistiken hinzugezogen.

An eine solche empirische Forschung denkt offensichtlich keiner der Lehr-buchautoren, und daher kommt das Stichwort *Empirische Forschung* in den Sachregistern nicht vor. Es wird ganz einfach unterstellt, dass alle das Ziel der langfristigen Gewinnmaximierung hätten. Niemand kommt auf den Gedanken, diese Unterstellung mit der Realität zu konfrontieren und zu diesem Zweck die Wirklichkeit zu erforschen. Der eingangs der Lehrbücher erhobene Anspruch des Praxisbezuges und der praktischen Relevanz wird insofern nicht eingelöst.

Bei der Motivation der mittelständischen Unternehmer kommt nach meiner Erfahrung außer dem schlichten Gewinnstreben ein ganzes Bündel von Motiven zusammen. Zunächst strebt er – oder sie – wie die meisten Menschen danach, im sozialen Umfeld ein gewisses Ansehen und Respekt zu erreichen. Man möchte als *ordentlicher Mensch* gelten. Beim Unternehmer ist es die Reputation im wei-testen Sinne, und zwar für sich persönlich ebenso wie für seine Firma, mit der er, als Inhaber, sich ganz und gar identifiziert. Das der Person entgegengebrachte Vertrauen überträgt sich auf die Firma. Zu dieser Reputation gehören Zuverläs-sigkeit, Lieferung von hoher Qualität, Termintreue und Vertragstreue, ferner die anständige Behandlung von Familie und Belegschaft. Für die Firma strebt er eine erfolgreiche Entwicklung an, gemessen am Wachstum der Belegschaft und der Betriebsgebäude, am Marktanteil, an der Anzahl der Kunden, darunter auch prominente Abnehmer und Kunden in Übersee. Auf seinem engen Spezialgebiet möchte er möglichst eine führende Stellung erreichen.

Für diese Ziele ist notwendig, dass er bei jeder Tagesfrage überschlägt: Was kostet das? Was bringt das? – also den Gewinn abschätzt. Zum Gewinn hat er jedoch insofern ein zwiespältiges Verhältnis, als er unbedingt Steuern sparen will. Häufig ist der Steuerberater sein einziger Gesprächspartner für die geschäftlichen Dinge. Mithin soll der ausgewiesene Gewinn, an dem die Besteuerung ansetzt, möglichst niedrig sein. In der Praxis ist es nicht selten, dass Steuerberater und Unternehmer sich zum grundsätzlichen Ziel setzen, Gewinne zu vermeiden. Daher werden kurz vor Ultimo, wenn ein Gewinn *droht*, noch Investitionen vorgenommen, die strenggenommen nicht notwendig sind.

Andererseits legen die Mittelständler großen Wert auf ihre Unabhängigkeit, insbesondere gegenüber Kreditinstituten, bei denen sie nicht als Bittsteller auftreten wollen. Wenn die Geschäfte einige Jahre gut laufen, versuchen sie gern, den gesamten Betrieb mit eigenen Mitteln zu finanzieren, also nicht mehr von der Bank abhängig zu sein. Außerdem sparen sie eine Menge Sollzinsen.

Wenn in den Lehrbüchern immer nur von der langfristigen Gewinnmaximierung als Ziel aller Unternehmen die Rede ist, dann fehlt das Entscheidende, nämlich die Gewinnverwendung. Der Gewinn wird ja logischerweise deshalb angestrebt, weil der Inhaber eine bestimmte Verwendung anstrebt, nämlich entweder die Entnahme des Gewinns für persönliche Konsumzwecke oder aber den Gewinn im Unternehmen zu belassen, um Eigenkapital aufzubauen. Hier scheiden sich die Geister: auf der einen Seite die Leichtlebigen, die da meinen, als Unternehmer brauchten sie vor allem ein entsprechend gehobenes Auftreten. Diese Persönlichkeiten sind oft im übernächsten Jahr nicht mehr auf der Bildfläche, weil sie zu viel Unternehmenssubstanz entnommen haben. Auf der anderen Seite stehen die Sparsamen, die ebenso bescheiden auftreten wie die Leute aus der Belegschaft. Sprichwörtlich ist der millionenschwere Großbauer aus dem Alten Land, dem Obstanbaugebiet nahe Hamburg, der jahraus, jahrein mit derselben verschossenen und ausgeblichenen Jacke herumläuft.

Dieses teils widersprüchliche Motivbündel ließe sich empirisch im Einzelnen erforschen, beispielsweise unter den Gesichtspunkten:

- Entscheidet der Inhaber allein? Von wem lässt er sich beraten (Steuerberater, Ehefrau, Betriebsrat, Prokurist, Unternehmensberater)?

- Welche Motive geben den Ausschlag und welches Handeln folgt hieraus? Wie lassen sich diese Motive nachvollziehend verstehend darstellen? Ist in den vergangenen Jahren ein Mentalitätswandel festzustellen?
- Welche Stärken und Schwächen ergeben sich typischerweise? Wo könnten Wirtschaftspolitik und Steuerpolitik ansetzen? Insbesondere die Frage der Gewinnverwendung hat eine enorme volkswirtschaftliche Bedeutung, denn die Krisenfestigkeit der Volkswirtschaft hängt wesentlich von der Eigenkapitalquote der Unternehmen ab.

Mit Sicherheit stellte sich bei einer empirischen Erhebung heraus, dass die Motive des mittelständischen Unternehmers ganz andere sind als bei Aktionären, Aufsichtsrat und Vorstand einer börsennotierten Kapitalgesellschaft, wo es um den Aktienkurs und die Dividende geht und jeder nur mit seiner Einlage haftet. Auch die Kapitalgesellschaft steht vor der Frage, welcher Teil des Gewinns als Dividende ausgeschüttet werden und welcher Teil dem Aufbau des Kapitals dienen soll. Nur wird hier dieses Problem von anderen Personen und nach anderen Gesichtspunkten gelöst als im Mittelstand.

In den sämtlichen Lehrbüchern wird aber dieser Unterschied nicht gemacht, sondern es ist stets nur von *den Unternehmen* die Rede, unabhängig von der Rechtsform als Unternehmen mit persönlicher Haftung oder als Kapitalgesellschaft. Jedoch handelt es sich um völlig verschiedene Milieus, verschiedene Welten, die nicht einfach in einem Abstraktum zusammengefasst werden sollten.

Beim Wöhe, der auf 991 Seiten wirklich nichts auslässt, fehlt im Sachregister nicht nur der Mittelstand, sondern darüber hinaus das Stichwort *Unternehmer*. Diese Persönlichkeit mit ihren Leidenschaften, Stärken und Schwächen kommt in dem ganzen Buch nicht vor. Stattdessen erfahren wir auf Seite 47:

Aufgabe der Planung ist es, die Handlungsalternativen aufzuzeigen und zu bewerten. Der Maßstab zur Alternativenbewertung wird durch die Zielsetzung vorgegeben. Bei modellmäßiger Betrachtung ist die Entscheidung ein rein formaler Akt: Ein rational handelndes Wirtschaftssubjekt entscheidet sich für die Handlungsalternative mit dem höchsten Zielerreichungsgrad.

Hier wird zunächst einmal ein Hang zur Tautologie deutlich: Das anzustrebende Ziel ist vorgegeben, und anschließend wird festgestellt, dass das Ziel angestrebt wird. Viel ernster ist ein anderer Mangel: Der Unternehmer wird hier reduziert auf einen einheitlich rein mechanisch funktionierenden Vernunft-Automaten, und zwar ganz gleich, ob es sich um einen Malermeister als Mittelständler oder

© Frank & Timme   Verlag für wissenschaftliche Literatur

den Vorstand eines internationalen Konzerns handelt. Es ist nur neutral von der *Unternehmensführung* (Seite 44) oder von der *dispositiven Tätigkeit* (Seite 28) die Rede, nicht von irgendeinem lebendigen Menschen.

Es wird nicht inhaltlich deutlich, um welche Ziele es geht und wie man sich die dispositive Tätigkeit vorzustellen hat.

Für den Mittelständler ist typisch, dass er vom Kunden gefragt wird, ob er an der Aufgabe X Interesse hat und diese übernehmen könne. Der Unternehmer muss also rasch überschlagen, ob er dies mit seinen Mitteln darstellen kann. Ebenso kann er im Gespräch dem Kunden eine Maßnahme vorschlagen. Es kommt immer auf das überschlägige Kopfrechnen, das Ergreifen von Chancen und eine schnelle, dann aber bindende, Entscheidung an. Der Unternehmer findet sich stets in einer bestimmten Situation, ähnlich wie ein Fußballer im Spiel, mit einer Vielzahl von vorher nicht bekannten Komponenten in einem unübersichtlichen Spielverlauf.

Für den Mittelständler ist ferner sehr wichtig, sich im Verkaufsgespräch mit dem Kunden rasch in dessen Wünsche einfühlen zu können, gerade auch dann, wenn diese Wünsche nicht ausdrücklich zur Sprache kommen, sondern nur aus dem Geplauder erschlossen werden müssen, zumal sie oft dem Kunden kaum bewusst werden, aber doch für seine Zufriedenheit wichtig sind.

Beispielsweise überlegt der Hotelier in Cuxhaven, was seine Gäste hier suchen und weshalb sie sich unter den unzähligen Ferienzielen gerade dieses ausgewählt haben:

- Kommen sie aus gesundheitlichen Gründen ins Nordseeheilbad?
- Kommen sie wegen Wind und Wetter, wollen sie sich einmal richtig durchpusten lassen?
- Wollen sie einfach Ruhe nach dem beruflichen Stress?
- Wollen sie abwechslungsreiche Unterhaltung, Konzertabende?
- Haben sie sportlichen Ehrgeiz, schwärmen sie für lange Wanderungen und Radfahrten?
- Wollen sie die Unterbringung in einem gehobenen Hotel genießen?
- Welche Speisekarte ist gefragt: Ausgesuchte französische Feinschmeckerei oder regionale Gerichte (Finkenwerder Kutterscholle, Grünkohlplatte)?
- Achten sie besonders auf den Preis? Kann ich für die nächste Saison eine Preiserhöhung riskieren?

Die Kundenwünsche müssen im Kontakt mit dem Gast mehr erfüllt als erforscht werden. Hier liegt die Stärke des mittelständischen Hotelinhabers gegenüber den internationalen Hotelketten, die von vielen als perfekt, aber auch als uniform und steril betrachtet werden.

In keinem der von uns durchgesehenen Lehrbücher werden die üblichen Stärken und Schwächen als die Probleme des Mittelstandes angesprochen, beispielsweise dass der Inhaber rasch reagieren kann, dass alles auf dem persönlichen Vertrauen beruht, dass im Betrieb und meist auch mit der Kundschaft alles zwanglos mündlich geregelt wird, dass der Inhaber im Krisenfall bis zum Umfallen kämpft und dass er ganz in der Region verwurzelt ist.

Ebenso wenig werden die typischen Probleme des Mittelständlers angesprochen. Immer wieder gibt es das Problem, dass die Inhaber sich damit schwertun, rechtzeitig für die Nachfolge zu sorgen – obwohl er gewöhnlich großen Wert darauf legt, dass das Unternehmen auch nach seinem Tod weitergeführt wird, am besten unter dem bewährten und bekannten Namen, der im Handelsregister eingetragenen Firma. Früher war es selbstverständlich, dass der Sohn oder Schwiegersohn den Betrieb übernahm und sich hierzu verpflichtet fühlte. Dies ist heute nur manchmal er Fall, wenn ein passender Erbe vorhanden ist und die Neigung hierzu hat. Wenn dies nicht der Fall ist, muss der Betrieb geschlossen oder verkauft werden, womit sich der Inhaber schwertut, weil er die Firma immer als sein erweitertes Ich betrachtet und sich vollständig hiermit identifiziert hat. Dieser Konflikt ist ein gutes Beispiel dafür, dass die volkswirtschaftliche Theorie am Leben vorbeigeht, wenn sie meint, dass jedermann nur rational handele.

Das Stichwort *Nachfolge* wird in den Lehrbüchern nirgendwo erwähnt. In den sämtlichen hier betrachteten Lehrbüchern fehlen darüber hinaus die Stichworte *Erbe, Erbrecht, Erbschafts- und Schenkungssteuer*, obwohl dies für die Mittelständler ein großes Problem ist. Bürgerlich-rechtlich ist das Eigentum an privaten Gegenständen dasselbe wie das Eigentum an einem Betrieb. Aus volkswirtschaftlicher Sicht gibt es jedoch einen gewaltigen Unterschied, ob beim Todesfall ein Teil des privaten Vermögens an den Staat fällt, was nach außen hin keine Konsequenzen hat, oder ob durch die Erbschaftssteuer womöglich ein Betrieb mit seinen Arbeitsplätzen in Not gerät. Daher gibt es die politische Debatte, inwieweit das betriebliche Vermögen zu verschonen ist, ohne den Gleichheitsgrundsatz zu verletzen. Dieses Problem, das alljährlich zehntausende Betriebe betrifft, kommt in den Lehrbüchern nicht vor.

2.2.3   Die Gewerbefreiheit

In allen hier betrachteten Lehrbüchern fehlt im Sachregister das Stichwort *Gewerbefreiheit*. Ebenso fehlen die zugehörigen Begriffe *Gründung, Existenzgründung, Selbstständigkeit, Wagniskapital, Start-ups* sowie *Gewerbe* und *Gewerbeordnung*.

Dies ist insofern ein schwerwiegendes Versäumnis, als die Gewerbefreiheit neben dem Kartellverbot die zweite tragende Säule unserer Wirtschaftsordnung bildet. Wettbewerb und Kartellverbot werden in den Lehrbüchern ausführlich behandelt, die Gewerbefreiheit hingegen nicht. Gemeint ist mit diesem Begriff, dass jedermann sich mit jeder beliebigen Tätigkeit gewerblich selbstständig machen kann, ohne dass geprüft wird, ob hierfür ein Bedarf besteht, und ohne dass er oder sie irgendeine Qualifikation nachweisen muss. Dabei wird in Kauf genommen, dass die Existenz der bisher etablierten Betriebe durch den neuen Konkurrenten gefährdet werden könnte oder dass er nach kurzer Zeit scheitert. Jeder Gründer muss dieses Risiko selbst tragen.

Man könnte sich sogar auf den Standpunkt stellen, dass die Gewerbefreiheit die erste Säule der Wirtschaftsordnung und speziell der Wettbewerbspolitik ist, noch vor dem Kartellverbot, denn die Gewerbefreiheit genießt Verfassungsrang, das Kartellverbot hingegen nicht. Das Grundgesetz geht in Artikel 1 von der unantastbaren Menschenwürde aus, woraus unverletzliche und unveräußerliche Menschenrechte folgen, so auch die in Artikel 12 geregelte Berufsfreiheit: *Alle Deutschen haben das Recht, Beruf, Arbeitsplatz und Ausbildungsstätte frei zu wählen.* Diese freie Wahl des Berufs umfasst auch das Recht, den Beruf selbstständig auszuüben. Das Wort *Beruf* ist dabei sehr weit auszulegen: Es gibt keinen festen Katalog der erlaubten Berufe, sondern jedwede erlaubte Tätigkeit kann als Beruf ausgeübt werden. Der Grundgesetzkommentar *von Münch/Kunig* sagt hierzu: *Unter Berufswahl (Berufszugang)ist die freie Entscheidung zu verstehen, eine Berufstätigkeit aufzunehmen und einen bestimmten Beruf auszuüben.*

Grundlegend ist das Apothekenurteil des Bundesverfassungsgerichts vom 11. Juni 1958. Im Juli 1956 beantragte ein approbierter Apotheker bei der Regierung von Oberbayern, ihm eine Betriebserlaubnis für eine Apotheke in Traunreut zu erteilen. Dies wurde mit Hinweis auf das Bayerische Apothekengesetz abgelehnt. Dort war bestimmt, dass eine Betriebserlaubnis nur erteilt werden dürfe, wenn dies zur Versorgung der Bevölkerung im öffentlichen Interesse liegt, wenn die wirtschaftliche Grundlage der neuen Apotheke gesichert ist und wenn die wirtschaftliche Grundlage der benachbarten Apotheken nicht beeinträchtigt wird. Das Bundesverfassungsgericht hob diese Bestimmungen des Apothekengesetzes als verfassungswidrig auf, weil hier ein Verstoß gegen die Berufsfreiheit nach Artikel 12 des Grundgesetzes gegeben sei. Das Gericht entwickelte eine Drei-Stufen-Theorie: (1) Regelungen zur Berufsausübung, (2) subjektive, in der Person liegende Voraussetzungen wie eine Prüfung, (3) objektive Voraussetzungen, insbesondere eine Prüfung des Bedarfs. Von diesen drei Stufen haben Gesetzgeber und Verwaltung nach dem Grundsatz der Verhältnismäßigkeit stets die unterste, die mildeste, anzuwenden. Regelungen zur Berufsausübung greifen in dieses Grundrecht relativ milde ein. Eine Prüfung der Qualifikation des Bewerbers bildet schon eine bedeutend höhere Schranke. Eine Prüfung des Bedarfs, als strengster Eingriff, kommt praktisch kaum noch vor.

Das Gericht geht hier ganz vom individuellen Grundrecht des Geschäftsgründers aus und nicht vom Schutzbedürfnis der bereits bestehenden Betriebe. Aus volkswirtschaftlicher Hinsicht hat die Gewerbefreiheit vor allem zwei Bedeutungen:

(1) Die Bildung und das dauerhafte Bestehen von Kartellen werden erschwert, wenn jederzeit ein Außenstehender als unwillkommener Wettbewerber hinzu treten kann. Der Sinn eines Kartells ist ja, einen Preis oberhalb des Preises zu vereinbaren, der sich im freien Wettbewerb ergäbe, möglichst sogar einen Monopolpreis. Der hiermit erzielte Sondergewinn bleibt Außenstehenden nicht verborgen und zieht neue Wettbewerber an. Durch das zusätzliche Angebot reduziert sich der bisherige Monopolgewinn.

(2) Jeder Existenzgründer muss bestrebt sein, etwas anzubieten, was es bisher in dieser Form und an diesem Ort noch nicht gibt, denn andernfalls hätte ja die Kundschaft keinen Anlass, das neue Geschäft aufzusuchen. Jede Gründung bereichert daher das Angebot, etwa die einzige und neue Buchhandlung an einem Ferienort oder das neue Szene-Restaurant in der Partymeile. Oder ein Beispiel aus einem ganz anderen Bereich: In der Landwirtschaft gibt es kaum noch Hilfsarbeiter, sondern der Betrieb ist hoch maschinisiert. Jeder Landwirt hat allerdings das Problem, dass die einzelne Maschine nur wenige Tage im Jahr benutzt wird und die übrige Zeit in der Scheune steht und gepflegt werden muss. Jetzt hat ein gelernter Landmaschinenmechaniker reich geerbt, schafft sich einen Maschinenpark an und macht sich selbstständig als landwirtschaftlicher Lohnunternehmer, indem er bei zwei Dutzend Landwirten reihum seine Maschinen einsetzt. Jeder Landwirt braucht also nur für zwei Tage Maschineneinsatz zu bezahlen und nicht selbst das aufwendige Gerät anzuschaffen.

Viele Gründungen laufen in dieser Form auf eine Vertiefung der Arbeitsteilung und im gesamtwirtschaftlichen Sinne auf eine verstärkte Rationalisierung hinaus. Erst recht willkommen sind innovative Gründungen im Umkreis einer Technischen Universität. Dieser Nutzen für die Allgemeinheit kommt dadurch zum Ausdruck, dass der Bund und die Länder zahlreiche Förderprogramme für die Existenzgründer aufgelegt haben. Wer sich aus der Arbeitslosigkeit heraus selbstständig macht, bekommt Hilfen von der Agentur für Arbeit.

Die Gewerbefreiheit war allerdings, beginnend mit den mittelalterlichen Zünften, stets heftig umstritten und ist dies heute noch. Die wichtigste Ausnahme ist heute das *Handwerk*, ebenfalls ein Begriff, der in keinem der hier betrachteten Lehrbücher erwähnt wird, obwohl es in Deutschland rund 589 000 Handwerksunternehmen mit zusammen rund 5,1 Millionen tätigen Personen gibt. Unter dem Gesichtspunkt der Gewerbefreiheit bildet es ein Problem, dass hier für 41 Berufe der Anlage A der Handwerksordnung eine Meisterprüfung verlangt wird. Die Auswahl dieser Berufe, vom Maurer und Betonbauer bis zum Vulkaniseur und Reifenmechaniker macht einen recht willkürlichen Eindruck und ist nicht systematisch, sondern nur historisch bedingt. Grundprinzip ist, dass im Meisterprüfungsausschuss die schon etablierten Meister sitzen, die also entscheiden, wer in ihren Kreis aufgenommen wird. Begründet wird die Notwendigkeit einer Meisterprüfung gewöhnlich mit der außerordentlichen Ausbildungsleistung des Handwerks. Dies ist insofern Unsinn, als die Frage der Ausbildung mit der Frage, unter welchen Voraussetzungen sich einer selbstständig machen kann, nichts zu tun hat. Ausgezeichnete Ausbildungsleistungen gibt es auch in der Industrie, im Handel und in zahlreichen weiteren Gewerbezweigen, die keine Meisterprüfung kennen. Zweitens wird die Notwendigkeit einer Prüfung gewöhnlich damit begründet, dass der Verbraucher vor unqualifizierten Leuten geschützt werden müsse. Jedoch gilt dieses Argument nicht für die Industriebetriebe und alle anderen Branchen: Hier entscheidet allein der Markt.

In jeder Branche ist man überzeugt, dass das Angebot der bisherigen Betriebe völlig ausreiche und weitere Wettbewerber einen ruinösen Einfluss ausüben und, wegen ihrer mangelnden Qualifikation, den Ruf der Branche beschädigen. Einen geradezu exzessiven Schutz haben die Steuerberater aufgebaut, die zwar nicht zum Gewerbe gehören, sondern zu den Freiberuflern, aber mit derselben Interessenlage. Vor der Zulassung zum Steuerberater stehen zwei akademische Prüfungen, die als außerordentlich schwierig gelten. Der Beruf ist stark überaltert, weil so wenig Nachwuchs durchkommt. In der Schweiz ist derselbe Beruf, dort Treuhänder genannt, für jedermann frei zugänglich.

In der Bundespolitik wird wenig Anlass gesehen, diese Verhältnisse zu ändern: Niemand hat Lust, sich mit dem Handwerk oder mit den Steuerberatern anzulegen, die sehr schlagkräftig organisiert sind. Unter den Politikern heißt es: *Nichts geht gegen die Landwirtschaft und gegen das Handwerk!*

Eine Auflockerung kann allein durch die Europäische Union erhofft werden, die im Gemeinsamen Binnenmarkt die Schranken niederzureißen versucht, im Falle der Freiberufler vor allem durch ihre Dienstleistungsrichtlinie. Diese wird ebenfalls in keinem Lehrbuch erwähnt. Die *Richtlinie 2006/123/EG über Dienstleistungen im Binnenmarkt* hat das Ziel, den Europäischen Binnenmarkt auch im Bereich der Dienstleistungen zu verwirklichen und hat insofern innerhalb der EU eine grundlegende Bedeutung. Jedermann soll auch grenzüberschreitend seine Dienste anbieten können. Dem stehen jedoch vielfach nationale Regelungen der Mitgliedsstaaten entgegen, die den freien Zugang von Anbietern aus anderen Mitgliedsstaaten behindern. Vor allem geht es um den Wettbewerbsschutz der innerstaatlichen Anbieter. Die Richtlinie hat den Abbau dieser Hindernisse zum Ziel. Ebenso wie vom freien Warenverkehr werden hiervon Wohlstandsgewinne erwartet. Es gibt jedoch eine umfangreiche Liste von Dienstleistungen, in denen dieser freie Verkehr bisher nicht gilt, so auch die Steuerberatung. Die Interessenvertretungen der Steuerberater (Verband ebenso wie Kammer) wehren sich vehement dagegen, dass ausländische Steuerberater in den deutschen Markt eindringen.

Die in Deutschland übliche Sonderstellung der Freien Berufe, die nicht als Gewerbe gelten und angeblich nicht gewinnorientiert arbeiten, wird im Ausland und in der EU nicht recht verstanden. Aus volkswirtschaftlicher Sicht handelt es sich beim Arzt und beim Rechtsanwalt um einen Dienstleistungs-Anbieter ebenso wie beim Unternehmensberater, der seinerseits als Gewerbetreibender gilt.

Diese grundlegenden volkswirtschaftlichen Fragen als Prinzipien einer freiheitlichen Wirtschaftsordnung und die politischen Konflikte in der wechselvollen Geschichte des Kampfs um die Gewerbefreiheit bleiben unseren Studierenden der Wirtschaftswissenschaften verborgen und werden in den Lehrbüchern nicht behandelt.

2.2.4   Die Berufsausbildung

In den Sachregistern sämtlicher sieben überprüfter Lehrbücher fehlen die Stichworte *Berufsbildungsgesetz, Ausbildung, Berufsausbildung, duales System, Berufsschule*, obwohl in der nationalen und internationalen Debatte gerade dies immer wieder als vorbildlich und als wesentliche Ursache des deutschen Wirtschaftserfolgs gewürdigt wird. Bei Wöhe (Seite 49) wird festgestellt, dass eine gut funktionierende Organisation *auf fähige und engagierte Mitarbeiter angewiesen ist*. Die gesamte Frage der Ausbildung wird in dem 992 Seiten umfassenden Werk auf Seite 137 in sechs kurzen Zeilen abgehandelt:

    © Frank & Timme   Verlag für wissenschaftliche Literatur

*Die Ausbildung ist für Unternehmen auf kurze Sicht ein „Zuschussgeschäft",
denn meistens gilt in der Ausbildungszeit, dass der Personalaufwand höher
ist als der Personalertrag. Trotzdem forcieren die meisten Unternehmen ihre
Ausbildungsaktivitäten. Sie suchen talentierte Hoffnungsträger, die nach
erfolgreicher Ausbildung in eine Dauerbeschäftigung übernommen werden
sollen. Auf längere Sicht ist die Ausbildung ein „gutes Geschäft", mit dem
sich das Humankapital steigern lässt.*

Der Leser erfährt aber nicht, wie diese Ausbildung organisiert ist und weshalb
die deutsche Form der praxisnahen Ausbildung international als vorbildlich gilt.
Die lebendigen Menschen werden hier etwas lieblos auf ihre Funktion als Träger
von Humankapital reduziert.

In Deutschland gab es 2015 rund 1,3 Millionen Auszubildende. Im Jahr 2015
wurden 516 000 Ausbildungsverträge neu abgeschlossen, und 460 000 junge
Leute nahmen an den Abschlussprüfungen teil. Der Grundgedanke geht dahin,
dass nicht in einer Akademie ausgebildet wird, sondern in der betrieblichen
Praxis und ergänzend in der Berufsschule. Wegen dieser beiden Lernorte ist auch
vom dualen System die Rede. Ausgebildet wird in den zahlreichen bundesweit
anerkannten Ausbildungsberufen, also nicht länderweise getrennt wie sonst in
der Schul- und Bildungspolitik. Zu jedem Ausbildungsberuf gehört eine Ausbil-
dungsordnung, worin steht, welche Kenntnisse und Fertigkeiten zu vermitteln
sind. Der oder die Auszubildende durchläuft für zwei bis drei Jahre nach einem
zeitlich und sachlich gegliederten Rahmenplan die einzelnen Abteilungen des
Betriebs. Dieser muss einen Absolventen der Ausbildereignungsprüfung benen-
nen. Die Zwischenprüfung, auf halbem Wege und die Abschlussprüfung werden
von Praktikern aus den Betrieben abgenommen, die sich für diesen Zweck bei
ihrem Unternehmen freifragen müssen. Es ist also alles auf die aktuell übliche
Praxis ausgerichtet, und die Auszubildenden erhalten einen umfassenden Ein-
blick auf einem gehobenen Facharbeiterniveau. Gewöhnlich wird zwischen den
kaufmännischen und den gewerblichen Auszubildenden unterschieden, wobei
gewerblich hier so viel bedeutet wie *in der Produktion* oder auch *nicht mit weißem
Kragen, sondern im grauen Kittel.* Nach Abschluss der Ausbildung und einigen
Jahren Praxis kann die Prüfung zum Handwerksmeister oder zum Industrie-
meister und damit zur mittleren Führungskraft angesteuert werden. Später ist
der Zugang zur *Fachhochschule* möglich – ebenfalls ein Begriff, der in keinem
der Lehrbücher auftaucht, obwohl es zurzeit rund 930 000 Studierende an Fachhochschulen gibt. Ebenso fehlt der Begriff *Fort- und Weiterbildung*, obwohl es

eine Binsenweisheit ist, dass in Zeiten des technischen Fortschritts jedermann zu einem lebenslangen Lernen aufgerufen ist.

Organisiert wird die Berufsausbildung nicht etwa von staatlichen Stellen, sondern von der Selbstverwaltung der gewerblichen Wirtschaft und der Freien Berufe, im Schwerpunkt von der Industrie- und Handelskammer und der Handwerkskammer. Diese überprüfen die Ausbildungsverträge, stellen die Prüfungsausschüsse zusammen und beschäftigen Außendienstler als Ausbildungsberater, auch zur Schlichtung von Streitigkeiten. Bei schwerwiegenden Verstößen kann einem Betrieb die Ausbildungsberechtigung aberkannt werden. Aus demografischen Gründen hat sich ein Wandel ergeben: Früher haben die Kammern um Ausbildungsplätze geworben, um möglichst alle Bewerber unterzubringen. Heute und auf unabsehbare Zeit herrscht großer Nachwuchsmangel, und die Kammern informieren die Betriebe darüber, wie sie sich den Jugendlichen empfehlen können. Der Nachwuchsmangel in der betrieblichen Ausbildung wird dadurch verschärft, dass seit einigen Jahren allzu viele Realschulabgänger die Fachoberschule, das Abitur und das Studium anstreben, selbst wenn sie eher praktisch als wissenschaftlich begabt sind. Natürlich wird auch dieses Problem der Auswahl des Bildungsniveaus in keinem der Lehrbücher behandelt.

Das ganze System der dualen Ausbildung hat, im internationalen Vergleich, drei wichtige Vorzüge:

(1) Der Übergang vom Bildungssystem in das Beschäftigungssystem, in vielen Ländern eine unüberwindbare Klippe mit der Folge einer hohen Jugendarbeitslosigkeit, geschieht hier ganz unmerklich. Die betriebliche Ausbildung bildet eine gangbare Brücke zwischen beiden.

(2) Es gibt zwischen der Unternehmensleitung und den ausführenden Arbeitern eine breite umfassend praktisch ausgebildete mittlere Führungsebene von Personen, die durchweg langjährig und loyal an den Betrieb gebunden sind. Das andere Extrem bilden die USA, wo ganz überwiegend mit Ungelernten gearbeitet wird, die schon wegen geringer Lohnunterschiede schnell wechseln.

(3) Die betriebliche Ausbildung hat ihre Wurzeln im mittelalterlichen Handwerk mit den Lehrlingen, Gesellen und Meistern. Heute ist es leicht, das engherzige zünftlerische Denken und die Fortschrittsfeindlichkeit in einer statischen Gesellschaft zu kritisieren. Kennzeichnend war aber auch das Streben nach Qualität um ihrer selbst und um der Ehre des Meisters willen. Wenn im Dom eine Mauer zu bauen war, die

© Frank & Timme   Verlag für wissenschaftliche Literatur

später hinter anderen Mauern verschwand, also vom Publikum nicht zu sehen war, so wurde auch diese Mauer sorgfältig verfugt. Denn Gott sieht alles. Bei einem Maurermeister gibt es ganz einfach keine schluderig verfugte Mauer. Das Handwerk empfahl und empfiehlt sich durch Qualität, nicht durch den Preis. In diesem Denken wurde ausgebildet, und dies hat sich bis heute erhalten, nicht nur im Handwerk, sondern insbesondere auch in der hieraus hervorgegangenen Industrie. Deutschland hat beispielsweise eine besondere Stärke im Export beim Maschinenbau. Aber nicht, weil die Maschinen besonders billig wären, sondern eben wegen der Qualität. Auch dies bildet den Unterschied zu den USA, wo immer zuerst auf den Preis geachtet wird und daher nur Mindestqualität hergestellt wird.

Außer der betrieblichen praktischen Ausbildung fehlen bei den Autoren auch die Stichworte *Hochschule, Universität, Studium.* Die Tatsache, dass für viele berufliche Tätigkeiten eine wissenschaftliche Ausbildung erforderlich ist und dass der Anteil der Personen mit Hochschulabschluss eine maßgebliche Größe für die Leistungsfähigkeit und Wettbewerbsfähigkeit einer Volkswirtschaft ist, wird also nicht thematisiert. In den Lehrbüchern wird gelegentlich statt vom Produktionsfaktor Arbeit von *Investitionen in das Humankapital* gesprochen – eine hässliche Übersetzung von *human capital*, die die Vorstellung nahelegt, als wären die Menschen aus Fleisch und Blut mit ihren Freuden und Sorgen bloße Teile der Kapitalausstattung des Unternehmens, ähnlich dem Maschinenpark.

2.2.5   Deutschland, Europa

In den sämtlichen hier untersuchten Lehrbüchern fehlen im Register außerdem die Stichworte *deutsch, Deutschland, Made in Germany.* Man braucht kein Nationalist oder Rechtsradikaler zu sein, um dies als Mangel zu empfinden. Weil sämtliche Autoren den Praxisbezug beanspruchen, wäre es naheliegend, auf die hiesigen Besonderheiten wie etwa die betriebliche Ausbildung einzugehen. Denn die meisten Absolventen des wirtschaftswissenschaftlichen Studiums werden vermutlich hier im Land ihren Beruf ausüben. Und selbst wenn sie später im Ausland tätig sind, können sie die dortigen Verhältnisse besser beurteilen, wenn sie die hiesigen Verhältnisse als Ausgangsplattform kennen. Darüber hinaus bleibt es für jeden Wirtschaftswissenschaftler erklärungsbedürftig, weshalb Deutschland sich in der Europäischen Union zum führenden Wirtschaftsland entwickelt hat, weshalb die hiesigen Waren weltweit gefragt sind und Deutschland seit 2002 einen riesigen Exportüberschuss verzeichnet. Altmann beschränkt sich darauf, auf Seite 147 den Begriff Leistungsbilanz zu definieren und merkt an: *Diese wiederum ist der güterwirtschaftliche Teil der Zahlungsbilanz, der durch die Kapitalbilanz ergänzt wird.* Wie in den Lehrbüchern üblich, wird nur die Definition gegeben, nicht das inhaltliche Problem. Die deutschen Besonderheiten der Leistungsbilanz, deren Ursachen und die hierdurch geschaffenen internationalen Verwicklungen werden nicht erwähnt.

Dass Wirtschaftsfragen der Bundesrepublik nicht behandelt werden, könnte seine Ursache auch darin haben, dass fast alle Veröffentlichungen in englischer Sprache und in internationalen Fachzeitschriften erscheinen, denn anscheinend gilt nur dies als karrierefördernd. Wird ausnahmsweise doch ein deutsches Problem aufgegriffen, so geschieht auch dies in der angelsächsischen Form. Nicola Fuchs-Schündeln, Professorin an der Universität Frankfurt, veröffentliche ihren Beitrag *Explaining the Low Labor Productivity in East Germany – A Spatial Analysis* im in Amsterdam erscheinenden *Journal of Comparative Economics*, 40 (1), 2012. Diese räumliche Analyse der geringen Arbeitsproduktivität in den Neuen Bundesländern wird vermutlich den dortigen Einwohnern verborgen bleiben. Diese erfahren also nicht, mit welchen Mitteln und welchem Ergebnis sie erforscht wurden.

Das Stichwort *Neue Bundesländer* fehlt in allen untersuchten Lehrbüchern, obwohl es von außerordentlichem theoretischen und auch praktischen Interesse war, wie sich der Übergang von der sozialistischen Wirtschaft zur Marktwirtschaft gestaltete, welche Hoffnungen hiermit verbunden waren und nur zum kleineren Teil erfüllt wurden. Dieser Übergang betraf immerhin 16,6 Millionen Einwohner der DDR aus dem Jahr 1988, wovon heute nach starker Abwanderung noch 13,9 Millionen übrig geblieben sind. Die Neuen Länder wurden mit außerordentlichen Finanzmitteln aus der alten Bundesrepublik unterstützt. Gleichwohl ist die Arbeitslosigkeit etwa doppelt so hoch wie in den alten Bundesländern. Große Teile der Industrie wurden abgewickelt, das heißt geschlossen oder privatisiert, wobei zumeist die Anzahl der Mitarbeiter stark gesenkt wurde. Das Bruttoinlandsprodukt der Neuen Bundesländer ist inzwischen unter das der DDR von 1989/90 gesunken. Besonders schwach ist immer noch, wie in der DDR, der Export. Der Aufholprozess verläuft eher schleppend. Insgesamt handelte es sich bei der Wiedervereinigung um das weitaus größte nationale Problem der Bundesrepublik, nicht nur politisch, sondern insbesondere auch wirtschaftlich. Es ging um eine große und in dieser Form vorher nie dagewesene Aufgabe, in der Kreativität und Einfühlungsvermögen gefragt waren. Der Vergleich der Prognosen von 1990 und der inzwischen eingetretenen Entwicklung wäre ein reizvolles Forschungsproblem gewesen. Dieses Problem wurde in der

© Frank & Timme   Verlag für wissenschaftliche Literatur

akademisch betriebenen Wirtschaftstheorie nicht zur Kenntnis genommen, und sie hat zur Lösung dieser Aufgabe, in der Beratung der Politik, nichts Nennenswertes beigetragen.

Die Fixierung auf den angelsächsischen Sprachbereich könnte auch Ursache dafür sein, dass sich die Lehrbücher der Volkswirtschaftslehre mit der *Europäischen Union* schwertun. Dieses Stichwort sowie das Stichwort *Binnenmarkt* fehlen im Sachregister des immerhin 648 Seien umfassenden Lehrbuchs von Woll in der im Jahr 2011 vollständig überarbeiteten 16. Auflage. Zur Behandlung dieses Themas reichen auf Seite 606f. einige wenige Zeilen aus. Hier wird bemerkt:

Für eine Zollunion und einen Gemeinsamen Markt hätte es genügt, handelshemmende Vorschriften zu beseitigen […] Tatsächlich hat man die EU wie einen Superstaat konstruiert […]. Da im Gegenzug die nationalen Organe nicht abgebaut wurden, entstand auf diese Weise neben der innerstaatlichen eine riesige europäische Bürokratie.

Der Autor meint anscheinend, eine bloße Zollunion hätte ausgereicht. Das kann man so sehen, wird aber allgemein nicht so gesehen. Dass die EU wie ein Superstaat konstruiert ist, trifft nicht zu. Insbesondere fehlt der EU die für einen Staat typische Kompetenz-Kompetenz, also die Vollmacht, selbst über ihre Zuständigkeiten zu entscheiden. Vielmehr darf die EU nur im Auftrag der Mitgliedsländer tätig werden. Dass hier eine riesige europäische Bürokratie aufgebaut worden sei, ist eher ein populäres Vorurteil als eine wissenschaftliche Aussage.

In den *Grundlagen der Wirtschaftspolitik* von Fredebeul-Krein werden auf Seite 47f. nur die Verträge, Organe und Zuständigkeiten der EU aufgezählt, nicht aber der Sinn und Zweck des Ganzen, Funktionsweise und Wirkungen des Binnenmarktes. In den *Grundfragen der Wirtschaftspolitik* von Mussel werden auf 300 Seiten die Europäische Union und der Europäische Binnenmarkt trotz der überragenden Bedeutung für die deutsche Wirtschaft kein einziges Mal erwähnt.

Tatsächlich geht die europäische Einigung weit über eine bloße Zollunion hinaus. Der Binnenmarkt ist durch vier Grundfreiheiten gekennzeichnet:

- Freier Warenverkehr
- Personenfreizügigkeit
- Dienstleistungsfreiheit
- Freier Kapital- und Zahlungsverkehr

Darüber hinaus betrachtet sich die Europäische Union als einen Raum der Freiheit, der Sicherheit und des Rechts. Ordnungspolitisch sieht sie sich nach dem

Vorbild Deutschlands dem Modell der Sozialen Marktwirtschaft verpflichtet. Die gesamte Außenwirtschaftspolitik, insbesondere die Verhandlungen über Freihandelsverträge, haben die Mitgliedsstaaten längst an die EU abgetreten, wie letzthin bei den Verhandlungen mit Kanada und mit den USA deutlich wurde.

In den Lehrbüchern wird nicht der naheliegenden Frage nachgegangen, wie sich die Teilnahme am Binnenmarkt bisher auf Deutschland und auf die anderen Mitgliedsstaaten ausgewirkt hat, ob die EU insofern als Erfolg betrachtet werden kann und welche Hindernisse sich bei der weiteren Verwirklichung der vier Grundfreiheiten auftun. Beispielsweise ist der freie Warenverkehr inzwischen längst realisiert, nicht hingegen die Dienstleistungsfreiheit, wogegen in Deutschenland insbesondere die Standesorganisationen der Freien Berufe zähen Widerstand leisten.

Im Lehrbuch von Bartling wird die EU ausführlicher behandelt, jedoch fehlt hier ebenfalls das entscheidende Stichwort *Binnenmarkt*. Zum entscheidenden Thema der ökonomischen Wirkung der EU-Integration genügen auf Seite 320 zwei Absätze. Auch hier wird lediglich auf eine Art Zollunion abgestellt, nämlich *die Intensivierung des Wettbewerbs, der durch Binnengrenzen nicht mehr behindert wird*. Eine Erläuterung, was es mit dem EU-Binnenmarkt auf sich hat, fehlt auch bei Altmann. Hier wird die EU auf den Agrarmarkt und auf die Wettbewerbspolitik reduziert.

Auf nationale Eigenheiten der deutschen Wirtschaft wird in den Lehrbüchern nirgendwo eingegangen. Nach Altmann, Seite 3, *will die Theorie erklären, wobei die Aussagen verallgemeinerungsfähig und nicht auf eine bestimmte Zeit oder ein bestimmtes Land beschränkt sein sollen.* Auf Seite 173 sagt er eingangs des Kapitels *Wirtschaftssystem und Wirtschaftsordnungen: In diesem Kapitel soll keine Untersuchung konkreter Wirtschaftsordnungen einzelner Länder erfolgen; dies würde nicht nur den Rahmen sprengen, sondern wäre auch nicht im Sinne der beabsichtigten grundsätzlichen Einführung in volkswirtschaftliche Zusammenhänge.*

Woll schreibt (Seite 6): *Die Wirtschaftstheorie bildet Systeme nicht an Raum und Zeit gebundener (genereller) Aussagen, die man als Gesetze […] bezeichnet.* Es geht darum (Seite 10), *allgemeingültige Erkenntnisse zu gewinnen.*

Woll (Seite 6) *versucht, Anschluss an die maßgeblichen angelsächsischen textbooks zu finden […]. Besonderheiten deutscher Literatur, die in der Terminologie, Stoffgewichtung und -auswahl erkennbar sind, sollen vermieden werden.* Anstatt sich mit der hiesigen Wirklichkeit auseinanderzusetzen, bildet die angelsächsische Wirtschaftsliteratur den fast ausschließlichen Bezugsrahmen. Klump schreibt (Seite 350) über die Bologna-Reform mit ihren Bachelor- und Masterstudiengängen: *[…] war die Reform […] das Produkt einer zunehmenden*

© Frank & Timme Verlag für wissenschaftliche Literatur

Globalisierung von Lehrinhalten, die sich an den Bedürfnissen des größten natio-nalen Markts, der USA, orientierten. Hier bleibt offen, weshalb sich die deutschen Universitäten an den Bedürfnissen der USA orientieren sollen.

Gerade in einer Einführung wäre es stattdessen naheliegend, zunächst einmal von den heimatlichen Verhältnissen auszugehen und diese als Beispiel zu nutzen. Natürlich ist es möglich, stattdessen gleich ins Allgemeine, Grundsätzliche und für alle Länder gültige zu springen. Solche Theorien müssen allerdings ein sehr hohes Abstraktionsniveau haben, und außerdem können sie nur entwickelt wer-den, wenn unterstellt wird, dass weltweit dieselben Vorgaben gelten, vor allem, dass jedes Unternehmen nach langfristiger Gewinnmaximierung strebt. Diese verallgemeinerungsfähigen Theorien sind allerdings notwendigerweise praxis-fern, denn die Praxis ist ja immer hier am Ort und konkret. Insofern kann der jeweils in der Einleitung erhobene Anspruch der Praxisnähe nicht eingelöst werden.

Dieser Konflikt wird von den Autoren durchaus gesehen. So heißt es bei Altmann auf Seite 449:

Dieses Buch sollte Unmögliches leisten: Es sollte zum einen die […] Theorie-ansätze erläutern und zum anderen ihre Bezüge zur Realität verdeutlichen. Natürlich konnte dies oft nur in Ansätzen gelingen; viele Theorien sind und bleiben praxisfern; viele Praxisprobleme können nicht vereinfachend theo-retisiert werden.

Hier bleibt allerdings offen, welche Existenzberechtigung Theorieansätze haben, die praxisfern sind und bleiben, die nicht in der Praxis überprüfbar sind und nichts zum Verständnis der Praxis beitragen. Ferner bleibt offen, weshalb Pra-xisprobleme nur dann behandelt werden können, wenn sie sich vereinfachend theoretisieren lassen. Zum Beispiel ist für das Praxisproblem, auf welche Weise und durch welche Ausbildung der Nachwuchs am besten auf die spätere Berufs-tätigkeit vorbereitet werden kann, keinerlei vereinfachende Theoretisierung notwendig. Hier wird die Grundeinstellung der Wirtschaftswissenschaftler deut-lich, dass nur dasjenige wissenschaftlich behandelbar sei, was sich formalisieren und in mathematischen Formeln darstellen lässt. Hierdurch wird die Gesamt-heit der möglichen Forschungsgegenstände von vornherein auf einen winzigen Ausschnitt verengt, und selbst in diesem Ausschnitt wirkt die Formalisierung mechanistisch, künstlich und verkrampft, weil sich das menschliche Verhalten prinzipiell nicht in Gleichungen und in einfachen Ursache-Wirkungs-Beziehun-gen darstellen und einfangen lässt.

2.2.6 Infrastruktur und Verkehrspolitik

In den sämtlichen hier untersuchten Lehrbüchern, insbesondere in denen zur Wirtschaftspolitik, fehlen im Sachregister die Stichwörter *Infrastruktur, Verkehr, Verkehrspolitik, Straßen, Eisenbahnen, Wasserstraßen, Häfen, digitale Infrastruktur, Breitbandausbau.* Dies ist insofern erstaunlich, als es zur selbstverständlichen und gewichtigen Aufgabe der Wirtschaftspolitik gehört, die Infrastruktur auszubauen und zu unterhalten, vor allem aus zwei Gründen:

(1) Wo das bisherige Netz nicht ausreicht und chronisch überlastet ist, gibt es aus der Wirtschaft und von den Bundesländern lautstarke Forderungen nach einem Ausbau aus Bundesmitteln. Die Industrie möchte ihre Lagerhaltung reduzieren und verlangt eine genau rechtzeitige Belieferung, also *just in time.* Daraus wird durch ständige Überlastung der Verkehrswege ein *just in stau.* Ein besonderes Problem bildet die Anbindung der Seehäfen an das Hinterland. Der Außenhandel wird zum größten Teil über den Schiffsverkehr abgewickelt, und die deutschen Seehäfen stehen im heftigen Wettbewerb mit den Westhäfen (Rotterdam, Antwerpen etc.) und den Südhäfen am Mittelmeer. Hier entscheiden die öffentlichen Investitionen in die Häfen und die Verkehrsanbindungen ins Hinterland.

(2) Die Infrastruktur kann aber auch ausgebaut werden, um entlegene Randgebiete zu erschließen und an das überregionale Verkehrsnetz anzuschließen. Dies wird insbesondere beim Ausbau der Transeuropäischen Netze der EU deutlich, wo die *Anbindung von Randregionen* ausdrücklich als Ziel genannt wird. Ähnliches gilt für die Forderung nach einem Ausbau eines leistungsstarken digitalen Netzes gerade auch für Randgebiete und ländliche Regionen.

Die weltwirtschaftliche Arbeitsteilung vertieft sich im Rahmen der Globalisierung ständig. Daher wächst das Verkehrsaufkommen stärker als die Wirtschaft, denn je mehr die Herstellung einzelner Güter sich auf wenige Standorte konzentriert, desto mehr Güter müssen an alle Standorte des Bedarfs transportiert werden. Hinzu kommt speziell für Deutschland das Problem, dass es durch den Beitritt der früher sozialistischen Staaten zur Europäischen Union von einem Randstaat zu einem Transitland in der Mitte der EU geworden ist. Jedermann kann sich bei einer Fahrt auf der Autobahn davon überzeugen, wie viele ausländische Lastwagen hier unterwegs sind. Eine weitere Steigerung des Güterverkehrs

© Frank & Timme   Verlag für wissenschaftliche Literatur

kommt dadurch zustande, dass zunehmend nicht im heimischen Geschäft, sondern im Internet eingekauft wird. Also müssen all diese Waren über die Straßen ausgeliefert werden.

Aber auch abgesehen von diesen aktuellen Gründen wäre von einem Buch über Wirtschaftspolitik zu erwarten, dass auf den Aufbau der Infrastruktur eingegangen wird, einfach weil die gewerbliche Wirtschaft, allen voran die Speditionsunternehmen im Dienste von Handel und Industrie, hierauf angewiesen ist. Hinzu kommt der Personenverkehr von Pendlern, Urlaubern sowie geschäftlichen und privaten Fahrten aller Art. Die Bundesregierung ist nach dem Grundgesetz (Artikel 87e, 89, 90) verantwortlich für Bau und Erhaltung der Bundesverkehrswege (Schienenwege, Wasserstraßen, Fernstraßen). Für jeweils 10 bis 15 Jahre wird ein Bundesverkehrswegeplan aufgestellt, der alle beabsichtigten Projekte enthält. Im Jahr 2016 wurde der Bundesverkehrswegeplan 2030 verabschiedet. Er hat ein Volumen von 269,6 Milliarden Euro, davon 132,8 Milliarden Euro für die Fernstraßen, 112,3 Milliarden Euro für die Eisenbahnen und 24,5 Milliarden Euro für die Wasserstraßen. Das politische Problem besteht darin, dass die Gesamtheit der angeforderten Projekte stets weit höher ist als der Finanzrahmen. Von allen Seiten der Politik und der Wirtschaft wird daher versucht, die eigenen Projekte möglichst nach vorn, in die höchste Priorität und daher in die baldige Verwirklichung zu heben. Zu den Bundesprojekten kommen die umfangreichen Investitionen der Bundesländer und der Kommunen hinzu.

Weil es in den Lehrbüchern keinen Abschnitt über Verkehrspolitik gibt, bleiben auch die sämtlichen sonstigen verkehrspolitischen Probleme trotz ihrer hohen Bedeutung für die Wirtschaft unberücksichtigt. Hierzu gehört zum Beispiel der *modal split*, das heißt die Verteilung auf die verschiedenen Verkehrsträger und das politische Ziel, eine Verlagerung von der Straße auf die Bahn oder Wasserstraße zu erreichen. Eng hiermit zusammen gehört die Verkehrsumweltpolitik mit dem Versuch, den Ausstoß von Kohlendioxid zu senken. Weiterhin geht es um die Verkehrsordnungspolitik und den Wettbewerb, so auch eine Öffnung der nationalen Eisenbahnnetze innerhalb der Europäischen Union. Dies setzt technische Vereinheitlichungen voraus. Heiß umstritten ist europaweit das *Port Package* als Bestrebung der EU, unter den Seehäfen einen fairen Wettbewerb ohne staatliche Subventionen herzustellen. Diese sämtlichen und in der Tagespolitik immer wieder kontrovers diskutierten und für die Wirtschaft existenziellen Probleme bleiben den Studenten verborgen.

2.2.7 Die Bauleitplanung

In den hier betrachteten Lehrbüchern fehlen die Stichworte *Bauleitplanung*, *Gewerbegebiet*, *Industriegebiet*, *Baugesetzbuch*, *Baunutzungsverordnung*, *Planfeststellungsverfahren*, obwohl jeder Betrieb sich bei seiner Standortwahl in diese Planung einfügen muss. Gleichzeitig handelt es sich um die wichtigsten Instrumente der kommunalen Wirtschaftsförderung.

Die Bauleitplanung geht davon aus, dass die Entscheidung für eine bestimmte Nutzung eines Grundstücks, etwa für Landwirtschaft, für Industrie, für Wohnen oder für andere Zwecke, jeweils alle anderen Nutzungen ausschließt und dass die verschiedenen Nutzungen, beispielsweise Industrie und Wohnen, sich gegenseitig möglichst wenig stören sollen. Die Planung läuft in diesem Fall auf eine Entmischung hinaus. Traditionell waren die kleinen Handwerks- und Handelsbetriebe in der alten Innenstadt angesiedelt. Inzwischen sind sie zu mittleren Betrieben angewachsen und in der Innenstadt sehr beengt. Die Lastwagen der Lieferanten und Kunden können hier schlecht rangieren, womöglich noch im Gefälle. Ein anderes Problem haben viele alte Betriebe in den deutschen Mittelgebirgen: Vorn sind die Straße und der Bach, hinten der Berg, und an beiden Seiten andere Betriebe, so dass keine Ausdehnung möglich ist. Also muss draußen vor der Stadt ein möglichst ebenes Gewerbegebiet gefunden, ausgewiesen und erschlossen werden, wo die Betriebe sich ausbreiten können. Dies ist aber nur eines der zahlreichen Standortprobleme, die Kommunen und Unternehmen beschäftigen.

Insgesamt ist eine Planung notwendig, und zwar in einer Hierarchie von oben nach unten: Es gibt im Groben die Vorgaben vom Bund und aus dem Landesraumordnungsprogramm. Innerhalb dieser weitgefassten Vorgaben kann die Kommune eigene Schwerpunkte zur langfristigen Entwicklung setzen: *Wollen wir uns als Industriestandort profilieren? Siedeln wir auch Betriebe an, die vorhersehbar Proteste auslösen, etwa Chemiefabriken? Oder werben wir primär als Heilbad und investieren in Tourismus? Oder profilieren wir uns als Wohn- und Schlafgemeinde für die nahegelegene Großstadt?*

Diese grundsätzlichen Entscheidungen und dann die Planungen im Einzelnen liegen auf der kommunalen Ebene, beim Landkreis und den Gemeinden. Der Landkreis stellt ein Regionales Raumordnungsprogramm auf, die Gemeinde einen Flächennutzungsplan für die ganze Gemeindefläche und zahlreiche Bebauungspläne für kleinere Teilgebiete. Dies vollzieht sich im Rahmen der kommunalen Selbstverwaltung. Die Kommunen können hier ganz selbstständig die für jedermann verbindlichen Ortsgesetze aufstellen, Betriebe akquirieren und die wirtschaftliche Entwicklung lenken. Dabei herrscht Baufreiheit: Ein Bauantrag, der sich innerhalb der Planungsvorgaben bewegt, muss genehmigt werden, gleich wer den Antrag stellt. Es gibt also, was viele Gemeinden im Stillen möchten, keine Bevorzugung von Einheimischen. Andererseits können die Gemeinden in der Planung die Wünsche von Investoren berücksichtigen und hiermit werben. Nach § 1 Nummer 8a des Bundesbaugesetzes sind neben vielen anderen Belangen bei der Aufstellung der Pläne auch die Belange *der Wirtschaft, auch ihrer mittelständischen Struktur im Interesse einer verbrauchernahen Versorgung der Bevölkerung,* zu berücksichtigen. Die Bauleitplanung, die bestimmte Nutzungen vorschreibt und alle anderen verbietet, hat mit dem Grundeigentum nichts zu tun. Beim Kauf eines Gewerbegrundstücks oder eines Betriebes mit Immobilie sollte sich der Käufer vorher genau im Bauamt der Stadt erkundigen, welche Nutzungen auf diesem Grundstück zulässig sind. Im Bedarfsfalle kann er die Stadt bitten, den Bebauungsplan zu ändern und hiermit eine gewerbliche Nutzung zuzulassen.

Typische Probleme sind:

- Freie Entwicklung mit großen Neubauten oder Denkmalschutz und Erhaltung des überkommenen Bestandes? Soll im Interesse eines einheitlichen Ortsbildes eine Gestaltungssatzung erlassen werden?
- Wie viele Windenergieanlagen sollen geduldet werden? Mit welchen Abständen zur Wohnbebauung?
- Soll die Umwidmung landwirtschaftlicher Betriebe in Gewerbebetriebe zulässig sein?
- Welche Gebiete unserer Gemeinde eignen sich besonders zur Ansiedlung von Gewerbe (das heißt nicht störenden Betrieben) und Industrie (das heißt Betrieben mit Emissionen, beispielsweise chemische Industrie)? Welche Betriebe sollen und wollen aus beengter Lage in der Innenstadt ausgesiedelt werden? Welche Grundstücke können auswärtigen Interessenten angeboten werden?
- Wo sollen neue Wohngebiete ausgewiesen und erschlossen werden? Mit welchen Grundstücksgrößen? Offene oder geschlossene Bebauung? Wie viele Stockwerke sind erlaubt? Primär Mietwohnungen für die städtische Siedlungsgesellschaft oder primär gehobene Eigenheime?
- Soll im Wohngebiet auch die Vermietung von Ferienwohnungen zulässig sein?
- Sollen am Stadtrand große Flächen für Einzelhandels-Discounter ausgewiesen werden auf die Gefahr hin, dass die Innenstadt verödet? Regelmäßig wehren sich die Einzelhändler der Innenstadt heftig gegen solche Ansiedlungen. Andererseits sind einzelne Branchen (Möbelmarkt,

Baumarkt) auf große Flächen angewiesen. Die Stadt kann sich dem Wandel der Betriebsformen im Einzelhandel nicht verschließen, wenn sie nicht riskieren will, dass die Einwohner in der Nachbarstadt einkaufen und viel Kaufkraft abfließt.

- Sollen Sondergebiete wie etwa für ein Güterverkehrszentrum oder für Bodenabbau und Bergbau ausgewiesen werden?
- Wo kann ein Vergnügungsviertel mit Spielhallen, Nachtbars und Rotlichtbetrieben angesiedelt werden, möglichst weit weg von Schulen und Kindergärten und gegen den zu erwartenden Protest gutbürgerlicher Anwohner?

Bei raumbedeutsamen Großvorhaben, die in der ganzen Region eine Vielzahl von Interessen berühren, etwa Bundesstraßen, Gewässerausbau, Bau eines Hafens, Deponien oder Hochspannungsleitungen, ist ein Planfeststellungsverfahren nach §§ 72ff. des Verwaltungsverfahrensgesetzes notwendig. Dieses Verfahren bündelt alle notwendigen Genehmigungen. Eine Vielzahl von Trägern öffentlicher Belange, so auch die Industrie- und Handelskammern und die anerkannten Naturschutzverbände, werden zur Stellungnahme aufgefordert und die Öffentlichkeit ist zu beteiligen. Gewöhnlich sind die Vorhaben heftig umstritten, beispielsweise können die Wirtschaft und die Landesregierung dafür, die örtliche Bevölkerung und die Naturschützer dagegen sein. Meist sind die Verwaltungen bestrebt, möglichst alle Bedenken zu berücksichtigen. Dies ergibt einen langwierigen Diskussionsprozess, hat aber den Vorteil, dass nach der amtlichen Feststellung des Planes weniger Gerichtsverfahren angestrengt werden.

Die Stichwörter *Gemeinden, Städte, Landkreise, kommunal, Selbstverwaltung* kommen in den hier untersuchten Lehrbüchern ebenfalls nicht vor, obwohl die Unternehmen nicht nur in der Bauleitplanung, sondern auch auf vielen anderen Gebieten mit ihrer Heimatgemeinde zu tun haben, beispielsweise bei der Festsetzung des Hebesatzes für die Gewerbesteuer oder bei der Höhe der Abwassergebühren und zahlreichen anderen Gebühren. Immer wieder gibt es aus der Wirtschaft Beschwerden darüber, dass sich die Baugenehmigungen über viele Monate hinziehen. Es gibt im Rathaus den Schnack: *Was die Wirtschaftsförderung anleiert, läuft sich tot in der Bauabteilung.* Hier gibt es zwei Extreme: Das eine Extrem besteht darin, alle Bauanträge streng nach der Reihenfolge des Eingangs zu bearbeiten: Erst der Wintergarten bei Familie Müller, dann die Garage für Familie Meyer, dann die Betriebserweiterung Schmidt mit 150 neuen Arbeitsplätzen. Das andere Extrem besteht darin, dass der Wirtschaftsförderer ständig den Kontakt mit den Betrieben pflegt und dass er zusammen mit dem Leiter des

© Frank & Timme   Verlag für wissenschaftliche Literatur

Bauamts, dem Unternehmer und dem Architekten überlegt, in welcher Form die Erweiterung des Betriebes am besten zu bewerkstelligen sei.

Der Absolvent eines wirtschaftswissenschaftlichen Studiums, der nach dem Examen seinen Arbeitsplatz im städtischen Referat für Wirtschaftsförderung aufschlägt, hört von all diesen Dingen zum ersten Mal.

2.2.8 Die Privatisierung

In den hier betrachteten Lehrbüchern fehlen die Stichworte *Privatisierung, (Re-)Kommunalisierung, öffentlicher Betrieb*, obwohl es sich um eine Grundsatzfrage der Wirtschaftsordnung handelt, die zudem ständig mehr oder minder heftig umstritten ist. Es geht um die Abgrenzung zwischen staatlichen und privaten Aufgaben. Nach der reinen Lehre des Liberalismus und der Sozialen Marktwirtschaft sollte sich der Staat auf hoheitliche Aufgaben und das Setzen des rechtlichen Rahmens beschränken und die gesamte wirtschaftliche Tätigkeit den privaten Unternehmen überlassen. Tatsächlich gibt es jedoch zahlreiche Betriebe im öffentlichen Eigentum. Bund, Länder und Kommunen zögern, diese in privates Eigentum zu übertragen, also ihren Einfluss aufzugeben, und in einzelnen Fällen ist es zu einer Re-Kommunalisierung gekommen.

Die wichtigsten Argumente für eine Privatisierung sind:

- Wirtschaftliche Aufgaben werden von privaten Unternehmen unter dem Druck des Wettbewerbs gewöhnlich rationeller und kundenorientierter erledigt als in öffentlichen Unternehmen, die diesem Druck nicht ausgesetzt sind.
- Sind öffentliche und private Unternehmen in derselben Branche tätig, so ergibt dies einen ungleichen Wettbewerb. Zum Beispiel erhalten öffentliche Unternehmen zu besseren Konditionen Kredit, weil es kein Insolvenzrisiko gibt.
- Öffentliche Unternehmen sind stets einem politischen, also sachfremden Einfluss ausgesetzt, insbesondere in der Besetzung der Spitzenpositionen mit verdienten Parteimitgliedern.
- Es kann leicht zu Interessenkollisionen kommen. Wenn beispielsweise die städtische Bauleitplanung, die stadteigene Siedlungsgesellschaft und die Stadtsparkasse bei der Planung und Realisierung von Wohngebieten engstens zusammenarbeiten, kommt es zu einer hoffnungslosen Vermischung hoheitlicher Akte und geschäftlicher Interessen.

Als Gegenargument wird gewöhnlich geantwortet, dass Funktionen der Daseinsvorsorge nicht dem privaten Profitstreben ausgesetzt werden dürfen und schon gar nicht den *Heuschrecken*, das heißt internationalen Unternehmen, die nur darauf aus sind, die Betriebe finanziell auszusaugen. Wenn allerdings die gesamte Daseinsvorsorge in öffentlicher Hand liegen soll, müsste dies konsequenterweise bedeuten, dass auch die Bäckereien von der Kommune betrieben werden müssen, denn auch die Versorgung mit Brot und Brötchen gehört zur Daseinsvorsoge.

Auf Bundesebene hat es in Deutschland einige erfolgreiche Privatisierungen gegeben, vor allem von Bahn und Post. Diese wurden in den ersten Jahrzehnten der Bundesrepublik als Sondervermögen des Bundes behördenmäßig geführt und hatten überdies den Schutz des Monopols: Kein privater Anbieter durfte gewerblich Briefe befördern. Die Bahn war ein Millionengrab von Zuschüssen. Inzwischen sind Bahn und Post, rein geschäftlich organisiert, sehr viel munterer geworden. Zu einem fairen Wettbewerb im Verkehr gehört, dass die Verkehrswege im öffentlichen Eigentum bleiben (wie bei den Auto- und bei den Wasserstraßen), der Fahrbetrieb hingegen privat. Dies würde heißen, dass der Staat bei der Bahn nur das Netz behält, nicht den rollenden Betrieb.

Auf Landesebene fiel in der Finanzkrise 2008 die unglückliche Rolle der Landesbanken auf, allen voran die von Hamburg und Schleswig-Holstein betriebene HSH Nordbank. Statt sich auf die Finanzierung in ihrem jeweiligen Bundesland zu beschränken, stürzten sich die Landesbanken in das Investmentgeschäft und die Spekulation auf den internationalen Kapitalmärkten – teilweise mit katastrophalen Folgen wie gerade bei der HSH Nordbank. Daher stellt sich die Frage, ob neben den Geschäftsbanken (Sparkassen, Genossenschaftsbanken, Aktiengesellschaften) überhaupt Landesbanken notwendig sind, welchen Auftrag und welche Existenzberechtigung sie haben. In den Aufsichtsgremien sitzen verdiente und prominente Politiker, von denen keiner eine Lehre als Bankkaufmann aufzuweisen hat.

Niedersachsen hält an der Beteiligung am Volkswagenwerk und an den Stahlwerken Salzgitter fest, obwohl dies keine originären Landesaufgaben sind.

Auf kommunaler Ebene ist jeweils heftig umstritten, ob Krankenhäuser, Siedlungsgesellschaften, der Bauhof, die Stadthalle und zahlreiche weitere städtische Betriebe privatisiert werden sollen. Die Ratsherren möchten ihren Einfluss ungern aufgeben. Nach außen hin ergibt sich leicht der Eindruck einer Laienspielschar, wenn die Mitglieder der Aufsichtsgremien keinen betriebswirtschaftlichen Hintergrund haben. Der Aufsichtsrat der städtischen Siedlungs-AG wird mit Persönlichkeiten besetzt, die noch nie ein Exemplar des Aktiengesetzes in der Hand gehalten haben. Umstritten bleibt ferner, ob die Versorgungsbetriebe (Strom, Wasser) und die Entsorgung (Recycling, Deponie, Abwasser) privaten

Firmen anvertraut werden können. Diese ordnungspolitischen Grundsatzfragen werden in den hier betrachteten Lehrbüchern nicht behandelt.

2.2.9   Die Verbraucherinsolvenz

Die Stichworte *Verbraucherinsolvenz* und *Privatinsolvenz* fehlen ebenfalls in den betrachteten wirtschaftswissenschaftlichen Lehrbüchern. Es geht um das Problem, dass Privatpersonen, die nicht selbstständig tätig sind, ihre Schulden nicht mehr bezahlen können und der Gerichtsvollzieher erfolglos gepfändet hat. Früher war dann der Offenbarungseid fällig. Heute geht es um eine Versicherung an Eides statt über die Richtigkeit und Vollständigkeit der Vermögensauskunft des Schuldners im Rahmen der zivilrechtlichen Zwangsvollstreckung nach § 802c Absatz 3 der Zivilprozessordnung oder nach § 284 Absatz 3 der Abgabenordnung.

Dass es sich hier um ein Massenproblem handelt, wird am einfachsten daran deutlich, dass es in jeder Stadt Schuldnerberatungen gibt, die meist hoffnungslos überlaufen sind. In den vergangenen Jahren schwankte die Anzahl dieser Schuldner in Deutschland um die sechs bis sieben Millionen. Dies waren zwischen neun und elf Prozent der Bevölkerung. Mit anderen Worten: Rund jeder Zehnte ist in einem zentralen Lebensbereich, der Einteilung seiner Finanzen, gescheitert. Er muss sich dann mit der Pfändungsfreigrenze von 1 080 Euro pro Person und Monat zufrieden geben, bei unterhaltsberechtigten weiteren Personen entsprechend mehr. Es braucht also niemand zu verhungern. Für den Betroffenen ist jedoch vor allem belastend, dass er seine eigenständige Verfügungsgewalt verloren hat. Belastend ist diese Situation auch für die Gläubiger, sei es im Einzelhandel, sei es das Finanzamt, die ihre Forderungen abschreiben und ausbuchen müssen.

Die individuelle Schuldenhöhe, die nicht mehr bedient werden konnte, lag im Durchschnitt in der Größenordnung von 30 000 bis 35 000 Euro. Betroffen sind vor allem die Altersjahrgänge von 25 bis 44 Jahren, am wenigsten die Rentner über 65, obwohl diese das geringste Einkommen haben. Die Häufigkeit ist nach Bundesländern sehr unterschiedlich: im Süden (Bayern, Baden-Württemberg) am geringsten, im Norden und Osten höher. In Großstädten ist die Überschuldungsrate weit höher als in Landgebieten. Vor allem geht es um ein Problem der Unterschicht und der unteren Mittelschicht. Es wird ganz einfach zu viel eingekauft, häufig auf Raten oder mit Kreditkarten. Das Haus, das Auto und die Unterhaltungselektronik sind alle eine Nummer zu groß, und es wird unbedacht spontanen Konsumwünschen aller Art nachgegeben. Der Konsumentenkredit wird bis an die Grenze ausgereizt. Entweder schon bei Normalbetrieb oder bei einer plötzlichen Verringerung des Einkommens (Verlust des Arbeitsplatzes, Ehescheidung, Krankheit, Unfall, Tod des Partners) bricht das Schuldengebäude zusammen.

Die Tatsache, dass dieses gravierende Massenproblem in keinem Lehrbuch behandelt wird, hat einen einfachen Grund. Dort wird ja stets von einem völlig rationalen Verhalten ausgegangen, und in der Konsumtheorie werden immer nur Konsumausgaben im Rahmen des verfügbaren Einkommens behandelt. Die Lehrbuch-Annahme des rein rationalen Verhaltens ist also nicht nur unrealistisch, sondern sie versperrt auch den Blick auf die tatsächlichen Probleme ganzer Bevölkerungskreise.

2.2.10 Die Machtfrage

Wer dirigiert eigentlich das ganze wirtschaftliche Geschehen? Von wem und für wen wird regiert? Wer hat hier die Macht, und wie ist diese legitimiert? In wessen Namen und zu wessen Nutzen wird sie ausgeübt? Diese eminent politische Frage wird in den Lehrbüchern niemals gestellt und schon gar nicht beantwortet. Umso mehr wuchern in der Öffentlichkeit spontane Urteile, Vorurteile, Ressentiments und Verschwörungstheorien. Die Wirtschaftswissenschaft, zumal die Wissenschaft von der Wirtschaftspolitik, hätte hier also eine wichtige Aufklärungsfunktion, die aber nicht wahrgenommen wird.

In der Öffentlichkeit ist häufig zu hören, die Konzerne hätten die Macht. Wer sich allerdings den Volkswagenkonzern ansieht, gewinnt eher den Eindruck, als sei zumindest dieser Konzern eher Opfer der Macht, von Gerichten und Behörden in die Enge getrieben, als selbst ein Träger von Macht. Wer ein wenig mit dem Airbus-Konzern vertraut ist, bekommt den Eindruck, als sei dieser Konzern ebenso von unvorhersehbaren Regierungsentscheidungen abhängig wie alle anderen Unternehmen auch.

Immer wieder ist zu hören, eine verselbstständigte internationale Finanzindustrie habe die Macht und würde die Regierungen vor sich hertreiben. Gleiches gelte für die großen Internetkonzerne und Datenkraken. Inwieweit trifft dies zu?

Nach orthodoxer liberaler Theorie haben allein die Konsumenten die Macht in der Wirtschaft, weil sie durch ihre Kaufentscheidungen bestimmen, was produziert wird. Kann aber von einem autonomen oder souveränen Konsumenten ernsthaft die Rede sein oder ist er hilfloses Opfer einer hochprofessionellen manipulativen Werbung?

© Frank & Timme   Verlag für wissenschaftliche Literatur

Nach orthodoxer linker Auffassung hat hingegen das Kapital die Macht, nämlich in Gestalt der Eigentümer der Unternehmen. So können sie die Arbeiterscharen befehligen und ausbeuten.

Im demokratischen Staat liegt die Macht beim Parlament. Es wird unterstellt, dass das Parlament das Gemeinwohl repräsentiert. Womöglich hat der eine oder andere hieran Zweifel. Aber wer sonst als das demokratisch legitimierte Parlament sollte das Gemeinwohl repräsentieren?

In den ersten Jahrzehnten der Bundesrepublik meinte man, im Bundestag müssten möglichst alle Stände und Volksgruppen vertreten sein, und das Gemeinwohl würde sich gleichsam als Querschnitt aus diesen Gruppeninteressen bilden. Hieran sind jedoch Zweifel angebracht, denn entscheidende Gruppen sind im Parlament nicht vertreten: die kommenden Generationen, die Arbeitslosen, die Verbraucher und schließlich alle, die sich selbstständig machen wollen. Bis zum Aufkommen der Grünen um 1980 waren auch Natur und Umwelt nicht vertreten. Zudem gibt es beim Parlament das Problem, dass die Parteien und Abgeordneten versucht sein können, durch allerlei Wohltaten (Rentenerhöhung, weitere Sozialleistungen etc.) ihre Wiederwahl zu sichern. Auf diese Weise werden öffentlich Mittel für Konsumzwecke verwendet anstatt für die fernere Zukunft, für öffentliche Investitionen. Und wie steht es mit der Macht der Verbände? Auf ihrem jeweiligen Spezialgebiet haben sie mehr Kenntnisse als die Abgeordneten und die Ministerialräte, und unter dem Vorwand des Gemeinwohls, etwa des Verbraucherschutzes, können sie, zu Lasten des Gemeinwohls, ihr Spezialinteresse durchsetzen.

Zur Frage der Macht in der Wirtschaft gehört auch das Problem der Korruption – dieser Begriff taucht ebenfalls in keinem der Lehrbücher auf. Sind Amtsträger oder Abgeordnete bestechlich? Lässt sich durch eine kräftige Spende an eine politische Partei eine Gesetzesänderung erkaufen? Wird insgesamt für eine wohlhabende Elite regiert und wird darüber die Masse der Abgehängten und Teilzeitbeschäftigten vergessen?

Dies ist ein weites Feld. Derartige Probleme können sicherlich in einem Lehrbuch über Wirtschaftspolitik nicht erschöpfend gelöst werden. Enttäuschend ist nur, dass sie gar nicht gesehen und nicht angesprochen werden. In den Sachverzeichnissen der drei angesprochenen Lehrbücher für Wirtschaftspolitik fehlen die Begriffe *Verbände, Macht, Legitimität, Grundgesetz, Regierung, Bundesregierung, Bundesministerium für Wirtschaft, Politik, Parteien.* Die Lehre von der Wirtschaftspolitik findet in einem merkwürdig abgehobenen Rahmen statt.

Stattdessen erwähnt das Lehrbuch Fredebeul nur grundsätzliche Zweifel an der Weisheit und Integrität der demokratisch legitimierten Politiker. Hier werden zwei Fälle von Politikversagen geschildert. Auf Seite 31 lernen wir, dass das Verhalten von Politikern häufig stark von eigensüchtigen Interessen wie Macht, Status und Einkommen dominiert wird. *In diesem Fall dient ein Wahlsieg nicht dazu, um am Gemeinwohl ausgerichtete Parteiprogramme umzusetzen. Vielmehr werden die Programme so gefasst, um Wahlen zu gewinnen.* Die völlig legitime Selbstverständlichkeit, dass Programme formuliert werden, um Wahlen zu gewinnen, wird hier als Ausfluss eigensüchtiger Interessen und als Politikversagen hingestellt. Auf Seite 61 lesen wir: *Verschlechtert sich die Wohlfahrt sogar durch staatliche Eingriffe, so spricht man von Politikversagen.* Anscheinend wissen die Wirtschaftsforscher besser als die Parlamentarier, was im Sinne der Wohlfahrt und des Gemeinwohls notwendig ist.

2.2.11 Die Kritik am Neoliberalismus

Worum es bei Neoliberalismus, Globalisierung und Europäischem Binnenmarkt geht, möge ein kleines Beispiel verdeutlichen. Am Fischereistandort Cuxhaven hat sich seit Jahrzehnten ein Unternehmen entwickelt, das sich auf Blechverpackungen, nämlich Fischdosen, spezialisiert hat.

Diese Dosen für Heringe in Tomatensauce und zahlreiche andere Produkte werden hier in absoluter Perfektion hergestellt, von der Lackierung innen und den farbigen Aufdrucken außen bis zu den unterschiedlichen Techniken zur Öffnung der Dose, ohne dass Tomatensauce auf das Tischtuch spritzt. Diese Dosen werden hier nicht zu tausenden hergestellt, sondern zu Millionen. Es gab in Spanien traditionelle Hersteller der Dosen für die Ölsardinen. Diese Hersteller hatten aber gegen die Cuxhavener Dosen keine Chance, weil letztere ganz einfach besser und billiger waren. Diese Betriebe in Spanien sind inzwischen verschwunden, die Arbeitsplätze fortgefallen. Weil die Dosen in Cuxhaven weitgehend vollautomatisiert hergestellt werden, wurden hier relativ wenige Arbeitsplätze geschaffen. An die Stelle der spanischen Familienbetriebe ist ein internationaler Konzernbetrieb getreten, der in Cuxhaven lediglich eine Betriebsstätte unterhält.

Dieses Beispiel soll verdeutlichen: Insgesamt steigen Produktivität und Wohlstand durch freien Wettbewerb weltweit. Aber es gibt Verlierer und Gewinner, und es kommt vor, dass die Verlierer sich in bestimmten Regionen häufen und dass die regionalen Wohlstandsunterschiede sich verstärken. Der freie Außenhandel erzeugt soziale Probleme und einen Ruf nach Wettbewerbsschutz im Sinne eines Protektionismus. Dieser Ruf kann nicht einfach als dem Liberalismus widersprechend abgetan werden. Dieses für ganze Länder gravierende Problem wird in der volkswirtschaftlichen Lehrbuchliteratur nicht behandelt.

Im Lehrbuch von Altmann wird auf Seite 222 eher beiläufig ein *sogenanntes neoliberales Konzept* erwähnt. In den weiteren hier betrachteten Lehrbüchern kommen die Wörter *neoliberal* oder *Neoliberalismus* nicht vor, weder im kritischen noch im verteidigenden Sinne. Die weltweit verbreitete Grundsatzkritik an diesem Wirtschaftskonzept wird also nicht zur Kenntnis genommen. Insofern wird den Studierenden ein Aspekt von außerordentlicher politischer Bedeutung vorenthalten. Es wäre ein dankbares Thema für das Studium, inwiefern die meist gegen die USA gerichtete Kritik, worin *neoliberal* als Schimpfwort gilt, auch auf die Europäische Union oder auf Deutschland zutrifft. Hierzu gehörte auch eine Debatte über die Frage, ob und welche Alternative zum liberalen System es nach dem Zusammenbruch des Sozialismus noch gibt.

Der Begriff *neoliberal* als Sammelbezeichnung für eine breite und heterogene Strömung wird von Verteidigern und Kritikern sehr unterschiedlich verwandt, vor allem im angelsächsischen Bereich anders als im deutschen Sprachraum. Im Prinzip geht es darum, dass der Staat sich darauf beschränken soll, einen Ordnungsrahmen zu setzen. Die eigentliche wirtschaftliche Tätigkeit soll den privaten Unternehmen vorbehalten bleiben. Damit ist jedoch kein einfaches Gewährenlassen gemeint, sondern zum staatlichen Rahmen gehört auch eine aktive Wettbewerbspolitik mit Kartellverbot, Offenhalten der Märkte und Freihandel, außerdem eine aktive Sozialpolitik. In Deutschland sind dies die Grundlagen der Sozialen Marktwirtschaft.

Im internationalen Sprachgebrauch wird bei *neoliberal* häufig auf den *Washington Consensus* verwiesen. Dabei geht es um ein Wirtschaftsprogramm, das lange Zeit vom Internationalen Währungsfonds und der Weltbank propagiert wurde. Diese übernahmen in den 1980er Jahren die Aufgabe, die lateinamerikanische Schuldenkrise zu restrukturieren. Sie empfahlen den betroffenen Staaten Reformen im Sinne von: Kürzung der Staatsausgaben, Abbau der Verschuldung, Abwertung der Währung, Rationalisierung, bessere Ausnutzung der Ressourcen, Liberalisierung des Außenhandels (Aufgabe des vorherrschenden starken Protektionismus), Deregulierung von Märkten und Preisen, keine Subventionen für Artikel des Grundbedarfs, Privatisierung öffentlicher Unternehmen und Einrichtungen, Entbürokratisierung, Abbau von Subventionen, Deregulierung des Kapitalmarktes und des Kapitalverkehrs.

Prominentester Kritiker dieses Konzepts ist Noam Chomsky (geboren 1928). Exemplarisch wird seine Kritik in dem Buch *Profit over People* (Europa Verlag, Hamburg , Wien 2000) vorgetragen, wobei der Titel andeutet, dass im Neoliberalismus stets der Profit der wenigen den Sieg über das Wohl des Volkes davongetragen habe. Der Untertitel *Neoliberalismus und globale Weltordnung* kündigt an, dass im Namen dieser Ideologie die gesamte Welt *geordnet* worden sei: Zunächst die Ausbeutung und Unterdrückung der britischen Kolonien wie Indien, später die von den USA und ihren internationalen Konzernen betriebene wirtschaftliche und politische Beherrschung der Welt, insbesondere Lateinamerikas. Die Vorwürfe gehen konkret in folgende Richtungen:

(1) Durch den Neoliberalismus gelingt es einer relativ kleinen Gruppe von Kapitaleignern, zum Zwecke persönlicher Profitmaximierung möglichst weite Bereiche des gesellschaftlichen Lebens zu kontrollieren.

(2) Es handelt sich um eine faktische Weltregierung, die die Interessen von transnationalen Konzernen, Banken und Investmentfirmen vertritt. Diese haben es verstanden, die Macht des Staates im Sinne ihrer Interessen einzuspannen. Chomsky, Seite 41: *Das lateinamerikanische Problem ist [...] die Unterwerfung des Staates unter die Reichen.*

(3) Von solchen Konzernen wird auch die politische Willensbildung der Öffentlichkeit beherrscht und die öffentliche Meinung beeinflusst.

(4) Hierbei haben die USA eine Sonderrolle übernommen, nämlich aus eigenem Interesse die Beherrschung des kapitalistischen Weltsystems übernommen. Chomsky weist auf Seite 46 darauf hin, dass Washington seine Machtstellung ausnutzte, um anderswo unabhängige Entwicklungen zu blockieren. *In Lateinamerika, aber auch in anderen Ländern sollte die Entwicklung „komplementär", aber nicht etwa „konkurrierend" sein,* also nur ergänzend zu der US-amerikanischen.

(5) Als Beispiel für das verhängnisvolle Wirken der USA wird immer wieder darauf verwiesen, dass diese 1973 den Militärputsch gegen Salvador Allende in Chile provoziert haben. Allende war gewählter Präsident und hatte versucht, auf demokratischem Wege eine sozialistische Gesellschaft zu schaffen. Ähnliche Bestrebungen der USA gab es zahlreichen anderen Ländern vor allem Lateinamerikas, wo reaktionäre Diktaturen unterstützt wurden, sofern sie nur ein neoliberales Wirtschaftsmodell verfochten.

(6) Der freie Welthandel und die Internationale Handelsorganisation laufen darauf hinaus, dass die Industrieländer die Dritte Welt ausplündern und deren Entwicklung blockieren. Im Norden Mexikos und in Mittelamerika hat sich die *Maquila* durchgesetzt: In den Niedriglohngebieten werden importierte Einzelteile zu Fertigware für den Export zusammengesetzt, oft unter unmenschlichen Arbeitsbedingungen.

(7) Weltweit und innerhalb der Staaten werden die Wohlstandsunterschiede verschärft. Die Gesellschaften werden gespalten in wenige Reiche und viele Arme. Chomsky, Seite 40: *Was immer man von neoliberalen Ansätzen halten mag, sicher ist, dass sie staatliche Erziehungs- und Gesundheitssysteme aushöhlen, die Ungleichheit befördern und den Arbeitnehmeranteil am Gesamteinkommen schrumpfen lassen.*

(8) Der Kapitalmarkt hat sich von der realen Wirtschaft gelöst. Gigantische Mengen spekulativen Kapitals fließen unkontrolliert um den Globus und lösen weltweite Finanzkrisen aus.

(9) Die entfesselte kapitalistische Wirtschaft zerstört ungehemmt die natürliche Umwelt, beispielsweise den Regenwald.

(10) Die Wirtschaftswissenschaft besteht aus undifferenzierten Verallgemeinerungen. Den Herrschenden werden die jeweils passsenden Argumente geliefert. Chomsky, Seite 43: *Die Doktrin der freien Marktwirtschaft tritt in zwei Varianten auf. Die erste ist die den Schutzlosen aufgezwungene offizielle Lehre. Die zweite könnten wir „real existierende Doktrin der freien Marktwirtschaft" nennen: Marktdisziplin ist gut für dich, aber nicht für mich.*

(11) Bei wirtschaftlichen Schwierigkeiten der Großkonzerne springt der Staat helfend ein, *um die Herren und Meister vor der Disziplin des Marktes zu bewahren. In ihren strengen Lehrsätzen werden nur die Armen und Hilflosen unterwiesen* (Seite 50). Hier fasst er zusammen: *Die gepriesenen Doktrinen dienen in ihrem Entwurf und ihrer Verwendung den Zwecken von Macht und Profit.*

Schon Samuelson (Seite 23) hatte 1973 bemerkt, wie schwer es für den Forscher ist, in der Wirtschaftspolitik sachlich zu bleiben, wenn an tief verwurzelte Vorurteile und Überzeugungen gerührt wird. *Dabei darf nicht vergessen werden, dass viele Vorurteile nur der Ausdruck für spärlich verhüllte wirtschaftliche Interessen sind.* Daher muss stets mit dem Vorwurf gerechnet werden, der wirtschaftliche Liberalismus diene nicht dem Wohl der Gesellschaft insgesamt, sondern nur dem Wohl einer bestimmten Klasse, nämlich den Besitzern großer Kapitalien und deren Profitinteresse. Demgemäß wird nicht nur der Liberalismus als eine politische Richtung, sondern darüber hinaus das ganze wirtschaftswissenschaftliche Gebäude von Lehrmeinungen und Lehrbüchern unter den Verdacht einer Ideologie gestellt. Dieser Verdacht liegt insofern nicht ganz fern, als die Lehrbuchautoren regelmäßig im Vorwort betonen, dass sie sich um Freiheit von

Werturteilen bemühen. Jedoch wird dann im Lehrbuch nur ein ganz bestimmtes Wirtschaftssystem, nämlich das neoliberale beschrieben. Alle anderen werden kurz abgetan oder gar nicht erwähnt.

Hans Albert hat festgestellt: Da die Volkswirtschaftslehre sich unter anderem mit der Frage beschäftigt, wie die gesellschaftliche Arbeit möglichst optimal organisiert, gesteuert oder beeinflusst werden kann, muss der einzelne Wissenschaftler auch einen Standpunkt zur Frage haben, was gut für die Gesellschaft ist. Das ist, bedingt durch unterschiedliche Partialinteressen, zwangsläufig immer eine ideologische Position. Wenn sich etwa ein Wissenschaftler für die Position entscheidet, dass alles gut und wünschenswert sei, was die Produktivität des Gesamtsystems erhöht, so ist dies nicht so selbstverständlich, wie es immer dargestellt wird. Denn es könnte ja sein, dass diese Entscheidung den Kapitalbesitzern einen größeren Vorteil gewährt als den Arbeitskräften und den Arbeitslosen. Insofern würde es sich dann um eine kapitalistische Ideologie handeln. Diese Frage wird allerdings nirgendwo in den Lehrbüchern gestellt. Von fern grüßen Marx und Engels. Nach ihrer Lehre geht es bei der Ideologie nicht um eine bewusste Verführung, sondern um die Tendenz, dass die Gedanken der herrschenden Klasse, die mit den bestehenden Produktionsverhältnissen in Einklang stehen, auch die herrschenden Gedanken in der Gesellschaft sind.

Michel Foucault (1926 bis 1984) stellt in seinem Buch *Die Ordnung der Dinge* (Suhrkamp Verlag, Berlin 1974) fest, dass die in einer bestimmten Epoche untersuchten Wissensgebiete jeweils den Geist und die Arbeitsweise dieser jeweiligen Epoche ausdrücken. Dabei gibt es Parallelen zwischen ganz unterschiedlichen Wissenschaften, etwa in der Biologie, der Philologie und der Ökonomie: Alle werden in einem Geist bearbeitet, der einer bestimmten Zeit entspricht. Wenn in der Wirtschaftswissenschaft unterstellt wird, alles Handeln sei rational, entspricht dies einer Zeit, in der auch Technik, Medizin und Naturwissenschaften vom rationalen Vorgehen geprägt sind. Der methodische Individualismus, der einen isoliert entscheidenden Einzelnen postuliert, entspricht dem westlichen Verfassungsrecht und unserem Grundgesetz, das von den Grundrechten des Einzelnen ausgeht. Dies würde bedeuten, dass es den Wirtschaftswissenschaften gar nicht darum geht, was im Wirtschaftsleben tatsächlich geschieht und dass sie auch keine hierzu passenden Grundlagen entwickelt haben, sondern dass sie stattdessen die zeittypischen Vorgaben und Unterstellungen auch auf die Wirtschaft anwenden, und zwar ungeprüft und ohne sich dessen überhaupt bewusst zu werden.

Etwas anderes als den Neoliberalismus kann sich, zumindest in der akademischen Lehre, niemand mehr vorstellen. Dies würde bedeuten, dass es sich bei

© Frank & Timme   Verlag für wissenschaftliche Literatur

den wirtschaftswissenschaftlichen Fakultäten um ideologische Staatsapparate im Sinne von Louis Althusser (1918 bis 1990) handelt. Sie üben über das Individuum Macht aus, vermitteln ihm ein Bewusstsein und ermöglichen es ihm, sich in der Gesellschaft als Subjekte wiederzuerkennen. Trotz oder vielmehr wegen ihrer Unterwerfung verstehen die Individuen sich als frei.

Nach Herbert Schnädelbach (Jahrgang 1936) besteht die Philosophie immer aus einem Gespräch mit einer Vielzahl von Ansätzen und Meinungen. Er sieht die Ideologie der Gegenwart gerade darin, dass sich das Bewusstsein vollkommen an ein bestimmtes Ideengebäude angepasst hat und objektiv unfähig ist, sich Alternativen zum Bestehenden auch nur vorzustellen. Die Tatsache, dass sich die wirtschaftswissenschaftlichen Lehrbücher inhaltlich so ähnlich sind und dass alle Autoren von denselben Annahmen ausgehen, die niemals kritisch hinterfragt oder auch nur begründet werden, deutet in diese Richtung. Etwa die Annahme, dass wirtschaftliches Verhalten immer rationales Verhalten sei: Obwohl nach Alltagserfahrung offensichtlich unrichtig, bildet sie überall die Plattform, auf der das Gebäude errichtet wird. Ähnlich ist es mit der Gewohnheit, niemals vom Arbeiter oder vom Angestellten zu sprechen, sondern stets den Menschen auf den Faktor Arbeit zu reduzieren. Niemand kommt auf den Gedanken, kritisch zu fragen, ob es sich hier um ein reduziertes Menschenbild handelt. Alle Autoren gehen von demselben (vermeintlich) gesicherten Bestand aus. Der Gedanke, dass es sich dabei um eine Konstruktion handelt, die auch anders aufgebaut sein könnte, kommt ihnen offensichtlich nicht.

In der Sozialforschung gibt es das Problem der Artefakte: Hierunter werden Scheinphänomene verstanden, die lediglich durch die Erhebungs- oder Forschungsmethode entstanden sind. Diese Art von Artefakten können sich verselbstständigen, werden gelehrt, werden zitiert, werden im Examen abgeprüft und vorher eingepaukt. Im Laufe einiger Jahrzehnte verfestigen sie sich zu Gewissheiten und zu unbezweifelten Aussagen über die Wirklichkeit.

Ökonomen haben einen schlechten Ruf. Sie bauten Modelle mit unrealistischen Annahmen und hängten ihren marktideologischen Argumenten den Mantel der Wissenschaftlichkeit um, sagen Kritiker. Nicht ganz zu Unrecht, schreibt Dani Rodrik in *Economic Rules. The Rights and Wrongs oft the Dismal Science* (W.W.Norton, New York 2015). Und weiter: *Ökonomen verfallen gerne einem reflexartigen Marktfundamentalismus. Die Aussage allerdings, Marktlösungen seien den staatlichen Lösungen immer überlegen, sei wissenschaftlich nicht zu begründen,* meint Rodrik. *Das sei nichts als Scharlatanerie.*

Chantal Mouffe, Professorin für Politische Theorie an der University of West-minster, schrieb im *FAZ Quarterly*, Februar 2017, einen Artikel zum Thema *Wie kann man unsere Demokratie retten?* Ihre Analyse geht in folgende Richtungen:

- Mit dem Aufstieg des Neoliberalismus wurden die Grundsätze der Volkssouveränität und der Gleichheit, also Grundpfeiler demokratischer Politik, zu *Zombie-Kategorien* degradiert. Wir sind in ein postdemokratisches Zeitalter eingetreten.
- Mit dem Konsens zwischen Mitte-rechts- und Mitte-links-Parteien, die neoliberale Globalisierung sei alternativlos gewesen, wurden die politischen Fronten verwischt.
- Die Hegemonie des Neoliberalismus hat dazu geführt, dass auf der sozio-ökonomischen wie auf der politischen Ebene ein wahrhaft oligarchisches Regime etabliert wurde. Damit wurde der Boden für rechtsgerichtete populistische Parteien bereitet, die als einzige diesen Zustand anprangern. Sie sprechen die unteren Bevölkerungsschichten an, die von den Parteien der Mitte ignoriert wurden, weil ihre Forderungen mit dem neoliberalen Projekt unvereinbar waren. Die Hegemonie des Neoliberalismus hat daher eine postdemokratische Regression verursacht.

Oder kurz zusammengefasst: Die unteren Bevölkerungsschichten, die von der neoliberalen Globalisierung betroffen sind und sich hiergegen aufbäumen, wählen die rechtspopulistischen Parteien als die einzigen Bewegungen, die diesen Protest aufnehmen. Die hier untersuchten Lehrbücher können als Beleg für diese Theorie dienen, weil sie sämtlich ganz selbstverständlich von der neoliberalen Lehre ausgehen, die insofern als alternativlos erscheint, und weil sie die hiervon Betroffenen und überhaupt die Schattenseiten entweder ganz übersehen oder nur höchst beiläufig erwähnen. Die Lehrbücher zeichnen sich insofern durch einen auffallenden Mangel an kritischer Reflexion aus.

Ein liberales System funktioniert immer nach dem Prinzip der Leistungs-gerechtigkeit, führt also zu unterschiedlichen Einkommen je nach Leistung und nicht nach dem Prinzip der sozialen Gerechtigkeit und des sozialen Aus-gleichs. *Der Liberalismus entwickelt anscheinend im Sozialen überall nur schwache Formungsmöglichkeiten,* heißt es etwas unbeholfen, aber zutreffend, in der *Ein-führung in die Betriebswirtschaftslehre* von Martin Lohmann (Verlag J.C.B. Mohr/ Paul Siebeck, Tübingen 1955), Seite 1. *Im Ganzen steckt das heutige europäische Wirtschaftssystem voller […] sozialer Schroffheiten.*

Der Name *Soziale Marktwirtschaft* bei Ludwig Erhard war so gemeint, dass schon die Marktwirtschaft als solche, mit strengem Kartellverbot, Massenwohl-

© Frank & Timme   Verlag für wissenschaftliche Literatur

stand erzeuge und insofern sozial sei. Aber natürlich hat auch Erhard gesehen, dass außerdem eine ausgebaute Sozialpolitik notwendig ist. Der Neoliberalismus wird immer mit der Kritik leben müssen, dass die Arbeiterschaft und alle, die nicht in der Lage sind, ein eigenes Einkommen zu verdienen, schwer und ungerechterweise benachteiligt werden.

Eine weitere Grundsatzkritik am Neoliberalismus stellt fest, dass sich in der Welt der internationalen Konzerne ein undurchsichtiges Machtgeflecht gebildet hat, das die demokratisch legitimierte Macht der Nationalstaaten unterläuft. Hier haben Persönlichkeiten einen außerordentlichen Einfluss, die kaum jemand kennt und die nur ihren Profit im Auge haben, nicht aber das Schicksal der Belegschaften, den Umweltschutz oder sonstige Aspekte des Gemeinwohls. Durch kunstvolle Gestaltungen wird die Steuerquote (der Anteil der zu zahlenden Steuern am Gewinn) auf nahe null gesenkt. Allenfalls tut man sich durch großzügige wohlstätige Stiftungen hervor.

In den volkswirtschaftlichen Lehrbüchern wird viel vom Wettbewerb oder gar von der vollkommenen Konkurrenz gesprochen. Hierbei kann kein einzelner Anbieter eine Machtposition aufbauen, weil ihm der Marktpreis vorgegeben ist. Dies trifft aber praktisch nur auf die landwirtschaftlichen Produkte zu: Der einzelne Milchbauer kann in der Tat den Milchpreis nicht beeinflussen.

In der Welt der internationalen Konzerne hingegen lassen sich sehr wohl Machtpositionen aufbauen, beispielsweise indem jemand bei einer Publikumsaktiengesellschaft einen Anteil von fünf oder sieben Prozent des Kapitals hält. Wenn alle anderen Aktionäre nur jeweils einige wenige Aktien halten und praktisch völlig machtlos sind, kann dieser eine größere Aktionär maßgeblich das Schicksal des Unternehmens bestimmen, vor allem wenn er über einen Stab von Fachleuten verfügt, die die Unternehmenspolitik im Einzelnen verfolgen, in der Hauptversammlung entsprechend informiert auftreten und bestimmte Personen für den Aufsichtsrat und den Vorstand vorschlagen. Diese Personen wissen dann, wem sie ihre Stellung zu verdanken haben, und verhalten sich entsprechend.

In dem Buch *Wem gehört die Welt? – Die Machtverhältnisse im globalen Kapitalismus* von Hans-Jürgen Jakobs (Albrecht Knaus Verlag, München 2016), das maßgeblich von den Redakteuren des *Handelsblatts* recherchiert und zusammengestellt wurde, wird diese Welt des Großkapitals eindrucksvoll belegt. Hier werden 200 der einflussreichsten Kapitaleigner mit Foto und einem kleinen Essay vorgestellt. An der Spitze steht Larry Fink (Jahrgang 1952), der namens der Firma *BlackRock* ein Vermögen von 4,9 Billionen Dollar verwaltet. *BlackRock* hat 13 000 Mitarbeiter, hält Aktien an den meisten maßgeblichen Firmen der Welt und bestimmt beispielsweise, wer in den Vorstand der *Deutschen Bank* einzieht und wer nicht. *Grundsätzlich spielen wir bei Unternehmensentscheidungen eine konstruktive und maßvolle Rolle*, so wird Larry Fink in diesem Buch (Seite 22) zitiert. Alljährlich versendet er rund 750 Briefe an die wichtigsten Unternehmen, in denen er ihnen eine bestimmte Politik empfiehlt, vor allem langfristige Strategien und eine Abkehr vom Quartalsdenken.

Einflussreich ist beispielsweise auch Khalifa bin Zayed al Nahyan (geboren 1948) als Chef der *Abu Dhabi Investment Authority*. Abu Dhabi ist viertgrößter Ölförderer der OPEC. Die Einnahmen hieraus wollen sorgsam angelegt und vermehrt sein, das Anlagevermögen beträgt rund 800 Milliarden Dollar. Vor allem werden US-Staatsanleihen gekauft – im Gegenzug für amerikanische Sicherheitsgarantien. Die Bremer Lürssen-Werft hat dem Machthaber 2013 eine 180 Meter lange und 94 000 PS starke Motoryacht ausgeliefert. Damit überholte er den russischen Oligarchen Roman Abramowitsch. Der Scheich soll mehr als 30 Briefkastenfirmen auf den Virgin Islands besitzen, außerdem umfangreiche Luxusimmobilien in den vornehmen Londoner Stadtteilen Mayfair und Kensington. Im Wüstenstaat wurde für 1,5 Milliarden Dollar ein 828 Meter hoher Turm errichtet.

Aus Deutschland werden in diesem Buch als besonders vermögend und daher einflussreich genannt: Familie Albrecht (Aldi), Susanne Klatten und Stefan Quandt (BMW), Ehepaar Schaeffler (Automobilzulieferer und Maschinenbau mit Sitz in Herzogenaurach, 85 000 Mitarbeitern und einem Jahresumsatz von 13 Milliarden Euro), Familie Reimann (JAB Holding mit Anteilen an diversen Firmen der Nahrungsmittel- und der Reinigungsmittelindustrie, geschätztes Vermögen 30 Milliarden Euro) und Dieter Schwarz (Lidl). Dabei dürften zumindest die Familien Schaeffler und Reimann und deren maßgebliche Stellung den wenigsten Deutschen bekannt sein. In diesen Kreisen wird Diskretion gepflegt. Es reicht aus, alljährlich am Weltwirtschaftsforum in Davos teilzunehmen, wo sich die weltweit führenden Persönlichkeiten aus Wirtschaft und Politik zum Gedankenaustausch treffen.

Die beiden Grundprobleme, ob die neoliberale Wirtschaftstheorie womöglich keine wertneutrale Wissenschaft ist, sondern eine Herrschaftsideologie zugunsten einer winzigen kapitalistischen Oberschicht und zu Lasten der weit überwiegenden Mehrheit des Volkes, zu Lasten der Entwicklungsländer und zu Lasten einer unberührten Natur, und ob die wirtschaftliche und daher auch die politische Macht sich verlagert haben, nämlich von den demokratisch legitimierten Regierungen hin zu einem undurchsichtigen Geflecht von Superreichen, werden in den Lehrbüchern nicht angesprochen. Vielmehr wird die wirtschaftsliberale Lehre völlig unkritisch als verallgemeinerungsfähig betrachtet: Sie soll überall und jederzeit gelten. Keiner der Autoren kommt auf den Gedanken, dass es sich um eine Lehre einer bestimmten Zeit und einer bestimmten Gesellschaftsordnung handeln könnte. In keinem der Lehrbücher findet sich das Stichwort *Ideologie*. Für die Professoren als hauptberufliche Nachdenker bildet dies einen bemerkenswerten Mangel an Reflexivität.

2.2.12 Soziale Gerechtigkeit

In keinem der hier untersuchten Lehrbücher findet sich im Sachregister das Stichwort *Soziale Gerechtigkeit*, obwohl es zahlreiche wirtschaftlich und politisch Interessierte gibt, die dies für das Hauptproblem unserer Zeit halten. *Ökonomen neigen dazu, sich ganz auf ihre Analysen zu verlassen. Doch damit kennen sie nur die halbe Wahrheit. Zum Beispiel in der Frage der sozialen Gerechtigkeit,* schreibt Thomas Beschorner (*Die Zeit* vom 9. Februar 2017). Marcel Fratzscher, Direktor des Deutschen Instituts für Wirtschaftsforschung, wird hier mit der Aussage zitiert: *Die Frage der Gerechtigkeit ist nicht diejenige, um die es jetzt gehen sollte. Stattdessen sollte es um einen „Wohlstand für alle" gehen.* Das quasireligiöse Heilsversprechen der Ökonomen laute, so fährt Beschorner fort: *Alles wird gut, wenn wir den Wohlstand aller steigern. Es überrascht vor dieser Kulisse wenig, wenn Ökonomen eine gesellschaftliche Gerechtigkeitsdiskussion für überflüssig halten. Wenn die „schöpferische Zerstörung" […] nicht nur […] Innovationen schafft, sondern auch Karrieren und persönliche Lebensentwürfe zerstört, helfen „Wohlstand für alle"-Slogans nicht wirklich […]. Dieser Sachverhalt mag es für die traditionellen Wirtschaftswissenschaften schwierig machen, das Thema mit ihrem traditionellen Instrumentenkasten zu bearbeiten.* Hier werden Fragen eines fairen und gerechten Miteinanders angemahnt, die tatsächlich viele Menschen umtreiben. Die Wirtschaft ist in gesellschaftliche Kontexte eingebettet, und Menschen sind nicht nur ökonomische Akteure. Ökonomische Analysen ohne einen Seitenblick auf kulturelle, nichtökonomische Tatsachen werden ihre Absichten verfehlen, denn sie gehen an den Menschen vorbei.

Im Lehrbuch Altmann (Seite 185) lesen wir: *Das soziale Prinzip leitet sich daraus ab, dass einzelne Individuen in der Marktwirtschaft auch scheitern können.* Hier zeigt sich eine recht einseitige Sicht, denn es geht ja in vielen Fällen nicht um das – womöglich selbst verschuldete – Scheitern und Versagen einzelner Individuen. Die vielen Frauen, die beim Zusammenbruch der Drogeriekette *Schlecker* plötzlich auf der Straße standen, sind nicht gescheitert, sondern haben bis zum letzten Tag pflichtgemäß gearbeitet. In der Marktwirtschaft entstehen diese Risiken systembedingt und nicht durch individuelles Scheitern.

Im Lehrbuch Fredebeul (Seite 290) lernen wir ein überraschendes Argument für die staatliche Absicherung sozialer Risiken kennen, nämlich negative externe Effekte: *So steigern Armut und Arbeitslosigkeit – insbesondere unter Jugendlichen – die Gewaltbereitschaft und Kriminalität* [...]. *Der soziale Friede (Verzicht auf Gewaltbereitschaft) ist ein öffentliches Gut, das bei einer starken sozialen Ungleichheit gefährdet ist. Er kann dauerhaft nur gewährleistet werden, wenn allen Mitgliedern einer Gesellschaft Teilhabe ermöglicht wird.* Hier wird also davon ausgegangen, dass das Soziale nicht etwa einen eigenständigen humanen Wert bildet, sondern nur dazu dient, eine andernfalls gewalttätige Bevölkerungsgruppe ruhigzustellen.

In demselben Lehrbuch (Seite 291) erfahren wir im Kapitel *Die Versicherungsfunktion des Sozialstaates*:

Ein junges Ehepaar möchte ihr gerade geborenes Kind vor den Unwägbarkeiten des Lebens absichern [...]. Hier bietet sich nun eine Lösung durch den Sozialstaat an. Dieser kann die langfristigen Lebensrisiken des Kindes durch umfassende sozialstaatliche Transfersysteme vermindern und somit den Eltern einen langfristigen Versicherungsschutz bereitstellen. Dies hat zur Folge, dass die Versicherten nun eher bereit sind, mit hohen Risiken behaftete Berufe zu erlernen oder ihren Arbeitsplatz bzw. ihren Wohnort zu wechseln. Insbesondere risikoaverse Personen werden eher bereit sein, riskante Investitionen zu tätigen, wenn sie durch den Sozialstaat abgesichert sind. Dies wiederum fördert den Strukturwandel der Wirtshaft und verbessert so direkt und indirekt das Wachstumspotential der Volkswirtschaft.

Stimmt dies? Werden derartige Erwägungen tatsächlich angestellt? Beruht diese Aussage auf einer Umfrage oder wird einfach nur ein theoretisch mögliches Verhalten unterstellt? Ist es wirklich Aufgabe der Sozialpolitik, risikoscheue Personen zu riskanten Investitionen zu ermutigen? Hilfreich zur Begründung der Sozialpolitik wäre übrigens ein Blick ins Grundgesetz (Artikel 20): *Die Bundesrepublik Deutschland ist ein demokratischer und sozialer Bundesstaat.* Bei den sämtlichen Lehrbüchern fällt auf, dass das Grundgesetz als unsere Verfassung nicht zur Kenntnis genommen wird, ebenso wenig wie das Bürgerliche Gesetzbuch oder, für einen Wirtschaftler naheliegend, das Handelsgesetzbuch. Dieser seltsam weltenferne Habitus liegt darin begründet, dass die Autoren immer bestrebt sind, verallgemeinerungsfähige, also jederzeit und überall geltende Aussagen zu machen.

© Frank & Timme   Verlag für wissenschaftliche Literatur

2.2.13 Weitere Fehlstellen

In den hier betrachteten Lehrbüchern fehlen zahlreiche weitere Themen und Begriffe, die in der Praxis und in der öffentlichen Diskussion eine große Rolle spielen. Ihre Bedeutung ist meist offensichtlich und wird daher hier nicht weiter erläutert. Einige weiteren Fehlstellen und nicht behandelten Themen sind:

- Altersversorgung, Rentenversicherung
- Bundesländer, Landesregierungen
- Datenschutz, Datensouveränität, IT-Sicherheit
- Demografie, Überalterung, Nachwuchsmangel, Wanderungen, Auswanderung, Einwanderung
- Entsorgung, Kreislaufwirtschaft
- Erneuerbare Energien, Gesetz für den Ausbau der [...]
- Erwerbsbeteiligung, Kinderbetreuung
- Exportkontrolle, Rüstungsgüter
- Freie Berufe als Ausnahmebereich der Wirtschaftsordnung
- Gemeinde, Städte, Landkreise, kommunal, Selbstverwaltung
- Geschäftsführer, Geschäftsführung
- Geschichte, historisch, Pfadabhängigkeit
- Handwerksordnung
- Industrie- und Handelskammer
- Investitionssicherheit, Rechtsstaat, Rechtssicherheit
- Körperschaftsteuer
- Kreditwesengesetz
- Kunde, Kundennutzen, Kundenzufriedenheit
- Lebensqualität, Lebenszufriedenheit
- Öffentliche Finanzierungshilfen
- Reform, Reformfähigkeit, Zukunftsfähigkeit
- Streik, Aussperrung, Arbeitskampf
- Sparkassen
- Systemrelevante Betriebe, die im Notfall vom Staat aufgefangen werden (too big to fail).

3 Bearbeitete Themen der Lehrbuchliteratur

Wenn hier so viele Themen aufgeführt werden, die in den Lehrbüchern nicht bearbeitet werden, ergibt sich zwanglos die Frage, wovon denn dort überhaupt die Rede ist. Hierfür sollen nachfolgend einige Beispiele vorgeführt werden. Woll sagt auf Seite 10: *Vermutlich hegen die meisten Menschen die Hoffnung, dass Wissenschaftler Probleme aufgreifen, von deren Lösung für alle ein Nutzen ausgeht.* Dies ist ein guter Maßstab zur Bewertung der wissenschaftlichen Aussagen, nämlich nach ihrer Relevanz.

3.1 Der Nutzen

Bei Altmann, Seite 20, lesen wir: *Ungeachtet der Möglichkeit, Nutzen zu messen, hat die Theorie Instrumente entwickelt, mit denen der individuelle Nutzen zumindest beschrieben werden kann. Dabei liegt die Hypothese zugrunde, dass der Mensch grundsätzlich nach einer Maximierung seines Nutzens strebt. Wenn Sie jetzt vielleicht einwenden, dass es auch altruistische Menschen gibt, dann wendet die Theorie wieder ein, dass ein altruistischer Mensch gerade aus diesem Verhalten seinen Nutzengewinn erhält.* Dies heißt also: Der Mensch strebt immer nach seine Nutzenmaximierung und als Nutzen definiere ich das, wonach der Mensch strebt. Hier wird A durch B definiert und B durch A. Es handelt sich um einen klassischen Zirkelschluss, der über die Realität nichts aussagt.

Bei Altmann, Seite 29, lesen wir unter der Überschrift *Rationalität*:

Wenn die Bedürfnisse zahlreich, die Güter aber knapp sind, muss man sich entscheiden, welche Bedürfnisse vordringlich befriedigt werden sollen oder müssen, welche möglicherweise nur teilweise und welche gar nicht. Dies setzt logisches Verhalten voraus, erfordert also Rationalität, denn der Mensch muss sich über die Rangfolge seiner Bedürfnisse klar werden und eine Bedürfnisskala aufstellen, bei der die Bedürfnis-Intensität eine eindeutige Richtung hat. Formal bedeutet dies, dass eine rationale Bedürfnisskala monoton steigend darstellbar sein muss, so dass es ausgeschlossen ist, dass zwar das „wichtigste" Bedürfnis intensiver empfunden wird als das zweite oder dritte, dass aber das fünfte wiederum wichtiger wäre als das dritte. Sofern solche Widersprüche ausgeschlossen sind, spricht man von einer transitiven (von lateinisch transire = (hin)durchgehen) Ordnung der jeweiligen Bedürfnisse.

Ein logisches Verhalten dieser Art wirkt allerdings recht künstlich und wirklichkeitsfremd. Der Zwang zu einem derartig rationalen Verhalten besteht allenfalls bei einem Flüchtling, der im Winter ohne Gepäck zu uns kommt, wie es etwa den Ostflüchtlingen 1945 erging. Sie müssen die Reihenfolge festlegen: Erstens brauchen wir etwas zu essen, zweitens ein Quartier zum Übernachten und drittens einen Wintermantel. Beim heutigen Massenwohlstand der überwiegenden Bevölkerung besteht hingegen keinerlei Anlass zu solchem notgeborenen Verhalten. Heute geht es eher zu wie auf dem Bummel über den Flohmarkt: Unter den tausend Dingen, die dort angeboten werden, entdecke ich zufällig mal dieses, mal jenes, das mir gefällt und das ich mitnehme, wenn es nicht allzu teuer ist. Je höher das Einkommen ist, desto kapriziöser und spontaner kann der Konsument sich benehmen und desto schwieriger wird er einzuschätzen sein. Niemand kann vorhersagen, welche neuen Produkte sich rasch durchsetzen (Beispiel E-Bike) und welche nur mühsam (Beispiel Elektroauto). Die obige Theorie wirkt, als solle einem völlig irrationalen Verhalten gewaltsam ein rationaler Käfig übergestülpt werden.

Dabei wird der Begriff des Nutzens nicht näher erläutert. Insbesondere wird nicht zwischen dem Gebrauchsnutzen unterschieden, der beispielsweise beim Kauf eines Spatens oder einer Zange im Vordergrund steht, und dem Prestige-Nutzen, der Wirkung auf andere, etwa beim Auto oder dem Eigenheim. Ferner wird nicht darauf eingegangen, dass bei den Markenartikeln das Produkt mit einer Aura versehen wird, wodurch der Gebrauchsnutzen in den Hintergrund tritt: Es geht um die Marke, das bekannte Label, etwa bei der Mode.

Woll stellt auf Seite 10 eine primär negativ bestimmte Definition von Wissenschaft vor: *Mit ihr werden lediglich Werturteile in der Bedeutung von Meinungen ausgeschlossen. Positiv bleiben sämtliche Möglichkeiten offen, allgemeingültige Erkenntnisse zu gewinnen (Methodenpluralismus). Kriterium der Abgrenzung ist die intersubjektive Überprüfbarkeit.* Gleichzeitig sind sich alle Theoretiker darüber einig, dass sich der individuelle Nutzen nicht messen und der von verschiedenen Personen empfundene Nutzen nicht vergleichen lasse. Dies würde also bedeuten, dass es eine wissenschaftliche Nutzentheorie prinzipiell nicht geben kann, weil die intersubjektive Überprüfbarkeit fehlt.

Nach Bartling, Seite 67, [...] *kann der* [...] *Tatbestand, dass die gesamte Haushaltsnachfrage regelmäßig durch die Höhe der Konsumsumme begrenzt wird, in Gleichungsform erfasst werden. Dies geschieht durch die sogenannte Bilanzgleichung, die besagt, dass die Summe der Ausgaben (Menge mal Preis) für alle Güter in einer Wirtschaftsperiode immer gleich der Konsumsumme ist. Für den gesamten Konsumplan eines Haushalts ergeben sich dann in mathematischer Kompaktschreibweise:* [...]

Hier erleben wir das übliche Vorgehen der Wirtschaftstheorie in zwei Schritten:

(1) Zunächst wird, ausgehend von einem streng rationalen Vorgehen, eine völlig unrealistische Annahme aufgestellt. Die gesamte Haushaltsnachfrage wird keineswegs durch die Höhe der Konsumsumme begrenzt, sondern häufig kommt der Konsumkredit hinzu. Außerdem ist, wie wir gesehen haben, bei rund zehn Prozent der Bevölkerung die Haushaltsnachfrage dauerhaft höher als die Konsumsumme mit der Folge der Verbraucherinsolvenz. – Es wird prinzipiell nirgendwo empirisch untersucht, wie es zu diesen Problemen kommt.

(2) Im zweiten Schritt wird dann regelmäßig eine mathematische Formulierung eingeführt, die eine Exaktheit lediglich vortäuscht, weil es sich nur um eine andere Schreibweise der zuvor gemachten unrealistischen Annahme handelt.

Bei Woll, Seite 91, [...] *wird angenommen, die Haushalte handelten rational in dem Sinne, dass sie ihren Nutzen aus den konsumierten Gütern zu maximieren versuchen. Das Ziel der Analyse ist die Erklärung der unterschiedlichen Verläufe von Nachfragekurven und ihre Verschiebungen im Zeitablauf. Das Aussagensystem, das diese Fragen zu beantworten sucht, ist die Nutzentheorie (oder Haushaltstheorie). Sie bildet einen traditionellen Teil der wirtschaftswissenschaftlichen Analyse, obwohl es bis heute nur wenige Ansätze gibt, die Aussagen in eine empirisch prüfbare Form zu bringen. Freilich lässt sich die subjektive Größe Nutzen nur schwer – wenn überhaupt – messen. In ihrem gegenwärtigen Zustand ist die Nutzentheorie typisch für eine theoretische Konstruktion, die als Modell bezeichnet wird: ein System von Annahmen, deren Explikationen Grundlage „rationaler" Konsumentscheidungen sein können (Entscheidungskalkül), von denen wir jedoch nicht wissen, ob sie es tatsächlich sind. Wenn die Nutzentheorie* [...] *dennoch wiedergegeben wird, so aus folgenden Gründen: Es kann nicht ausgeschlossen werden, dass die Nutzentheorie im Zuge des wissenschaftlichen Fortschritts zu einem empirisch prüfbaren Hypothesensystem entwickelt wird.*

Hier erleben wir ein Beispiel des in der Wirtschaftstheorie üblichen Modelldenkens: Am Anfang stehen einzelne bloße Annahmen. Deren Schlussfolgerungen (Explikationen) bilden die Grundlage von rationalen Entscheidungen. Aber niemand weiß, ob es sich tatsächlich so verhält, und zwar deshalb, weil das Ganze nicht in eine empirisch prüfbare Form zu bringen ist. Lediglich die vage Hoffnung, dass künftig empirisch prüfbare Hypothesen entwickelt werden könnten, ist Anlass, die Theorie dennoch vorzustellen.

Insgesamt ist für diese Konstruktion keine empirische Grundlage sichtbar. Wenn davon ausgegangen wird, dass Wissenschaft die Aufgabe hat, Aussagen zu gewinnen, die an der Wirklichkeit überprüfbar sind, handelt es sich hier genau genommen nicht um Wissenschaft, sondern um ein freischwebendes luftiges Ideengebäude unverbindlicher Art, das so oder auch ganz anders aussehen könnte je nach den vorgegebenen Annahmen.

Woll stellt drei verschiedene Nutzentheorien vor und bemerkt: *Die Erklärungsziele – die Verhaltensweisen des Haushalts unter dem Nutzenaspekt – sind bei allen drei Ansätzen grundsätzlich dieselben.* Um eine Verhaltensweise zu erklären, wäre es jedoch notwendig, zunächst einmal das Verhalten systematisch zu beobachten. Dies wäre relativ einfach zu bewerkstelligen, indem eine repräsentative Stichprobe von einkaufenden Hausfrauen und -männern befragt wird, ferner die Einzelhändler. Nicht zuletzt gibt es ja bereits sehr umfangreiche Ergebnisse von privaten Marktforschungsinstituten, allen voran die GfK (die Abkürzung stand einmal für: *Gesellschaft für Konsumforschung*) in Nürnberg. Die Wirtschaftswissenschaft zieht es jedoch vor, empirische Ergebnisse, die von privaten Instituten gewonnen wurden, grundsätzlich nicht zur Kenntnis zu nehmen.

Der amerikanische Soziologie Talcott Parsons (1902 bis 1979) vertrat einen überzeugenden Ansatz, der die ganze Nutzentheorie in Frage stellt, etwa in dem Sinne, dass die Menschen sich nicht für das Nützliche entscheiden, sondern für das Übliche, von der Gesellschaft und der Tradition Vorgegebene. Er kritisierte die utilitaristischen Handlungstheorien, die davon ausgehen, dass der Mensch seinen Nutzen verfolgt, aber keine Antwort liefern, wieso ein Mensch eine bestimmte Sache für nützlich hält, wie also Wünsche, Bedürfnisse und Nutzenvorstellungen entstehen und warum sie so häufig in größeren sozialen Gruppen übereinstimmen. Parsons Antwort lautet, dass vorgegebene Normen und Werte, an denen sich die Menschen (zum Teil unbewusst) ausrichten, die individuellen Handlungsziele vorstrukturieren und diese einschränken. Diese Normen und Werte sind laut Parsons immun gegen jegliche Nutzenkalkulationen, sie sind einfach vorhanden in einem Kollektivbewusstsein. Beispielsweise ist es bei uns üblich, zum Weihnachtsfest einen Nadelbaum in die Stube zu stellen und mit

© Frank & Timme   Verlag für wissenschaftliche Literatur

Kerzen und bunten Kugeln zu schmücken. Weil wir dies nützlich finden? Oder weil wir es seit Kindertagen immer so erlebt haben? Halten wir es für nützlich, zu einer Beerdigung in schwarzer Kleidung zu erscheinen? Oder halten wir es für selbstverständlich? Innerhalb der Gruppe der selbstständigen wirtschaftlichen Akteure finden wir einige Gruppen, bei denen die überlieferten Werte besonders stark einen Kompass für das Verhalten im Alltag bilden, beispielsweise im Handwerk, in der Landwirtschaft und bei den Freien Berufen. Auch der Konsum wird weitgehend durch die regionalen Sitten vorgeprägt, beispielsweise welche Getränke es bei welchem Anlass gibt und in welchen Gegenden entweder Spätzle oder Grünkohl auf den Tisch kommen.

Insgesamt gesehen bildet der wirtschaftswissenschaftliche Nutzenbegriff ein leeres Konstrukt, das für sich allein nichts aussagt und mit beliebigen Inhalten gefüllt werden kann.

3.2 Die Entstehung von Theorien

Bei Woll findet sich auf Seite 12 ein Abschnitt *Entstehung und Überprüfung von Theorien*. Hier heißt es:

Die Ergebnisse wirtschaftswissenschaftlicher Forschung werden in Form von Theorien vorgelegt [...] Wird [...] die Wirtschaftswissenschaft als Erfahrungs- oder Realwissenschaft verstanden, lässt sich das Vorgehen bei der Bildung und Begründung von Theorien schematisch wie folgt darstellen:

- *Die wissenschaftliche Arbeit beginnt mit der Beobachtung und Sammlung von Fakten. Dabei kann es sich um historische Informationen und empirische Daten aus der Gegenwart handeln, welche wirtschaftliche Vorgänge und die Entwicklung ökonomischer Größen beschreiben [...]. Meistens wird [...] die Faktenbeobachtung [...] von ungelösten Problemen bestimmt.*
- *Zwischen auslösenden Faktoren (Ursachen) und bestimmten Folgen (Wirkungen) werden Beziehungen postuliert (Behauptungen oder Hypothesen).*
- *Aus den Hypothesen werden durch logische Ableitung (Deduktion) Theorien gebildet (abgeleitete Hypothesen oder Konklusionen). Da die Ausgangshypothesen die abgeleiteten Hypothesen oder Konklusionen bereits mit einschließen, bezeichnet man sie summarisch auch als Implikationen.*

- *In einem Prüfverfahren wird festgestellt, ob die Hypothesen sich logisch halten lassen (Konsistenztest) und mit den Fakten nicht kollidieren (empirischer Test).*
- *Die Prüfungsfolgen sind: Überstehen Hypothesen diese Prüfung nicht, werden sie korrigiert oder dann aufgegeben, wenn sich eine alternative Hypothese als überlegen erweist; behaupten sich Hypothesen, gelten sie als vorläufig gültige Theorien, auf die bei wirtschaftspolitischen Entscheidungen zurückgegriffen werden kann.*

Es mutet merkwürdig, um nicht zu sagen gespenstisch, an, dass hier aller Anfang der Wissenschaft bei der Beobachtung und Sammlung von Fakten verortet wird, obwohl weder Woll noch irgendeiner seiner Kollegen in dieser Form vorgeht. Ebenso wenig wird jemals in einem empirischen Test festgestellt, ob die Hypothesen mit den Fakten kollidieren. Vielmehr wird ausschließlich die Konsistenz, die innere Widerspruchsfreiheit, geprüft. Wenn der Ausgang von den Fakten und die Prüfung anhand der Fakten das Kriterium einer wissenschaftlichen Arbeit sein sollen, so dürften sich weder Woll noch seine sämtlichen Kollegen als Wissenschaftler bezeichnen.

Eine Prüfung anhand der Fakten ist schon deshalb nicht möglich, weil gar keine Aussagen über die Wirklichkeit formuliert werden. In den Lehrbüchern überwiegen Definitionsgleichungen von der Art *Einkommen = Konsum plus Ersparnis.*

Wenn Konsum als alles definiert wird, was nicht Ersparnis ist, und umgekehrt, so ist diese Gleichung immer richtig, besagt nichts und kann nicht anhand von Fakten überprüft werden. Ferner ist es falsch, dass bei der wissenschaftlichen Arbeit die Theorien durch logische Ableitung aus Hypothesen gebildet würden. Denn die Hypothesen sind immer das Vorläufige, noch Ungesicherte, während die Theorien mit dem Anspruch auf Gültigkeit auftreten. Es kann daher nie etwas Endgültiges aus etwas Vorläufigem abgeleitet werden.

In Wahrheit vollzieht sich die Arbeit der Wirtschaftswissenschaftler so, dass am Anfang das – durch keinerlei Fakten oder Beobachtungen gestützte – Dogma steht, dass sich alle Unternehmer und alle Konsumenten streng rational entsprechend dem wirtschaftlichen Prinzip verhalten würden. Die gesamte Wissenschaft ist dann eine Sammlung von Explikationen (Erläuterungen, Folgerungen) dieses Dogmas, indem ausschließlich deduktiv gearbeitet wird. Sämtliche Schlussfolgerungen sind dann aber nur so wahr oder falsch wie das Dogma am Anfang. Insbesondere wird das sämtliche irrationale Verhalten nicht beachtet – obwohl doch alle Lebensprobleme wie zum Beispiel die Verbraucherinsolvenz nur auf

© Frank & Timme   Verlag für wissenschaftliche Literatur

irrationalem Verhalten beruhen. Nur diese Probleme interessieren ja auch in der Politikberatung. Wenn alle Leute sich vernünftig verhalten und alles in geordneten Bahnen verlaufen würden, wären gar keine politischen Eingriffe notwendig. Wenn jedoch in der Politik darüber beraten wird, ob durch eine bessere Aufklärung der Verbraucher, schon in der Schule beginnend, die Anzahl der Verbraucherinsolvenzen verringert werden könnte, so ist die Wirtschaftswissenschaft sprachlos. Anstatt ihrer werden dann die Praktiker aus der Schuldnerberatung gehört.

Wenn andererseits die Politik darüber berät, mit welchen Mitteln das private Sparen und die Kapitalbildung gefördert werden könnten, ist die Wirtschaftswissenschaft ebenfalls sprachlos, denn mit den Motiven der Konsumenten und der Sparer hat sie sich noch nie beschäftigt. Die Weisheit, dass jedermann die Nutzenmaximierung anstrebe, hilft da nicht weiter. Stattdessen liegt es nahe, sich beim nächstbesten Sparkassendirektor nach den Sparmotiven des Publikums zu erkundigen.

3.3   Die Volkswirtschaftliche Gesamtrechnung

Im Lehrbuch Altmann sind 103 von 494 Seiten, also rund 20 Prozent, den Definitions- und Abgrenzungsproblemen innerhalb der Volkswirtschaftlichen Gesamtrechnung gewidmet: Was gilt als was und was ist welchem Oberbegriff und welchem Konto zuzurechnen? Das liest sich dann so (Seite 80):

Der Erwerb eines Gutes wird dann zur (privaten) Investition, wenn es zu vermarktende Leistungen produzieren soll. Eine private Investition soll die künftige Güterproduktion sichern, usw. Beispiele für Staatskonsum sind Uniformen, Stühle im Bundestag etc. Bereits die Anschaffung gilt als Konsum, also nicht der Verbrauch im Sinne von Aufgebrauchtsein. Staatliche Werbung (Bundeswehr, Aidskampagne) ist Konsum im Zeitpunkt des Aufwandes. Aber was genau ist eine Staatsinvestition? Keiner weiß es. Der Vergleich mit dem privaten Bereich führt letztlich nicht zu einer zwingenden Abgrenzung zwischen Staatskonsum und Staatsinvestition, denn der Kauf eines Polizeiautos wird als Investition erfasst, der Kauf eines Autos für die Bundeswehr als Konsum.

Die Abgrenzung zwischen Konsum = Verbrauchs- und Investition = Gebrauchsgüter wird im staatlichen Bereich sehr viel sinnvoller angewendet als hinsichtlich der privaten Haushalte. Bei den öffentlichen Haushalten gelten langlebige Gebrauchsgüter (von bestimmten Wertgrenzen ab) als Investition und werden in den Haushalten in sogenannten Titeln (in etwa Buchhaltungskonten) erfasst. Die Abgrenzung ist aber in der Praxis oft schwierig. Die Reparatur einer Straße ist Konsum; eine nachhaltige Verbesserung oder gar ein Neubau einer Straße ist Investition, die Grenze ist fließend. Bei den privaten Haushalten sind aber auch langlebige Gebrauchsgüter (Waschmaschine) im Zeitpunkt des Kaufs immer privater Konsum.

Der Autor ist hier einer Leidenschaft nachgegangen, die er mit vielen Kollegen teilt, nämlich der Leidenschaft für Definitionen und begriffliche Abgrenzungen. Der Student, der sich 103 Seiten Text dieser Art einzuprägen versucht, um dies im Examen fehlerfrei wiedergeben zu können, ist zu bedauern. Womöglich wird er den Tag verfluchen, an dem er sich zum Studium der Volkswirtschaft entschlossen hat. Es geht nur um das buchhalterische Problem einer möglichst genauen Abgrenzung und quantitativen Erfassung der Geld- und Güterströme. Dies trägt nichts zum Verstehen der Gesamtwirtschaft und der Probleme von Privatleuten, Unternehmern und Staat bei. Das Ganze wirkt, als veröffentliche jemand ein Buch mit dem Titel *Die Blumengärtnerei* und beschreibe hierin auf 20 Seiten den Kontenrahmen der Gärtnereien, aber entsprechend weniger das eigentliche Aufziehen der Pflanzen. Außerdem hat im späteren Beruf kaum jemand mit dem Kontenrahmen der Volkswirtschaftlichen Gesamtrechnung zu tun, außer wenn er dem entsprechenden Referat im Statistischen Bundesamt zugeteilt wird.

3.4   Definitionen

In der Erkenntnistheorie wird von analytischen Urteilen gesprochen, wenn die Wahrheit oder Falschheit bereits durch die verwendeten Begrifflichkeiten festgelegt ist. Solche Urteile sind lediglich Erläuterungen von Begriffen und können ohne Erfahrung, ohne Kenntnis von irgendwelchen Tatsachen gefällt werden, etwa: *Ein Kreis ist rund* oder *ein Quadrat hat vier Ecken.*
   Die Bücher zur Wirtschaftstheorie bestehen zu einem großen Teil aus Definitionen, aus der Erläuterung von Begriffen, etwa so (Bartling, Seite 29):

Wenn in der Umgangssprache von „Kapital" die Rede ist, so werden die meisten Menschen an Geld – vielleicht an viel Geld – denken. Tatsächlich müssen wir volkswirtschaftlich das Geldkapital vom unmittelbar wirksamen Realkapital unterscheiden. Wenn wir an unser Modell vom Wirtschafts-

© Frank & Timme   Verlag für wissenschaftliche Literatur

kreislauf denken, so fließt dem Güterkreislauf ein monetär äquivalenter Geldkreislauf entgegen, weil in der Geldwirtschaft regelmäßig Ware gegen Geld bzw. Geld gegen Ware getauscht wird. Input-Faktoren im realen Produktionsprozess können letztlich nur Realgüter sein, während das Geld als allgemeines Tauschmittel lediglich die Geschäftsabwicklung erleichtert. Der Produktionsfaktor Kapital bezieht sich deshalb immer auf das Realkapital (und nicht auf das Geldkapital).

Oder so (Altmann, Seite 44):

Hinsichtlich der menschlichen Arbeit wird unterschieden zwischen dispositiver und ausführender Arbeit. Dispositive Arbeit umfasst dort Entscheidungsfunktionen in den Bereichen Betriebsführung, Organisation, Planung, Kontrolle etc., während die ausführende Arbeit von der dispositiven Arbeit gelenkt wird. Die Abgrenzung ist insofern schwierig, als z. B. der leitende Angestellte von der faktischen Funktion her dispositiv tätig ist, arbeitsrechtlich jedoch weisungsgebunden und somit ausführend ist. Allgemein wird er jedoch dem dispositiven Faktor zugerechnet.

Oder so: (Woll, Seite 98):

Der Einfluss der Bedürfnisse wird unter der Annahme analysiert, dass einem Haushalt von zwei Gütern verschiedene Mengen (q_1, q_2) zur Verfügung stehen. Die Indifferenzkurve ist die Verbindungslinie (der geometrische Ort) solcher Güterkombinationen, die nach Ansicht des Haushalts denselben Nutzen stiften, für ihn gleichwertig (indifferent) sind.

Bei Altmann heißt es im Werbetext auf der Buch-Rückseite, dass *das gesamte begriffliche Instrumentarium im Text erläutert werden muss.* Darum geht es: Begriffe zu definieren, zu erläutern und abzugrenzen. Wer Volkswirtschaft studiert, tut also gut daran, sich nicht nur ein Vokabelheft, sondern eine umfangreiche Kladde mit Definitionen anzulegen, diese in den Wochen vor dem Examen einzupauken und in der Nacht vor der mündlichen Prüfung unters Kopfkissen zu legen. Allmählich wird jetzt deutlich, weshalb dieser Theorie ein mangelnder Realitätsbezug vorgeworfen wird: Es geht nicht nur um die unrealistischen Annahmen in den Modellen, sondern auch darum, dass die vielen Definitionen, feinsinnigen begrifflichen Abgrenzungen und neugeschaffenen Begriffe nichts über die realen Probleme lebendiger Menschen aussagen. Der Student erfährt nicht, was einer will, was einer tut und weshalb etwas geschieht.

Bartling sieht auf Seite 19 Anlass, davor zu warnen, Begriffe mit Realitäten zu verwechseln. Begriffe sind bloße Konventionen, die so oder auch anders gefasst werden können. Strenggenommen gibt es daher keine richtigen oder falschen Definitionen, sondern nur Übliches oder Unübliches. Am deutlichsten wird dies im Vergleich mit den Sternbildern: Seit der Antike ist es üblich, die unübersehbare Vielzahl von Sternen zu Grüppchen zusammenzufassen und als Sternbilder mit Namen zu versehen. Aber dem *Großen Wagen* entspricht keine Realität, sondern das Sternbild dient nur dazu, in dem Gewimmel ein wenig Übersichtlichkeit zu schaffen. Deshalb warnt Bartling: *Die Volkswirtschaftslehre kommt – wie andere Wissenschaften auch – nicht ohne einen Grundstock an Definitionen und Klassifikationen aus. Jedoch darf sie sich nicht in einem „Begriffsrealismus" erschöpfen […]. Gegen den „Begriffsrealismus" ist […] einzuwenden, dass man durch Definitionen und Klassifikationen allein keine Ursache-Wirkungs-Zusammenhänge erfassen kann.*

Dies sollte eigentlich selbstverständlich sein. Denn Definitionen sind ja lediglich Wörter, mit denen bestimmte Klassen von Gegenständen benannt werden. Natürlich können aus dieser Benennung keine inhaltlichen Aussagen oder Verursachungen abgeleitet werden. Wenn Bartling gleichwohl Anlass sieht, vor einem Begriffsrealismus zu warnen, so sieht er anscheinend die Gefahr, dass in der Wirtschaftswissenschaft die bloßen Begriffe mit realen Gegenständen verwechselt und ursächlich miteinander verknüpft werden. Dies bildet in der Tat eine Gefahr für alle, die sich ohne Kontakt mit der Wirklichkeit nur in den luftigen Gebäuden der Theorien aufhalten.

3.5   Unkonventionelles

Die Leidenschaft für begriffliche Abgrenzungen treibt bisweilen merkwürdige Blüten. Auf Seite 78 stellt Altmann fest, *dass der Güterbegriff nicht monetär definiert ist (darüber könnte man natürlich diskutieren). Geld ist kein Gut, folglich ist der Anbieter von Geld kein Unternehmen, und Banken sind nur durch einen Umweg Unternehmen, weil sie Dienstleistungen anbieten (Abwicklung, Beratung etc.). (So ganz glatt ist diese Abgrenzung allerdings nicht!)* Mancher Bankdirektor wird erstaunt sein zu erfahren, dass die Entgegennahme von Ersparnissen und die Vergabe von Krediten keine unternehmerische Tätigkeit sei.

© Frank & Timme   Verlag für wissenschaftliche Literatur

Unter der Überschrift *Politik für eine verbesserte Selbststeuerung* schreibt Bartling auf Seite 135:

Für „spezifisch öffentliche Güter" liegt Wettbewerbsversagen vor, weil das Ausschlussprinzip nicht angewandt werden kann. D. h., wenn ein Anbieter nicht allen, die an dem Gut interessiert sind, den Nutzen des Gutes bis zum Kauf vorenthalten kann. Wird beispielsweise das Gut äußere oder innere Sicherheit durch Militär und Polizei für eine bestimmte Region produziert, erhöht sich die Sicherheit aller dort wohnenden Menschen. Einzelne Personen können bereits aus technischen Gründen nicht vom Nutzen des Gutes „Sicherheit" ausgeschlossen werden. Entsprechend ist es für den einzelnen Bürger vorteilhaft, die Dringlichkeit seiner Nachfrage nach solchen Gütern nicht offen zu legen. Vielmehr wird der Einzelne versuchen, am Konsum des Gutes zu partizipieren, ohne einen Preis zu zahlen (Trittbrettfahren).

Ist es eigentlich schon einmal vorgekommen, dass jemand aus diesem Grunde behauptet hat, am Gut „öffentliche Sicherheit" nicht interessiert zu sein? Womöglich wäre es einfacher, die öffentliche Sicherheit überhaupt gar nicht als produziertes Gut zu betrachten, sondern als hoheitliche Tätigkeit, die mit der Wirtschaft nichts zu tun hat.

Auf Seite 91f. legt Bartling dar:

Eine Analyse der Bestimmungsründe des Angebots an Märkten erfordert eine Theorie der Unternehmung, da – wie wir schon wissen – die Unternehmen die Wirtschaftseinheiten sind, die Güter produzieren, um sie an Märkten anzubieten.

Dafür lassen sich – ohne erheblichen Verlust für das Erkenntnisziel – zunächst einige Modellvereinfachungen einführen. So sei angenommen:

(1) Für den Absatz produziere das Unternehmen nur ein Verkaufsgut (mit der Menge m und dem Preis p, d. h. es handelt sich um ein – in der Wirklichkeit selten anzutreffendes – Einproduktunternehmen.

[…]

(4) Sämtliche Preise sehe das Unternehmen als exogen vorgegebene Daten an, weil es weder die Faktorpreise noch den Verkaufspreis durch eigene Aktionen beeinflussen kann.

Da der entscheidende unternehmerische Aktionsparameter die Verkaufsgut-
menge m ist, kommt es letztlich darauf an zu bestimmen, wie groß diese zu
wählen ist, damit das Unternehmen seinen Gewinn maximiert.

Hier wird eine Theorie der Unternehmung vorgestellt, die für die weitaus meisten Unternehmen nicht zutrifft. Einen vorgegebenen nicht beeinflussbaren Verkaufspreis gibt es praktisch nur in der Urproduktion, nämlich im Bergbau und in der Landwirtschaft. Die Rohstoffpreise sowie die Preise für Milch und für Roggen sind in der Tat für die einzelnen Hersteller nicht zu beeinflussen, so dass diese als Anpassung an den Markt nur die Herstellmenge verändern können. Für die überwältigende Mehrheit der Unternehmen wird stattdessen der Preis im Betrieb kalkuliert, schon deshalb, weil keine homogenen Güter produziert werden, sondern jeder Unternehmer versucht, etwas Besonderes anzubieten, um sich von den Wettbewerbern abzuheben.

Über den Zusammenhang zwischen Löhnen und Arbeitszeit schreibt Woll (Seite 210):

Eine Wirkung steigender Löhne kann die Verkürzung der Arbeitszeit sein.
Ein Teil des steigenden Lohnsatzes dient zur Erhöhung des Einkommens
(Einkommenseffekt), ein anderer Teil zur Reduzierung der Arbeitszeit (Sub-
stitutionseffekt). Diese Wirkungen sind aus der Haushaltsanalyse bekannt.
Unsicherheit herrscht über die Punkte der Lohn-Angebotskurve, an denen
diese eine positive Steigung annimmt. Bei höheren Löhnen kann das Ange-
bot steigen und bei sehr hohen Löhnen vielleicht wieder fallen. Doch lassen
sich auch andere plausible Verhaltenshypothesen finden; nur empirische
Beobachtungen können weiterhelfen.

Diese Art von Ausführungen kennzeichnet den Arbeitsstil der Wirtschaftswissenschaftler: In der Abgeschiedenheit der Studierstube werden Hypothesen gesucht, die als plausibel erscheinen. Es wird nicht etwa das Gespräch mit einem Gewerkschaftssekretär oder mit dem Geschäftsführer des Arbeitgeberverbandes gesucht, um Anregungen für realistische Hypothesen zu finden.

Kommt es wirklich vor, dass eine Lohnerhöhung zu einer Reduzierung der Arbeitszeit genutzt wird? Die gesamte Lehrbuchliteratur geht davon aus, dass der Mensch sich nach dem wirtschaftlichen Prinzip in seinen beiden Fassungen richtet: Entweder maximaler Ertrag bei gegebenem Einsatz oder gegebener Ertrag bei minimalem Einsatz. Es wird aber noch nicht einmal untersucht, welche dieser beiden Fassungen für unsere Gesellschaft typisch ist.

  © Frank & Timme   Verlag für wissenschaftliche Literatur

Wenn ein Arbeiter den steigenden Lohn zum Anlass nimmt, weniger zu arbeiten als bisher, so spräche dies dafür, dass er einen gegebenen Ertrag (Einkommen) mit minimalem Einsatz (Arbeitszeit) zu erreichen sucht. Sehr viel realistischer ist die Annahme, dass er bei gegebenem Einsatz (gleiche Arbeitszeit wie bisher) einen maximalen Ertrag (höheres Einkommen) sucht. Unsere gesamte Gesellschaft ist ja nicht darauf eingestellt, ein festes zufrieden stellendes Einkommen durch fortschreitende Rationalisierung mit immer weniger Arbeitszeit zu erreichen. Sondern angestrebt wird ja ein stetiges Wachstum bei gleichbleibendem Einsatz von Arbeitszeit, Kapital und Bodenschätzen.

3.6   Ein wirtschaftspolitischer Ansatz

Das eingangs dieses Buches geschilderte Legitimitätsproblem der Wirtschaftswissenschaften und das abnehmende Interesse der Öffentlichkeit haben ihre Ursache auch darin, dass diese Wissenschaft als zerstritten gilt: Es gibt mehrere Denkschulen, die der Wirtschaftspolitik ganz unterschiedliche oder gegensätzliche Ratschläge erteilen. In der erwähnten Umfrage des Internetportals *Wirtschafts-Wunder* vom Mai 2015 wurde den mehr als 1 000 Wirtschaftswissenschaftlern auch die Frage gestellt: *Welcher großen Denkschule fühlen Sie sich am nächsten?* Darauf bekannten sich zur oder zum

- Neoklassik: 33,4 Prozent
- Keynesianismus: 15,2 Prozent
- Monetarismus: 3,8 Prozent
- Sozialismus/Marxismus: 0,8 Prozent
- Andere: 19,2 Prozent
- Keiner: 27,6 Prozent

Hieraus ist zunächst, wenig überraschend, zu entnehmen, dass Sozialismus und Kommunismus in den Wirtschaftswissenschaften randständig und praktisch bedeutungslos geworden sind. Bedeutsam ist aber, dass sich knapp drei Viertel aller Wissenschaftler überhaupt einer bestimmten Denkschule verpflichtet fühlen und anscheinend nur rund jeder Vierte unvoreingenommen an seine Probleme herangeht. Es gibt unterschiedliche Vorprägungen, um nicht zu sagen Glaubensrichtungen, ähnlich wie es nicht einfach *die Christen* gibt, sondern die verschiedenen Konfessionen. Selbstverständlich werden zwischen diesen Denkschulen heftige Kämpfe ausgetragen.

Bei den hier genannten Denkschulen gibt es im Grundprinzip zwei gegensätzliche Ansätze:

(1) Die angebotsorientierte Wirtschaftspolitik geht in einem langfristigen Denken davon aus, dass der allgemeine Wohlstand nur gesichert und gesteigert werden kann, wenn die deutsche Wirtschaft in die Lage versetzt wird, ein international wettbewerbsfähiges Angebot von Waren und Dienstleistungen zu bieten. Um dieses zu sichern, stellt der Staat die Rahmenbedingungen, vor allem das Recht und die materielle Infrastruktur. Im Übrigen wird auf den Selbstlauf des Wettbewerbs vertraut und ein strenges Kartellverbot durchgesetzt. Dieser Denkschule steht die Neoklassik nahe, die von der dezentralen Steuerung durch die Märkte ausgeht. Der Staat hält sich mit punktuellen Eingriffen ganz zurück.

(2) Die nachfrageorientierte Wirtschaftspolitik geht hingegen in einem eher kurzfristigen Denkansatz davon aus, dass der Staat ständig das Niveau der wirtschaftlichen Tätigkeit nachsteuern muss. Insbesondere soll er die konjunkturellen Schwankungen ausgleichen, und zwar durch eine antizyklische Nachfrage nach Gütern und Diensten. Der Staat soll in der konjunkturellen Flaute mehr Geld ausgeben, notfalls auf Kredit, und die Privaten entfalten durch eine Senkung der Steuersätze, also eine Erhöhung ihrer verfügbaren Einkommensteile, ebenfalls mehr Nachfrage. In der Hochkonjunktur sollen sich hingegen Staat und Private mit ihrer Nachfrage zurückhalten. Der Staat soll Reserven anlegen. Dies ist der Ansatz von John Maynard Keynes (1883 bis 1946), der *Keynesianismus.*

Der Monetarismus geht ebenfalls davon aus, dass der Staat das Niveau der Wirtschaftstätigkeit steuern solle, aber nicht auf die konjunkturellen Schwankungen bezogen, sondern im Sinne einer langfristigen Stabilität. Und zwar soll die Nachfrage durch die Geldmenge gesteuert werden. Der Wirtschaft wird immer so viel Geld angeboten, dass die Einkommen ebenso steigen wie das Güterangebot. So können diese Güter gerade gekauft werden, ohne Inflation oder Deflation. Die Banken werden mit so viel Geld versorgt, dass sie die Kredite für Investitionen vergeben können, die zum Wirtschaftswachstum führen.

Das große Problem der Wirtschaftswissenschaft besteht jetzt darin, das sie bei diesem konzeptionellen Streit ganz einseitig auf das falsche Pferd setzt, nämlich auf die nachfrageorientierte Wirtschaftspolitik nach Keynes, während die tatsächliche Politik, wie von der Bundesregierung betrieben, längst auf den angebotstheoretischen Ansatz umgeschwenkt ist. Die akademische Jugend wird hier in eine Sackgasse geführt.

Die Lehrbuchautoren, in diesem Falle die von uns betrachteten Mussel, Bartling und Klump, präsentieren der akademischen Jugend einen grundsätzlichen wirtschaftspolitischen Ansatz, der bei den Praktikern der Wirtschaftspolitik, insbesondere im Wirtschaftsministerium in Berlin, seit Jahrzehnten als tot und erledigt gilt. Es handelt sich um einen lebenden Leichnam, einen Zombie, der nur noch in Lehrbüchern sein Unwesen treibt, obwohl Mussel sein Buch immerhin als *aktualisiert* bezeichnet. Dieser Todesfall ist vermutlich den Autoren deshalb nicht aufgefallen, weil das Bundesministerium für Wirtschaft in den Lehrbüchern nirgendwo erwähnt und anscheinend nicht zur Kenntnis genommen wird. Sonst hätte es auffallen müssen, dass der hier verfolgte Ansatz in den Jahreswirtschaftsberichten des Ministeriums seit Jahrzehnten nicht mehr erwähnt wird.

Worum geht es im Einzelnen? Auf Seite 15ff. erläutert Mussel die nach dem britischen Ökonomen John Maynard Keynes benannte *Keynesianische stabilisierungspolitische Konzeption*. Dabei geht es vor allem darum, das Auf und Ab der Konjunktur zu verstetigen und auf diese Weise ein möglichst gleichmäßiges Wachstum zu erreichen. Mussel erläutert (Seite 17): *Nach keynesianischer Auffassung dominiert die (instabile) gesamtwirtschaftliche Nachfrage auf dem Gütermarkt das Geschehen der Volkswirtschaft.* Denn ständig *tragen die Wirtschaftssubjekte durch ihr instabiles Verhalten sozusagen „Unruhe" in den Wirtschaftsprozess hinein.* Diese schwankende private Nachfrage soll mit staatlichen Mitteln vergleichmäßigt werden. Ausgangspunkt des ganzen Konzepts ist die Feststellung: *Die güterwirtschaftliche Nachfrage entscheidet über die Höhe der Produktion und damit über die Höhe des Beschäftigungsgrades.* Deshalb wird dieser grundsätzliche Ansatz auch als eine nachfrageorientierte Wirtschaftspolitik bezeichnet. *Die Ausrichtung des Keynesianismus auf die zyklisch schwankende Nachfrage unterstreicht den kurzfristigen Charakter dieser Theorie,* so Mussel.

Noch deutlicher tritt dies durch das berühmte Keynes-Zitat: „In the long run we are all dead" zutage. In Einklang mit der kurzfristigen Sicht steht auch die keynesianische Vorstellung von der Endlichkeit der Bedürfnisse. Diese Endlichkeit führe zu einer Sättigung von Märkten, d. h. zu einem Nachfragemangel.

Auf Seite 18 fährt Mussel fort:

Eine weitere Säule des Keynesianismus bildet die sog. Dominanzhypo-
these. Sie schreibt der Fiskalpolitik eine dominante Rolle zur Stabilisierung
der Wirtschaft zu. Unter Fiskalpolitik [...] versteht man Einnahmen-
und Ausgabenänderungen des Staates zum Zwecke der Steuerung des
Wirtschaftsablaufs [...]. Der Staat muss die Rolle des Stabilisators der Volks-
wirtschaft übernehmen. Insbesondere soll der Staat die Verantwortung für
die Sicherung eines hohen Beschäftigungsgrades übernehmen.

Da die gesamtwirtschaftliche Nachfrage zyklischen Schwankungen
unterliegt, wird für eine „antizyklische" Konjunkturpolitik plädiert. Befin-
det sich die Wirtschaft in der Rezession, so sind Ankurbelungsmaßnahmen,
also expansiv wirkende Instrumenteneinsätze erforderlich. Umgekehrt sollte
die Wirtschaftspolitik einem Boom durch kontraktive Maßnahmen entge-
gentreten.

Weil es immer um die gesamtwirtschaftliche Nachfrage und nicht um einzelne
Akteure geht, wird dieses Unterfangen auch als Globalsteuerung bezeichnet.
Keynesianer sind überzeugt, dass es gelingen kann, die wirtschaftliche Entwick-
lung gleichsam wie eine Maschine zu steuern. Dabei geht es nicht nur um die
antizyklische Handhabung der Staatsausgaben. *Als Instrument können [...] auch*
die Steuern variiert werden. In der Rezession kommen Steuererleichterungen, im
Boom Steuererhöhungen in Betracht. Hinzu soll eine antizyklische Politik der Zentralbank kommen: Im Abschwung eine Erhöhung der Geldmenge und niedrige
Zinsen, um Investitionen zu beleben, in der Hochkonjunktur eine Drosselung
der Geldmenge und erhöhte Zinsen.

Die Ziele der Wirtschaftspolitik bilden hierbei ein „magisches Viereck"
entsprechend dem *Gesetz zur Förderung der Stabilität und des Wachstums*
der Wirtschaft von 1967: Bund und Länder haben bei ihren wirtschafts- und
finanzpolitischen Maßnahmen die Erfordernisse des gesamtwirtschaftlichen
Gleichgewichts zu beachten, nämlich die Maßnahmen so zu treffen, dass sie im
Rahmen der marktwirtschaftlichen Ordnung gleichzeitig zu

- Stabilität des Preisniveaus,
- hohem Beschäftigungsstand
- stetigem und angemessenem Wirtschaftswachstum sowie
- außenwirtschaftlichem Gleichgewicht

beitragen. Dieses Viereck wird als magisch bezeichnet, weil es wegen der Zielkonflikte angeblich nicht möglich ist, alle vier Ziele gleichzeitig zu erreichen.
Insbesondere galt lange Zeit die Auffassung, eine Vollbeschäftigung sei nur mit
gleichzeitiger Geldentwertung zu haben, und die Politiker müssten sich zwischen

   © Frank & Timme   Verlag für wissenschaftliche Literatur

fünf Prozent Arbeitslosigkeit und fünf Prozent Inflation entscheiden. Diese Auffassung gilt inzwischen als widerlegt.

Mussel stellt (Seite 22) fest: *Die Erreichung dieser vier Ziele, die in der Wirtschaftspolitik weitgehend unbestritten sind, bedeutet für die Volkswirtschaft einen optimalen Zustand.* Entsprechend diesen vier Zielen gliedert Mussel sein ganzes Lehrbuch, indem er für jedes dieser Ziele angibt, weshalb das Ziel anzustreben ist, wie der Grad der Zielerreichung festzustellen ist, welche Ursachen einzelne Fehlentwicklungen haben und wie diese zu bekämpfen sind. Ganz genauso gliedert auch Bartling sein umfangreiches Kapitel *Gesamtwirtschaftliche Stabilität und Wachstum in der Marktwirtschaft* entsprechend diesen vier Zielen.

Auch Klump bewegt sich auf dieser Linie (Seite 158):

Die umfangreichen Möglichkeiten zur Beeinflussung der einzelnen Nachfragekomponenten durch ausgabe- und einnahmepolitische Maßnahmen räumen der Fiskalpolitik prinzipiell eine herausragende Bedeutung im Rahmen der Konjunktur- und Beschäftigungspolitik ein. Dies wird besonders im Konzept der antizyklischen Fiskalpolitik betont, das dem Staat die Hauptverantwortung für die Stabilisierung der konjunkturellen Entwicklung und der gesamtwirtschaftlichen Nachfrage zuweist.

Das Stabilitäts- und Wachstumsgesetz sieht in § 5 konkret vor, eine Konjunkturausgleichsrücklage einzurichten: *Bei einer die volkswirtschaftliche Leistungsfähigkeit übersteigenden Nachfrageausweitung sollen Mittel [...] zur Zuführung an eine Konjunkturausgleichsrücklage veranschlagt werden. Bei einer [...] Abschwächung der allgemeinen Wirtschaftstätigkeit sollen zusätzlich erforderliche Deckungsmittel zunächst der Konjunkturausgleichsrücklage entnommen werden.*

Bartling schlägt drüber hinaus auf Seite 254 vor: *Schließlich kann durch antizyklische Variation von Transferzahlungen des Staates an Private (Zahlungen ohne Gegenleistungen) die private Nachfrage in der Krise angekurbelt und im Boom gedämpft werden.*

Das Gesetz sieht als Begleitmaßnahme eine *Konzertierte Aktion* vor: Bei einer Gefährdung der Ziele des magischen Vierecks *stellt die Bundesregierung Orientierungsdaten für ein gleichzeitiges abgestimmtes Verhalten [...] der Gebietskörperschaften, Gewerkschaften und Unternehmensverbände [...] zur Verfügung.*

Verfassungsrechtliche Grundlage des Stabilitäts- und Wachstumsgesetzes ist Artikel 109 Absatz 2 des Grundgesetzes: *Bund und Länder [...] tragen [...] den Erfordernissen des gesamtwirtschaftlichen Gleichgewichts Rechnung.* Dieses Staatsziel wird im Stabilitäts- und Wachstumsgesetz konkretisiert.

Im Unterschied zu den Professoren der Wirtschaftswissenschaft haben jedoch die Juristen längst erkannt, dass hier ein totes Pferd geritten wird. Der Grundgesetzkommentar *von Münch/Kunig* würdigt dies in der Vorrede *Allgemeine Bedeutung* von Artikel 109: *Durch zwei Änderungen geriet Artikel 109 in den Jahren 1967 und 1969 unter den Einfluss der auf John M. Keynes zurückgehenden Konzeption einer an Nachfrage orientierten staatlichen Globalsteuerung der Volkswirtschaft durch antizyklische Finanzpolitik.* Diese Vorstellungen *hatten sich in den 60er und 70er Jahren des vorigen Jahrhunderts vorübergehend durchgesetzt. Das Risiko, dass eine Verfassungsbestimmung, die sich zu eng an eine aktuelle (wissenschaftliche) Konzeption bindet, rasch veraltet, hat sich bei Artikel 109, Absatz 2–4 alter Fassung realisiert.* Der Kommentar zum Grundgesetz fährt fort: *Das Bundesverfassungsgericht hatte im Sommer 2007 eine „grundlegende Revision" des Staatsschuldenrechts angemahnt. Die fälligen konzeptionellen Änderungen sind 2006 und 2009 erfolgt, dies in drei Richtungen: […] das Kriterium des gesamtwirtschaftlichen Gleichgewichts wird […] in Artikel 109 Absatz 2 relativiert.* Hierzu verweist der Kommentar auf den 2009 erschienenen Grundgesetzkommentar der Kollegen V. Epping und Ch. Hillgruber: Dort *misst Reimer ihm nur noch „symbolische Bedeutung" zu.*

Nach Meinung der Verfassungsrechtler handelt es sich mithin um ein Konzept, das sich in den 1960er und 1970er Jahren vorübergehend (!) durchgesetzt hatte und heute nur noch um eine Symbolpolitik bildet, also um eine Politik, die nicht ernsthaft verfolgt wird und der daher auch keine messbaren Wirkungen zugeschrieben werden. Hier ist die aus rechtlicher Sicht höchst merkwürdige Lage eingetreten, dass ein unverändert gültiges Gesetz, noch dazu mit verfassungsrechtlicherer Verankerung, von der Bundesregierung nicht beachtet wird, obwohl es doch im Rechtsstaat selbstverständlich sein soll, dass alle Verfassungsorgane sich im Rahmen der Gesetze und zumal des Grundgesetzes bewegen. Dass dies in diesem Falle nicht passiert, scheint aber niemanden zu irritieren, und niemand hat bisher die Regierung deswegen beim Bundesverfassungsgericht verklagt. Dies kann nur bedeuten, dass dieser wirtschaftspolitische Ansatz in der Politik und in der Fachwelt keine Verfechter und Verteidiger mehr hat: Alle sind sich darüber einig, dass das Stabilitäts- und Wachstumsgesetz tot, gegenstandslos oder, wie die Juristen sagen, obsolet geworden ist. Nur eine einzige Bestimmung dieses Gesetzes ist noch aktuell: Nach § 2 hat die Bundesregierung im Januar eines jeden Jahres dem Bundestag und dem Bundesrat einen Jahreswirtschaftsbericht vorzulegen. Hier geht es um die für das laufende Jahr angestrebten finanz- und wirtschaftspolitischen Ziele. Hier informiert sich die

Fachwelt – mit Ausnahme der Wissenschaft, die diese Berichte nicht zur Kenntnis nimmt – über den aktuellen Kurs.

Wie es seinerzeit zu diesem heute obsoleten Gesetz kam, ist nur aus seiner Entstehungsgeschichte zu verstehen. Karl Schiller, SPD, war 1966 bis 1972 Bundesminister für Wirtschaft und 1971 bis 1972 zusätzlich Bundesminister für Finanzen. Auf seine ganz persönliche Initiative ist dieser Ansatz zurückzuführen. Helmut Schmidt war 1966 bis 1969 SPD-Fraktionsvorsitzender im Deutschen Bundestag und von 1974 bis 1982 Bundeskanzler. Beide verband das Grundanliegen, dass sich eine Wirtschaftskrise wie 1929 keinesfalls wiederholen dürfe, und zwar nicht nur aus rein wirtschaftlichen Gründen und der Verarmung der Millionen Arbeitsloser, sondern insbesondere auch, weil diese Krise dem Nationalsozialismus den Boden bereitet hatte. Mithin habe die Wirtschaftspolitik unbedingt für Vollbeschäftigung zu sorgen, und sei es durch vermehrte Schuldenaufnahme (Keynes: *deficit spending*). Hinzu kam damals eine allgemeine Technologiegläubigkeit, die es als möglich erscheinen ließ, mittels Globalsteuerung die gesamtwirtschaftliche Aktivität zu steuern, ähnlich wie der Betriebsleiter eines Kraftwerks die Drehzahl der Turbinen regelt.

Die Krise von 1929 wurde in der Regierung Heinrich Brüning nur als Krise des Staatshaushalts verstanden. Daher wurden, um den Haushalt auszugleichen, die Löhne und Gehälter im öffentlichen Dienst gekürzt, alle öffentlichen Bauvorhaben beendet und die Steuern erhöht, was ungewollt zu einer Verschärfung der Krise beitrug. Heute besteht Einigkeit darüber, dass diese Reaktion verhängnisvoll falsch war und dass in einem Notfall dieser Art der Staat tatsächlich die Aufgabe hat, die Konjunktur zu stützen, jedoch keinesfalls im Normalbetrieb.

Die wichtigsten Einwände gegen den in den Lehrbüchern immer noch hochgehaltenen Grundansatz des Stabilitäts- und Wachstumsgesetzes lauten heute:

(1) Das dort genannte Ziel eines außenwirtschaftlichen Gleichgewichts (Export etwa gleich hoch wie Import) ist weder machbar noch wünschbar. Deutschland hat einen hohen Exportüberschuss, weil die deutschen Waren und Dienstleistungen weltweit gefragt sind. Auf diese Weise werden nicht nur Arbeitsplätze im Inland gesichert, sondern für die Firmen entsteht ein Risikoausgleich: Wenn die Binnennachfrage rückläufig ist, konzentriert man sich auf den Export und umgekehrt. Durch den starken Export hat Deutschland ständig einen Überschuss an Devisen, und die Deutschen können weltweit einkaufen, was immer sie möchten – und wenn es frische Blaubeeren aus Peru sind.

Und in welcher Weise sollte die Regierung, wenn sie es denn wollte, dieses vermeintliche Ungleichgewicht beseitigen? Sollte sie dazu aufrufen, mehr zu importieren und hierdurch heimische Firmen in Verlegenheit bringen? Sollte sie dazu aufrufen, sich beim Export zurückzuhalten und die Anfragen ausländischer Kunden nicht zu bearbeiten?

(2) In den Lehrbüchern wird das konjunkturelle Auf und Ab immer in der Form gleichmäßiger Wellen gezeichnet, ähnlich den Wellen auf den Ozeanen oder den Sinuswellen in der Mathematik. Dies würde bedeuten, dass die Regierung jederzeit weiß, in welcher Phase sich die Wirtschaft gerade befindet, und entsprechend rechtzeitig einschreitet. Dieses Modell ist jedoch irreführend, weil tatsächlich die Einbrüche höchst unregelmäßig und unvorhersehbar kommen: Eine Reihe von Jahren läuft alles ganz normal. Wenn dann Krisenzeichen auftauchen wie ein Rückgang der Aktienkurse, weiß niemand, ob dies ein Zittern der Nadel oder der Anfang einer großen Talfahrt ist. Dies weiß man immer erst hinterher. Jede Krise hat andere Ursachen:

- Die erste Krise nach der Währungsreform 1948 kam in der Bundesrepublik 1966, nachdem der dringendste Nachholbedarf nach dem Krieg zunächst einmal gedeckt war.
- 1974 gab es einen Rückgang durch die erste Ölkrise,
- 1981/82 durch die zweite Ölkrise.
- 1993 kam ein Rückschlag durch das Abflauen der durch die Wiedervereinigung ausgelösten Sonderkonjunktur.
- 2001 endete der maßlos überhitzte Boom in der Internet- und Kommunikationsbranche (Platzen der Dotcom-Blase).
- 2008 gab es eine weltweite Finanz- und Wirtschaftskrise mit der Pleite von *Lehman Brothers*.

Die Abstände zwischen den Krisen sind also recht unterschiedlich, und jede hat ihre speziellen Ursachen. Insofern ist es irreführend, wenn Bartling auf Seite 225 schreibt: [...] *weisen die Schwankungen der volkswirtschaftlichen Größen wie Preisniveau, Beschäftigung oder Höhe des Volkseinkommens im Zeitablauf erstaunliche Regelmäßigkeiten auf; man spricht von Konjunkturzyklen. Vom Beginn einer Phase bis zur Wiederkehr der gleichen Phase sind in den letzten drei Jahrzehnten in Deutschland typischerweise vier bis fünf Jahre vergangen (Dauer eines Konjunkturzyklus).* Die Abstände zwischen den soeben genannten konjunkturellen Einbrüchen betrugen 18, 8, 7, 11, 8 und 7

© Frank & Timme   Verlag für wissenschaftliche Literatur

Jahre. Von einer regelmäßigen Wiederkehr nach vier bis fünf Jahren kann also gar keine Rede sein.

Wesentlicher Antrieb für die ständigen Schwankungen der Kurse an der Börse und auch der Wirtschaft insgesamt ist die Spekulation als sozialpsychologisches Herdenverhalten. Wenn einige Jahre die Wirtschaft gut gelaufen ist oder wenn die Aktienkurse und die Immobilienpreise gleichmäßig gestiegen sind, verbreitet sich die Meinung, dies würde im gleichbleibenden Trend weiter anhalten. Dementsprechend werden Kapazitäten erweitert, und es werden weitere Aktien und Immobilien gekauft. Irgendwann steigen die ersten Teilnehmer aus und realisieren ihre Gewinne. Die Kapazitätserweiterungen der vergangenen Jahre führen zu einer erhöhten Produktion, die die Preise drückt. Daher werden weitere Investitionen zunächst auf Eis gelegt. Wenn es sich herumspricht, dass der Aufstieg einstweilen vorbei ist, steigen weitere Teilnehmer aus, die Preise der Aktien und Immobilien brechen ein, panikartig flüchten noch mehr Anleger, bis die Preise so weit gefallen sind, das die ersten wieder einsteigen, weil dies jetzt billig zu haben ist. In diesen Fällen weiß niemand, wo die reale Wertsteigerung in eine Blasenbildung übergeht. Das Platzen der Blase ist ebenso wenig vorherzusehen wie die große Finanzkrise 2008. Es handelt sich nicht um Wellen, sondern, wie immer in der Geschichte, um überraschende Einzel-Ereignisse. Das Ganze ist so wenig vorhersehbar wie der Richtungswechsel eines Vogelschwarms, der sich mal dahin und mal dorthin wendet.

Dementsprechend schwierig bis unmöglich ist es, die staatlichen Maßnahmen termingerecht einzuleiten, wie von der nachfrageorientierten Wirtschaftspolitik gefordert. Insbesondere besteht das Risiko, dass in der Rezession die Beschlüsse gefasst werden und längere Fristen vergehen, bis die Aufträge ausgeschrieben, vergeben und kassenwirksam werden, so dass sie in den beginnenden Aufschwung hinein fallen und die Ausschläge eher verstärken als verstetigen.

(3) Es ist völlig unrealistisch, dass, wie ebenfalls hier gefordert, in der Boomphase eine Konjunkturausgleichsrücklage angelegt wird, die in der Rezession für zusätzliche Ausgaben zur Verfügung steht. Vielmehr werden im Aufschwung die zusätzlichen Einnahmen sofort für allerlei wünschbare Zwecke verbraucht (volkstümlich: *verfrühstückt*). Franz Josef Strauß wird der Ausspruch zugeschrieben, eher würde sich ein Hund einen Salamivorrat anlegen. Tatsächlich würden die

zusätzlichen Ausgaben nicht aus einer Rücklage, sondern mit einer immer höheren Verschuldung finanziert.

(4) Ebenso unrealistisch bis verhängnisvoll wäre es, je nach Konjunkturphase die Steuern hinauf- und herabsetzen zu wollen. Durch eine solche Schaukelpolitik würde viel Unsicherheit in die Wirtschaft hineingetragen, weil niemand mehr sicher kalkulieren kann. Die Wirtschaft ist aus Gründen der Investitionssicherheit immer an einer Konstanz der Wirtschaftspolitik interessiert.

(5) Die konjunkturellen Ausschläge haben die Wirkung, dass in der Rezession zahlreiche schwache Betriebe aus dem Markt ausscheiden. Ihr Personal und Kapital, so auch die Immobilien, werden, jedenfalls teilweise, von besser geführten Firmen übernommen. *Die Ressourcen wandern zum besten Wirt.* In sämtlichen Betrieben wird bei schwacher Auslastung und fehlenden Aufträgen nachdrücklich überlegt, in welcher Weise noch besser auf die Kundenwünsche eingegangen und die Produktion noch rationeller gestaltet werden kann. Die Krise treibt Innovation und Fortschritt voran. Die Wirtschaft kommt also besser aufgestellt aus der Krise heraus, als sie hineingegangen ist. Bei staatlichen Mehrausgaben entsprechend dem Stabilitäts- und Wachstumsgesetz hingegen würde lediglich mehr vom Gleichen produziert.

(6) Eine antizyklische Variation der Transferzahlungen, wie von Bartling vorgeschlagen, ist politisch völlig unmöglich. Was werden wohl die Rentner und die Arbeitslosen sagen, wenn sie statt der 700 Euro monatlich, auf die sie sich fest eingestellt haben, mal 600 und mal 800 Euro erhalten, und zwar völlig unvorhersehbar? Was wird der Sozialminister sagen, wenn die gesamte Sozialpolitik aus konjunkturpolitischen Gründen in eine Schaukelbewegung versetzt werden soll?

(7) Die Konzertierte Aktion erwies sich als Fehlschlag. Wenn alle Verbandsfürsten beisammen sitzen und etwas beschließen, bleibt dies wirkungslos, weil sie den sämtlichen Verbandsmitgliedern keine Weisungen erteilen können.

(8) Das Konzept der Globalsteuerung bezieht sich auf Deutschland als isolierte Nation. Die Verflechtung im Europäischen Binnenmarkt und in der Weltwirtschaft wird nicht berücksichtigt.

Inzwischen ist aus diesen Gründen die den Lehrbüchern als einzige zugrunde gelegte nachfrageorientierte Politik bereits in den 1970er Jahren gescheitert und wird als weder wünschbar noch machbar betrachtet. Die deutsche Wirt-

© Frank & Timme   Verlag für wissenschaftliche Literatur

schaftspolitik verfolgt längst ein vollständig anderes Konzept. Es wird davon ausgegangen, dass alle Länder und Regionen der Welt in einem wirtschaftlichen Wettbewerb stehen und dass es darauf ankommt, Deutschland zukunftsfähig im Sinne von wettbewerbsfähig zu machen und zu halten. Weil wir nicht mit niedrigen Löhnen werben können und auch nicht mit nennenswerten Bodenschätzen gesegnet sind, ist dies nur über Qualität im weitesten Sinne möglich: Qualität der Produkte, Service, Verlässlichkeit, zuverlässige Termin- und Vertragstreue, Rechtssicherheit, wirtschaftsfreundliches und vor allem nicht zu kompliziertes Steuersystem, bedarfsorientiert ausgebaute Infrastruktur. Allem anderen voran aber geht es über Bildung, Ausbildung, Innovation, Forschung und Entwicklung. Motor der wirtschaftlichen Entwicklung und damit der Beschäftigung und des Wachstums sind die Investitionen der Unternehmen. Daher sind Investitionshindernisse durch eine Deregulierung abzubauen. Der Geldwert muss unbedingt stabil bleiben, um langfristige Planungen zu ermöglichen. Der Arbeitsmarkt sollte theoretisch möglichst flexibel sein, um den Betrieben zu ermöglichen, je nach Auftragslage die Belegschaft auf- oder abzubauen. Dem stehen soziale Rücksichten entgegen: Die Sicherheit des Arbeitsplatzes bildet ein fundamentales Interesse der Belegschaft.

Zu diesem aktuellen Konzept gehört eine Außenwirtschaftspolitik, die auf Export, das heißt auf Freihandel und internationale Liberalisierung setzt. Wettbewerbsfähig ist und wird Deutschland durch sein Angebot, weshalb dieses Grundkonzept auch als angebotsorientiert bezeichnet wird. Diese Politik ist, im Gegensatz zur nachfrageorientierten, von vornherein langfristig und insofern verantwortungsvoll angelegt.

Die Ziele der Wirtschaftspolitik werden aus den Titeln der Jahresberichte des Wirtschaftsministeriums deutlich:

- 2016: *Zukunftsfähigkeit sichern – Die Chancen des digitalen Wandels nutzen*
- 2015: *Investieren in Deutschlands und Europas Zukunft*
- 2014: *Soziale Marktwirtschaft heute – Impulse für Wachstum und Zusammenarbeit*
- 2013: *Wettbewerbsfähigkeit – Schlüssel für Wachstum und Beschäftigung in Deutschland und Europa*
- 2012: *Vertrauen stärken – Chancen eröffnen – mit Europa stetig wachsen*
- 2011: *Deutschland im Aufschwung – den Wohlstand von morgen sichern*
- 2010: *Mit neuer Kraft die Zukunft gestalten*
- 2009: *Konjunkturgerechte Wachstumspolitik*
- 2008: *Kurs halten!*
- 2007: *Den Aufschwung für Reformen nutzen*

Insgesamt geht es also um

- Wachstum, Wohlstand für morgen durch Wettbewerbsfähigkeit und Reformen
- Rückbindung an Soziale Marktwirtschaft und an Europa

Es bleibt das Problem, weshalb dieser vor immerhin vier Jahrzehnten eingeleitete fundamentale Wechsel des wirtschaftspolitischen Grundkonzepts von den Lehrbuchautoren und der gesamten akademischen Lehre nicht bemerkt worden ist und weshalb der Studentengeneration in den angeblich aktualisierten Büchern im Herbst 2016 immer noch ein Konzept präsentiert wird, das sich bereits in den 1970er Jahren als untauglich erwiesen hat und seitdem als Mumie im tiefsten Keller des Wirtschaftsministeriums in einer zugenagelten Kiste aufbewahrt wird. Dies kann seine Ursache nur darin haben, dass im abgeschlossenen Innenraum der Universitäten weder Tageszeitungen gelesen werden noch die Bundespolitik zur Kenntnis genommen wird. Wie wir gesehen haben, fehlt ja der Begriff *Bundesministerium für Wirtschaft* in allen Sachregistern der Lehrbücher.

4   Die Ökonometrie

Bisher haben wir einen Streifzug durch sieben aktuelle Lehrbücher der Volkswirtschaftslehre, der Theorie der Wirtschaftspolitik und der Betriebswirtschaftslehre unternommen und sind dabei über einige Fehlstellen gestolpert und haben einige stattdessen behandelte Themen kennengelernt. Ergänzend sei ein Teilgebiet der Wirtschaftswissenschaften betrachtet, das sich durch anspruchsvolle mathematische Verfahren, speziell in der Matrizenrechnung, auszeichnet.

Bartling (Seite 19) führt ein:

Im Rahmen der Ökonometrie – als Teildisziplin der Wirtschaftswissenschaften – haben die Ökonomen inzwischen spezielle Techniken entwickelt, um mit mathematisch-statistischen Methoden und beobachtbaren Daten wirtschaftstheoretische Hypothesen auf ihren Realitätsgehalt zu untersuchen. Die Ökonometrie kann nicht zuletzt wegen der Entwicklung immer leistungsfähigerer Computer selbst größere Datenmengen in komplexen Modellen untersuchen.

Ähnlich heißt es in dem Buch *Ökonometrie* von Christian Dreger (Springer Fachmedien, Wiesbaden 2014):

Die Ökonometrie stellt ein Methodenspektrum zur Überprüfung und Anwendung mathematisch formulierbarer ökonomischer Theorien bereit, das auf die ökonomische Modellbildung abgestellt ist.

Woll schreibt (Seite 9): *Wissenschaftliche Feststellungen sind [...] Tatsachenaussagen (etwas ist so* oder *nicht so).* Überprüfen wir also, wieweit und inwiefern in der Ökonometrie Tatsachenaussagen getroffen werden und sie insofern als wissenschaftlich zu betrachten ist.

Als Beispiel betrachten wir das Lehrbuch *Ökonometrie* von Ludwig von Auer, Eine Einführung, 7., durchgesehene und aktualisierte Auflage, Verlag Springer Gabler 2016. Der Autor lehrt an der Universität Trier. Zur Bedeutung dieses Faches schreibt er auf Seite 1:

Die ökonometrisch ausgebildeten Ökonomen verfügen über Techniken, die es erlauben, nummerische Abschätzungen der Wirkungszusammenhänge bereitzustellen. Folgerichtig sind nahezu alle führenden wirtschaftswissenschaftlichen Fakultäten des anglo-amerikanischen Sprachraums dazu übergegangen, Ökonometrie als zentrales Pflichtfach des Studiums aufzunehmen. Inzwischen ist auch im deutschen Sprachraum ein solcher Trend erkennbar.

Im Vorwort, Seite VII, wird angekündigt: *In Teil I des Lehrbuches zieht sich ein und dasselbe Beispiel durch alle sechs Kapitel, sodass der Leser am Ende dieses Teils über ein zusammenhängendes Bild angewandter ökonometrischer Analyse verfügt.* Dieses Beispiel wollen wir nachverfolgen und auf diese Weise die Arbeitsweise der Ökonometrie kennenlernen. Das Beispiel lautet (Seite 4):

Die Gäste eines Restaurants hinterlassen dem Kellner mehr oder weniger hohe Trinkgeldbeträge. Da der Kellner zu allen Gästen gleichbleibend freundlich ist, kann er sich die Unterschiede in den Trinkgeldbeträgen nicht erklären. Er beauftragt deshalb einen befreundeten Ökonometriker, die Ursachen für die Betragsschwankungen herauszufinden.

Der beauftragte Ökonometriker ist zugleich ausgebildeter Ökonom. In seiner Eigenschaft als Ökonom versucht er zunächst den grundlegenden Wirkungszusammenhang zwischen der Trinkgeldhöhe und ihren Ursachen genauer zu identifizieren. Da der Kellner alle seine Gäste gleich behandelt, lässt sich vermuten, dass die unterschiedliche Höhe der Trinkgeldbeträge y im Wesentlichen durch die Höhe des Rechnungsbetrages x [...] erklärt werden kann. In der Sprache der Mathematik ist der Trinkgeldbetrag y eine Funktion f des Rechnungsbetrages x:

$$y = f(x).$$

Dies ist das ökonomische Modell. Es legt fest, dass nur der Rechnungsbetrag x einen Einfluss auf die Trinkgeldhöhe y besitzt. Ist das ökonomische Modell formuliert, dann beginnt die Aufgabe des Ökonometrikers. Unsere alltägliche Restaurant-Erfahrung legt nahe, dass je höher der Rechnungsbetrag x, desto höher das Trinkgeld y. Vereinfachend lässt sich unterstellen, dass die Trinkgeldhöhe proportional zur Höhe des Rechnungsbetrags verläuft – „man gibt so und so viel Prozent Trinkgeld". Diese Unterstellung erlaubt, den

Zusammenhang zwischen Rechnungsbetrag und Trinkgeld als eine spezifische Funktion auszudrücken:

$$y = bx.$$

In der Realität wird der in dieser Gleichung formalisierte Zusammenhang nur selten genau erfüllt sein, denn Menschen sind verschiedenen Zufälligkeiten und Stimmungen unterworfen. Um solchen Unwägbarkeiten Rechnung zu tragen, ergänzt man in einem zweiten Schritt das ökonomische Modell um einen Term, der diese Zufälligkeiten erfassen soll. Eine einfache Möglichkeit wäre: $y = bx + u$. Die Variable u bezeichnet man üblicherweise als Störgröße. Es wird immer unterstellt, dass der Wert der Störgröße u einzig durch den Zufall (die Kapriolen der Restaurantbesucher) bestimmt wird und dass sich die Höhe des Trinkgeldbetrages im Mittel gemäß $y = bx$ bemisst.

Nehmen wir an, wir hätten im Lauf des Abends zwei Gäste beobachtet. Aus den beobachteten Daten ist nicht erkennbar, ob die Störgröße bei Gast 1 oder bei Gast 2 oder bei beiden wirksam wurde. Folglich lässt sich keine gesicherte Aussage über den Wert von b treffen. Wir gehen zwar davon aus, dass es einen wahren Zusammenhang zwischen Trinkgeld und Rechnungsbetrag gibt, aber aus den empirischen Beobachtungen kann man niemals mit letzter Sicherheit die nummerischen Werte für diesen wahren Zusammenhang zu Tage fördern.

Diese Art des Vorgehens legt mehrere kritische Fragen nahe, zumal hinsichtlich der Prüfung, ob hier Tatsachenaussagen vorliegen und wir uns insofern im Reich der Wissenschaft bewegen.

(1) Es wird eingangs unterstellt, die Höhe des Trinkgeldes hänge proportional vom Rechnungsbetrag ab. Diese Unterstellung wird fortan als der wahre Zusammenhang unterstellt, alles andere als Störgröße.

(2) Es wird unterstellt, dass die Störgröße rein zufällig sei, so dass im Mittel immer der proportionale Zusammenhang zwischen Trinkgeldhöhe und Rechnungsbetrag gewahrt sei.

Beide Unterstellungen sind rein willkürlich.

(1) Über den Zusammenhang zwischen Rechnungsbetrag und Trinkgeld sind unter anderem auch folgende Hypothesen möglich:

- Der Gast erhöht auf den nächsthöheren runden Betrag und verzichtet auf die Rückgabe von Kleingeld. Bei einem Rechnungsbetrag von 9,60 Euro ist es mehr oder minder selbstverständlich, dass ein 10-Euro-Schein übergeben und angedeutet wird, damit sei die Sache erledigt.
- Betrunkene Gäste sind unvernünftiger, also großzügiger als nüchterne. Wird in einer geschäftlichen Besprechung nur Kaffee oder Wasser gereicht, so wird genauer abgerechnet.
- Es kommt darauf an, mit wem einer kommt. Hat ein Mann seine Freundin dabei, so markiert er den Großzügigen. Kommt er mit Ehefrau und Kindern, so zeigt er sich eher sparsam, schon aus pädagogischen Gründen.
- Wird bei Geschäftsessen der Betrag von der Dienststelle erstattet, so wird großzügig Trinkgeld gegeben: Bei einem Rechnungsbetrag von 43 Euro wird um eine Quittung über 50 Euro gebeten, und der Gast lässt sich 50 Euro erstatten. Kommt derselbe Mann privat, so ist er knauserig.
- Eine junge hübsche Kellnerin bekommt mehr Trinkgeld als ein langgedienter älterer Herr.
- Durch das Trinkgeld drückt der Gast aus, ob er mit dem Besuch insgesamt zufrieden ist. Falls nicht, lässt er sich das Wechselgeld pfenniggenau herausgeben.
- Ist jemand im Ort und im Lokal bekannt, so zeigt er sich großzügig, denn er hat einen Ruf zu wahren. Keinesfalls darf nach außen hin der Eindruck entstehen, als sei er in Finanzverlegenheiten – insbesondere dann, wenn dies tatsächlich der Fall ist. Auswärtige unbekannte Gäste sind knickeriger.
- Es gibt überhaupt keine Regel, keinen erkennbaren Zusammenhang, sondern nur Bauchgefühl und Wellenschlag.

Von den vielen möglichen Hypothesen wird in unserer Ökonometrie eine einzige herausgesucht und nicht einmal die überzeugendste. Bei einem proportionalen Zusammenhang zwischen Rechnungsbetrag und Trinkgeld würde beispielsweise, wenn 10 Prozent Trinkgeld angenommen wird, der Gast einen Rechnungsbetrag von 9,60 Euro erhöhen auf 9,60 + 0,96 = 10,56 Euro, was völlig lebensfremd wäre.

(2) Ebenso willkürlich ist die Annahme, dass die Störgröße streng zufällig verteilt und daher im Mittel die wahre Größe, nämlich entsprechend

der willkürlichen Annahme, herauskomme. Ebenso gut kann es sein, dass die Störgröße überwiegend über oder unter diesem Wert liegt.

Weshalb hat sich der Lehrbuchautor ausgerechnet auf diese Hypothese versteift und sie zur Wahrheit verklärt? Verräterisch ist die Eingangspassage, worin berichtet wird, der Ökonometriker sei gleichzeitig ausgebildeter Ökonom. Noch verräterischer ist der Hinweis, die Ökonometrie sei auf die ökonomische Modellbildung abgestellt. Das kann in diesem Falle nur heißen, dass er sich vorschnell zu einer unrealistischen modellhaften Annahme verleiten lässt, wie bei der Modellbildung üblich. Die Ökonometrie soll gar nicht den wahren Zusammenhang erforschen oder die Modell-Annahme überprüfen, sondern soll diese bestätigen.

Die vielen komplizierten Gleichungssysteme und die Matrizenrechnung, die im Lehrbuch folgen, können wir uns sparen, denn sie beruhen sämtlich auf den beiden obigen willkürlichen Annahmen. Auch die anspruchsvollste Rechnung mit dem Supercomputer kann nicht klüger sein als die willkürliche Annahme über den Kausalzusammenhang. Wir müssen also vermuten, dass die Ökonometriker dazu neigen, irgendeine von zahlreichen möglichen Hypothesen vorschnell und willkürlich zur Wahrheit zu erklären und alles andere zur Störgröße. Die umfangreichen und komplizierten Rechenverfahren, am besten mit aufwendiger Computer-Ausstattung, täuschen wissenschaftliche Exaktheit vor und machen das Ganze immun gegenüber Gegenargumenten. Die Rechenverfahren sind für Außenstehende nicht nachvollziehbar, beispielsweise wenn einzelne exogene Größen ad hoc von Hand eingegeben wurden, um Ergebnisse zu erzielen, die dem Ökonometriker als plausibel erscheinen, die vom Auftraggeber gewünscht werden oder die bestimmte politische Vorhaben stützen sollen.

Auer hatte eingangs (Seite 1) erklärt, die Ökonometrie erlaube es, numerische Abschätzungen der Wirkungszusammenhänge bereitzustellen. Genau hier liegt das Problem: Die Wirkungszusammenhänge werden nur numerisch, rechnerisch und mathematisch abgeschätzt, aber nicht inhaltlich. Es geht hier um das Problem der *Kausalattribuierung*, nämlich den Vorgang, dass eigenem oder fremden Verhalten bestimmte Ursachen zugeschrieben werden. Hier geht es um ein alltägliches menschliches Verhalten: Bestimmte beobachtete Ereignisse werden naiv oder wissenschaftlich auf bestimmte Ursachen zurückgeführt. Die Ursachen werden ihnen beigefügt (attribuiert), wobei allerdings zahlreiche Fehler unterlaufen können.

Die wichtigste Fehlerquelle und daher das grundlegende Problem der Ökonometrie, das aber in diesem Lehrbuch gar nicht angesprochen wird, ist als *Scheinkorrelation* bekannt. Gemeint ist mit diesem etwas missverständlichen

Ausdruck, dass zwar eine Korrelation zwischen zwei Größen wirklich (nicht nur scheinbar) vorhanden ist, dass aber vorschnell von der Korrelation auf einen kausalen Zusammenhang geschlossen wird. Dieses Problem ist nicht mit mathematischen Mitteln zu lösen, sondern nur durch eine inhaltliche Betrachtung. Deshalb wird es von den mathematisch orientierten Ökonometrikern gern übersehen oder nicht behandelt. In der älteren Literatur ist dieser längst bekannte Fehlschluss unter der Bezeichnung *cum hoc ergo propter hoc* (lateinisch: mit diesem, folglich deswegen) bekannt. Wird ein Zusammenhang bestritten, so sagt der Lateiner *cum hoc non est propter hoc* (mit diesem ist nicht deswegen).

Das zeitliche und räumliche Zusammentreffen zweier Größen wird bei diesem Fehlschluss ohne weiteres als Kausalzusammenhang aufgefasst (wie immer wieder im Kriminalfilm zu sehen). Rein logisch sind beim wiederholten Zusammentreffen von A und B folgende Möglichkeiten inhaltlich zu prüfen:

- A ist Ursache von B
- B ist Ursache von A
- eine gemeinsame Ursache X hat sowohl A als auch B zur Folge
- A und B haben nur indirekt, über eine Ursachenkette, miteinander zu tun
- A und B treten nur zufällig zur gleichen Zeit auf und hängen nicht miteinander zusammen.

Das bekannteste Beispiel für einen derartigen Fehlschluss ist, dass die rückläufige Geburtenzahl durch die ebenfalls rückläufige Anzahl der Störche begründet sei.

Wie wir noch sehen werden, sind die meisten Schwächen der akademisch betriebenen Wirtschaftstheorie auf falsche oder willkürliche Kausalattribuierungen zurückzuführen: Es werden immer wieder Ursache-Wirkungs-Verhältnisse unterstellt, die zwar plausibel klingen, aber nicht überprüft werden, etwa wenn die Höhe der Ersparnisse allein auf die Hohe des Einkommens oder auf die Höhe des Zinses zurückgeführt wird.

Um den Zusammenhang zwischen Rechnungsbetrag und Trinkgeld zu klären, gäbe es übrigens eine andere, etwas einfachere Möglichkeit, nämlich eine inhaltliche Überprüfung an Ort und Stelle. Der Forscher könnte sich mit zehn Kellnern, zehn Gastwirten und zehn Gästen jeweils zehn Minuten hierüber unterhalten. Dies entspräche einem zeitlichen Aufwand von 300 Minuten oder fünf Stunden. Das Problem könnte mit einfachsten Mitteln und ohne Rechenaufwand und Computer im Laufe eines einzigen Arbeitstages geklärt werden. Eine schlichte Befragung der Akteure, eine Recherche vor Ort, ist für jeden Journalisten selbstverständlich und kommt der Wahrheit gewöhnlich recht nahe, jedenfalls wenn der Journalist nicht so voreingenommen ist wie der Ökonometriker. Eine solche schlichte Befragung ist jedoch in der Wirtschaftswissenschaft verpönt, weil angeblich nicht wissenschaftlich.

Ein ganz anderes Beispiel für die begrenzte Leistungsfähigkeit der Ökonometrie sind die Prognosen. Aus der Analyse einer Zeitreihe wird ein Gesetz herausdestilliert, das angeblich diese Bewegungen beschreibt und daher zur Vorhersage des weiteren Verlaufs geeignet sei. Wenn beispielsweise einige verspätete Anhänger einer nachfrageorientierten Wirtschaftspolitik ihre antizyklischen Maßnahmen richtig terminieren wollen, ist der Gedanke naheliegend, zur Prognose auf die Rechenleistungen der Ökonometrie zurückzugreifen. Hierzu meint Bartling (Seite 265):

Bisher ist [...] keines der ökonometrischen Konjunkturmodelle theoretisch und empirisch hinreichend untermauert. Vor allem fehlt es wegen der Individualität der Konjunkturzyklen an geeigneten Stützperioden. Hinzu kommt, dass die in den Modellen unterstellte Konstanz der Verhaltensweisen besonders von Investoren und Konsumenten [...] in der Realität häufig nicht vorliegt [...]. Insgesamt ist so die Treffsicherheit von Konjunkturprognosen bisher nicht sehr hoch.

Hier sind zwei Aspekte entscheidend:

(1) Die Individualität der Konjunkturzyklen: Jeder Zyklus hat andere Ursachen und nimmt einen anderen Verlauf. Jedermann in der Versicherungswirtschaft weiß, dass sich Einzelereignisse nicht versichern lassen, weil die Eintrittswahrscheinlichkeit unbekannt ist. Ebenso ist es ausgeschlossen, mit einem aufwendigen Rechenmodell (Bartling berichtet von 40 bis über 200 Gleichungen mit entsprechend vielen Unbekannten) ein einzelnes einmaliges Ereignis vorherzusagen, das mal diese, mal jene Ursache hat.

(2) Die Konstanz der Verhaltensweisen von Investoren und Konsumenten ist im Konjunkturzyklus nicht gegeben. Das Auf und Ab kommt ja gerade dadurch zustande, dass im Herdenverhalten Optimismus und Euphorie irgendwann umschlagen in Pessimismus und Panik. Diese Stimmungsschwankungen sind für niemanden vorhersehbar und daher auch nicht rechnerisch prognostizierbar.

Das Problem der Ökonometrie besteht so gesehen darin, dass Irrationales, Spontanes und Politisches prinzipiell nicht berechenbar ist. Ferner ist die Ökonometrie immer nur auf Quantitatives angewiesen und fixiert, auf zahlenmäßig Rechenba-res, und daher werden gewaltsam mathematisch formulierbare Ursachenketten gesucht oder unterstellt. Die Ökonometrie kann Qualitatives nicht erfassen, insbe-sondere alles Psychologische. Die Motivation im weitesten Sinne gilt als Störgröße. Auf diese Weise wird der Zugang zu dem verstellt, das eigentlich die Geisteswissen-schaften auszeichnen sollte, nämlich das nachvollziehende Verstehen.

Schon bei dem harmlosen Musterbeispiel im Lehrbuch, als es um die Abhän-gigkeit des Trinkgeldes vom Rechnungsbeitrag ging, wurde das manipulative Denken deutlich: Eine bestimmte Hypothese, die dem Modelldenken der Wirt-schaftswissenschaftler entspricht, auf Außenstehende aber nicht sonderlich überzeugend wirkt, wird zur Wahrheit erklärt, alles andere zur Störgröße. Um wie viel eher ist mit einer Manipulation zu rechnen, wenn es um ernsthafte poli-tische oder finanzielle Entscheidungen geht!

Soll die Abhängigkeit eines y von einem x überprüft werden, so lassen sich die tatsächlich beobachteten Ereignisse als Wertepaare $x_1/y_1, x_2/y_2, x_3/y_3 \dots x_n/y_n$ in ein Koordinatensystem eintragen. Sichtbar wird eine unstrukturierte Punktwolke. Sie lädt dazu ein, eine waagerechte, senkrechte, schräg ansteigende, absteigende, gerade, gekrümmte oder wie immer geartete Linie hindurch zu ziehen, diese Linie zur wahren Abhängigkeit zu erklären und alles andere zur Störgröße. Die Öko-nometrie dient insofern nicht, wie behauptet, zur Überprüfung von Hypothesen, sondern gerade im Gegenteil: Sie postuliert und behauptet Eindeutigkeiten, die im Ausgangsmaterial nicht vorhanden sind. Insofern stellt sich die Frage, ob es sich bei der Ökonometrie um die Mitteilung von Tatsachen handelt, die entwe-der wahr oder nicht wahr sind, und somit um eine Wissenschaft handelt. Nach Karl Popper sind wissenschaftliche Aussagen daran erkennbar, dass sie durch Beobachtungen falsifizierbar sind. Der Satz *Alle Schwäne sind weiß* wird als falsch erwiesen, sobald der erste schwarze Schwan beobachtet wird. Der Satz *Durch die Punktwolke sind beliebig viele Linien zu ziehen und zur Wahrheit zu erklären, alles andere zur Störgröße* hingegen ist nicht falsifizierbar, sondern zutreffend. Er entspricht dem Satz *Es mag allerlei Schwäne in den unterschiedlichsten Farben geben*, der ebenfalls nicht falsifizierbar ist, der aber nicht als Wissenschaft zu betrachten ist, weil er unserem Wissen nichts hinzufügt.

Über die begrenzte Erklärungskraft der Ökonometrie erschien in der *Frank-furter Allgemeinen* Zeitung vom 28. Oktober 2012 ein lehrreiches Beispiel in einem Bericht über die Thünen-Vorlesung des Vereins für Socialpolitik:

Ob die Staatsquote zu hoch oder zu tief ist, ist ein alter politischer Streit. Wäre es für das Wirtschaftswachstum förderlich, wenn die Quote erhöht

© Frank & Timme   Verlag für wissenschaftliche Literatur

oder reduziert würde? Wie ist der Zusammenhang zwischen Staatsquote und Wirtschaftswachstum?

Hierzu gibt es eine Reihe empirischer Arbeiten mit sehr unterschiedlichen Ergebnissen. So haben etwa Schaltegger und Trogler im Jahr 2006 eine solche Untersuchung für die Schweizer Kantone vorgelegt. Dabei kommen sie zum Ergebnis, dass das Wirtschaftswachstum umso höher ist, je niedriger die Staatsquote ist. Mit den gleichen Daten kommt man jedoch auch zum Ergebnis, dass die Wirtschaft umso stärker wächst, je höher die Staatsausgaben pro Kopf sind. Obwohl sie auf den gleichen Daten basieren, scheinen sich die Ergebnisse zu widersprechen.

Tatsächlich wird jedoch hier etwas ganz anderes gemessen. Wir haben in der Schweiz „reiche" Kantone mit hohem Wirtschaftswachstum wie Zug, die sich trotz hoher Staatsausgaben niedrige Steuersätze leisten können. Wir haben aber auch arme Kantone mit geringem Wirtschaftswachstum wie Jura, die sich nicht so viel leisten können, aber von den Bürgern höhere Steuern verlangen müssen, um die ihnen übertragenen Leistungen erbringen zu können. Dies zeigt sich in diesen Schätzungen, die somit nichts über den grundlegenden Zusammenhang zwischen Wirtschaftswachstum und Staatsquote aussagen.

Die negative Korrelation (reich mit niedrigen Steuersätzen, arm mit hohen Steuersätzen) darf also nicht etwa so interpretiert werden, als seien niedrige Steuersätze Ursache für ein hohes Wachstum. Die bloßen mathematischen Indizes sagen nichts aus, solange man nicht in die inhaltliche Forschung eingetreten ist.

Beim Verein für Socialpolitik kam man zu einem ernüchternden Ergebnis: *Die ökonomische Theorie allein bietet in aller Regel keine eindeutigen Antworten auf Fragen nach der Lösung wirtschaftspolitischer Probleme. Aber auch die empirischen Analysen liefern häufig keine eindeutigen Ergebnisse.*

Aus der Sicht des Wissenschaftlers, dessen Karriere von der Anzahl seiner Veröffentlichungen abhängt, hat allerdings die Ökonometrie den unschätzbaren Vorteil, dass ihre einmal eingeübten Verfahren auf eine unendliche Vielzahl von Problemen anwendbar sind, ohne dass diese Probleme inhaltlich durchdacht werden müssen. *Der Hauptvorteil der mechanischen Anwendung von Routinetechniken ist die Tatsache, dass sie eine sehr große Produktion von Druckerzeugnissen ohne viel geistige Anstrengung zulässt,* stellt Stanislav Andreski in *Die Hexenmeister der Sozialwissenschaften – Missbrauch, Moden und Manipulation einer Wissenschaft* (Verlag dtv, Müchen 1977, Seite 116) fest.

5   Das geschlossene Denken

In der Ökonometrie begegnet uns ein merkwürdig geschlossenes Denken, das auch für die übrigen Zweige der heutigen Wirtschaftswissenschaft kennzeichnend ist.

(1) Es wird nicht zunächst einmal nach möglichst vielen Tatsachen gesucht, sondern sofort nach funktionalen Zusammenhängen, die immer als ursächliche Zusammenhänge verstanden werden.

(2) Zu einem solchen Zusammenhang wird eine Hypothese aufgestellt – aber nicht diejenige, die jedermann aus dem Alltagsleben vertraut ist, sondern diejenige, die sich aus dem allgegenwärtigen Modelldenken ergibt.

(3) Diese Hypothese wird als alleinige Wahrheit betrachtet. Alle Erfahrungen aus der Wirklichkeit, die ihr widersprechen, gelten als Störgrößen und nicht etwa als Falsifizierungen der alleinigen Wahrheit.

(4) Die vermeintliche Wahrheit ist also immun gegen alle widersprechenden Erfahrungen.

Diese Denkweise erinnert fatal an die Verhältnisse in der damaligen DDR. Wer ein für alle Mal die fundamentale Wahrheit verinnerlicht hatte, dass die werktätige Klasse, das Volk, die Partei, die Regierung und der Staat miteinander identisch sind und daher nur ein einziges Interesse haben, kann auf dieser Grundlage ein in sich geschlossenes und widerspruchsfreies System errichten. Auf jede beliebige politische Frage gibt es nur eine einzige richtige Antwort. Wer dies nicht begreift oder grundsätzliche Kritik übt, ist entweder dumm oder ein Feind oder ein Verrückter, in jedem Fall zunächst einmal ein Fall für die örtlichen Polizeiorgane. Die Tatsache, dass im Alltag vieles nicht funktionierte und dass offenbar im Westen ein höheres Wohlstandsniveau herrschte, wurde offiziell nicht zur Kenntnis genommen, weil ja die Überlegenheit und der künftige Sieg des Sozialismus vermeintlich wissenschaftlich erwiesen waren.

Ein ähnlich geschlossenes Denksystem herrschte im Nationalsozialismus, ausgehend von dem Gedanken, dass das Volk repräsentiert werde durch das Reich und das Reich durch den Führer.

Eine beliebte Prüfungsfrage in den *Nationalpolitischen Erziehungsanstalten* (Napola) war: *Was kommt nach dem Dritten Reich?* Hierauf durfte nicht etwa geantwortet werden: *Das Vierte Reich.* Sondern die richtige Antwort war: *Es gibt kein Viertes Reich. Sondern mit dem Dritten Reich hat Deutschland seine einzig mögliche, wahre und endgültige Gestalt gefunden.*

Aus dem geschlossenen Denken in den Wirtschaftswissenschaften resultiert zwanglos die Tatsache, dass am Statistischen Jahrbuch, an den Jahreswirtschaftsberichten der Bundesregierung, an Meinungsumfragen oder an Gesprächen mit den Akteuren kein Interesse besteht: Da würden ja lauter Tatsachen zu Tage gefördert, die im Sinne des reinen Modelldenkens nur Störgrößen wären.

Normalerweise interessiert sich eine Wissenschaft für alles, was ihren Forschungsgegenstand betrifft. Zur Astronomie gehört alles, was im Weltall geschieht, geschehen ist oder geschehen wird. Die Biologie erforscht alles Lebende, in welcher Gestalt auch immer es auftritt. Hier ist es jeweils eine Binsenweisheit, dass kein Forschungsergebnis endgültig und umfassend ist, sondern dass jedes Ergebnis neue Probleme aufwirft, so dass die Forschung nie zu einem Ende kommen wird. Die Wirtschaftswissenschaften hingegen zeigen für das Alltagsleben der Unternehmer und Konsumenten wenig Interesse und sehen auch keine offenen Forschungsprobleme. Die Lehrbücher vermitteln dem Studenten den Eindruck, als seien alle wichtigen Fragen bereits gelöst und nichts mehr offen. Anstelle einer Überprüfung an der Realität wird nur die interne Widerspruchsfreiheit des Systems überprüft. Altmann schreibt (Seite 446): *Theorien haben […] den unschätzbaren Wert, partielle, losgelöste, durch die Ceteris-Paribus-Annahme isolierte Denkansätze auf logische Widersprüche hin zu überprüfen.* (Ceteris paribus: wenn alles Übrige gleichbleibt). *Das gedankliche Konstrukt gewinnt […] seinen Wert in der Darstellung des theoretisch Möglichen.* Also nicht etwa in der Erklärung des Tatsächlichen.

Im Vorwort der 1. Auflage (jetzt Seite VIII) schrieb Günter Wöhe:

Meiner Ansicht nach würde es dem Wesen und Zweck einer Einführung in eine Wissenschaft widersprechen, wenn man auch solche Problemkreise behandelt, die noch nicht gelöst sind oder über deren Lösung es konträre Ansichten gibt, von denen noch keine bewiesen werden konnte.

Den Studenten wird hier ebenso wie in den anderen Lehrbüchern nur Fertiges und nichts Umstrittenes serviert: Nur zum Einpauken, nicht zum selbst Nachdenken. Woll schreibt (Seite VI): *In einem Lehrbuch geht es darum, eine didaktische Aufgabe zu lösen und nicht, Forschungsarbeit zu leisten.*

Wilhelm von Humboldt (1767 bis 1835) erhob für das Verhältnis von Studenten und ihren Dozenten die Einheit von Lehre und Forschung zum Prinzip universitärer Arbeit. Der Dozent soll also den Studenten die selbstverständliche Einsicht vermitteln, dass es noch zahlreiche ungelöste Probleme gibt, und er soll ihnen zeigen, auf welche Weise sich der Forscher diesen Problemen nähern und neues Wissen generieren kann. Dieser Sinn der Universität wird verfehlt, wenn den Studenten nur Fertiges dargelegt wird.

Raghavendra Gadaghar ist Präsident der naturwissenschaftlichen Akademie Indiens. In der *Frankfurter Allgemeinen Zeitung* vom 30. November 2016 wird sein Vortrag vor der Academie Française wiedergegeben:

Wir füttern die Studenten mit Fakten, statt ihnen das Denken beizubringen. Wir zerstören ihre Neugier und Kreativität, um beides durch „Wissen" zu ersetzen. Ich mache ständig die Erfahrung: Je weniger auf diese Weise die Studenten erzogen wurden, desto aufgeweckter und intelligenter sind sie. Und desto wahrscheinlicher ist es, dass sie fähig sind, ein neues Problem zu lösen. Umgekehrt muss ich Studenten oft von ihrer Erziehung kurieren, bevor sie zu Problemlösern und Denkern werden können. Neugier und Neuerungssinn müssen gefördert werden, Variation und Unordnung sind nicht nur zu tolerieren, sondern es muss zu ihnen aufgefordert werden. Die Lehre ist also neu zu erfinden, weshalb das gegenwärtige Bildungssystem auf den Kopf gestellt werden muss.

Zum geschlossenen Denken gehört auch ein Marktfundamentalismus in dem Sinne einer Überzeugung, dass ausnahmslos sämtliche wirtschaftlichen Vorgänge durch Markt und Wettbewerb geregelt werden könnten und dass es keinerlei staatliche Eingriffe und auch keine staatliche Aufsicht geben dürfe. In einer geschlossenen Modellwelt handelt jedermann nicht nur rational, sondern auch legal, gesetzmäßig. Bei völliger Transparenz genießt jedermann den vollständigen Überblick und Durchblick über alle anderen Teilnehmer, alle Preise und alle Qualitäten der angebotenen Produkte.

Sehr gefährlich wird es, wenn diese Modellwelt mit der Wirklichkeit verwechselt und daher jegliche staatliche Aufsicht abgelehnt oder auf ein Minimum beschränkt wird. Bei der eingangs dieses Buches erwähnten Umfrage des Internetportals *WirtschaftsWunder* wurden die über tausend Wirtschaftswissenschaftler 2015 auch befragt, ob sie folgender Aussage zustimmen:

Bekannte US-Ökonomen haben die Finanzkrise seit 2008 als ein Scheitern von „Marktfundamentalismus" gewertet.

Dieser Aussage haben 24 Prozent *stark* und 35 Prozent *etwas* zugestimmt. 26,5 Prozent stimmten nicht zu, 14,5 Prozent hatten keine Meinung hierzu. Eine Mehrheit meint also, dass hier ein Marktfundamentalismus gescheitert sei. In der Tat wird die in den USA laxe Regulierung des Bankensektors allgemein zu den Ursachen der Krise gezählt, mehr noch aber die ganz fehlende Regulierung der Schattenbanken, nämlich der Finanzunternehmen außerhalb des traditionellen und offiziellen Bankensystems. Dieses Schattenreich ist sehr unübersichtlich, bewegte aber 2007 ein größeres Finanzvolumen als die traditionellen Banken. Hier wurden in riesigem Umfang faule Hypotheken (nämlich von mittellosen Schuldnern) mehrmals in neue Finanzprodukte umverpackt, handelbar gemacht und von den Ratingagenturen positiv begutachtet.

Eine dogmatisch gehandhabte und wirklichkeitsfremde reine marktwirtschaftliche Lehre hat insofern wesentlich zum Entgleisen des ganzen Systems beigetragen.

6   Die Methode der akademischen Wirtschaftstheorie

In der schon zitierten Umfrage des Internetportals *Wirtschafts Wunder* wurde 2015 auch die Frage gestellt:

Im vergangenen Jahr hat ein globaler Aufruf für viel Aufmerksamkeit gesorgt, in dem Studenten eine mangelnde Pluralität der herrschenden Lehre und Forschung beklagt haben. Wie beurteilen Sie diese Kritik?

24,7 Prozent der Befragten fanden diese Kritik berechtigt, 32,2 Prozent betrachteten als grundsätzlich richtig, aber übertrieben. *Die Kritik ist weitgehend unberechtigt* meinten 25,5 Prozent, und 14,9 Prozent urteilten: *Die Diagnose mangelnder Pluralität ist falsch.* Nur 2,7 Prozent hatten hierzu *Keine Meinung.* Fast alle hatten sich also in der einen oder anderen Richtung schon mit dieser Frage beschäftigt. Eine Mehrheit von 56,9 Prozent betrachtete diese Kritik als mehr oder minder berechtigt.

Der Vorwurf der mangelnden Pluralität betrifft sowohl die Erkenntnisgegenstände als auch die Methoden und wird am deutlichsten dadurch, dass die Inhalte der Lehrbücher sich so sehr ähneln. Überall wird das Thema *Preisbildung im Wettbewerb* in aller Ausführlichkeit behandelt, ferner die Artikel *Einkommen, Ertrag, Geld, Gewinn, Gleichgewicht, Gut/Güter, Inflation, Kapital, Kosten, Sparen* und *Wachstum,* aber immer in einer verallgemeinerten Form ohne eine konkrete Verankerung in einer bestimmten Schicht der Bevölkerung, einer Gruppe von Unternehmen, einem bestimmten Zeitabschnitt oder einer Region. Dabei gäbe es doch eine schier unendliche Fülle von praxisrelevanten Themen, die eine Untersuchung lohnen würden, beispielsweise:

- Wie lebt eigentlich einer, der mit 500 Euro Rente im Monat auskommen muss und zur Aufstockung seines Einkommens Pfandflaschen sammelt? Was heißt ganz konkret *Armut*?
- Wie leben die anderen Einkommensschichten? Was sind ihre Motive beim Konsum, beim Sparen und bei der Anlage der Ersparnisse?
- Wie unterschieden sich Inhaberbetriebe und Kapitalgesellschaften in ihrer Betriebsführung und ihren typischen Problemen?
- Welche Existenzgründungen sind aussichtsreich?

- Wie kommt es typischerweise zu Insolvenzen?
- Funktioniert der Wissenstransfer von der Forschung in die betriebliche Praxis?
- Weshalb sind die Bundesländer wirtschaftlich so unterschiedlich erfolgreich (Bayern an der Spitze, Bremen am Schluss)?
- Welches sind die typischen Probleme einzelner Wirtschaftszweige von der Urproduktion (Landwirtschaft, Bergbau) über die Industrie und den Handel bis zu den vielen verschiedenen Dienstleistungen?
- Ist die Sonderstellung der Freien Berufe berechtigt oder handelt es sich um gewinnorientierte Betriebe wie in der gewerblichen Wirtschaft?
- Sind die Zugangshindernisse in einzelnen Berufen, die fehlende Gewerbefreiheit, berechtigt?
- Was heißt *Industrie 4.0*, wie wirkt sich die Digitalisierung aus?

Aus der Untersuchung spezieller Themen dieser und vieler anderer Art, einer Verankerung in der wirtschaftlichen Wirklichkeit, ließen sich dann Hypothesen für das Funktionieren der Volkswirtschaft als Ganzer herleiten. Die Wirtschaftstheorie der Lehrbücher gewänne eine gewisse Bodenhaftung. Diese Pluralität der Erkenntnisgegenstände ist nicht vorhanden, sondern alles bleibt im immer gleichen Abstrakten.

Der Vorwurf der mangelnden Pluralität bezieht sich ebenso aber auch auf die Methodik. Die empirische Sozialforschung hat eine Fülle von bewährten Methoden entwickelt, die aber von den Wirtschaftswissenschaftlern nicht genutzt werden. Außerdem gibt es zum Einstieg in ein Problem die zahlreichen für jedermann zugänglichen Statistiken, die ein detailliertes Bild der wirtschaftlichen Dynamik zeichnen, etwa die vom Statistischen Bundesamt herausgegebene Monatszeitschrift *Wirtschaft und Statistik*. Hier erschien beispielsweise im Heft Januar 2014 ein ausführlicher Artikel zum Thema *Die wirtschaftliche Bedeutung kleiner und mittlerer Unternehmen in Deutschland*. Das Statistische Bundesamt berichtet über Volkseinkommen und Sozialprodukt, die Volkswirtschaftlichen Gesamtrechnungen, die Unternehmen, Gewerbean- und -abmeldungen, Beschäftigung und Arbeitslosigkeit, Branchen, Konjunktur, Bevölkerung, Preise, Steueraufkommen, Arbeitskosten und zahlreiche weitere Größen, wobei von Zeit zu Zeit neue Themen und neue Datenquellen erschlossen werden. Die berufsständischen Organisationen (Kammern, Verbände) sowie die Bundesländer und die Kommunen liefern weitere Daten.

Die bloße Feststellung von Tatsachen, wie sich bestimmte Größen entwickelt haben, ist dabei allerdings nur der erste Schritt der Forschung. Denn es gilt ja, diese Entwicklungen zu verstehen und zu erklären. Die Zahlen der Statistiken sind Indikatoren für bestimmte Entwicklungen. Angenommen, es wird festgestellt, dass die Anzahl der Unternehmen in Deutschland von 2005 bis 2014 von 3,0 auf 3,2 Millionen gestiegen ist. In so einem Fall ist ja nicht ohne weiteres ersichtlich, wie dies zustande kommt. Eine Hypothese könnte dahin gehen, dass die Arbeitsteilung immer weiter vertieft wird, indem bestimmte betriebliche Funktionen in gesonderte Betriebe ausgelagert werden. Oder es könnte damit zusammenhängen, dass bestimmte Personengruppen (Ältere? Ausländer?) es schwer haben, durch Bewerbungen einen Job zu finden, und sich deshalb selbstständig machen. Für derartige Hypothesen wären dann weitere Statistiken heranzuziehen.

Zum weiteren Vorgehen, um die beobachteten Entwicklungen erklären zu können, gibt es seit den 1960er Jahren einen Methodenstreit zwischen quantitativer und qualitativer Sozialforschung. In der quantitativen Forschung wird vor allem mit standardisierten Daten gearbeitet, das heißt mit Umfragen, bei denen die Befragten zwischen vorgegebenen Antwortalternativen wählen können. Die Ergebnisse können rechnerisch verarbeitet werden, und bei dieser Art der Forschung sind sie von der Person des Forschers unabhängig, können also von anderen nachgeprüft werden. Parallel hierzu hat sich seit den 1920er Jahren eine qualitative Sozialforschung entwickelt, beispielsweise in offenen Interviews ohne vorgegebene Antworten, die eher einem normalen Gespräch ähneln. Hinzu kommt als weiteres Verfahren die teilnehmende Beobachtung, wobei sich der Forscher in die Arbeitskolonne einreiht. Ebenso möglich sind Gruppendiskussionen.

Bei der quantitativen Forschung mit Fragebögen zum Ankreuzen ist die Gefahr groß, dass der Forscher durch seinen persönlichen Erfahrungshintergrund voreingenommen ist und bestimmte Antwortmöglichkeiten gar nicht sieht. Bei der qualitativen Forschung stört viele die mangelnde Exaktheit. Aber der Forscher kann möglichst neutral und offen in die Gespräche hineingehen, die sozialen Strukturen und Prozesse tiefergehend erkunden. Naheliegend ist es, die beiden Verfahren miteinander zu kombinieren: Zunächst macht der Forscher ein Dutzend ganz offene ausführliche Interviews, um ein Gefühl dafür zu bekommen, welche Punkte überhaupt im Schwange sind und von den Befragten als wichtig und relevant betrachtet werden. Auf dieser Grundlage kann er dann einen Fragebogen zu Ankreuzen formulieren, um das genaue Gewicht dieser einzelnen Punkte festzustellen.

Weitere Datenquellen sind die Selbstdarstellungen der Unternehmen im Internet, Firmengeschichten, Jubiläumsbände, persönliche Würdigungen in der lokalen und der überregionalen Presse, schließlich auch die Literatur: Der Roman *Buddenbrooks – Verfall einer Familie* von Thomas Mann, erschienen 1901, illustriert die gesellschaftliche Rolle und Selbstwahrnehmung des hanseatischen Großbürgertums etwa von 1835 bis 1877.

Mit den diversen Methoden der empirischen Sozialforschung können Handlungsorientierungen, Relevanzsetzungen und Deutungsmuster der Akteure erforscht werden: Wie sehen und verstehen sie ihre Welt? Wovon lassen sie sich leiten? Was ist für sie wichtig? Dabei sind die Deutungsmuster besonders wichtig, nämlich bestimmte Schemata von Sinngebung und Wahrnehmung, die im individuellen Wissensvorrat abgelagert sind. Die Schemata reduzieren und strukturieren als Sinnzusammenhang die Wahrnehmung vor. Erst durch diese Reduzierung werden Orientierung, Identität und Handeln möglich. Das Konzept der Deutungsmuster geht auf Alfred Schütz (1899 bis 1959) zurück, der sich mit der Konstitution subjektiven Sinns beschäftigte, das heißt, wie der Akteur selbst Sinn erzeugt und erfährt. Hiernach setzt sich die persönliche Lebenswelt der Menschen aus Typisierungen, Erfahrungen und bewährten Problemlösungen zusammen. Diese Schemata werden jeweils durch eine neue Erfahrung aktualisiert, das heißt, ein Gegenstand wird als Exemplar einer Typenklasse wahrgenommen. Alle Deutungsmöglichkeiten, die für das Individuum nicht relevant sind, werden unterdrückt. Nicht nur das Handeln, sondern schon das Sehen und Hören werden durch bestimmte eingefahrene Muster und Gewohnheiten vorgeprägt.

Diese Muster, die Welt zu deuten, aus den aktuellen Geschehnissen die relevanten Aspekte auszuwählen und auf diese in einer bestimmten Weise zu reagieren, verdichten sich zu einem bestimmten Habitus: das Auftreten und die Umgangsformen einer Person, die Gesamtheit ihrer Vorlieben oder die Art des Sozialverhaltens – bis hin zum Lebensstil, der Sprache und dem Geschmack. Dieser Habitus ist gewöhnlich den Mitgliedern einer sozialen Gruppe oder Schicht, so auch den Unternehmern einer bestimmten Region, gemeinsam und wird durch die Erziehung in den Familien und durch den sozialen Umgang verfestigt. Der Habitus als System verinnerlichter Muster erzeugt eine Auswahl von kulturtypischen und klassenspezifischen Gedanken, Wahrnehmungen und Motiven, die den Individuen als ihre eigenen erscheinen, die sie jedoch mit den anderen Mitgliedern ihrer Klasse teilen.

Musterbeispiel eines Habitus ist der Hanseat. So wurde ursprünglich ein Mitglied der Oberschicht der drei Hansestädte Hamburg, Bremen und Lübeck bezeichnet, später eine bestimmte Lebenseinstellung eines Kaufmanns. Als hanseatisch wird eine Kombination von Haltungen und Einstellungen empfunden,

© Frank & Timme   Verlag für wissenschaftliche Literatur

zu denen Weltläufigkeit, kaufmännischer Wagemut, Gediegenheit, Verlässlichkeit (*Handschlag genügt*), Zurückhaltung und die Fähigkeit zur Selbstironie gehören – und nicht zuletzt ein unauffällig kultivierter Stolz ähnlich wie bei den früheren Aristokraten, die es in den Hansestädten nie gab.

Dieses Konzept der Deutungsmuster, die sich zu einem bestimmten Habitus verfestigen, wäre in hervorragender Weise geeignet, auch das wirtschaftliche Handeln zu erklären: Von welchen teils bewussten, teils unterschwelligen Handlungsmustern lassen sich die Konsumenten, die mittelständischen Unternehmer, die Personalchefs und alle anderen Akteure leiten? Welche Bedeutung haben Ressentiments und Vorurteile? Wie bilden sich Gewohnheiten der Wahrnehmung und des Entscheidens? Weshalb passiert so viel, das rational nicht erklärbar ist, etwa der Kauf nicht von preiswerten, sondern von überteuerten Gegenständen?

Die Wirtschaftswissenschaft, wie sie heute betrieben wird, macht gar nicht den Versuch, anhand der von der empirischen Sozialforschung entwickelten Techniken und Methodik vor Ort zu erkunden, wie die Entscheidungen tatsächlich zustande kommen. Stattdessen ergeht sie sich in einer völlig wirklichkeitsfremden streng rationalen Entscheidungstheorie und verfehlt deswegen die Wirklichkeit. Insofern ist der Vorwurf einer mangelnden Pluralität, nicht nur in den Erkenntnisgegenständen, sondern auch in der Methodik, nur allzu berechtigt.

Stattdessen wird ein geschlossenes Denken kultiviert. Es zeigt sich insbesondere darin, dass alles Geschehen in den Käfig von drei weltfremden Annahmen (Rationalität durch wirtschaftliches Prinzip, völlige Markttransparenz, vollkommene Konkurrenz) gesperrt wird. Nur innerhalb des Käfigs wird gelehrt und diskutiert. Was in diesen Käfig nicht hineinpasst, und das ist das Meiste, wird nicht zur Kenntnis genommen. Normalerweise neigen die Wissenschaften dazu, ihren Forschungsgegenstand sehr weit zu umgrenzen. Bei den Wirtschaftswissenschaften, wie sie heute an den Universitäten betrieben werden, ist diese Offenheit des Forschungsgegenstandes nicht vorhanden. Sie interessieren sich nicht etwa für alle wirtschaftlichen Fragen, Handlungen und Vorkommnisse, sondern sie haben ihren Gegenstand von vornherein sehr stark eingeschränkt und nehmen alles, was jenseits dieser selbstgesetzten Grenzen liegt, nicht zur Kenntnis. Beispielsweise untersuchen sie nur das rationale Verhalten des Menschen, obwohl doch die Antriebe des Verhaltens letztlich immer irrational sind und obwohl durch das Irrationale, das Unvernünftige, die Probleme entstehen, die einer Lösung harren. Das streng rationale Vorgehen wird dann in den Formen der Mathematik beschrieben, obwohl doch die Mathematik zur Beschreibung des wechselvollen menschlichen Verhaltens ganz ungeeignet ist und eher in der

Physik ihren Heimatplatz hat. Ferner setzen die Wirtschaftswissenschaftler dem Schauplatz des wirtschaftlichen Geschehens, dem Markt, ganz unrealistische Bedingungen. Und sie sind es gewohnt, einzelne kleine Handlungsstränge aus dem Gesamtgeschehen heraus zu präparieren und isoliert zu betrachten, obwohl doch alles mit allem zusammenhängt.

Hinzu kommt der methodische Individualismus als Neigung, immer von den Entscheidungen einzelner isolierter Individuen auszugehen, obwohl doch die Wirtschaft, angefangen beim Wochenmarkt, immer eine gemeinsame Veranstaltung einer Vielzahl von Personen darstellt. Viele wirtschaftliche Erscheinungen, etwa die Mode oder die Börsenspekulation, sind von vornherein nur als gesellschaftliche Phänomene zu begreifen. Hier wirkt es sich unglücklich aus, dass sich die Wirtschaftstheorie von anderen Humanwissenschaften, in diesem Falle von der Soziologie und Sozialpsychologie, abgekapselt hat. Ebenso wird die Rechtswissenschaft nicht zur Kenntnis genommen, obwohl alle wirtschaftlichen Vorgänge im Bürgerlichen Gesetzbuch, im Handelsgesetzbuch und einer Vielzahl von Spezialgesetzen geregelt sind. Die Lehrbücher zur Wirtschaftspolitik nehmen die von der Bundesregierung verfolgte Politik nicht zur Kenntnis, ebenso die Tatsache, dass die Wirtschaftspolitik natürlich in die allgemeine Politik eingebettet ist und nach deren Regeln funktioniert. Durch die Abschottung von den anderen Geisteswissenschaften wirkt die Wirtschaftstheorie leicht selbstbezüglich. Die verhängnisvolle Neigung zu Definitionen und begrifflichen Abgrenzungen, die über die draußen vorfindliche Wirklichkeit nichts aussagen, wurde schon erwähnt.

Schließlich kommt als Problem noch hinzu, dass eine wissenschaftliche Karriere nur innerhalb dieses engen Rahmens oder Käfigs möglich ist. Niemand wird dadurch Doktor oder Professor, dass er versucht, mit unverstelltem Blick das Ganze ins Auge zu fassen, wie es die Altvorderen unternommen haben, etwa Max Weber mit seinem Monumentalwerk *Wirtschaft und Gesellschaft*. Beispielsweise ist es ganz undenkbar, dass jemand heute in einer Doktorarbeit die Frage untersucht, ob es ein Zufall sei, dass die calvinistisch geprägten Staaten (Schweiz, Niederlande, USA) wirtschaftlich besonders erfolgreich sind. Denn auch von der Theologie hat sich die Wirtschaftswissenschaft abgekapselt.

So ergibt sich die Gefahr, dass die Wirtschaftstheorie und -politik schließlich als leere mathematische Spielerei endet, als eine Art akademisches Sudoku, bis eine neue Generation die Probleme ganz von vorn neu aufrollt. Auch beim Sudoku gibt es für jede neue Aufgabe nur eine einzige richtige Lösung, und auch beim Sudoku geht es jeweils um ein rein formales Problem ohne Bezug zu irgend-

© Frank & Timme   Verlag für wissenschaftliche Literatur

einer nationalen Realität. Daher ist diese Rätselleidenschaft ganz international ausgerichtet, ebenso wie die Wirtschaftstheorie.

6.1 Die Rationalität

In der angelsächsischen Wirtschaftstheorie wird seit etwa 1940 durchgängig von einem rationalen Verhalten aller Akteure (Konsumenten, Unternehmer) ausgegangen. In Deutschland wurde, nach dem Traditionsbruch durch das *Dritte Reich*, nur diese Lehre übernommen und hat sich seit den 1950er Jahren in mehreren Professoren- und Studentengenerationen zu Glaubenssätzen verfestigt, die inzwischen in den Lehrbüchern längst eine unbezweifelte und unbezweifelbare Alleinherrschaft übernommen haben.

Mit dem Wort *rational* können im allgemeinen Sprachgebrauch allerdings mindestens zwei ganz verschiedene Dinge gemeint sein:

(1) Rational ist ein vom Verstand geleitetes Verhalten im Sinne einer Zweckrationalität: Für einen bestimmten Zweck wird das am besten geeignete Mittel ausgewählt und angewandt.

(2) Unter Rationalität kann ebenso ein vernunftgeleitetes Verhalten verstanden werden, wobei der Zweck als angemessen oder unangemessen bewertet wird: Dieser ist rational im Sinne von *vernünftig, richtig* oder auch nicht. Anhand der Vernunft wird nicht nur gefragt, ob etwas richtig getan wird (Effizienz), sondern ob das Richtige getan wird, das durch bestimmte als Norm gemeinte Grundsätze gerechtfertigt ist und begründet werden kann.

In der Wirtschaftstheorie ist stets die Zweckrationalität gemeint, wobei die Zwecke als von außen vorgegeben behandelt werden. Von Ludwig von Mises (1881 bis 1973) stammt der Grundgedanke: *Alles Handeln ist schon vom Begriff her rational, weil es nicht anders von der Theorie zu erfassen ist.* Dieser Gedanke mutet einen Außenstehenden allerdings seltsam an. Denn aus dem gesamten großen Reich des menschlichen Denkens und Verhaltens wird willkürlich ein bestimmter Aspekt ausgewählt und herausgeschnitten nur deshalb, weil nur dieser Aspekt mit einer bestimmten Methode erfassbar ist. Dieser Aspekt wird dann für das Ganze erklärt. Dieser Vorgang steht logisch auf derselben Stufe, als wenn jemand nur ein einziges bestimmtes Werkzeug besitzt, etwa einen Hammer, und dann die Welt reduziert auf alle Probleme, die mit dem Hammer zu bearbeiten sind.

Wer einen Hammer in der Hand hat, sieht überall nur Nägel. Aber schon eine alte Zen-Weisheit sagt: *Es gibt Probleme, die nicht mit dem Hammer zu lösen sind.* Wird die Wirtschaftstheorie reduziert auf ein Handeln nach Zweckrationalität, so wird der Zweck stets als von außen vorgegeben vorgestellt. Bewertet wird nur, ob das Mittel geeignet ist, den Zweck zu erfüllen. Der Zweck wird nicht bewertet. Das bedeutet, dass das rationale wirtschaftliche Prinzip auch für fragwürdige oder rechtswidrige Zwecke eingesetzt werden kann. Es wird also nicht überprüft, ob es sich um vernünftige Zwecke handelt. Dies wird vielmehr immer stillschweigend vorausgesetzt. Ein unvernünftiges Verhalten, beispielsweise eine Geschäftsgründung ohne kaufmännische Kenntnisse oder eine Geldanlage, ohne das Risiko abschätzen zu können, und alles andere Unvernünftige werden nicht behandelt, womit auf die Betrachtung eines beträchtlichen Teils der Realität verzichtet wird. Alles geschäftliche oder persönliche Scheitern kommt nicht vor, und die hierfür verantwortlichen Ursachen werden nicht erforscht.

Demgemäß wird der Grad der Zweckrationalität, das Abwägen von Alternativen, in aller Regel überschätzt. Bei Altmann (Seite 29) wird nicht nur gefordert, dass der Konsument sich entscheidet, welche Bedürfnisse vordringlich zu befriedigen sind. Sondern darüber hinaus soll er eine *transitive Ordnung* entwickeln, *so dass es ausgeschlossen ist, das zwar das „wichtigste" Bedürfnis intensiver empfunden wird als das zweite oder dritte, dass aber das fünfte wiederum wichtiger wäre als das dritte.* Nirgendwo wird untersucht, ob dergleichen wirklich vorkommt. Vielmehr wird in den Lehrbüchern das im zweckrationalen Sinne rationale Verhalten bis in feinste Verästelungen nachverfolgt, als würden sich die wirtschaftlichen Akteure ähnlich konzentriert verhalten wie zwei Schachspieler bei der Bezirksmeisterschaft.

Alle Lehrbücher gehen davon aus, dass

(1) alles Wirtschaften sich nach dem ökonomischen Prinzip in seinen beiden Fassungen richte (entweder maximaler Ertrag bei gegebenem Aufwand oder minimaler Aufwand bei gegebenem Ertrag),

(2) alles Agieren rational begründet sei,

(3) Ziel bei den Unternehmen die Gewinnmaximierung und dementsprechend bei den Konsumenten die Nutzenmaximierung sei.

Obwohl es sich hier um recht spezielle einschränkende Annahmen handelt, die alles andere als selbstverständlich sind, wird nirgendwo eine Notwendigkeit gesehen, die Geltung dieser Prinzipien und die Notwendigkeit dieses Denkens innerhalb eines Käfigs zu begründen. Ebenso wird kein Anlass gesehen, zu erläu-

© Frank & Timme   Verlag für wissenschaftliche Literatur

tern, weshalb sich die Wissenschaft für diese Prinzipien entschieden hat. Darüber hinaus werden alle drei als Einheit betrachtet, als ob sie sich zwingend gegenseitig bedingen würden. Rein logisch haben sie allerdings nichts miteinander zu tun: Jedes könnte auch für sich gelten ohne die anderen. Niemand prüft, ob sich die Akteure wirklich nach diesen Prinzipien richten. Sie werden einfach vorausgesetzt.

Dass hier etwas nicht stimmen kann, wird schon aus einer einfachen Überlegung deutlich. Wenn alle Unternehmer und alle Konsumenten sich streng rational verhalten würden, müssten alle sich genau gleich verhalten, denn es gibt ja nur eine einzige für alle gültige Vernunft. Tatsächlich gibt es jedoch eine unübersehbare Vielfalt von Verhaltensweisen, beispielsweise im Konsum, beim Einkaufen, und ebenso vielfältig sind die hierauf abgestimmten Formen des Einzelhandels und der Produktion. Ebenso unterschiedlich ist der Anteil des Einkommens, der für Ersparnisse zurückgelegt wird, und unter den Sparern das Anlageverhalten. Die freiheitliche Gesellschaft ist ja gerade dadurch gekennzeichnet, dass jedermann seine eigene ganz besondere Persönlichkeit entfalten und sich vernünftig oder auch unvernünftig benehmen kann. Mannigfach verschieden ist aber auch das Verhalten der Unternehmer, auch in derselben Branche: entweder ehrgeizig und riskant oder bescheiden im traditionellen Rahmen, entweder auf Masse oder auf Einzelfertigung ausgerichtet oder wie auch immer.

Demgegenüber setzt die Wirtschaftswissenschaft unverdrossen auf die Allgemeingültigkeit der drei obigen Prinzipien. Zum Beispiel heißt es bei Wöhe (Seite 33):

Ein Mensch handelt nach dem Rationalprinzip, wenn er sich bei der Wahl zwischen (zwei) Alternativen für die bessere Lösung entscheidet. Das Rationalprinzip ist die übergeordnete Entscheidungsmaxime für jegliches menschliche Handeln. Ein Teilaspekt menschlichen Handelns ist der Umgang mit knappen Gütern. Die rationale Disposition über knappe Güter bezeichnet man als ökonomisches Prinzip.

Dies ist offensichtlich unrichtig. Wenn das Rationalprinzip wirklich übergeordnete Maxime für jegliches menschliche Handeln wäre, wäre dies Rationalität im Sinne von Vernunft, und wenn diese für jegliches menschliche Handeln gälte, brauchten wir keine Polizei, keine Schuldenberatung und keine Psychiatrie. Wer sich für einen Diebstahl, den Besuch einer Spielbank oder schlicht für das Rauchen entscheidet, wählt anscheinend nicht die bessere von mehreren Alternativen, und trotzdem kommt dergleichen täglich millionenfach vor. Dieser

Absatz im Lehrbuch von Wöhe ist Zeugnis einer erstaunlichen Blickverengung: Die obigen drei Grundprinzipien der Wirtschaftstheorie werden ohne weiteres als die ganze Wirklichkeit betrachtet.

Außerdem ist in der unternehmerischen Praxis selbst bei Anspannung aller Verstandeskräfte die *bessere Lösung* oft nicht einfach zu finden. Zunächst ist zu klären, nach welchen Kriterien über *besser* oder *schlechter* entschieden werden soll. Selbst wenn hier, wie in allen Lehrbüchern vorgeschlagen, die langfristige Gewinnmaximierung den Ausschlag geben soll, ist die Entscheidung oft nicht leicht. Wenn es etwa darum steht, ob der Betrieb den Standort A-Stadt oder B-Stadt wählen soll, gibt es eine Vielzahl von Gesichtspunkten (Verkehrsanbindung? Fachpersonal vorhanden? Höhe des Gewerbesteuersatzes? etc.) und von Vermutungen zur höchst unsicheren künftigen Entwicklung dieser Standorte. Nicht nur an dieser Stelle wird im Lehrbuch unterstellt, dass sich sämtliche unternehmerischen Probleme rein verstandesmäßig lösen lassen.

Hinzu kommt das Problem, dass in der Praxis sehr viele Entscheidungen rasch oder sofort gefällt werden müssen und daher keine Zeit und Möglichkeit besteht, alle Argumente abzuwägen. Es gibt Faustregeln, die die Komplexität des Problems vermindern. Gerade mittelständische Unternehmer ohne akademisches Studium verlassen sich gern auf solche praxisnahen Regeln, geboren aus langjähriger Erfahrung, und fahren gut damit. Eine Faustregel sagt beispielsweise, dass nicht mehr als ein Drittel des Umsatzes mit einem einzigen Kunden gemacht werden soll, weil sonst das Risiko zu groß wird und weil dieser Kunde den Unternehmer in der Hand hat und in einer zu starken Verhandlungsposition ist. Eine andere Faustregel geht dahin, niemals dasselbe anzubieten wie ein Wettbewerber, sondern sich immer in einer speziellen Nische einzurichten. Daneben gibt es Probleme, die von vornherein niemals rational lösbar sind. Wenn es beispielsweise darum geht, Eignung und Charakter eines künftigen leitenden Mitarbeiters zu beurteilen, kann es für den Unternehmer gar kein rationales Kalkül geben, sondern er verlässt sich auf seinen Eindruck.

Bartling schreibt auf Seite 6: *Ökonomische Verhaltensvorstellungen gehen im Kern von rational abwägenden Personen aus, die im Wesentlichen ihren eigenen Nutzen steigern wollen.* Hiermit wird allerdings das Menschenbild stark verengt. In der Anthropologie gibt es beispielsweise auch voluntaristische Auffassungen, wonach die Willensvorgänge eine typische, für die Auffassung aller sozialen und psychischen Vorgänge maßgebende Bedeutung haben. Der Wille sei in der Bestimmung des Menschen wichtiger als die Vernunft – beide werden einander entgegengesetzt. Das Wollen mit den ihm eng verbundenen Emotionen und

Affekten macht nach dieser Auffassung einen integralen Bestandteil der sozialen und psychischen Erfahrung aus.

Allerdings sieht ein Mensch, der spontan aus einem Affekt heraus gehandelt hat, sich häufig in der Verlegenheit, diese Handlung vor der Umgebung und vor sich selbst nachträglich zu rechtfertigen. Vor allem bei größeren Anschaffungen (Auto, Eigenheim) werden allerlei Vernunftgründe nachgeschoben. Jeder Autoverkäufer und jeder Immobilienvermittler weiß dies: Zunächst versucht er herauszubekommen, was der Kunde sich erträumt hat und rein emotional will. Dieses Produkt stellt er dem Kunden vor und nennt dann allerlei sachliche Vorteile, die diese Wahl habe. Damit liefert er dem Kunden Materialien, mit denen dieser später seine Wahl vor Bekannten und Verwandten begründen kann.

Die vollständige Irrationalität des Konsums wird am deutlichsten in der Markengläubigkeit. Ein Gegenstand wie jeder andere kann plötzlich zu einem vielfachen Preis verkauft werden, wenn er ein bestimmtes Etikett, ein Label trägt. Dies fordert zu zahlreichen Fälschungen heraus. In vielen Industriezweigen ist es üblich, den Markt aufzuteilen, indem die laufende Produktion eines und desselben Produktes mit unterschiedlichen Verpackungen und Etiketten versehen wird. Sie kann dann zum Teil ganz billig, beim Discounter, und zum Teil ganz exklusiv im gehobenen Fachgeschäft verkauft werden.

Im *magazin* der *Frankfurter Allgemeinen Zeitung*, Ausgabe September 2016, sind die ersten 22 Seiten mit ganz- und doppelseitigen Inseraten der führenden Modehäuser versehen. Sämtliche Inserate bestehen einzig aus einem Großfoto und dem Label. Der Herausgeber Alfons Kaiser schreibt in seinem Editorial auf Seite 23: *Die fröhliche Simplizität (des Einkaufens oder Shoppens) verbirgt die perfekten bis perfiden Strategien, die dahinterstecken. In diesem Heft werden alle diese Techniken entlarvt, von der Kundenführung im Supermarkt über den Luxushandel im Internet bis zu den Marketingstrategien der Modebranche.* Auf Seite 78 wird eine Umfrage des Instituts für Demoskopie Allensbach vorgestellt, wonach 39 Prozent der Befragten meinen, es lohne sich in dem meisten Fällen, Markenartikel zu kaufen. Nur 28 Prozent antworten, dies lohne sich nicht. 59 Prozent der Frauen, aber nur 29 Prozent der Männer sagten aus, es mache ihnen Spaß, shoppen oder bummeln zu gehen. Für eine beträchtliche Bevölkerungsgruppe ist also das Einkaufen an sich ein Vergnügen, was nach den streng rationalen Vorgaben der Wirtschaftstheorie nicht erklärlich ist. Nach diesen Vorgaben müsste jeder Konsument entsprechend dem wirtschaftlichen Prinzip allein auf den Preis achten und überall die billigste Einkaufsquelle und den billigsten Artikel auswählen. Davon kann in der Welt der Markenartikel keine Rede sein.

Unerklärlich bleibt auch die merkwürdige Zweiteilung der Märkte, indem die eine Hälfte, die Discounter, sich wahre Preis-Schlachten in einem erbitterten Wettbewerb liefern, während die andere Hälfte sich exklusiv, luxuriös und teuer gibt. Die Mitte des Einzelhandels ist ausgedünnt, was wesentlich dazu beitrug, dass die Kaufhäuser sich überlebt haben, wie am Beispiel Karstadt zu sehen war. Sie führten das mittlere gutbürgerliche Sortiment. Die Hoteliers berichten heute, dass einige Leute sehr teuer im ersten Haus am Platze übernachten und in der Würstchenbude essen gehen, während andere im Luxusrestaurant speisen und in der Jugendherberge schlafen. Die Plätze ganz oben und ganz unten sind stärker besetzt als die mittleren.

Mit welchem Grad von Rationalität eingekauft wird, hängt wesentlich von der Höhe des Einkommens ab. In einer wirklichen Notsituation muss streng gerechnet werden, wie beispielsweise in dem Roman *Kleiner Mann, was nun?* von Hans Fallada deutlich wird. Der Roman von 1932 spielt in der schlimmen Wirtschaftskrise von 1929/30 und ist 2016 in der ungekürzten Fassung im Aufbau Verlag erschienen. Sorgfältig einteilen muss auch, wer eine Rente von 600 Euro im Monat erhält. Im mittleren und natürlich vor allem im oberen Stockwerk der Einkommenspyramide, wenn alle Grundbedürfnisse bereits abgedeckt sind, kann jeder sich Extravaganzen, Kapriziöses, Sinniges und Unsinniges leisten. Ähnlich wie bei der Partnerwahl oder bei den politischen Wahlen gilt hier ein reiner Dezisionismus: Die Entscheidung, so wie sie nun einmal fällt, steht für sich und ist einer Begründung weder fähig noch bedürftig.

Bei Altmann (Seite 11) lesen wir: *Eine wichtige Gattung von Annahmen stellen sogenannte Axiome [...] dar. Axiome sind Grundsätze, die weder beweisbar sind noch eines Beweises bedürfen [...]. In der Ökonomie ist zum Beispiel die Unterstellung rationalen Handelns [...] ein Axiom.*

Hier wird der Begriff *Axiom* falsch verwendet. Er stammt aus der Mathematik und bezeichnet dort Sätze von der Art *Die kürzeste Verbindung zwischen zwei Punkten ist eine Gerade* oder *Es gibt eine Reihe von natürlichen Zahlen 1, 2, 3, 4 ... mit denen sich Gegenstände abzählen lassen.* Hier geht es also um Feststellungen, die unmittelbar einsichtig sind und deshalb nicht hergeleitet zu werden brauchen. Die Unterstellung, alle Menschen würden sich in wirtschaftlichen Dingen rational verhalten, ist hingegen in höchstem Maße begründungspflichtig, schon deshalb, weil sie offenkundig unrichtig ist, und zwar nicht nur im Konsum, sondern auch bei unternehmerischen Entscheidungen. Zum Beispiel ist die Frage des mittelständischen Unternehmers, ob er die Firma nächstens an seinen Sohn oder an seine Tochter übergeben soll, kaum rein rational zu fällen.

Die Unterstellung rein rationalen Handels läuft darauf hinaus, willkürlich den Erkenntnisgegenstand zu verengen, ähnlich als würde der Leiter eines forstwissenschaftlichen Instituts dekretieren: *Gegenstand der Forstwissenschaft können nur die Nadelbäume sein, Laubbäume gehen uns nichts an.* Hier würden die Studenten und auch die Geldgeber des Instituts fragen: Wieso nur die Nadelbäume? Das Merkwürdige in der wirtschaftswissenschaftlichen Literatur besteht nun darin, dass keiner der Autoren einen Anlass sieht, die obigen drei Einschränkungen zu begründen, obwohl sie doch auf Kosten der allseits beanspruchten Praxisnähe gehen. Weil sich im tatsächlichen Lebensvollzug immer Rationales und Irrationales mischen, läuft diese Einschränkung darauf hinaus, auf ein Verstehen und Erklären der Praxis zu verzichten.

Im *Metzler Lexikon Philosophie* (Verlag J.B. Metzler, Stuttgart, Weimar 2008) lesen wir unter dem Stichwort *Rationalität*:

Nicht dem Begriff, aber der Sache nach ist Rationalität ein Leitthema der modernen Nationalökonomie und bezeichnet dort die Struktur und das Kriterium des wirtschaftlichen Handelns. John Stuart Mill formulierte dies in klassischer Weise im Modell des Homo oeconomicus.

Von den vier Idealtypen, die Max Weber beim sozialen Handeln unterscheidet, ist der der „Zweckrationalität" soweit ins allgemeine und wissenschaftliche Bewusstsein eingedrungen, dass fast durchweg Rationalität mit Zweckrationalität gleichgesetzt wird, und zwar in vereinfachter und verkürzter Fassung.

In der seit Max Horkheimer verbreiteten Rede von der „instrumentellen Vernunft", die ihm zufolge die Rationalitätskultur der Neuzeit ausschließlich bestimmt, bleibt davon nur noch das reine Zweck-Mittel-Verhältnis übrig. Instrumentelle Rationalität besteht demzufolge im bloßen Aufsuchen möglichst effektiver Mittel für die Realisierung vorgegebener und selbst nicht rational diskutierbarer Zwecke.

Entscheidend ist hier das Letztere, nämlich dass die Zwecke vorgegeben und nicht rational diskutierbar sind, also irrational vorgegeben. Beispielsweise kann jemand bestrebt sein, seine Nachbarn besonders zu beeindrucken (irrational vorgegebener Zweck). Dann handelt er rational im Sinne von zweckmäßig, indem er ein schmuckes Eigenheim und ein dickes Auto anschafft. Einem anderen sind die Nachbarn gleichgültig. Aus Liebe zur Kunst (irrational vorgegebener Zweck) handelt er zweckmäßig durch den Besuch von Ausstellungen und Museen und indem er sein ganzes Geld in seine Gemäldesammlung steckt.

Hier wird deutlich: Wenn die Wirtschaftswissenschaft das wirtschaftliche Handeln auf das *rationale* im Sinne von *zweckmäßige* Handeln begrenzt und hiermit identifiziert, so wirkt dies recht vordergründig und flach, weil der Blick sich nur auf die ausführende Ebene beschränkt. Das dortige Handeln bleibt jedoch unverständlich, solange nicht der irrational vorgegebene Zweck erläutert wird. Denn dieser bestimmt, was im jeweiligen Falle als zweckmäßig zu betrachten ist. Inhaltlich sinnvoll wird die gesamte Betrachtung des Geschehens erst durch die Nennung und Klärung der aus dem Seelengrund aufsteigenden unendlich vielfältigen Motive des Handelns. Hier geht es um das nachvollziehende Verstehen als Aufgabe der Geisteswissenschaften. Indem die Wirtschaftswissenschaft hierauf verzichtet, ist sie nicht nur verarmt, sondern verzichtet weitgehend auch auf Relevanz. Denn in einer ernsthaften Debatte, beispielsweise beim Vertrieb in der Prüfung verschiedener Werbekonzepte, geht es natürlich zu allererst um die Frage, welche mehr oder minder bewussten Wünsche die Kunden haben, und erst daraus folgend um den zweckmäßigen Einsatz der Werbemittel. Ganz ähnlich ist es in der Debatte der Wirtschaftspolitik: Zunächst folgen aus der allgemeinen Politik die Ziele, und erst hiernach werden im Ministerium Maßnahmen geplant.

Eine Debatte über Ziele und Zwecke menschlichen Handelns wird jedoch ausdrücklich ausgegrenzt (Bartling, Seite 5): [...] *menschlichen Bedürfnisse sind eine Ausgangstatsache für den Wirtschaftsprozess. Die Ursache ihrer Entstehung ist eine Frage, die in der Regel außerhalb des Bereichs der Wirtschaftswissenschaften liegt.*

Altmann schreibt (Seite 15): *Alles, was dazu geeignet ist, Bedürfnisse zu befriedigen, wird als Güter bezeichnet. Sofern dies Verhalten vom Verstand gelenkt (das heißt rational) ist, bezeichnet man es als Wirtschaften.* Hier wird also nicht nur die Wirtschaftswissenschaft auf das rationale Verhalten verengt, sondern schon der Begriff des Wirtschaftens. Ein von spontanen Einfällen gelenktes Shopping in der Fußgängerzone, heute mehr oder minder Regelfall des Konsums, gilt also nicht als Wirtschaften.

Die Vorgabe, dass nur das rationale Handeln Platz in der Wirtschaftswissenschaft habe, ist auch deswegen höchst problematisch, weil ja der vernünftig laufende Normalbetrieb weitgehend uninteressant ist. Die politische Debatte setzt gewöhnlich bei den mehr oder minder schlimmen Folgen des unüberlegten und irrationalen Handelns ein, beim Scheitern im weitesten Sinne: Weshalb sind so viele Haushalte überschuldet? Weshalb wird geraucht, obwohl die gesundheitlichen Folgen bekannt sind? Weshalb werden so viele Unternehmen insolvent? Wie entsteht die Spielsucht oder überhaupt ein zwanghaft gebundenes Handeln, wodurch die Betroffenen sich zugrunde richten? Weshalb legen so viele Leute ihr

© Frank & Timme   Verlag für wissenschaftliche Literatur

Vermögen in Papieren an, deren Risiko sie nicht abschätzen können? Weshalb gibt es bei der Eröffnung des Testaments so hässliche Streitereien? Und so fort. Zu all diesen Fragen muss die Wirtschaftswissenschaft schweigen, weil in ihrem verengten Horizont das Irrationale und Unvernünftige nicht vorkommt, aus dem doch die meisten Lebensprobleme entstehen, wie aus jedem Theaterstück, Film oder Roman deutlich wird. Auch insofern verspielt diese Wissenschaft ihre Relevanz.

Die Irrationalität der vorgegebener Zwecke betrifft nicht nur einzelne Konsumentscheidungen, sondern auch das Persönlichkeitskonzept insgesamt, beispielsweise den zeitlichen Horizont des Handelns: ob einer wie ein Kind ganz im Hier und Jetzt lebt und Konsumwünsche aller Art gleich sofort erfüllen will oder ob einer langfristig plant, regelmäßig Geld auf das Sparbuch trägt und Augenblickswünsche zugunsten späterer Ziele zurückstellt. Der zeitliche Horizont kann mehrere Generationen umfassen: *Unsere Familie bewirtschaftet diesen Bauernhof schon seit 1632, und ich fühle mich verpflichtet, mich hier einzureihen. Ich versuche, möglichst ordentlich zu wirtschaften, um einen schuldenfreien Hof an meine Kinder übergeben zu können.*

In einer freien Gesellschaft mit hohem Wohlstandsniveau gibt es eine unübersehbare Vielfalt von Lebensentwürfen und sinnstiftenden Konzepten, woraus sich die Motive und Zwecke des täglichen Handelns ergeben und woraus im weiteren Verlauf das wirtschaftliche Handeln folgt. Die Art der Lebensentwürfe ist abhängig von dem Milieu, in dem der Einzelne aufgewachsen ist, und von dem Milieu, in dem er jetzt lebt. Die Identifizierung dieser Milieus ist Aufgabe der Sozialforschung.

Die Vorgabe, dass alles menschliche Handeln rational gesteuert werde, ist aber auch deshalb höchst unrealistisch, weil es kein rationales System gibt, Prioritäten zu setzen und Wünsche in eine Reihenfolge ihrer Wichtigkeit zu bringen. Am einfachsten wird dies in der Verkehrspolitik deutlich: In den Vorbereitungen zum Bundesverkehrswegeplan laufen unzählige Wünsche aus den Bundesländern und von den Verbänden ein, und jeder betrachtet sein Vorhaben als besonders dringlich. Weil es aus finanziellen Gründen ausgeschlossen ist, alle Wünsche zu erfüllen, müssen im Parlament und im Ministerium Prioritäten formuliert werden. Dies ist nur als wertende politische Entscheidung möglich, also nicht rational im Sinne von zweckmäßig. Rational planbar ist später die Realisierung der ausgewählten Liste von Vorhaben.

Die Behauptung, dass alle Unternehmen auf die Maximierung des Gewinns ausgerichtet seien, ist mindestens dahin einzuschränken, dass gewöhnlich der Gewinn nicht Endziel der Tätigkeit ist, sondern selbst vorgegebenen Zwecken folgt, beispielsweise entweder dem Aufbau des Eigenkapitals oder aus dem

Unternehmen möglichst viel Mittel entnehmen zu können zugunsten eines aufwendigen Lebensstils. Bei einer starken Vertretung der Belegschaft, in der Gewerkschaft oder im Betriebsrat, kann auch das Streben nach Gewinnmaximierung darauf hinauslaufen, die Belegschaft mit höheren Löhnen an der guten Lage teilhaben zu lassen. Oder das Management verteilt den Gewinn in Gestalt von Boni. Entscheidend ist also immer die Frage, welchen Zielen der möglichst hohe Gewinn dienen soll. Er ist gewöhnlich kein Selbstzweck. Daneben gibt es weltweit auch Traditionsgesellschaften, in denen kein maximaler Gewinn angestrebt wird, sondern nur ein von alters her als normal empfundener Lohn der Arbeit.

Eine weitere Einschränkung dieser Vorgabe, des angeblichen Strebens nach Gewinnmaximierung, ist heute bei vielen Handwerkern zu beobachten. Wie die Geschäftsführerin der Cuxhavener Kreishandwerkerschaft, Yana Arbeiter, berichtet, vergessen unzählige Handwerker, für ihre Leistungen eine Rechnung zu schicken oder bei Nichtbezahlung zu mahnen. Sie halten einen Auftrag für erledigt, wenn sie ihn ordnungsgemäß ausgeführt haben und abends vom Gerüst steigen. Wenn sie Glück haben, hat ihre Ehefrau einen kaufmännischen Beruf gelernt und nimmt diese Sache in die Hand.

In der Lehrbuchliteratur wird ein rationales menschliches Verhalten nach dem ökonomischen Prinzip und nach dem Streben nach Gewinn- (beim Konsumenten: Nutzen-) maximierung vorausgesetzt. Hier wird ein stark verengtes Menschenbild zugrunde gelegt wird, was vor allem daran erkennbar ist, dass die millionenfach geleistete ehrenamtliche Arbeit hiermit nicht erfasst wird. Wenn jeder Einzelne nur egoistisch seinen geldwerten Vorteil im Auge hätte, könnte es diese Arbeit gar nicht geben. Deutschland ist das Land der Vereine in den unterschiedlichsten Lebensbereichen, angefangen beim Sport, bei den Schützen, bei den Brauchtumsvereinen, bei unzähligen sozialen Aktivitäten, beim Tierschutz, bei den Alkoholfreien, bei Kultur der vielfältigsten Art, bei der Wirtschaftsförderung, bei der Erhaltung und Pflege historischer Bauten, bei der Förderung von Bildungseinrichtungen, bei den politischen Parteien und so weiter und so fort. Überall gibt es den Vorsitzenden und seinen Stellvertreter, den Kassenwart, den Schriftführer und die anderen Aktiven, die sämtlich ohne Geld, nur des idealen Zwecks wegen, unzählige Stunden des Feierabends und beträchtliche Geldsummen für gemeinnützige Zwecke opfern. Wer ungefähr mit dem 30. Lebensjahr seine sportliche Karriere beendet, bleibt häufig weitere Jahrzehnte dem Sport erhalten, indem er ehrenamtlich als Trainer tätig ist oder indem er den Schriftverkehr des Sportvereins erledigt. All dieses Engagement widerspricht dem verengten Menschenbild des rein auf seinen individuellen Vorteil fixierten Homo oeconomicus.

© Frank & Timme   Verlag für wissenschaftliche Literatur

In dieselbe Richtung eines nicht auf wirtschaftlichen Vorteil bedachten Strebens geht die alltägliche Beobachtung, dass Tätigkeiten aller Art um ihrer selbst willen, aus Freude an der Sache ausgeübt werden, insbesondere im kulturellen Bereich, etwa bei den musikalischen Gruppen aller Art.

Dasselbe gilt zu einem guten Teil auch für die Tätigkeit des Unternehmers.

Das kühl rechnende Streben nach eigenem womöglich geldwertem Vorteil bildet also nur einen kleinen Teil des menschlichen Verhaltens und sollte keineswegs als das Ganze genommen werden.

Wöhe schreibt auf Seite 41:

Von den sozialwissenschaftlichen Teildisziplinen unterscheiden sich die Wirtschaftswissenschaften in einem wesentlichen Punkt: Sie beschränken ihre Untersuchung menschlichen Handels auf den Aspekt ökonomischer Nützlichkeit. Das ökonomische Prinzip wird damit zum gemeinsamen Auswahlprinzip der Wirtschaftswissenschaften [...]. Personifiziert wird das Nützlichkeitsdenken in der modelltheoretischen Kunstfigur des Homo oeconomicus. Hier unterstellt die wirtschaftswissenschaftliche Modelltheorie, dass ein fiktives Wirtschaftssubjekt, eben der Homo oeconomicus, rational handelt und seinen materiellen Nutzen maximieren möchte.

Sicherlich ist es für jede Wissenschaft legitim, ihre Untersuchung auf einen bestimmten Ausschnitt der Wirklichkeit zu beschränken. Nur nimmt sie damit in Kauf, dass Praxisnähe und Relevanz umso geringer werden, je enger der Ausschnitt gewählt wird und je rigoroser dieser Ausschnitt sich von allen benachbarten Disziplinen abgrenzt. Hinzu kommt, dass eine empirische Untersuchung menschlichen Handelns ja gar nicht stattfindet, sondern sich die Modelltheorie völlig verselbstständigt hat.

6.2   Das Modelldenken

Ökonomen haben für fast jedes Phänomen ein passendes Modell – und auch für das Gegenteil. Allein auf der Basis theoretischer Überlegungen ist die Frage, was eigentlich die relevanten Probleme sind und welche Erklärungsmodelle zur Lösungsfindung nützlich sind, nicht zu beantworten. Ohne Realitätscheck geht es nicht, so schreibt Franz Ockenfels, Professor für Volkswirtschaftslehre an der Universität zu Köln, am 27. Dezember 2016 in seinem Artikel *Die Ökonomik im Realitätscheck* in der *Frankfurter Allgemeinen Zeitung*.

Bei den volkswirtschaftlichen Modellen, wie sie in den Lehrbüchern vorgeführt werden, gibt es mithin zwei grundsätzliche Probleme:

- ob die Modelle realistisch sind: ob sie wesentliche Teile der Wirklichkeit abbilden und ob die im Modell unterstellten Abhängigkeiten wirklich bestehen
- und ob die Modelle relevant sind: ob sie wichtige Probleme behandeln oder ob es sich um bloße mathematische Spielereien handelt.

Diese beiden Probleme sind durch bloße Überlegungen in der Studierstube nicht zu klären. Dass die Wirtschaftswissenschaftler ein Problem mit dem Realitätskontakt haben, wird auch aus dem Lehrbuch deutlich. Bartling führt uns auf Seite 17 in die *Methode der Volkswirtschaftslehre* ein, nämlich ihre

spezielle Art und Weise der Erkenntnisgewinnung. Typisch für das ökonomische Denken ist das Denken in Modellen. Modelle sind immer vereinfachte Abbildungen eines Ausschnitts aus der Realität. Nur ein Teil der Realität wird nachgebaut, der Rest wird weggelassen. Die Denkmodelle der Wirtschaftswissenschaft sind immer gedankliche Hilfskonstruktionen zur logischen Behandlung der Wirklichkeit auf vereinfachter Grundlage. Die einfachsten Entwürfe von Modellen kennzeichnet ein sehr hoher Abstraktionsgrad von der Wirklichkeit. Man verbessert sie nach und nach, indem man dem Prinzip der abnehmenden Abstraktion folgt.

Generell wichtig ist hier unter methodischem Aspekt [...] dass es mit dem Basteln von Denkmodellen und daraus abgeleiteten theoretischen Aussagen letztlich nicht sein Bewenden haben kann. Vielmehr bedarf es darüber hinaus – und daran mangelt es bisher sehr – der empirischen Überprüfung der theoretischen Hypothesen [...]. Bei der empirischen Überprüfung tut sich die Volkswirtschaftslehre allerdings ziemlich schwer.

Zu [...] kontrollierten Experimenten, bei denen isolierte Abläufe unter gleichen Bedingungen regelmäßig wiederholt werden können, hat die Wirtschaftswissenschaft kaum Möglichkeiten. So sind die Wirtschaftswissenschaftler darauf angewiesen, die Zusammenhänge und Kausalgesetzlichkeiten in erster Linie gedanklich zu durchdringen und zu erfassen. [...] Das meiste, was die Volkswirtschaftslehre heute ausmacht, sind Gedankenexperimente und aus modelltheoretischen Analysen gewonnene Hypothesen. Der Bestand an empirisch überprüften Hypothesen ist (trotz inzwischen erheblichen Einsatzes statistischer Methoden) vergleichsweise gering.

Eingangs wird hier das Ziel dieser Anstrengungen genannt: Die Erkenntnisse sollen durch eine logische Behandlung der Wirklichkeit gewonnen werden. Es geht also nicht etwa um eine Betrachtung der Wirklichkeit, ein schlichtes Befragen der Akteure, wobei dem Forscher einiges Besondere auffallen würde. Stattdessen wird der Wirklichkeit, die aus tausendfach verschiedenen sinnvollen und sinnlosen, ernsthaften und albernen, spontanen und geplanten Aktivitäten besteht, ein immanenter tatsächlich nicht vorhandener logischer Zusammenhang unterlegt.

Der erkenntnistheoretische Konstruktivismus geht davon aus, dass es unmöglich ist, einen Gegenstand in all seinen Facetten objektiv und vollständig zu erfassen. Vielmehr wird der Gegenstand im Kopf des Erkennenden *konstruiert*, indem er einzelne Aspekte des Gegenstandes hervorhebt, notfalls auch hinzufügt, so dass aus dem Unbekannten in sich Stimmiges, Bekanntes wird. Jeder Kriminalbeamte kennt das Problem, dass der Zeuge eine sehr unübersichtliche, chaotische und für ihn unverständliche Situation erlebt hat. Je länger nun der Zeuge hierüber nachdenkt und den Vorfall mit seinen Leuten durchspricht, desto mehr klärt sich vermeintlich das Ganze, indem logische Zusammenhänge konstruiert werden: So oder so kann es nur gewesen sein.

Beim wirtschaftlichen Modelldenken ist dieser Vorgang an sein Ende gelangt: Die gedankliche Konstruktion, wie wirtschaftliche Vorgänge vermeintlich logischerweise verlaufen, ist völlig an die Stelle der Wirklichkeit vertreten und hat diese ersetzt. Auf diese Weise wird nicht nur der besondere Charakter des wirtschaftlichen Verhaltens als eines Teils des menschlichen individuell oder sozial bedingten Verhaltens verfehlt, sondern darüber hinaus der Zugang zur Wirklichkeit verstellt. Eine Erforschung an Ort und Stelle, draußen im Feld, findet nicht statt und wird für überflüssig gehalten, weil ja im Buch, im Modell, vermeintlich bereits alles geklärt ist.

Der grundsätzliche Fehler besteht weiter darin, sich überhaupt an den exakten Naturwissenschaften zu orientieren. Dort gelten feste Gesetze und berechenbare Folgen im Verlauf der Experimente, in den Sozialwissenschaften hingegen nicht. Hier wäre es zur empirischen Prüfung der Hypothesen mitnichten notwendig, Experimente nach der Art der Naturwissenschaft anzustellen, sondern sehr viel einfacher wäre es, die Leute zu fragen, warum sie dies und jenes tun und welche Ziele sie dabei verfolgen. Nicht nur die Kunden, sondern jeder Werbefachmann, jeder Einzelhändler und jeder Unternehmensberater können hier eine Fülle von Beobachtungen beisteuern. Demgegenüber wirken bloße Gedankenexperimente, logische Schlussfolgerungen in der Studierstube, leicht steril, eben weil die Wirklichkeit sich in völlig unlogischer Folge ereignet. Solange die Forscher allerdings in der Studierstube, im abgeschlossenen Raum der Universität verharren, ist mit keiner Änderung zu rechnen.

Eine empirische Prüfung der wirtschaftswissenschaftlichen Hypothesen ist allerdings dadurch erschwert, dass es sich in so vielen Fällen um einfache Definitionsgleichungen von der Art *Einkommen ist gleich Konsum plus Sparen* handelt. Derartige Gleichungen stimmen immer. Hier gibt es also nichts zu überprüfen, weil keine Aussage über die Realität getroffen wird. Ebenso ist es bei der Aussage *Alle Menschen streben nach der Maximierung ihres Nutzens, und als Nutzen definieren wir das, wonach sie streben.* Auch dies stimmt immer, ist inhaltsleer und nicht nachprüfbar. Aussagen der Art *Die Volkswirtschaftliche Gesamtrechnung besteht im Einzelnen aus ...* sind zwar nachprüfbar, aber von relativ geringem Interesse, weil es sich nur um eine Erfassungsmethode und nicht um die Realität selbst handelt. Ernsthaft und relevant nachprüfen lassen sich nur Aussagen von der Art *Die Höhe der Investitionen ist abhängig vom Zinssatz.* Hier ist allerdings die ökonometrische Methode, nämlich aus einem riesigen Schwall von Zahlen diese Abhängigkeit herausfiltern zu wollen, relativ mühselig und wegen der vielfältigen Überlegungen, die jeder Investition vorangehen, sehr unsicher. Einfacher wäre es auch hier, die Unternehmer und die Kreditsachbearbeiter der Bank zu befragen.

6.3   Ein Referenzmodell

Klump erläutert auf Seite 57:

> *Wirtschaftspolitischer Referenzfall ist vielfach die Marktform der vollständigen Konkurrenz. Sie basiert auf der Annahme des vollkommenen Marktes, nach der:*
> * *die gehandelten Güter völlig homogen sind,*
> * *alle Marktteilnehmer über das Marktgeschehen vollständig informiert sind,*
> * *in der Produktion keine Unteilbarkeiten bestehen,*
> * *die individuellen Nutzen und Kosten mit den gesellschaftlichen Nutzen und Kosten übereinstimmen,*
> * *eine große Anzahl von Anbietern und Nachfragern zusammentrifft, so dass keiner von ihnen Marktmacht in dem Sinne besitzt, dass er die Marktpreise gezielt beeinflussen kann.*

    © Frank & Timme   Verlag für wissenschaftliche Literatur

Die Gesamtheit dieser Annahmen bildet nicht nur den Referenzfall, sondern darüber hinaus das in der Wirtschaftswissenschaft übliche Modell der Wirtschaft. Die Bildung eines sinnvollen Modells setzt jedoch immer voraus, dass wesentliche Eigenschaften der Wirklichkeit dargestellt und andere weggelassen werden. Zum Beispiel interessiert beim Windkanalmodell eines Autos nur die äußere Form, nicht die innere Ausstattung. Im medizinischen Unterricht zeigt ein Skelett ein Modell des menschlichen Körpers, reduziert auf den Knochenbau. Daneben gibt es Modelle für die inneren Organe und so fort. Gerade aus didaktischen Gründen ist es notwendig, die einzelnen Aspekte der Realität nacheinander abzubilden und jeweils alles andere wegzulassen. Das Problem der wirtschaftswissenschaftlichen Modelle ist also, ob auch sie einzelne Aspekte der Wirklichkeit abbilden.

Die obigen Annahmen sind allerdings jeweils einzeln nur selten gegeben, alle zusammen niemals.

- Zunächst wird vorausgesetzt, dass die gehandelten Güter homogen sind. Das soll nicht nur heißen, dass die von verschiedenen Anbietern gelieferten Produkte objektiv gleich sind. Sondern sie müssen auch subjektiv, in den Augen der Kunden, gleich sein: Es darf keine Präferenzen, keine Bevorzugung vertrauter Lieferanten geben. Im Zeitalter der Markenartikel, in dem jeder Hersteller und auch die großen Discounter ihre Artikel unter bestimmten Marken anbieten, selbst wenn sie objektiv gleich sind, dürften die homogenen Güter die absolute Ausnahme bilden. Bei den Mineralölfirmen ist sichtbar, dass jeder Konzern versucht, durch seine Werbung und durch die Aufmachung der Tankstellen in den Augen der Kunden eine eigenständige Identität zu erlangen und von der Tatsache abzulenken, dass die von den verschiedenen Herstellern angebotenen Produkte sich objektiv nicht unterscheiden. Beim Einkauf von Bekleidung gar gibt es eine unüberschaubare Vielfalt von Schnitten, Farben und Mustern. Ebenso kunterbunt ist das Angebot bei fast allen Konsumgütern. Ähnlich vielfältig und daher inhomogen ist es bei den Investitionsgütern: Es gibt wohl kaum ein Dutzend Anbieter von Werkzeugmaschinen, die genau gleiche Maschinen anbieten. Im Gegenteil: Jeder hat seine Spezialitäten, seinen eigenen Nischenmarkt. Der inhomogenste aller Märkte ist derjenige für Immobilien. Hier kann es keine zwei homogenen Objekte geben, denn mindestens die Lage ist unterschiedlich, dazu meist Baujahr, Größe, Ausstattung und so fort.

- Die zweite Annahme, nämlich dass alle Marktteilnehmer über das Geschehen vollständig informiert sind, dürfte so gut wie nie zutreffen. Es werden, wenn überhaupt, einige wenige Angebote miteinander verglichen.

  Gewöhnlich wird beim vollkommenen Markt weiter davon ausgegangen, dass alle Teilnehmer nicht nur vollständig informiert sind, sondern darüber hinaus im selben Augenblick auf kleinste Preissignale reagieren. Wenn irgendein Anbieter einen Preis verlangt, der über dem Preis eines Wettbewerbers liegt, wenden sich mithin sofort alle Nachfrager von ihm ab. Daher müssen alle Anbieter einen Preis genau auf der Höhe der Herstellkosten verlangen. Dies würde allerdings bedeuten, dass niemand einen Gewinn macht. Gleichzeitig wird in der volkswirtschaftlichen Theorie davon ausgegangen, dass jedermann nach Gewinnmaximierung strebt. Wie passt dies zusammen?

- Die dritte Bedingung geht dahin, dass in der Produktion keine Unteilbarkeiten bestehen. Gemeint ist anscheinend, dass das Angebot nicht aus einzelnen Großobjekten besteht wie im Schiffbau auf der Werft, sondern aus unzähligen kleinen Einheiten. Dies trifft nur auf einige wenige Produkte zu, beispielsweise auf Zucker oder Salz. Schon bei Kleidung oder bei Kraftfahrzeugen geht es um größere Einzelstücke. Der Kunde kann also nicht auf kleinste Preisänderungen mit kleinsten Änderungen der Einkaufsmenge reagieren wie im Modell vorausgesetzt.

- Vierte Bedingung ist, dass die individuellen Nutzen und Kosten mit den gesellschaftlichen Nutzen und Kosten übereinstimmen. Dies unter anderem ist beim Umweltschutz nicht der Fall: Hier entstehen gesellschaftliche Kosten, die sich in der Kostenrechnung des Unternehmens nicht niederschlagen. Außerdem treffen wir hier auf das fundamentale Problem, dass der Nutzen nicht messbar und verschiedene Nutzen nicht vergleichbar sind: Wie berechnen wir die gesellschaftlichen Kosten?

- Letzte Bedingung für den vollkommenen Markt ist, dass eine große Anzahl von Anbietern und Nachfragern zusammentrifft, so dass keiner von ihnen die Marktmacht in dem Sinne besitzt, dass er die Marktpreise gezielt beeinflussen kann. Es ist nicht ganz leicht, hierfür ein einziges Beispiel zu nennen. Im Zeitalter der weitgehenden Arbeitsteilung gibt es in aller Regel für jedes Produkt nur einige wenige Anbieter. Und wenn es wirklich viele Anbieter gibt wie in der Landwirtschaft, dann gibt es einige wenige Aufkäufer, beispielsweise die großen Molkereigenossenschaften.

© Frank & Timme   Verlag für wissenschaftliche Literatur

Klump fährt auf Seite 59 fort:

Das Marktgleichgewicht bei vollständiger Konkurrenz dient als Referenz-
modell, um wirtschaftspolitische Eingriffe auf einzelnen Märkten unter
allokativen Gesichtspunkten (das heißt: um die Produktionsfaktoren in
die wirtschaftlichsten Verwendungen zu lenken) zu rechtfertigen. Gibt es
nämlich Märkte, auf denen sich ein Marktgleichgewicht bei vollständiger
Konkurrenz nicht bildet, bietet sich die Gelegenheit zu wirtschaftspolitischen
Eingriffen, mit deren Hilfe das Konkurrenzgleichgewicht erreicht werden
kann. Man spricht in diesen Fällen auch von Marktfehlern oder von Markt-
versagen. Solche Marktfehler treten auf, wenn: [...]
* *kein vollkommener Markt vorliegt.*

Was ist ein Referenzmodell? Der Begriff stammt aus der Architektur: Eine Refe-
renzarchitektur ist – traditionell in der Baukunst und heute in der Informatik
– ein idealtypisches Muster für eine Klasse der zu modellierenden Architek-
turen. Die Anforderungen an ein solches Modell wurden klassisch von Vitruv
(einem römischen Architekten im ersten Jahrhundert vor Christus) formuliert:
Das Modell soll (1) nützlich, (2) robust, dauerhaft, zeitlich stabil und (3) anmutig
oder schön sein.

Der vollkommene Markt ist als Referenzmodell jedoch (1) nicht nützlich,
weil er nirgendwo vorkommt, sondern es sich um ein rein gedankliches Gebilde
handelt. Er ist (2) dauerhaft, weil dieses Modell keinen Realitätskontakt hat und
daher durch Veränderungen in der Realität nicht berührt wird. (3) Er ist anmutig
und schön, weil er nicht durch Realitätspartikel kontaminiert wird.

Ausgerechnet die Abweichungen von diesem Referenzmodell dienen nun
angeblich dazu, wirtschaftspolitische Eingriffe auf einzelnen Märkten zu rechtfertigen. Dies würde bedeuten, dass auf sämtlichen Märkten Gelegenheiten zu
wirtschaftspolitischen Eingriffen bestehen, denn es gibt keinen Markt, auf dem
die Kriterien des vollkommenen Marktes realisiert sind. Missverständlich ist
schon die Formulierung ... *bietet sich die Gelegenheit zu wirtschaftspolitischen Ein-*
griffen, die die Vorstellung naheliegt, als würden die Träger der Wirtschaftspolitik
ständig auf solche Gelegenheiten warten. Auf Seite 60 bekräftigt Klump: Nach
ihm *dienen Marktfehler zur Rechtfertigung zahlreicher staatlicher Interventionen*
in die freie Preisbildung der Märkte. Ist dies der Fall? In der marktwirtschaftlichen
Ordnung soll der Staat streng genommen nur den rechtlichen Rahmen setzen,
ohne in einzelne Produktmärkte regulierend einzugreifen. Solche Eingriffe gibt
es hauptsächlich nur in der Landwirtschaft und bei der Höhe der Mieten. In der

Landwirtschaft kommen diese Eingriffe aber nicht zustande, weil der Markt versagt hätte, sondern im Gegenteil dadurch, dass den Marktkräften nicht vertraut wurde. Wenn beispielsweise die Milchwirtschaft jahrzehntelang hoch subventioniert und hierdurch zur Mehrproduktion angeregt wird, verfällt irgendwann der Milchpreis unter die Erzeugerkosten, was wegen der einflussreichen Stellung dieses Berufsstandes Anlass zu weiteren unterstützenden Eingriffen ist, wodurch bei nächster Gelegenheit der Preis noch weiter verfällt. Bei den Mieten ist der Eingriff ebenfalls nicht durch ein Marktversagen gekennzeichnet, sondern durch soziale Rücksichten. Das Einzige, was hier versagt, ist die Mietpreisbremse. Denn wenn der Vermieter sich einigen Interessenten gegenüber sieht, die gern bereit sind, mehr zu zahlen als den amtlich gebremsten Mietpreis, werden Anbieter und Nachfrager auf erhöhtem Niveau immer zusammenfinden.

Die offensichtliche Tatsache, dass staatliche Eingriffe in einzelne Produktmärkte entweder zu Fehlanpassungen führen oder wirkungslos bleiben, lässt die Wirtschaftspolitik vor weiteren Eingriffen dieser Art zurückschrecken. Hierfür gibt es historische Beispiele: Als der Brotpreis noch ein politischer Preis war und bei schlechten Ernten hochschnellte, haben amtlich festgesetzte Höchstpreise nur zur Folge gehabt, dass zu diesen Preisen nichts zu haben war und sich rasch ein Schwarzmarkt bildete.

Die obige Lehrbuchaussage von der Rechtfertigung zahlreicher Eingriffe, *mit deren Hilfe das Konkurrenzgleichgewicht erreicht werden kann,* trifft also nicht zu. Im Gegenteil: Gerade hierdurch wird dieses Gleichgewicht verfehlt. Diese Fehleinschätzung im Lehrbuch erstaunt, denn hier handelt es sich immerhin um ein Grundsatzproblem der Wirtschaftspolitik in einer freiheitlichen Ordnung.

Ideales Ziel ist immer ein stabiles Marktgleichgewicht mit raschen Anpassungsreaktionen: Eine gesteigerte Nachfrage führt zu einem steigenden Preis, der eine Ausweitung des Angebots hervorruft, was den Preis drückt, und eine sinkende Nachfrage lässt den Preis sinken, was eine Einschränkung der Produktion hervorruft und den Preis hebt. So findet der Markt immer wieder ein stabiles Gleichgewicht zurück. Als Musterfall, in dem die obigen Bedingungen des vollkommenen Marktes erfüllt sind, wird in den Lehrbüchern stets die Börse angeführt. Ausgerechnet dort finden sich allerdings keine stabilen Gleichgewichte, sondern ein ständiges funktionsloses Schwanken der Kurse aufgrund von Spekulation, also der Erwartung steigender oder fallender Preise, was als Signal zum Kaufen oder zum Verkaufen betrachtet wird.

Auf Seite 59 diskutiert Klump die Frage: *Kann das Marktgleichgewicht bei vollständiger Konkurrenz, sofern es existiert, auch erreicht werden?* Hier beschäftigt sich der Autor mit folgendem Fall: Bei einem Produkt steigt die Nachfragemenge

© Frank & Timme   Verlag für wissenschaftliche Literatur

mit sinkendem Preis immer mehr, bis schließlich das Produkt zum Preis null verschenkt wird. Auch dann wird nur eine bestimmte Menge x abgenommen. Wenn gleichzeitig die Produktion dieses Artikels erst bei einer Menge weit jenseits von x aufgenommen wird, kann sich kein Marktgleichgewicht bilden. Denn die produzierte Menge wird ja zu keinem positiven Preis und sogar verschenkt nicht abgenommen. Es bleibt dem Leser überlassen zu erraten, ob dergleichen jemals vorgekommen ist.

Daneben wird im Lehrbuch Klump (Seite 64) folgender Fall untersucht: Im Gebrauchtwagenhandel kann der Käufer die Qualität des angebotenen Fahrzeugs gewöhnlich nicht beurteilen. Hilfsweise nimmt er den Preis als Anzeichen für die Qualität. Dies hat zur Folge, dass es bei einem sehr niedrigen Preis keine Nachfrage gibt: Der Käufer hält die Billigst-Fahrzeuge für bloße Rostlauben. Je höher der Preis ist, desto mehr steigt zunächst die Nachfrage, bis die Kunden bei ganz teuren Fahrzeugen vor einem Kauf zurückschrecken. Unabhängig hiervon entwickelt sich die Angebotsmenge direkt proportional zum Preis. Dadurch kann es vorkommen, dass weder bei einem ganz geringen noch bei einem hohen Preis ein Kauf zustande kommt. Hier kann sich jeder Leser bei einem Gebrauchtwagenhändler erkundigen, ob dergleichen schon einmal beobachtet wurde.

Wenn wir festgestellt haben, dass die obigen Annahmen (homogene Güter, vollständige Information, teilbare Güter, individueller gleich gesellschaftlicher Nutzen, große Anzahl von Anbietern und Nachfragern) in keinem Fall realisiert sind, stellt sich die Frage, welchen Wert eine Wissenschaft hat, die hiervon ausgeht und dies als Referenzmodell nutzt. Altmann (Seite 446) bemerkt hierzu:

> *Es ist gar kein Problem, diese Annahmen als unrealistisch abzutun. Mit Blick auf die Praxis wäre dies auch angebracht. Man würde jedoch theoretischen Ansätzen damit tendenziell Unrecht zufügen, denn meist wird auch bei praxisfernen Ansätzen offen und ehrlich angeführt, dass man sich gedanklich meilenweit von der Realität entfernt bewegt. Theorien haben aber den unschätzbaren Wert, partielle, losgelöste, durch die Ceteris-Paribus-Annahme isolierte Denkansätze auf logische Widersprüche hin zu überprüfen. […] Das gedankliche Konstrukt gewinnt daher seinen Wert in der Darstellung des theoretisch Möglichen und daraus abgeleitet gegebenenfalls auch des Wünschbaren.*

Hier wird deutlich, dass es der Wirtschaftswissenschaft nicht darum geht, in der wirtschaftlichen Wirklichkeit bisher ungeklärte Phänomene zu entdecken, zu klären und zu verstehen. Dementsprechend werden bei der Bildung des üblichen

Modells nicht einzelne Aspekte der Wirklichkeit abgebildet. Vielmehr hat man sich im allgemeinen Einvernehmen vollständig aus dieser Wirklichkeit entfernt und bewegt sich in einem gesonderten System, dass lediglich intern auf logische Widersprüche geprüft wird. Aus diesem System wird dann etwas – unter Geltung all der irrealen Annahmen – theoretisch Mögliches abgeleitet, das aber unter diesen Umständen kaum realistisch sein kann. Aus diesen luftigen Möglichkeiten soll wiederum etwas Wünschbares folgen, obwohl Mögliches und Wünschbares rein logisch nichts miteinander zu tun haben und daher nie Wünschbares aus Möglichem folgen kann.

Sehr viel näher liegend wäre ein prinzipiell anderer Ansatz:

(1) Es wird ein offensichtlicher Mangel, ein politisches Problem, festgestellt, etwa: Rund zehn Prozent aller Haushalte sind überschuldet.

(2) Es wird versucht, die Ursachen dieses Zustandes festzustellen.

(3) Ansetzend bei diesen Ursachen werden Möglichkeiten der Abhilfe geprüft, etwa: verstärkte Aufklärung, bessere Ausstattung der Schuldnerberatungen und so fort.

Unter den Beratern gilt als Binsenweisheit: *Man muss die Leute dort abholen, wo sie stehen.* Dies setzt allerdings voraus, dass die Forscher die Füße auf dem Boden behalten und nicht in ein gesondertes System entschweben.

Ein naheliegendes und für ein Lehrbuch der Wirtschaftspolitik aufschlussreiches Problem wäre beispielsweise auch: *Weshalb sind die Mitgliedsstaaten der Europäischen Union in wirtschaftlicher Hinsicht so sehr unterschiedlich erfolgreich?* Hieraus ließen sich konkrete Handlungsempfehlungen ableiten. Stattdessen bewegt man sich in einem Modell aus realitätsfernen Annahmen. Weil diese Annahmen völlig willkürlich sind, ließen sich mit anderen Annahmen beliebig viele andere Modelle bilden, die ebenfalls in sich logisch geschlossen und widerspruchsfrei wären.

6.4   Die Mathematisierung

Paul Romer, Jahrgang 1955, ist seit September 2016 Chefökonom der Weltbank. Er hat den Begriff *Mathiness* geprägt, womit die missbräuchliche Verwendung mathematischer Formeln in volkswirtschaftlichen Analysen bezeichnet wird. Mathiness liegt demnach vor, wenn Mathematik nicht zur Präzisierung einer Aussage benutzt wird, sondern um mit einer Unmenge mathematischer For-

© Frank & Timme   Verlag für wissenschaftliche Literatur

meln eine ideologische Agenda zu verschleiern. Romers Artikel *Mathiness in the Theory of Economic Growth* erschien in *American Economic Review: Papers and Proceedings 2015, Vol. 105, Issue 5, Seite 879 ff.* Dieser Artikel löste eine breite Debatte aus. Zum Beispiel wurde festgestellt, dass mathematische Formeln nur mit einem gewissen Aufwand nachvollziehbar sind und daher ein erhebliches Missbrauchspotenzial bestehe. Empirisch unhaltbare Aussagen, begriffliche Unschärfen und rein hypothetische Annahmen könnten durch einen Wust mathematischer Formeln einen wissenschaftlichen Anstrich bekommen. Reale Probleme werden ignoriert, weil sie nicht mit den dominierenden mathematischen Formeln in Übereinstimmung zu bringen sind. Unzählige Gleichungen beruhen auf dem zweifelhaften Modell des Homo oeconomicus. Ebenso unrealistisch, aber in den Formeln weit verbreitet ist die Annahme eines vollkommenen Wettbewerbs. Paul Romer lehnte dies ab, weil sich Wissenschaft nach seinem Verständnis um empirisch belastbare Ergebnisse bemühen sollte. Paul Krugman, Jahrgang 1953 und Wirtschafts-Nobelpreis-Träger 2008, vertrat in dem Artikel *The Case of the Missing Minsky* (*The New York Times*, 1. Juni 2105) die Ansicht, dass die makroökonomische Debatte über Lehren aus der Finanzkrise 2007 und Weltwirtschaftskrise ab 2007 auch deshalb nur schleppend vorankommt, weil einige Ökonomen und zum Teil ganze Fachbereiche von der Mathiness dominiert würden.

Diese Gewohnheit hat also anscheinend nicht nur ein gewisses Missbrauchspotenzial, sondern scheint auch eine spezifische Betriebsblindheit zu erzeugen. Samuelson bemerkt schon in seinem Lehrbuch von 1973 (Seite 23) bescheiden:

Selbstverständlich sind die menschlichen und sozialen Verhaltensweisen viel zu kompliziert, um bei unseren Aussagen eine Präzision zu erreichen, wie sie bei den Naturwissenschaften möglich ist [...] in vielen Fällen bedeutet es schon einen großen Fortschritt, wenn die richtige Richtung von Ursache und Wirkung bestimmt werden kann.

Auf Seite 29 stellt Samuelson, durch Fettdruck hervorgehoben, bündig fest: *Ökonomische Gesetze gelten nur mit einer bestimmten Wahrscheinlichkeit: Sie sind keine exakten Beziehungen.*

Noch in den 1970er Jahren ging die Ökonomie davon aus, dass zwischen den Natur- und den Sozialwissenschaften ein prinzipieller Unterschied besteht, indem bei den einen eine exakte Präzision möglich ist, bei den anderen hingegen nicht. Wenn beispielsweise das gesamte Einkommensniveau einer Gesellschaft stetig steigt, ist zu erwarten, dass auch der Konsum steigt – allerdings bei jedem einzelnen Menschen und in jeder Gesellschaft in unterschiedlichem Ausmaß je nach der geschichtlichen Herkunft, der aktuellen Mentalität, den Erwartungen für die Zukunft und vielem anderen mehr. Beispielsweise beträgt die Konsumquote (Anteil des Konsums am Einkommen) in der Schweiz rund 80 Prozent, in Deutschland rund 90, in den USA rund 95 und in Italien rund 97 Prozent. Es ist also zu erwarten, dass eine Steigerung des Einkommens in Italien sehr viel stärker auf eine Konsumsteigerung durchschlägt als in der Schweiz. Verallgemeinernd lässt sich daher nur aussagen, dass ein steigendes Einkommen eine *Tendenz* zu einem steigenden Konsum auslösen wird. Insofern ist es irreführend, wie üblich in einer Gleichung den Konsum als Funktion des Einkommens darzustellen, weil dieser feste mathematische Zusammenhang nicht besteht.

Schon in klassischer Zeit wurde jedoch versucht, volkswirtschaftliche Vorgänge in Form von mathematischen Gesetzen zu formulieren. Thomas Malthus (1766 bis 1834) betrachtete es als augenscheinliche schicksalhafte Notwendigkeit, dass die Bevölkerung in geometrischer Progression wachse. Bei einer Generationenfolge von 25 Jahren und vier Kindern pro Ehepaar werde sich die Anzahl der Einwohner in zwei Jahrhunderten also vermehren wie 1 – 2 – 4 – 8 – 16 – 32 – 64 – 128 … Das Nahrungsangebot hingegen wachse nur in arithmetischer Progression (1 – 2 – 3 – 4 – 5 – 6 – 7 – 8 …), so dass für die zu viel Geborenen kein Platz am Tische der Natur sei. Nur durch Krankheiten, Kriege und Elend werde immer wieder eine Korrektur eintreten. Diese unterschiedliche Progression mit ihren fatalen Folgen betrachtete er als Gesetz, als Axiom.

Es kam dann doch ganz anders, und zumindest in den Industrieländern ist heute von einer solchen Nahrungsmittelknappheit keine Rede. Es ist also sehr gefährlich, wenn die Forschung versucht, das generative Verhalten, die wirtschaftliche Entwicklung oder welche volkswirtschaftlichen Vorgänge auch immer in die Form eines mathematischen Gesetzes zu bringen, einfach weil sich das menschliche Verhalten und die infrastrukturelle Ausstattung der Gesellschaft immer wieder in unvorhersehbarer Weise verändern. Die heutige Wirtschaftstheorie hat sich aber durch das Schicksal der malthusianischen Theorie nicht beirren lassen, sondern strebt unverändert eine mathematische Exaktheit an.

Altmann beklagt (Seite 198), dass die theoretischen Modelle formal sehr stark ausgebaut sind und ihre Botschaft sich nur dem mathematisch Interessierten und gleichzeitig Versierten erschließt,

wobei sich dann fast ebenso oft die Frage ergibt, ob man diese Aussage auch etwas einfacher hätte formulieren können […]. Aber wer es nicht glaubt, möge einmal einen Blick in eine volkswirtschaftliche wissenschaftliche Fach-

   © Frank & Timme   Verlag für wissenschaftliche Literatur

*zeitschrift werfen, nicht selten einer mathematischen Formelsammlung
ähnlich und natürlich in Englisch. Der amerikanische Wirtschaftsprofessor
Donald McCloskey wird mit der Meinung zitiert, die [...] Wirtschaftswissenschaft sei einem intellektuellen Spiel ähnlich, das nicht mehr praktischen
Nutzen habe als Schach oder Lotto.*

Dabei geht es bei der Mathematisierung in der Hauptsache um drei verschiedene
Ansätze:

(1) Eine wirtschaftliche Größe (Konsum, Investition, Sparen etc.) wird
als funktional abhängig von einer anderen Größe betrachtet. Diese
ist unabhängig und bildet die Ursache für die erstere. Zum Beispiel:
- Der Konsum soll abhängig vom Einkommen sein: $C = f(Y)$. Wenn
  das eine steigt, so steigt auch das andere.
- Das Sparen ist ebenfalls abhängig vom Einkommen: $S = f(Y)$ oder
  auch abhängig vom Zinssatz:
- $S = f(i)$. Je mehr Einkommen oder je höher der Zinssatz, desto
  mehr wird gespart.
- $I = f(i)$: Die Investition ist ebenfalls abhängig vom Zinssatz, aber
  im negativen Sinne: Je höher der Zins, je teurer daher der Kredit,
  desto weniger wird investiert.
Bei diesen Verfahren wird von den zahlreichen Ursachen des Konsums,
des Sparens und der Investition mehr oder minder willkürlich eine einzige ausgewählt, alle anderen gelten als Störgrößen und werden nicht
beachtet. Sie werden durch die Formel *ceteris paribus* (wenn alle anderen
gleichbleiben) stillgelegt.

(2) Eine bestimmte zeitliche Entwicklung, beispielsweise das Auf und Ab
der Konjunktur oder das wirtschaftliche Wachstum, wird als mathematische Funktion betrachtet, beispielsweise der Konjunkturverlauf
als Sinuskurve oder das Wachstum als Annäherung an eine kontinuierlich aufsteigende Linie welcher Gestalt auch immer. Aus der
Statistik liegen jedoch keine kontinuierlichen, sondern nur monatliche oder jährliche Zahlenwerte vor. Diese werden als Stützpunkte
betrachtet, durch die die unbekannte Funktion verlaufen soll. Aus
den Differenzen, nämlich den monatlichen oder jährlichen Zu- oder
Abnahmen, wird der vermutete Verlauf der Kurve erschlossen, und
zwar durch die Lösung von Differenzengleichungen. Hierbei handelt
es sich um ein Verfahren zur schrittweisen Approximation (Annä-

herung) an eine kontinuierliche Funktion. Das heißt: Aus einem Dutzend oder mehr bekannten Punkten wird erschlossen, welche Kurve, welche durchgehende Funktion dahinter steht. Beispielsweise könnte aus den bekannten Punkten (1;1), (2;4), (3;9), (4;16), (5;25), (6;36) ... die kontinuierliche Funktion $y = x^2$ erschlossen werden.

(3) In der Spieltheorie werden Situationen modelliert, in denen sich mehrere Beteiligte gegenseitig beeinflussen. Die Theorie versucht, das rationale Entscheidungsverhalten in Konfliktsituationen zu erfassen. Dies gilt nicht nur für Gesellschaftsspiele wie Schach oder Mühle, sondern in verallgemeinerter formalisierter Form für eine Vielzahl von Konflikten. Die strategischen Spiele werden facettenreich abgebildet und streng mathematisch gelöst, ähnlich einem Schachcomputer. Beispielsweise können beide Spieler versuchen, die gegnerische Maximal-Auszahlung zu minimieren. In den Modellrechnungen wird jedoch von ganz unrealistischen Annahmen ausgegangen, denn kein Mensch wird so rational handeln oder handeln können, wie es hier vorausgesetzt wird. Daher wird die empirische Erklärungskraft dieser Theorie eher gering eingeschätzt. Zwar macht sich der Unternehmer durchaus Gedanken darüber, wie seine Partner (Lieferanten, Mitbewerber, Kunden) vermutlich auf eine eigene Aktion (Änderung des Preises, Aufnahme eines neuen Artikels, Kapazitätserweiterung etc.) reagieren werden. Hier wird jedoch vor allem von den bisherigen Erfahrungen und einigen Daumenregeln ausgegangen und nicht von einem Denken in der Art des Schachcomputers. Die Wirtschaftswissenschaft versucht also nicht etwa zu erforschen, wie reale Märkte tatsächlich funktionieren und wie sich die Unternehmer verhalten. Sondern die Theorie führt von der Realität fort in abstrakte mathematische Höhenlagen, in denen kein lebendiger Mensch anzutreffen ist. *Weder im Elfenbeinturm der Wirtschaftstheorie noch im Experimentallabor lernen wir, wie reale Märkte aussehen und wie sie unser Handeln beeinflussen. Doch leider wagen sich zu wenige Wirtschaftswissenschaftler in die reale Welt hinaus,* stellte Axel Ockenfels am 21. Oktober 2012 in der *Welt N 24* fest. Es gibt keine Rückkopplung von Praxis und Forschung.

Bei diesen Verfahren, zumal beim zweiten und dritten, wird durch beträchtlichen mathematischen Aufwand der Eindruck einer großen Präzision erzeugt. Tatsächlich sind jedoch die mathematisch formalisierten Verfahren schon

© Frank & Timme   Verlag für wissenschaftliche Literatur

vom Grundgedanken, vom Ansatz her ungeeignet, wirtschaftliche Abläufe zu beschreiben oder zu prognostizieren. In der Marktwirtschaft, im Unterschied zur Zentralverwaltungswirtschaft, gibt es keinen Plan für den gesamten Ablauf. Vielmehr entscheiden alle Wirtschaftssubjekte, vor allem Konsumenten und Unternehmer, jeweils frei und sollen durch eine dezentrale Steuerung koordiniert werden. Teils entscheidet jeder für sich, entweder rational oder irrational, teils gibt es ein Herdenverhalten, das durch Stimmungen geprägt ist, die rasch umschlagen können. Immer spielen unzählige Beweggründe zusammen. Unter anderem spielen die künftig erwarteten Entwicklungen eine große Rolle, insbesondere bei den Investitionen, und diese Erwartungen sind naturgemäß bei allen Teilnehmern recht unterschiedlich: Teils werden bisherige Trends fortgeführt, was manchmal eintrifft, manchmal nicht, teils geht es nach Hörensagen und Bauchgefühl.

Das Verfahren (2), die Suche nach einer Funktion hinter dem Konjunkturverlauf, ist schon vom theoretischen Ansatz her nicht angemessen und daher aussichtslos. Die zeitliche Entwicklung der Konjunktur und ebenso des Wachstums wird immer wieder durch unvorhersehbare Einzelereignisse geprägt. Nach der Zeit des akuten Mangels unmittelbar nach 1945 gab es einen in seiner Dynamik unerwarteten Aufschwung nach der Währungsreform 1948. Nach dem Zusammenbruch der DDR ergab sich dort ein Nachholbedarf. Es gab die große weltweite Bankenkrise 2008/09, es gab die noch jetzt (2017) andauernde Schifffahrts- und Werftenkrise, es gab den Brexit, es gab die Abgaskrise der Automobilbauer, schließlich die Wahl von Donald Trump zum Präsidenten der USA. Keines dieser Ereignisse konnte von irgend jemandem vorausgesehen werden. Es gibt jetzt eine Tendenz zur Re-Nationalisierung und zum Protektionismus, wobei aber niemand sagen kann, wie lange und wie stark sich diese Tendenz durchsetzen wird und wie sich die Zukunft der Europäischen Union und des Welthandels gestalten werden. Unabhängig von den politischen Ereignissen prägen auch technische Neuerungen, die sich unvorhersehbar ereignen und von denen niemand sagen kann, ob sie sich durchsetzen oder nicht, den Verlauf des wirtschaftlichen Geschehens – von der Erfindung der Dampfmaschine bis zum heute allgegenwärtigen Internet.

Die bisherigen konjunkturellen Einbrüche (Rückgang des Bruttoinlandsprodukts) nach dem sehr niedrigen Niveau 1948 datieren auf die Jahre 1967, 1975, 1982, 1993, 2003 und 2009. Die Abstände betragen also 19, 8, 7, 11, 10 und 6 Jahre. Selbst mit großem mathematischem Aufwand wird es kaum möglich sein, hieraus eine gleichmäßige Wellenbewegung abzuleiten.

Kurz: Es ist von vornherein vergeblich, die Entwicklung von wirtschaftlichen Größen wie Konsum, Sparen und Investition auf eine einzige Ursache und die geschichtliche Entwicklung auf eine unbekannte dahinter liegende durchgehende Funktion zurückführen zu wollen. Diese Verfahren erinnern an die Besucher des Spielkasinos, die die Ergebnisse beim Roulette eifrig mitschreiben in der Annahme, dass irgendein Muster oder Gesetz dahinter stehe. Ebenso ist die durchgehende Funktion, die bei den Konjunkturschwankungen oder beim Wirtschaftswachstum dahinter stehe, eine Mystifikation. Wie jeder Historiker weiß, besteht der geschichtliche Verlauf aus einer Folge von einzelnen Ereignissen, die zwar nach ihrem Eintreten ursächlich erklärt werden können, woraus aber nicht folgt, dass die künftigen Ereignisse vorhersehbar wären. Die einfachsten Beispiele hierfür sind, dass alle Fachleute durch die Abstimmung zum Brexit und durch die Wahl von Donald Trump überrascht wurden. Niemand weiß, ob in den kommenden Jahren das Pendel eher zum Freihandel ausschlägt oder ob sich protektionistische Neigungen durchsetzen werden. Niemand weiß, ob die jetzige (Frühjahr 2017) günstige Konjunkturlage anhält, wann der nächste Einbruch kommt und wie tief er wird. Vermutlich wird er durch irgendein Ereignis ausgelöst, an das heute noch niemand denkt. Es ist also im Grundansatz unsinnig, den bisherigen und künftigen zeitlichen Verlauf durch eine mathematische Funktion ausdrücken zu wollen.

Die Wirtschaftswissenschaft hat ihren Erkenntnisgegenstand schon sehr stark eingeengt, indem sie sich nur auf das rationale Verhalten des Menschen beschränkt. Eine weitere Einschränkung kommt hinzu, weil sie nur innerhalb eines realitätsfernen Modells argumentiert. Eine dritte sehr schwerwiegende Einengung des Gesichtsfeldes geht dahin, dass nur quantitative, zahlenmäßig erfassbare, rechenhafte Phänomene zur Kenntnis genommen werden. Nach Woll (Seite 358) gibt es

keinen Zweifel, dass Keynes zu den bedeutendsten Nationalökonomen gehört und die Entwicklung der modernen Volkswirtschaftslehre nicht ohne seine analytisch wertvollen Arbeiten vorstellbar ist. Der beherrschende und dauerhafte Einfluss seines Hauptwerkes im Fache dürfte vor allem zwei Tatsachen zuzuschreiben sein: Erstens formulierte Keynes seine Hypothesen in einer Weise, die sie ökonometrischen Messverfahren zugänglich machte. Wenn die moderne Volkswirtschaftslehre – insbesondere die makroökonomische Theorie – einen großen Schritt zur exakten Wissenschaft vorwärts gekommen ist, gebührt Keynes ein alles überragendes Verdienst.

© Frank & Timme   Verlag für wissenschaftliche Literatur

Das Ideal der Zunft besteht also im Fortschritt zu einer exakten Wissenschaft. Gemeint ist eine mathematisierte Wissenschaft mit einem System von Definitions- und Verhaltensgleichungen. Es könnte sein, dass dieses Ideal in den Sozialwissenschaften und daher auch in der Wirtschaftswissenschaft von vornherein illusionär ist einfach deswegen, weil das wechselvolle menschliche Verhalten sich prinzipiell nicht mit mathematischer Exaktheit beschreiben oder vorhersagen lässt. Dies gilt für das Verhalten einzelner Personen ebenso wie für die Wirtschaft insgesamt, das von allerlei Stimmungen, Gerüchten und Erwartungen gesteuerte Verhalten von Personengesamtheiten. Jeder Wahlkampfleiter einer politischen Partei und jeder Verkaufsdirektor eines Unternehmens weiß, dass der Erfolg einer noch so ausgeklügelten Werbung höchst ungewiss und unvorhersehbar ist. Dabei kommt es nicht auf Kenntnisse in der Differentialrechnung an, sondern auf Einfühlungsvermögen. Je mehr die Mathematisierung voranschreitet, desto mehr verschwindet die wirtschaftliche Wirklichkeit hinter den Symbolen.

Dabei geht es immer um Zusammenhänge, die sich vermeintlich als Funktionen, als feste Abhängigkeiten ausdrücken lassen. Es gilt immer $y = f(x)$. Es gibt jeweils eine unabhängige Variable x, die als Ursache gedeutet wird, und eine abhängige Variable y, die die Folge darstellt. Gern wird auch die links des Gleichheitszeichens stehende Variable als zu erklärende (explanandum), die rechts des Gleichheitszeichens stehende als erklärende Variable (explanans) betrachtet.

Diese sind als Funktion in einer eindeutigen Abhängigkeit miteinander verkettet, indem jedem Element der unabhängigen Variablen genau ein einziges Element einer abhängigen Variablen zugeordnet wird. Aus der Schule ist gewöhnlich die Funktion $y = x^2$ bekannt. Wenn x = 2, dann ist y = 4, und wenn x =5, dann ist y = 25. Es gibt also lauter Wertepaare. In der graphischen Darstellung wird die Gesamtheit dieser Wertepaare als Linie gezeichnet. Bei einem bestimmten Preis (Ursache) wird nur eine ganz bestimmte Menge (Folge) gekauft, und bei bestimmten Kosten wird nur eine bestimmte Menge hergestellt, indem diese Abhängigkeit als Funktion aufgefasst wird. Immer wird davon ausgegangen, dass ausschließlich der Preis die Verkaufsmenge bestimmt, und ausschließlich die Kosten bestimmen die Herstellmenge.

Hierbei wird nicht nur eine eindeutige Abhängigkeit entsprechend einer Linie unterstellt. Sondern es werden immer nur zwei Größen miteinander verkettet wie bei $y = f(x)$. Dementsprechend wird immer nur eine einzige Ursache und eine einzige Folge betrachtet entsprechend dem Ceteris-Paribus-Denken, dass nämlich alle anderen Größen gleich bleiben. Durch die jahrelange Gewohnheit, nur in dieser Schiene zu denken, geht das Bewusstsein dafür verloren, dass im tatsächlichen Regelfall alle wirtschaftliche Phänomene eine große Anzahl von Ursachen haben: dass nämlich immer das ganze Orchester spielt und nicht nur ein Solist. Stattdessen hat sich in der Wirtschaftswissenschaft ein monokausales Denken eingespielt, so etwa bei Woll, Seite 306, und in allen anderen Lehrbüchern: C = (f)Y, was heißen soll, dass der Konsum einzig vom Einkommen abhängt. Die Abkürzungen stammen aus dem Englischen : Y von yield (Ertrag, Einkommen) und C von consume. Ebenso wird davon ausgegangen, dass der Zinssatz einziges Kriterium für die Höhe der Ersparnis ist.

Hier wird allerdings ein Widerspruch sichtbar: Einkommen ist gleich Konsum plus Sparen. Wenn der Konsum nun allein vom Einkommen abhängen soll, muss diese Abhängigkeit auch vom Sparen (als Nicht-Konsum) gelten. Das Sparen kann nicht von einer anderen Größe als dem Einkommen abhängig sein, etwa vom Zins. Der Widerspruch verschwindet, wenn der Leser bei demselben Autor Woll auf Seite 15 zurückblättert, wo auch das Sparen allein vom Einkommen abhängt. Die Annahmen, dass das Sparen allein von Einkommen oder aber allein vom Zins abhängig sei, sind beide gleich willkürlich: auf den ersten Blick plausibel, aber nie überprüft. Wie üblich wird von zahlreichen Bestimmungsgrößen ohne Begründung eine einzige ausgewählt.

Ebenso monokausal, wie angeblich Konsum und Sparen bedingt sind, gilt vermeintlich (Klump, Seite 132) I = f (i): Die Investitionen sollen einzig vom Zinssatz (i für interest) abhängen.

Die ganze Welt des Wirtschaftens mit ihren tausendfältigen Überlegungen, Vorlieben und Leidenschaften, Erfolgen und Scheitern, Planen und Improvisieren schnurrt zusammen auf einige wenige mathematische Funktionen.

Dieses Vorgehen erinnert an die alte Scherzfrage: Weshalb braucht man zum Einfangen eines Krokodils ein Fernglas, eine Pinzette und eine Streichholzschachtel? Die Antwort lautet: Man hält das Fernglas verkehrt herum, dann ist das Krokodil ganz klein. Dann kann man es mit der Pinzette in die Streichholzschachtel legen. Je stärker der Blick verengt wird, desto einfacher sind die Dinge zu hantieren. Bei der Formulierung der Funktionen werden nicht nur die Geschehnisse auf jeweils eine einzige Ursache zurückgeführt, sondern auch die wechselseitige Abhängigkeit vernachlässigt. Zum Beispiel steigt nicht nur der Konsum, weil das Einkommen steigt, sondern wenn in der ganzen Volkswirtschaft mehr als bisher konsumiert wird, dann steigen hierdurch auch die Einkommen. Mit einer starken Nachfrage nach Investitionen und daher nach Krediten und nach Kapital könnte auch dessen Preis, der Zins, steigen. Die Interdependenz aller wirtschaftlichen Geschehnisse, wonach alles mit allem zusammenhängt und jede Änderung eine Kette von Fernwirkungen hervorruft, wird zwar im Lehrbuch irgendwo erwähnt, bleibt in den ferneren Ausführungen aber unberücksichtigt.

Statt *Funktion* wird häufig auch der Begriff *Gesetz* bemüht, was aber nicht im Sinne der Rechtswissenschaft gemeint ist, sondern im Sinne der naturwissenschaftlichen Gesetze, wo ebenfalls eindeutige Abhängigkeiten bestehen, beispielsweise beim Steigen der Wassertemperatur abhängig von der zugeführten Energie. Indem in der Wirtschaftswissenschaft von Funktionen und Gesetzen gesprochen wird, entsteht für Außenstehende der Eindruck einer quasi-naturwissenschaftlichen Exaktheit und Berechenbarkeit. Für die interne wissenschaftliche Debatte ist dies nicht nur ein Eindruck, sondern vermeintlich eine exakte Beschreibung der Wirklichkeit.

Ist das Tor zur Mathematik einmal geöffnet, ergeben sich grenzenlose Möglichkeiten zu Gleichungen und eleganten Abbildungen.

Verändert sich die eine jeweils herangezogene Wirkursache bei der jeweiligen (vermeintlich vorhandenen) Funktion, so lässt sich dies einfach als Verschiebung der jeweiligen Kurve darstellen. Zum Auffinden von Maxima und Minima gibt es Tangentenlösungen. Nur gelegentlich hält der Forscher inne mit der Frage, ob sich zu dem Dargestellten ein realer Fall auffinden oder doch theoretisch konstruieren lässt. Doch solche Bodenkontakte sind in der freischwebenden mathematischen Wirtschaftsforschung selten. So ist das heutige Problem entstanden, nämlich dass die Wirtschaftstheorie sich in mathematischen Spielereien verliert und dabei das reale Wirtschaftsgeschehen aus den Augen verloren hat.

Wer langjährig in der akademischen Lehre tätig ist, wo immer der Konsum eine Funktion des Einkommens darstellt, ist schließlich davon überzeugt, hiermit sei der Konsum hinreichend erklärt. Jedoch erscheint die Funktion $C = f(Y)$ immer nur in dieser allgemeinen Form. Sie wird nie zahlenmäßig, statistisch, ausgearbeitet im Sinne einer Tabelle, worin für ein Land für eine Reihe von Jahren die beiden Größen in Euro aufgelistet werden, so dass in einer Grafik die Abhängigkeit sichtbar wird oder auch nicht. Hat ein Studierender oder ein Forscher diese Funktion verinnerlicht, so sieht er auch keinen Anlass mehr, eine Anzahl von Konsumenten, Einzelhändlern und Marktforschern nach den Bestimmungsgründen des Konsums zu befragen. Dabei erhielte er das Ergebnis, dass hier eine Fülle von rationalen und irrationalen Motiven und Abhängigkeiten zusammenspielt. Mit anderen Worten: Die mathematische Funktion erklärt nicht die Wirklichkeit, sondern diese Symbolik verstellt den Zugang zur Wirklichkeit.

Wegen der vermeintlich eindeutigen Abhängigkeiten und den hierdurch überschaubaren Verhältnissen wird in den Lehrbüchern häufig behauptet, dass mit diesen theoretischen Werkzeugen exakte Prognosen möglich seien. Vor der

Veröffentlichung solcher Vorschauen scheuen die Forscher jedoch in aller Regel zurück, und dies aus gutem Grunde. Denn die wirkliche Entwicklung, in der unzählige Motive und unvorhersehbare Einflüsse zusammenspielen, verläuft niemals entlang einer monokausalen Prognose. Dass eine auch nur tendenzielle Prognose des wirtschaftlichen Prozesses ausgeschlossen ist, wird am einfachsten in den Versuchen sichtbar, am Jahreswechsel die Kursentwicklung der Aktienbörsen für das kommende Jahr abzuschätzen. Wohlweislich bleiben da alle Autoren sehr vage. Am Ende des Jahres wird dann deutlich, dass die Besitzer brasilianischer Aktien am besten abgeschnitten haben, die Besitzer nigerianischer Aktien am schlechtesten – so war am 30. Dezember 2016 aus der *FAZ* zu erfahren. Es stand aber nicht dabei, ob irgendein Börsenprofi zu Jahresanfang gerade dies vorhergesehen hatte.

In der Geschichte der Wirtschaftswissenschaften war es vor allem Frank Knight (1885 bis 1972) als Begründer der sogenannten *Chicagoer Schule*, der sich abweisend gegenüber der zunehmenden Mathematisierung der Wirtschaftswissenschaften verhielt. Da die Sozialwissenschaften epistomologisch (erkenntnistheoretisch) von den Naturwissenschaften verschieden seien, könnten deren Methoden nicht sinnvoll auf die Wirtschaftswissenschaften übertragen werden. Knight übertrug die *Grundsätze der Volkswirtschaftslehre* von Carl Menger und die *Wirtschaftsgeschichte* von Max Weber ins Englische. Menger ist der Begründer der subjektiven Wertlehre, wonach der Wert eines Gutes sich danach bemisst, welche Wertschätzung diesem Gut entgegengebracht wird. Max Weber hinterließ das allumfassende Werk *Wirtschaft und Gesellschaft*. Schon aus diesem Interesse für Menger und Weber wird deutlich, dass Knight nicht in der Enge einer gewaltsamen Mathematisierung gefangen war. Gleichzeitig wird bei dieser Gelegenheit deutlich, dass es in Deutschland auch schon Zeiten gegeben hat, in denen sich die Wirtschaftstheorie nicht in formalen Modellen erschöpfte, sondern die ganze lebendige Gesellschaft in den Blick nahm und als international führend galt, anstatt angelsächsische Erfindungen nachzuerfinden.

Die grundsätzliche Verschiedenheit von Natur- und Wirtschaftswissenschaften liegt vor allem darin begründet, dass es in der Wirtschaft immer um Entscheidungen von Menschen geht. Diese Entscheidungen wirken jeweils in die Zukunft, die prinzipiell ungewiss ist. Der Unternehmer muss sich gleichwohl ein Bild von dieser Zukunft machen und versuchen, alle Möglichkeiten zu berücksichtigen. Dieser Vorgang ist prinzipiell nicht berechenbar, denn es handelt sich unter anderem um das Problem, welche heutigen Trends sich entweder fortsetzen oder umkippen werden oder welche Gewohnheiten und Produkte sich im Publikum durchsetzen werden oder nicht. Ebenso schwierig ist die Frage zu

 © Frank & Timme   Verlag für wissenschaftliche Literatur

beantworten, ob bestimmte Kurssteigerungen auf einer echten Wertsteigerung beruhen oder ob es sich um eine spekulative Blasenbildung handelt.

Die Rolle des Unternehmers in der Volkswirtschaft besteht gerade darin, dass es in jeder Wirtschaftsordnung eine Instanz geben muss, die das Risiko unzutreffender Prognosen und falscher Entscheidungen auf sich nimmt. Denn welche Entscheidung falsch war, weiß man immer erst nachher.

Ein Beispiel für den Versuch, für eine unternehmerische Entscheidung alle relevanten Faktoren einzubeziehen, möge dies verdeutlichen.

Der Speditionsunternehmer Max Müller hat sich auf die Lagerung und den Transport von Gefahrgut spezialisiert und hierfür zehn entsprechende Lastzüge angeschafft. Mit seinen 70 Mitarbeitern ist er gut beschäftigt. Die Fahrzeuge sind voll ausgelastet, häufig muss er sogar Aufträge ablehnen, weil nichts frei ist. Er überlegt daher, für 350 000 Euro einen weiteren Tanklastzug anzuschaffen. Im Einzelnen prüft er:

- *Sind die beiden Firmen A-Chemie und B-Chemie, für die er ausschließlich arbeitet, ausreichend zukunftssicher? Wie werden sie in der Fachwelt beurteilt?*
- *Wie wird allgemein die Zukunft dieser Chemiebranche gesehen? Und die Gesamtkonjunktur in Deutschland?*
- *Wird der Abteilungsleiter von A-Chemie, von dem er bisher die Aufträge bekam, absehbar pensioniert? Kommt dann ein Neuer, der erst einmal alle Aufträge neu ausschreibt?*
- *Haben seine beiden Kollegen Schulze und Meyer, die ebenfalls für A-Chemie und B-Chemie Gefahrgut transportieren, auch ihrerseits Erweiterungspläne? Haben sie neulich beim geselligen Bier so etwas durchblicken lassen? Könnte daraus eine lokale Überkapazität mit nachfolgendem Preiskampf resultieren?*
- *Ist damit zu rechnen, dass die Polen und Tschechen, die wegen der weit geringeren Löhne schon einen Teil des deutschen Transportmarktes erobert haben, auch in den Gefahrguttransport eindringen?*
- *Sind für Gefahrguttransporte weitere teure behördliche Auflagen zu erwarten?*
- *Werde ich ausreichend viele zertifizierte Fahrer finden?*
- *Wie wird sich diese Investition steuerlich auswirken?*
- *Ist ein Bankkredit zu bekommen? Zu welchem Zins und weiteren Konditionen? Oder kann ich die Investition aus eigenen Mitteln finanzieren, brauche also auf den Bankzins nicht zu achten?*

- *Ich bin jetzt 60 Jahre alt, ein Firmennachfolger ist nicht in Sicht. Soll ich mir jetzt noch dieses Risiko aufladen?*
- *Welche Vorteile hat der Tanklastzug, den jetzt die Automobilfabrik X speziell für Gefahrgut entwickelt hat, gegenüber meinen teils schon alten Fahrzeugen?*

Nur zum kleineren Teil sind diese Erwägungen berechenbar, aber sie sind verstehend nachvollziehbar. In den Lehrbüchern werden hingegen *der Konsum* oder *die Investition* gleichsam zu eigenständigen fremdbestimmten Akteuren. Die Menschen mit ihren Sorgen und Hoffnungen, die mit ihren Entschlüssen über diese Aktionen entscheiden, verschwinden völlig aus der Betrachtung.

Typischerweise ist der Zins, von dem die Investitionen angeblich allein abhängen, nur einer von vielen Faktoren, die in die Entscheidung eingehen. Die meisten dieser Faktoren sind unsicher, oft nur Stimmung und Bauchgefühl und nicht rational und zahlenmäßig fassbar. In den Lehrbüchern wird davon ausgegangen, dass die künftigen Erträge der Investition bekannt sind. Falls sie höher sind als der Zins, ist die Investition lohnend, andernfalls nicht. Wenn daher der Zins gesenkt wird, so kommen mehr Investitionen in den lohnenden Bereich. Ebendiese Annahme, dass der künftige Ertrag bekannt sei, ist nicht realistisch. Wäre wirklich der Zins allein ausschlaggebend, so könnte die Zentralbank eine Investitionslawine lostreten, indem sie den Zins auf null senkt, wie aktuell (2016) der Fall. Hiervon ist jedoch gar keine Rede. Wieweit die Investitionen vom Zins abhängen, wurde nie empirisch geprüft, sondern nur als plausibel unterstellt.

Ebenso unsinnig ist die Funktion C = f (Y). Sicherlich ist mit einem steigenden Konsum zu rechnen, falls das Einkommen in der gesamten Volkswirtschaft steigt. Aber in welcher Höhe? Hier ist zunächst einmal das Sparen als Alternative zum Konsum zu nennen: Wie attraktiv sind Ersparnis und Geldanlage? Ist durch den Sparzins in absehbarer Zeit eine Verdoppelung der Sparsumme zu erwarten oder liegt der Sparzins nahe null, so dass die Neigung zum Geldausgeben steigt? Werden allgemein steigende Preise und Inflation befürchtet, so dass eine Flucht in die Sachwerte einsetzt? Herrscht hinsichtlich der künftigen Entwicklung allgemeine Zuversicht mit der Folge erhöhten Konsums oder meinen viele Leute, es wäre ratsam, für alle Fälle Geld zurückzulegen? Wie entwickelt sich die Ersparnis in den höheren Einkommensschichten, in denen alle Grundbedürfnisse bereits gedeckt sind? Wie viele Leute wachsen in diese Schichten hinein? Wie wirken sich die demographischen Veränderungen aus? Geht der hohe Anteil alter Leute mit einer Zurückhaltung im Konsum einher, weil nicht mehr so viel unternommen und angeschafft wird? Wie attraktiv sind Konsumkredite? Wie entwickelt

© Frank & Timme   Verlag für wissenschaftliche Literatur

sich die Konsumwerbung? Ist mit Steuererhöhungen und daher verminderter Kaufkraft zu rechnen? Wie stark sind die Gewerkschaften und die Aussichten auf höhere Löhne?

Hier wird deutlich, das es keine eindeutige Beziehung zwischen Einkommen und Konsum geben kann, weil ungezählte weitere Einflüsse (in der Sprache der Ökonometrie: Störgrößen) wirksam sind.

Dafür, in welcher Weise die Forschung heute tatsächlich verfährt, gibt Professor Helmut Rainer, Director of the ifo-Center for Labour Market Research and Family Economics, München, ein eindrucksvolles Beispiel. Im Internet veröffentlicht er ein Papier zum Thema *Methoden der Volkswirtschaftslehre*. Hier lesen wir:

1. Maximierung ohne Nebenbedingungen
Literatur: Schulbücher zur Mathematik ab der 10. Klasse
[…]
1.1 Funktionen mit einer Variablen
Eine Funktion ist eine „Regel", die einen Input in einen Output konvertiert.
$y = f(x)$
x … Input der Funktion: unabhängige Variable
y … Output der Funktion: abhängige Variable
„Ökonomische Funktionen": Wie verändert sich das Bruttoinlandsprodukt mit den Staatsausgaben? Wie hängen Zinssätze vom Geldangebot ab? Wie verändert sich die Arbeitslosigkeit mit den Löhnen?

Hier wird also dem Leser suggeriert, dass zwischen Staatsausgaben (unabhängige Variable) und Bruttoinlandsprodukt (abhängige Variable) eine eindeutige ursächliche Beziehung nach dem Muster y = f x) bestehe, ebenso auch zwischen Geldangebot und Zinssätzen sowie zwischen Löhnen und Arbeitslosigkeit, und dass dies mit den Schulbüchern ab der 10. Klasse erfassbar und durchschaubar sei. Schon die Tatsache, dass hier die Arbeitslosigkeit allein von der Lohnhöhe abhängig gesehen wird, ist für den Direktor eines Instituts für Arbeitsmarktforschung überraschend. Demnach könnte ja die Arbeitslosigkeit deutlich gesenkt werden, indem die Löhne gedrückt werden. Und umgekehrt würde die Arbeitslosigkeit mit der Höhe der Löhne steigen. Demnach müsste die Zahl der Arbeitslosen in den vergangenen Jahrzehnten ständig gestiegen sein entsprechend den Lohnabschlüssen. Hier wird auf hohem akademischem Niveau ein eher schlichtes monokausales Denken deutlich. Die strukturelle Arbeitslosigkeit, die auch in der Hochkonjunktur und unabhängig von der Lohnentwicklung immer auf einem bestimmten Sockel stehen bleibt, hat schon viele Wirtschaftspolitiker und Sozialpolitiker zur Verzweiflung gebracht. Der Arbeitsmarkt ist anscheinend nicht ein Markt wie jeder andere, bei dem die Nachfrage einfach allein vom Preis abhängt. Die starke Mathematisierung der Wirtschaftswissenschaften hat einen Auswahlprozess unter den Studenten zur Folge: Nach einigen Semestern bleiben häufig nur noch die übrig, die zufällig Mathematik mögen. Alle anderen, die sich zum volkswirtschaftlichen Studium entschlossen hatten, weil sie sich ernsthaft für die großen gesellschaftlichen und wirtschaftlichen Zusammenhänge interessieren, bleiben auf der Strecke, wenn sie im Lösen von Differenzengleichungen keinen Sinn erkennen oder gerade hierzu kein Talent mitbringen. Dieser Auswahleffekt ist kontraproduktiv schon deshalb, weil es im späteren Berufsleben fast nie auf die mathematischen Fertigkeiten ankommt und weil das menschliche Verhalten prinzipiell nicht mit mathematischen Mitteln erklärbar ist.

6.5   Der methodische Individualismus

Die akademische Wirtschaftstheorie geht davon aus, dass jeder Mensch nur durch seinen Eigennutz motiviert ist und ganz allein, unabhängig von allen anderen, darüber entscheidet, wie dieser Nutzen zu erreichen sei. Dieser methodische Individualismus, der vor allem von der *Österreichischen Schule* der Nationalökonomie betont wurde, geht bei der Beschreibung sozialer Phänomene wie auch der Wirtschaft vom Handeln der einzelnen daran beteiligten Personen aus. Die Wirtschaft wird ausschließlich vom Blickwinkel des absichtsgeleiteten Handelns der Individuen aus gesehen. Anstelle eines methodischen Individualismus handelt es sich tatsächlich eher um einen methodischen Autismus. Bei dieser angeborenen Krankheit handelt es sich um einen abweichenden Modus der Informationsverarbeitung, der sich durch Schwächen sozialer Interaktion und Kommunikation sowie durch stereotype Verhaltensweisen auszeichnet, andererseits durch Stärken bei der Wahrnehmung, der Aufmerksamkeit, bei Gedächtnis und Intelligenz. Dem Autisten fehlen Einfühlungsvermögen und daher Rücksicht auf andere.

Auf diese Weise wird der Erkenntnisgegenstand der Wirtschaftswissenschaften nochmals verengt. Denn durch diese Sichtweise ist es nicht möglich, sämtliche Phänomene zu erklären, die nur durch das menschliche Zusammenleben entstehen, beispielsweise durch Institutionen aller Art oder auch durch das Schwarmverhalten oder Herdenverhalten. Im Schwarm orientiert sich jeder nicht an der Sache, sondern an seinen Nachbarn, und alle anderen tun dies ebenso. Es gibt keine Führungsfigur, sondern wenn zufällig einer nach rechts oder links ausschert, folgen ihm ein paar andere und bald der ganze Schwarm. Daher sind die Bewegungen des Ganzen, ähnlich wie bei einem Vogelschwarm oder einem Heringsschwarm, unberechenbar und nicht aus individuellen Überlegungen zu erklären.

Besonders eindrucksvoll widerlegt wurde der methodische Individualismus durch Hyman P. Minsky (1919 bis 1996), der eine Theorie darüber entwickelte, wie durch ein menschliches Schwarmverhalten trotz boomender Wirtschaft eine Krise entstehen kann, wie 2007 geschehen. Zu Beginn des Zyklus betreiben die Investoren zunächst eine abgesicherte Finanzierung: Die Einnahmen, die aus den Krediten folgen, reichen aus, die Kredite zurückzuzahlen. Erweist sich das Wirtschaftswachstum als stabil, so scheint eine spekulative Finanzierung rentabel. Die Einnahmen reichen nur noch aus, die Zinsen der aufgenommenen Kredite zu bedienen. Schließlich werden sogar zur Finanzierung der Zinslast Kredite aufgenommen, weil die Investoren immer noch darauf vertrauen, dass ganz am Schluss die Einnahmen ausreichen, um alle Verpflichtungen zu erfüllen. Insgesamt wird die Wirtschaft immer labiler, bis die Spekulationsblase platzt: Irgendwann beschließen einige Leute, auszusteigen und ihre Anlageobjekte zu verkaufen. Dies bildet das Signal zu einem allgemeinen Aussteigen und dann zum panikartigen Zusammenbruch mit zahlreichen Insolvenzen.

Die Finanzierungsprozesse einer kapitalistischen Ökonomie verführen zu einem solchen spekulativen Verhalten und entwickeln endogene destabilisierende Prozesse. Damit widerlegte Minsky überzeugend und realitätsnah die in der neoliberalen Lehre verbreitete Anschauung, der Wirtschaftsprozess strebe gleichsam automatisch immer auf ein Gleichgewicht hin, wenn nur der Staat sich bei Eingriffen zurückhalte. Dieses Streben zum Gleichgewicht gilt zwar für gewöhnlich für die Gütermärkte: Wird zu viel produziert, so sinkt der Preis, sodass die Produktion eingeschränkt wird, bis der Preis wieder steigt, Gewinne anfallen und eine Steigerung der Produktion angeregt wird, was wiederum auf den Preis drückt. So kommt es zu Pendelbewegungen um ein Gleichgewicht herum. Unabhängig hiervon gibt es, insbesondere an der Börse, jedoch immer Spekulationswellen: Der steigende Preis eines Anlagepapiers, etwa einer Aktie, ruft nicht einen Rückgang der Nachfrage hervor, sondern im Gegenteil die Erwartung, dass der Preis weiter steigen werde und dass es günstig sei, jetzt noch auf den Zug aufzuspringen. Diese Erwartung erfüllt sich für eine Weile und zieht weitere Spekulanten an, bis der Markt zu einem unvorhersagbaren Zeitpunkt zusammenbricht.

Wenn ein Spekulant sich einbildet, auf einer großen Welle surfen zu können, weil sich vermeintlich alle anderen Spekulanten ähnlich verhalten, so ist dies mit einer Theorie isolierter Individuen nicht erklärbar. Dieses Schwarmverhalten ist in der menschlichen Gesellschaft immer wieder zu beobachten, und zwar besonders in kritischen und heiklen Situationen, bei denen der Einzelne nur über wenig eigene authentische Information verfügt und sich daher notgedrungen an dem orientiert, was die meisten anderen tun und meinen. Der Laie meint, es gebe einige eingeweihte Fachleute, an deren Verhalten man sich orientieren könnte. Die Fachleute ihrerseits suchen zu erkunden, wohin der Schwarm sich bewegt. So orientiert sich jeder an den anderen, und der ganze Vorgang löst sich von den realen Bedingungen, etwa von den erzielten oder erzielbaren Erträgen der Aktiengesellschaften, ab.

Dieses Orientieren am Verhalten aller anderen gibt es nicht nur an der Börse, sondern immer, wenn Entscheidungen unter großer Unsicherheit zu treffen sind. Dies ist beispielsweise bei den unternehmerischen Investitionsentscheidungen der Fall, wo es darum geht, die künftige naturgemäß kaum übersehbare Entwicklung einzuschätzen. Hier lässt man sich von der allgemeinen entweder optimistischen oder pessimistischen Stimmung mittragen oder mitreißen. Es könnte sein, dass es sich beim Auf und Ab der Konjunktur um ein unrhythmisches, durch unvorhersehbare Ereignisse ausgelöstes Schwarmverhalten handelt. Die Lehrbücher tun sich sämtlich schwer, die Ursachen dieser Schwankungen zu erklären, weil sie im methodischen Individualismus befangen sind und der allein nur für sich wirtschaftende Mensch ja niemals einen Konjunkturzyklus hervorrufen könnte oder wollte. In Regionen der Subsistenzwirtschaft, wo Kleinbauern in der Hauptsache nur für den eigenen familiären Bedarf arbeiten, gibt es keine Konjunkturschwankungen.

Altmann schreibt (Seite 8), die Makroökonomie untersuche, weshalb sich Konjunkturschwankungen ergeben. Als Ursachen bietet er (Seite 194) Eingriffe des Staates und andere *Störfaktoren* an, *die teils „hausgemacht" sein mögen (wie zum Beispiel Strukturveränderungen, innenpolitische Spannungen oder Streiks), teils aus dem Ausland kommen können wie wirtschaftliche Probleme von Handelspartnern, Wechselkursschwankungen oder weltwirtschaftliche Turbulenzen überhaupt.* Viele Beobachter der Wirtschaft sind allerdings wie Minsky der Meinung, dass das Auf und Ab der Konjunktur nicht nur auf zufällige äußere Störungen zurückzuführen sei, sondern, wie geschildert, dass die Wirtschaft aus sich heraus zu diesen Pendelausschlägen neige. Aber wieso? Woll stellt fest (Seit 491): *Aktivitätsschwankungen können, müssen [...] nicht Ursache oder Folge bestimmter staatlicher Maßnahmen sein. – Messbare Größen sind [...] nicht der einzige Faktor der Konjunkturerklärung.* Auf Seite 492 zeigt er sich pessimistisch: *Ob es jemals eine Konjunkturtheorie geben wird, die den Entscheidungsträgern in Staat und Wirtschaft hinreichend sichere Erkenntnisse gibt, scheint zweifelhaft.* Fredebeul-Krein versucht gar nicht erst, das Zustandekommen der Schwankungen zu erklären, sondern stellt auf Seite 199 nur einige konjunkturpolitische Programme vor. Bartling versucht sich ebenfalls nicht an einer Erklärung, sondern beschreibt einfach nur die Tatsache:

Volkswirtschaften sind im Zeitverlauf durch ein fortwährendes Auf und Ab gekennzeichnet. Mal haben wir zu viel Konjunktur mit der Folge von inflationären Preisschüben, mal haben wir zu wenig Konjunktur mit einem Anschwellen der Zahl der Arbeitslosen. Dabei weisen die Schwankungen der volkswirtschaftlichen Größen wie Preisniveau, Beschäftigung oder Höhe des Volkseinkommens im Zeitablauf erstaunliche Regelmäßigkeiten auf; man spricht von Konjunkturzyklen.

Gerade wenn er diese Regelmäßigkeit erstaunlich findet, wäre es allerdings naheliegend, dass er der Sache auf den Grund ginge und versuchte, die Ursachen herauszufinden. Mussel stellt ebenfalls nur fest (Seite 41): *Konjunkturelle Bewegungen, also Rezessions- und Boomphasen, sind typische Begleiterscheinungen marktwirtschaftlicher Systeme.*

Naheliegend ist die Erklärung, dass sich aus irgendeinem zufälligen Grunde eine optimistische Haltung durchsetzt mit der Folge eines allgemeinen Investitionsbooms. Die Hersteller der Investitionsgüter, etwa Maschinenbau und Bauwirtschaft, sind voll ausgelastet mit der Folge, dass der erwartete Boom wirklich eintritt und weiter investiert wird. Außerdem wird Personal eingestellt, und die günstige Lage sowie die Personalknappheit erlauben Lohnerhöhungen, wodurch die Nachfrage weiter belebt wird. Preissteigerungen und daher erhöhte Gewinne werden möglich. Nach einigen Jahren drängen jedoch alle Güter auf den Markt, die im Zuge dieser Kapazitätserweiterungen zusätzlich hergestellt worden sind, und drücken auf die Preise. Daraufhin werden weitere Investitionspläne zunächst einmal zurückgestellt, und eine eher abwartende Stimmung setzt sich durch. Die plötzliche Flaute in der Investitionsgüterindustrie und zumal in der Bauwirtschaft schlägt durch auf den allgemeinen Wohlstand und den Arbeitsmarkt. Die Unternehmen gehen jetzt zu Rationalisierungsinvestitionen über, was weiteres Personal freisetzt mit der Folge, dass sich in den Unternehmen und schließlich auch bei den Konsumenten Pessimismus ausbreitet und es weiter abwärts geht. Einzelne Firmen, die rechtzeitige Modernisierungen versäumt haben, müssen aufgeben. Die Konsumenten neigen wegen der unsicheren Zeiten zu einer erhöhten Ersparnis und demgemäß geringerem Konsum, vor allem von Gütern des langfristigen Bedarfs (Auto, Einrichtungsgegenstände, Eigenheim).

Schließlich kommt jedoch durch die konjunkturunempfindlichen Branchen wie Nahrungsmittel und durch die weiter fließenden Einkommen des öffentlichen Dienstes und die Sozialtransfers eine Stabilisierung zustande. Beim Konsum hat sich, zumal bei den größeren Anschaffungen, ein Nachholbedarf aufgestaut. Daher beginnt ein neuer Aufschwung, und eine optimistische Stimmung setzt sich durch. So kommt im Herdenverhalten eine Wellenbewegung zustande, wenn jeder sich nach der augenblicklichen allgemeinen Stimmung und nach dem bisherigen und erwarteten künftigen Verhalten aller anderen richtet.

Diese Pendelbewegungen sind jedoch in ihrem zeitlichen Rhythmus und ihrer Stärke ganz unberechenbar, zumal häufig tatsächlich exogene Ursachen den Anstoß geben, beispielsweise der Nachholbedarf nach den Kriegszerstörungen und die Währungsreform 1948, ähnlich auch der Nachholbedarf nach dem Zusammenbruch der DDR und ein Rückgang nach der Deckung dieses Nachholbedarfs. Die politischen Wahlen führen oft vorher zu einem vorsichtigen Abwarten und dann je nach Ergebnis zu positiven oder negativen Reaktionen. Politische Richtungswechsel wie die Energiewende hin zu den Erneuerbaren bilden weitere exogene Störungen. Hinzu kommen Schwankungen der Rohstoffpreise, speziell bei den Energierohstoffen Erdöl und Erdgas, politische Maßnahmen wie Sanktionen (Export- oder Importverbote). Einmalige Ereignisse wie eine EU-Erweiterung oder aber der Brexit sowie die Einführung des Euro im Jahr 2002 und die unvorhersehbare Zinspolitik der Notenbank sorgen für weitere Irritationen. Immer löst dies kollektive Stimmungsschwankungen aus, die der Bedeutung des Anlasses angemessen sind oder auch nicht.

Erst recht sind Großkrisen wie die weltweite Finanzkrise 2007/08 mit dem individualistischen Ansatz nicht zu erklären. Es begann mit einem übermäßigen Anstieg der Immobilienpreise, einer Verdreifachung von 1996 bis 2006. Alle Akteure neigten wie üblich dazu, den jeweiligen Trend der vergangenen zwei, drei Jahre einfach fortzuschreiben in die nähere Zukunft. Wie bei solchen Blasenbildungen gewöhnlich der Fall, rechnete auch hier lange Zeit jedermann mit einer weiteren Steigerung. Daher wurden massenhaft Hauskredite auch an minderbemittelte Kunden vergeben. Beim Platzen der Blase 2007, dem Zusammenbruch dieser Spekulation, sanken die Preise unverhofft mit der Folge, dass massenhaft Kredite notleidend wurden. Die Hypothekenforderungen waren kunstvoll in Pakete verpackt und mehrmals umverpackt worden und wurden unter tatkräftiger Mithilfe der Rating-Agenturen weltweit verkauft. Als es ernst wurde, stellte sich heraus, dass diese Pakete nur heiße Luft enthielten, die Käufer also betrogen worden waren. Als zweite Ursache entdeckte eine spätere Untersuchungskommission die steigende Ungleichheit der Einkommen in den USA.

Sie hatte zur Folge, dass die unteren Einkommensgruppen immer mehr Konsumkredite in Anspruch nahmen, bis auch dies plötzlich abbrach, weil in der Krise keine weiteren Kredite vergeben wurden. Die einsetzende Krise führte zu zahlreichen Firmenzusammenbrüchen, darunter auch das Bankhaus Lehman Brothers. Die Panik, die bei solchen Gelegenheiten entsteht, ist nur massenpsychologisch zu verstehen. Gefürchtet ist der Moment, wenn jedermann zur Bank saust, um sofort sein ganzes Geld abzuheben, was die Bank nicht leisten kann, weil die Mittel anderweitig gebunden sind. Ähnlich wirkt es, wenn jedermann plötzlich seine in Immobilienfonds angelegten Mittel und überhaupt seine Kredite zurückhaben will. Die Krise war durch ein teils spekulatives, teils mehr oder minder betrügerisches Massenverhalten entstanden, wobei sich jeder auf die allgemeine Entwicklung und die vermeintlichen Experten verließ.

Die durch Schwarmverhalten ausgelösten Spekulationswellen lassen sich alltäglich an der Börse beobachten. Kennzeichnend ist hier, dass kaum jemand die Geschäftsaussichten der Unternehmen aus eigenem Wissen selbst einschätzen kann. Vielmehr verlässt sich jedermann auf alle anderen, teils in dem Vertrauen, dass Klügere dabei sind, die über dieses Wissen verfügen. Bei steigenden Kursen heißt es einsteigen, um die Gewinnchancen zu wahren. Irgendwann beschließen einzelne Spekulanten, jetzt die Gewinne zu realisieren und die Papiere zu verkaufen. Wenn dann die Steigerung aufhört und die Kurse zu sinken beginnen, meint jedermann, jetzt rechtzeitig aussteigen zu müssen, was die Kurse weiter nach unten treibt – bis einzelne Teilnehmer meinen, jetzt seien die Papiere billig zu haben, und die Kurse wieder zu steigen beginnen. So führen Ansteckungseffekte zu ständigen Kursschwankungen, die keinen realen Hintergrund haben. Das Geschehen bleibt zufällig und unvorhersehbar, weil jeder einzelne Anleger zwischen einem antizyklischen (Kaufen bei niedrigen, Verkaufen bei hohen Kursen) und einem prozyklischen Verhalten (Kaufen bei steigenden, verkaufen bei fallenden Kursen) schwankt und jeder meint, ein wenig schlauer zu sein als die anderen. In den Lehrbüchern der Wirtschaftstheorie wird die Spekulation als nur sozialpsychologisch erklärbares Verhalten nicht behandelt, obwohl sie doch ein typisches Kennzeichen der kapitalistischen Wirtschaft ist.

Weitere wirtschaftliche Phänomene, die sich mit dem methodischen Individualismus nicht erklären lassen und die daher in keinem Lehrbuch erwähnt werden, sind Mode, Geschmack, Stil und Design.

Die Mode ist die in einem bestimmten Zeitraum geltende Regel, Dinge zu tun, zu tragen und zu konsumieren, die in einem Prozess kontinuierlichen Wandels aktuell gerade angesagt sind. Ein einsamer Mensch auf der Insel braucht keine Mode, sondern nur in der Gesellschaft sieht sich jeder genötigt, sich entweder an das gerade Angesagte anzupassen oder sich hiervon zu distanzieren. Durch die Kleidung und den Konsum setzen sich bestimmte gesellschaftliche Gruppen voneinander ab, entweder konservativ oder konformistisch, entweder bürgerlich oder revolutionär. Einige wollen gern Neues, möchten experimentieren oder sich aus der Masse herausheben und bilden oft die Trendsetter, andere sind bemüht, sich an den jeweils aktuellen Stil anzupassen. Oder man gehört zu den Konservativen, die diese Schwankungen nur mit großer Verzögerung und nur in gemilderter Form mitvollziehen. Zahlreiche Branchen, auch über die Textilindustrie hinaus, sind bemüht, durch ständigen Modewechsel immer wieder neuen Bedarf zu schaffen. Die Autoindustrie bringt immer wieder neue Modelle heraus, die sich vom vorigen Modell nur in Kleinigkeiten unterscheiden, und zahlreiche Käufer legen Wert darauf, immer das neueste Modell zu fahren.

Das Geschmackvolle wird gegenüber dem bloß Modischen als geschichtlich stabiler verstanden, erst recht Stil und Design, die ebenfalls wandelbar sind, aber eher in Jahrzehnten als in Jahren. Hier gibt es Klassiker, auf die später immer wieder Bezug genommen wird. Durch einen kultivierten Geschmack und ein entsprechendes Auftreten (Kleidung, Wohnungseinrichtung, kulturelle Veranstaltungen) setzt sich eine bestimmte Bevölkerungsgruppe des gehobenen Bildungsbürgertums von der Allgemeinheit ab. Die übrige Bevölkerung versucht mehr oder minder erfolgreich, diesen Vorbildern zu folgen, soweit ihre finanziellen Mittel dies zulassen.

Die Gesamtheit der Konsumentscheidungen wird also wesentlich dadurch beeinflusst, inwieweit sich der einzelne Konsument am kurzfristigen Modischen oder am langfristigen Geschmack orientiert und damit seine Zugehörigkeit zu bestimmten Milieus kennzeichnet. Auf diesem Gebiet gibt es ein breites Spektrum von einer blinden Unterwerfung unter das Aktuelle, einer bemühten Anpassung bis hin zu den Menschen, die sich hierfür gar nicht interessieren oder schlicht kein Geld hierfür haben. Aber selbst wer es ablehnt, sich diesen Diktaten zu unterwerfen, bleibt noch auf die Mode bezogen.

Noch aus einem weiteren Grund trägt der in der Theorie gepflegte methodische Individualismus zu einer Verengung des wissenschaftlichen Gesichtsfeldes bei und ist wirtschaftlichen Vorgängen unangemessen. Denn bei allem Wirtschaften handelt es sich ja um Austauschprozesse innerhalb einer Personengesamtheit. Die Kunst des Unternehmers besteht darin, möglichst perfekt die Wünsche der Kunden zu erraten und seine Produkte und Dienste hierauf einzustellen. Er braucht also viel Einfühlungsvermögen, Empathie. Der Kapitalismus beruht ja gerade darauf, den Eigennutz des Unternehmers in den Dienst der Allgemeinheit zu stellen, indem dieser darauf verwiesen wird, auf seinem jeweiligen speziellen

© Frank & Timme   Verlag für wissenschaftliche Literatur

Feld der Allgemeinheit, der Kundschaft zu dienen. Sein Egoismus sieht von ferne aus wie Altruismus. Wenn dabei jeder Einzelne seinen Vorteil sucht, ist er doch eingebunden in einen weltweiten sozialen Verbund einer weit fortgeschrittenen Arbeitsteilung. Beispielsweise gibt es in Cuxhaven die Firma VOCO, die mit großem Erfolg Dentalmaterialien herstellt: alle chemischen Produkte, die von den Zahnärzten benötigt werden. Dieses winzige Feld wird in absoluter Perfektion, mit eigener Forschung, mit dentalmedizinischen Tagungen von Hunderten von Mitarbeitern und mit einem großen Exportanteil bearbeitet. Eine so weitgehende Spezialisierung, wie sie für die heutige arbeitsteilige Weltwirtschaft kennzeichnend ist, kann es nur geben, wenn gewährleistet ist, dass die überwältigende Gesamtheit aller anderen Produkte von anderen Unternehmen hergestellt wird. Das Ganze wirkt ein wenig wie ein Bienenvolk: Es gibt keine einzelne Biene, die irgendwo überleben kann, sondern auch dort hat jeder eine Aufgabe in einer arbeitsteiligen Gesamtheit. Jedes Individuum ist insofern eingebunden und nicht autonom.

Autonome Einzelwirtschaften gibt es an den Rändern Europas und in den Entwicklungsländern in der Form der Subsistenzwirtschaft: Lauter kleine Bauernstellen, wo jeder nur für den eigenen Bedarf sät und erntet und wo fast alles, was man im Hause so braucht, selbst hergestellt wird. Aber auch dort kommt niemand darum herum, einen Teil seiner Produkte auf dem Markt anzubieten, weil er beispielsweise die Keramik und die Ackergeräte nicht selbst herstellen kann und hierfür Bargeld braucht. Jeder Mensch, gerade in Sachen Wirtschaft, ist lebensnotwendig eingebunden in einen sozialen Verband und in eine Vielfalt sozialer Bezüge.

Die Wirtschaftslehrbücher erwecken stattdessen die Eindruck, als hätten sich die Autoren die Persönlichkeit der Autisten zum Vorbild genommen: Oft mit einer Inselbegabung für Rechnen und streng logisches Denken, aber mit Schwächen im sozialen Kontakt und unfähig zu einer angemessenen Kommunikation. Der Autismus wird wohlgemerkt von den Medizinern als psychische Erkrankung, als angeborene unheilbare Störung der Wahrnehmung und Informationsverarbeitung betrachtet.

Eine mildere Form des Autisten ist der Nerd, der hochbegabte Theoretiker ohne soziale Intelligenz. *In den vergangenen vierzig Jahren wanderten einige Angehörige dieses Stammes von den Rändern der Gesellschaft zum Mainstream und arbeiten für Unternehmen wie Facebook, Apple oder Google*, so schreibt Steve Silberman (*Geniale Störung*, Verlag DuMont). *Der Aufstieg der Nerds, das ist Ausgangspunkt und zentrale These in Silbermans preisgekröntem Sachbuch, lässt sich lesen als Aufstieg des Autismus*, schreibt Tobias Becker (*Literatur-Spiegel*,

November 2016). Aber auch diese Entwicklung legt es nicht nahe, die wirtschaftswissenschaftliche Literatur auf diesen Persönlichkeitstyp abzustellen. Der durchschnittliche mittelständische Unternehmer ist das genaue Gegenteil des Nerds: Kontakt- und verhandlungsfreudig sowie den Kunden und der Belegschaft zugewandt.

In der Philosophie entspricht dem methodischen Individualismus das Buch *Der Einzige und sein Eigentum* von Max Stirner (1806 bis 1856) als Werk einer radikalen Ichbezogenheit, die sich in keinerlei soziale Verpflichtungen einbinden lässt: *Was soll nicht alles meine Sache sein! Vor allem die gute Sache, dann die Sache Gottes, die Sache der Menschheit, der Wahrheit, der Freiheit, der Humanität, der Gerechtigkeit.* Stirner weist solche Forderungen zurück und sagt: *Stelle Ich dann meine Sache auf Mich. Ich bin das schöpferische Nichts, das Nichts, aus welchem Ich selbst als Schöpfer alles schaffe.* Selbst die „gute Sache" will er nicht zu seiner eigenen machen. *Ich bin weder gut noch böse. Beides hat für Mich keinen Sinn. Mir geht alles über Mich!* Dieses Werk von Stirner wird allerdings in der Geschichte der Philosophie gewöhnlich nur am Rande erwähnt, etwa im Zusammenhang mit Nietzsche.

Insgesamt besteht das Problem des methodischen Individualismus darin, dass das Verhalten von Personengesamtheiten (die Unternehmer, die Konsumenten, die Kapitalanleger) sich nicht als bloße Addition von Einzelentscheidungen aller Teilnehmer darstellt, als die in den Lehrbüchern so genannte *Aggregation*, sondern eigenen Gesetzlichkeiten folgt, weil jeder Teilnehmer im Verhalten aller anderen eine Bestätigung (oder Korrektur) seines eigenen Verhaltens erblickt. Der ganze Schwarm wird durch Rückkopplungseffekte innerhalb des Schwarms zusammengehalten, und jeder Einzelne wird mitgerissen wie das entfesselte Publikum bei einem Abend in der Pop-Musik.

Als Alternative zum methodischen Individualismus erwähnt Wöhe (Seite 5) den Kollektivismus: *Eine Personenmehrheit strebt nach Maximierung des Gemeinwohls. Die wirtschaftstheoretisch fundierte Betriebswirtschaftslehre hält dieses idealistische Menschenbild hingegen für wirklichkeitsfremd.* Sicherlich ist es unrealistisch, dass die Menschen sich völlig selbstlos nur am Gemeinwohl orientieren. Wohl aber lässt sich beobachten, dass das rein egoistische Streben durch Rücksichten auf das Gemeinwohl temperiert und modifiziert wird. Zum Beispiel neigen die meisten Menschen dazu, bei Fragen nach ihrem Beruf und ihrer Arbeit den Nutzen für die Allgemeinheit zu betonen. Auch ihnen selbst hilft dieser Aspekt, Probleme und Enttäuschungen zu überwinden, wenn sie annehmen dürfen und bemerken, dass sie von anderen um Rat und Hilfe gebeten werden, die in Verlegenheit sind.

 © Frank & Timme   Verlag für wissenschaftliche Literatur

Wöhe schreibt auf Seite 6:

Ein extrinsischer, das heißt ein von außen kommender Realisierungsanreiz liegt vor, wenn der Nutzen größer ist als die Kosten. Diesem materialistischen Kalkül stellt die verhaltenswissenschaftlich geprägte Betriebswirtschaftslehre das Konzept der intrinsischen Motivation gegenüber. Dabei versteht sie unter intrinsischer Motivation Handeln aus eigenem Antrieb und Verantwortungsbewusstsein für eine gemeinsame Sache.

Dergleichen in der Wirklichkeit allerorten zu beobachtendes Verhalten wird zwar eingangs des Buches erwähnt, dann aber abgetan, und das ganze folgende Lehrbuch geht von der egoistischen Nutzen- und Gewinnmaximierung aus. Insofern wird in irreführender Weise ein einzelner, wenn auch wichtiger Teilaspekt menschlichen Handels allein weiterverfolgt und für das Ganze genommen.

Der individualistische Ansatz tut sich naturgemäß schwer, die Rolle der Institutionen zu würdigen oder gar hiervon auszugehen. Die gegen Ende des 19. Jahrhunderts in den USA entwickelte Institutionenökonomik wird in den eingangs durchgesehenen je drei Lehrbüchern der Wirtschaftstheorie nur in zwei Büchern erwähnt. Klump (Seite 26) verwendet hierauf sieben Zeilen, Fredebeul-Krein (Seite 55f.) gut eine Seite. In beiden Fällen wirken diese Passagen wie angeklebt: Pflichtmäßig erwähnt, aber nicht weiterverfolgt. Dieser wirtschaftswissenschaftliche Ansatz analysiert die Wechselwirkungen von Wirtschaft und Institutionen der Gesellschaft. Bis etwa 1939 übte diese Lehre in den Vereinigten Staaten einen hervorragenden Einfluss aus. Erklärungsmodell und Handlungstheorie stehen im Gegensatz zum üblichen deduktiven Denken, worin aus einer theoretischen Annahme geschlussfolgert wird. Stattdessen wird ein Erklärungsmodell bevorzugt, das einzelne Tatsachen in ein festgestelltes Muster wie ein Puzzle einpasst. Im Gegensatz zum vorherrschenden Atomismus wird ein methodologischer Holismus bevorzugt, der die Teile eines Systems in der Wechselwirkung mit den anderen Teilen und dem Systemganzen analysiert. Zentral ist die Analyse von Institutionen, die den ökonomischen Leistungsaustausch regeln. Institutionen in diesem Sinne sind Märkte, Organisationen und Rechtsnormen. Im Zentrum steht dabei die Minimierung von Transaktionskosten, also von allen Kosten, die nicht nur durch den Kaufpreis des Gutes entstehen, sondern durch das Auffinden und Zusammenkommen von Interessenten und Lieferanten sowie durch alle Risiken, die mit dem Geschäftsakt verbunden sind. Wenn beispielsweise jemand Wert darauf legt, frisches Obst und Gemüse unmittelbar vom Bauern zu beziehen, erweist sich die Institution *Wochenmarkt* als wertvoll.

Ebenso wertvoll ist die Tatsache, dass das Bürgerliche Gesetzbuch eine Reihe von Rechtsinstituten wie Kauf, Miete, Pacht und Hypothek normiert. Daher braucht im Vertrag nur dieses Institut genannt zu werden, wodurch auf die einschlägige Rechtsauslegung und Rechtsprechung verwiesen wird. Es erübrigt sich also, in jedem Vertrag alle Eventualitäten einzeln aufzuführen. Ebenso ist es nicht notwendig, dass der Staat jedem einzelnen Unternehmen einen Bestandsschutz zusichert, wenn das Rechtsinstitut des *Rechts am eingerichteten und ausgeübten Gewerbebetrieb* entwickelt worden ist. Die Unternehmen sind also vor staatlichen Willkürakten geschützt und genießen hierdurch eine Investitionssicherheit. Im internationalen Vergleich, etwa zu diktatorischen oder autoritären Staaten, ist dies alles andere als selbstverständlich.

Im praktischen Wirtschaftsleben vollziehen sich fast alle Vorfälle im Rahmen derartiger vorgegebener Institutionen, die das Verhalten der privaten und auch der behördlichen Akteure normieren und vorprägen. Es ist also merkwürdig, wenn die akademische Lehre, gefangen im deduktiven und individualistischen Denken, hierauf gar nicht oder nur pflichtmäßig am Rande eingeht.

6.6   Die Werturteilsfreiheit

Altmann stellt eingangs seines Lehrbuchs (Seite 4) fest, dass Werturteile eindeutig unwissenschaftlich sind. Sie seien allerdings insofern nützlich, als sie die Position des jeweiligen Autors verdeutlichen. *Sie sollten aber als solche erkennbar und von objektiven Tatsachen deutlich abgegrenzt werden.* Er werde sich daher bemühen, subjektive Wertungen deutlich zu machen.

Hier stellt sich die grundsätzliche Frage, ob es in den Sozialwissenschaften und speziell in der Wirtschaftswissenschaft wünschbar und möglich ist, Objektives und Subjektives, Beschreibung und Bewertung voneinander zu trennen.

Bereits gelöst ist dieses Problem in der Betriebswirtschaftslehre. Denn diese will ja nicht objektiv schildern, wie es in den Betrieben zugeht, sondern versteht sich ganz selbstverständlich als Ratgeberwissenschaft, indem sie erläutert, welche Maßnahmen im Sinne der betrieblichen Zielsetzung, nämlich der Erzielung eines Gewinns, ratsam sind. Schlagen wir das führende Werk, den Wöhe, an beliebiger Stelle auf, so lesen wir beispielsweise auf Seite 527:

> *Die Finanzplanung erstreckt sich auf die Optimierung der Außen- und der Innenfinanzierung [...]. Deckt sich am Ende der Zahlungsperiode der*

© Frank & Timme   Verlag für wissenschaftliche Literatur

geplante Zahlungsmittelbestand mit dem gewünschten Liquiditätspotential,
bedarf es keiner weiteren Finanzplanung.

Es geht also um die Optimierung im Sinne eines gewünschten Potenzials und um die hierzu geeigneten Maßnahmen. In diesem Sinne werden alle Maßnahmen bewertet. Die Betriebswirtschaftslehre ist als eine Handlungswissenschaft teleologisch, auf ein Ziel hin ausgerichtet, nämlich auf die nachhaltige Steigerung des Gewinns der Unternehmung, und erforscht die hierzu geeigneten Techniken. Insofern ähnelt sie der Agrarwissenschaft, in der es um die Steigerung der Erträge geht, und der Medizin, die die Gesundheit der Menschen fördern will. Selbst wenn in diesen Wissenschaften einzelne objektiv nachprüfbare Wirkungsketten erforscht werden, so steht doch die ganze Wissenschaft im Dienst eines bestimmten Werturteils, nämlich dass Gewinn, Hektarertrag und Gesundheit anzustreben seien.

In der volkswirtschaftlichen Theorie ist diese Ausrichtung auf bestimmte Werte weniger deutlich. Hier findet sich zunächst eine Bewertung in der Auswahl der Themen. Beispielsweise wird regelmäßig der Wettbewerb einschließlich der Kartelle und die Kartellpolitik ausführlich behandelt. Dabei wird immer vorausgesetzt, dass ein möglichst vollkommener Wettbewerb mit strengem Kartellverbot wünschenswert sei, weil alles andere die Steuerung der Wirtschaft über den Preismechanismus stört. Bei Werturteilen dieser Art geht es nicht um die persönliche Meinung eines Autors, sondern eher darum, was in einer funktionsfähigen Marktwirtschaft systemgerecht ist und was nicht. Es gibt also ein Ideal, das anzustreben ist.

Dabei wird immer davon ausgegangen, dass sich Angebots- und Nachfragefunktion irgendwo treffen und dass hiermit ein *Gleichgewicht* gegeben sei. Schon dieses Wort legt den Gedanken nahe, dass es sich dabei um einen wünschenswerten Fall handele, sofern nicht der Gleichgewichtspunkt durch gesetzliche Höchst- oder Mindestpreise verfehlt werde, sofern also nur die Marktkräfte, Angebot und Nachfrage, wirksam werden. Auf Seite 424 behandelt Altmann im Kapitel *Marktpreisbildung* den Mindestlohn in dem Sinne, dass es unterhalb des Mindestlohns kein Arbeitsangebot gibt. *Folglich entsteht ein Unterbeschäftigungsgleichgewicht [...]. Die entsprechende Angebotslücke bedeutet Arbeitslosigkeit.* Hier findet sich implizit die Wertung, dass auch der Arbeitsmarkt ebenso wie alle anderen Märkte rein nach Angebot und Nachfrage funktionieren sollte. Dem Leser bleibt verborgen, weshalb ein gesetzlicher Mindestlohn eingeführt wurde, wenn dieser doch lediglich zu einer vermehrten Arbeitslosigkeit führt.

Auf Seite 198 geht es bei Altmann um den Abbau von Bürokratie, *um die privaten ökonomischen Aktivitäten, insbesondere im Unternehmensbereich, nicht durch einen Wust von Vorschriften zu ersticken* [...]. *Ob es gelingt, das Regelungsdickicht zu lichten, hängt vorrangig vom politischen Willen der Regierung und des Parlaments ab, aber trotz markanter Reden sind bislang kaum Erfolge sichtbar.* Hier wird ein bewertendes Denken offensichtlich: Der Autor geht davon aus, dass die Wirtschaft umso besser funktioniert, je weniger sie durch behördliche Vorschriften behindert wird. Dies mag so sein. Aber auch hier bleibt ebenso wie beim Mindestlohn offen, weshalb Regierung und Parlament gleichwohl die vielen Vorschriften erlassen. Der Autor bemüht sich also nicht, im Sinne einer objektiven Schilderung beiden Seiten gerecht zu werden, sondern bewertet das Problem von vornherein aus der Sicht der Unternehmer, nicht des Staates.

Ähnlich heißt es auf Seite 68:

Es kann als gesichert gelten, dass offene Märkte zu höherer Produktivität führen als künstlich abgeschottete. Wenn protektionistische Maßnahmen [...] auf Dauer bestehen bleiben, dann besteht die Gefahr, dass die innovativen Kräfte erschlaffen und die volkswirtschaftlichen Strukturen verkrusten, so dass Ressourcen (Arbeitskräfte, Kapital, Boden etc.) unproduktiv eingesetzt werden.

Hier wird wertend davon ausgegangen, dass die Produktivität als höchster Wert zu gelten habe, dem sich alle anderen unterzuordnen haben. Bei Bartling (Seite 31) lesen wir:

Wirtschaftswachstum definieren wir in einfachster Ausprägung als Erhöhung des in einer Periode erzielten Sozialprodukts [...]. Die Frage, wie das Sozialprodukt gesteigert werden kann, stellt sich in dieser allgemeinen Form in jeder Wirtschaft.

Auf dieses Ziel hin ist die Volkswirtschaftslehre ausgerichtet. Dies wird schon dadurch deutlich, dass jeweils vom wirtschaftlichen Prinzip als Leitmotiv ausgegangen wird, meist in der Fassung, dass mit einem gegebenen Aufwand ein möglichst hoher Ertrag erreicht werden soll. Insofern ist die volkswirtschaftliche Theorie ebenso eine Handlungswissenschaft wie die Betriebswirtschaftslehre, nur mit dem Unterschied, dass nicht der einzelwirtschaftliche Gewinn, sondern die Steigerung der Produktivität und damit des Sozialprodukts den obersten

© Frank & Timme   Verlag für wissenschaftliche Literatur

Wert darstellt. An einer bloßen wertneutralen Beschreibung der wirtschaftlichen Vorgänge besteht weder hier noch dort ein Interesse.

Neben dem wirtschaftlichen Prinzip und dem Wachstum besteht in der volkswirtschaftlichen Theorie eine weitere wertende Vorgabe dahingehend, dass für dieses Ziel eine konsequent entworfene und durchgeführte Marktwirtschaft am ehesten geeignet ist. Jeder Lehrbuchautor geht davon aus, dass in dieser Ordnung der Wunsch der Allgemeinheit nach mehr Wohlstand am besten zu erfüllen sei und dass daher alle Abweichungen von der reinen Lehre der Marktwirtschaft begründungspflichtig seien. Auf dieser Grundlage werden dann einerseits die Wettbewerbswirtschaft, andererseits aber auch alle Abweichungen hiervon, speziell Sozialpolitik und Umweltpolitik, behandelt. Wegen der Monopolstellung, die hier der marktwirtschaftlichen Ordnung eingeräumt wird, ist es nicht ganz fernliegend, wenn die Linke sich darüber beschwert, dass keine Systemalternative angeboten werde und dass diese Lehre sich einseitig in den Dienst der jetzt Herrschenden stelle. Die Gefahr besteht darin, dass nach dem Scheitern von Sozialismus und Zentralverwaltungswirtschaft die Marktwirtschaft allzu selbstverständlich und unkritisch als einzig übrig gebliebene Alternative betrachtet wird.

Allerdings betrachtet sich die volkswirtschaftliche Theorie nicht konsequent als Handlungswissenschaft im Sinne des Wirtschaftswachstums, sondern es gibt vier grundsätzliche Ansätze der Wirtschaftstheorie:

(1) Wie soeben geschildert: die volkswirtschaftliche Theorie als ordnungspolitisches Gewissen im Dienste der marktwirtschaftlichen Grundsätze. Dies würde allerdings bedeuteten, dass konsequenterweise alle ordnungspolitischen Ausnahmebereiche kritisch betrachtet werden:

- die Agrarpolitik,
- die Bereiche mit strengen Zugangsregeln (Handwerk, Freie Berufe),
- die nicht als Gewerbe betrachteten Bereiche, die daher auch keine Gewerbesteuer zahlen (Landwirtschaft, Freie Berufe),
- die Bereiche mit festgesetzten Mindestpreisen (Freie Berufe, Bücher, Zeitschriften, Arzneimittel),
- die vertikale Vertriebsbindung bei Kraftfahrzeugen (jeder Einzelhändler darf nur die Autos eines bestimmten Herstellers verkaufen),
- der Wettbewerbsschutz der bestehenden Betriebe (Taxigewerbe),

- der bisher höchst unvollkommen verwirklichte Europäischen Binnenmarkt bei Dienstleistungen. Diese nicht marktkonformen Regelungen werden jedoch in den Lehrbüchern höchstens beiläufig erwähnt und nicht systematisch untersucht. Gleichwohl betrachtet sich die Wirtschaftstheorie als ordnungspolitisches Gewissen, indem immer der wettbewerblichen Steuerung das Primat eingeräumt wird. So geht es beispielsweise aus einer Passage bei Bartling (Seite 136) hervor:

Da ein wachsender Staatsanteil am Sozialprodukt mit einer entsprechenden Verringerung des privatwirtschaftlichen Anteils verbunden ist, besteht die Gefahr, dass über Staatsschulden wirtschaftliche Aktivitäten der öffentlichen Hand finanziert werden, die bei wettbewerblicher Steuerung zu einer besseren Güterversorgung beitragen würden.

Auf Seite 3 kündigt Bartling an, dass im Buch unter anderem folgende Fragen behandelt werden:

Wie sollte der Staat die öffentlichen Einnahmen und Ausgaben gestalten?
Welche Lohnforderungen der Gewerkschaften sind lohnpolitisch vertretbar?

Hier wird also ganz unbefangen normativ gedacht und geurteilt.

Bei Woll (Seite 276) zeigt sich sogar eine gewisse dogmatische Verhärtung:

Geht man davon aus, dass die freiheitliche Ordnung schon gegenwärtig ernsthaft durch staatliches Verhalten bedroht ist, liegt es nahe, an diejenigen zu denken, die die herrschende Schicht der Politiker ablösen werden, wie den politischen Nachwuchs, oder der Gesetzgebung Grenzen setzt, wie das Verfassungsgericht. Die bisherige Rechtsprechung dieses Gerichts zeugt allerdings von einer elementaren Unkenntnis des entscheidenden Punktes: Auch der Staat muss an die

freiheitliche Wirtschaftsordnung gebunden werden, wenn die
freiheitliche Ordnung als Ganzes überleben soll.

Woll scheut sich also nicht, das Bundesverfassungsgericht zurechtzuweisen, weil dieses sich nicht an eine bestimmte Wirtschaftsordnung gebunden fühlt. Eine solche Bindung wäre allerdings verwunderlich angesichts der Tatsache, dass das Grundgesetz keine bestimmte Wirtschaftsordnung vorschreibt.

(2) Ein ganz anderer Ansatz der Wirtschaftstheorie geht dahin, dass hier Gesetze aufgestellt und behandelt werden, die bei rationalem Wirtschaften angeblich immer und überall gelten. Insofern soll es sich um ein allgemein gültiges formales und insofern werturteilsfreies System ähnlich der Mathematik handeln. Hier wird beispielsweise untersucht, welches Gleichgewicht sich einstellt, wenn einerseits die Nachfrage, andererseits das Angebot entweder starr oder elastisch sind und wie sich hierin das Gesetz vom abnehmenden Grenznutzen auswirkt.

Eines dieser Gesetze findet sich bei Bartling auf Seite 60:

Das Nachfragegesetz besagt, dass normalerweise die nachge-
fragte Menge eines Gutes umso kleiner ist, je höher der Preis
dieses Gutes ist. Sinkt der Preis, so steigt die nachgefragte
Menge (und umgekehrt).

Hier deutet das Wort *normalerweise* darauf hin, dass es auch Ausnahmen gibt, beispielsweise Luxusgüter und höchst exklusive Markenartikel, bei denen gerade der hohe Preis ein Verkaufsargument ist, dass nämlich nicht jedermann sich diese Artikel kaufen kann und sie daher einen Distinktionsgewinn versprechen. Dass ein niedriger Preis zu einer Erhöhung der Verkaufsmenge führe, stimmt ebenfalls in einigen Fällen nicht. Zum Beispiel lehnen es viele Leute prinzipiell ab, ihren Kleidungsbedarf auf dem Flohmarkt oder auf dem Sonderpostenmarkt zu decken, obwohl es dort sehr günstige Angebote gibt. Das Wort *Gesetz* ist insofern irreführend: Es handelt sich bei diesen Gesetzen der Wirtschaftstheorie nicht um strenge Kausalzusammenhänge wie in den Naturwissenschaften, sondern nur um erwartbare Tendenzen, nur um das Übliche, das Häufige.

(3) Daneben finden sich in den Lehrbüchern auch rein beschreibende und auch insofern werturteilsfreie Passagen, entweder wenn das System der Volkswirtschaftlichen Gesamtrechnung oder die Aufgabe der Monopolkommission erläutert werden. Die Beschreibung erstreckt sich jedoch nicht auf die realen wirtschaftlichen Vorgänge, sondern nur auf die offiziellen Institutionen und auf einzelne wirtschaftsnahe Gesetze. Insofern handelt es sich um eine Institutionenkunde. In aller Regel beschränken sich diese Abschnitte auf eine rein äußerliche Beschreibung: Die gesetzliche Grundlage und die hierin formulierte Aufgabe der jeweiligen Institution. Es wird jedoch nicht darauf eingegangen, welche Probleme sich hierbei ergeben und wie sich dies volkswirtschaftlich auswirkt, ob also der gesetzliche Auftrag erfolgreich ausgeführt wird.

(4) Ferner finden sich Denkgebäude in der Art der Scholastik: Es wird ein wirklichkeitsfremder Obersatz aufgestellt, der nicht bezweifelt werden darf (etwa: Alle Akteure handeln rein rational), und aus diesem Obersatz werden streng logisch Folgerungen deduziert, die jedoch nicht wirklichkeitsnäher als der Obersatz sein können.

Diese vier vollständig verschiedenen Ansätze, die jeweils eine Werturteilsfreiheit behaupten, finden sich bei den einzelnen Autoren in unterschiedlichem Mischungsverhältnis. Der erstgenannte Ansatz (ordnungspolitisches Gewissen) ist rein wertend, normativ, während bei den anderen Ansätzen die Wertgebundenheit nur im Hintergrund implizit sichtbar bleibt, indem auch hier immer vom marktwirtschaftlichen System als Normalfall ausgegangen wird. *Wir werden erkennen, warum die soziale Marktwirtschaft das vernünftigste Wirtschaftssystem ist* (Bartling, Seite 1). Auf Seite 16 fordert Bartling: *Werturteile kommen [...] durchaus als Elemente wissenschaftlicher Analyse vor. Sie sollen dann allerdings als solche gekennzeichnet werden. Hier ist es Aufgabe der Wissenschaft, im Rahmen einer Ideologiekritik die „wertfreien Aussagen" von den „Werturteilen" zu trennen.* Zu dieser Trennung kommt es allerdings nicht, weil die gesamte Wirtschaftstheorie sich – wertend – für die Marktwirtschaft entschieden hat und sich nur innerhalb dieses Rahmens – wenn man so will: innerhalb dieser Ideologie – bewegt. Die Frage, ob Werturteile unwissenschaftlich seien und ob eine Sozialwissenschaft ohne Werturteile überhaupt möglich sei, wird in den Lehrbüchern der Wirtschaftstheorie gar nicht ernsthaft problematisiert, geschweige denn beantwortet. Ein bewertendes Urteil, dem kein Forscher ausweichen kann, besteht ja schon in der Auswahl des Forschungsgegenstandes, der dadurch als relevant gekennzeichnet wird.

7   Die Allgemeingültigkeit

Die akademisch betriebene Wirtschaftstheorie steht unter dem Bestreben nach Verallgemeinerungsfähigkeit. Sie verfolgt das Ziel, eine für alle Gesellschaften, unabhängig von Ort und Zeit, gültige Theorie zu entwerfen. Die Theorie soll daher von allen örtlichen und zeitlichen Besonderheiten absehen und beansprucht universelle Gültigkeit. Dieses Projekt ist nicht nur in seiner vorliegenden Ausarbeitung, sondern schon im Grundsätzlichen, im methodischen Ansatz zum Scheitern verurteilt. Denn jedwede menschliche Aktion oder Äußerung ist nur aus ihrem geschichtlichen und kulturellen Kontext verstehbar. Hierzu gehören nicht nur die oben behandelten Institutionen, sondern die Verschiedenheit wird auch deutlich, wenn außergewöhnliche Ereignisse von einzelnen Menschen oder einer Gruppe verarbeitet werden. Dies findet nicht im luftleeren Raum statt, sondern zur Bewältigung werden überlieferte Sinn- und Formverhältnisse, Denkweisen und Praktiken herbeigezogen, die ihrerseits höchst unterschiedlich sind und keineswegs für alle Kulturen in gleicher Form entstehen mussten. Damit kann keine allgemeine und für alle menschlichen Lebensgemeinschaften gleich verlaufende Kulturentwicklung nachgezeichnet oder vorausgesagt werden. Beispielsweise gab es in der westlichen Kultur über Jahrhunderte die Auffassung, dass alle Ereignisse, gute und schlechte, als Gottes Fügung betrachtet wurden. Andererseits kann die Auffassung vertreten werden, dass jeweils der blinde Zufall walte und alles entsprechend bestimmten Wahrscheinlichkeiten eintrete. Eine weitere Auffassung geht dahin, dass gewöhnlich menschliches oder behördliches Versagen im Spiel sei und die Haftung überprüft werden müsse. Schon in unserer Kultur also gibt es höchst unterschiedliche Weisen, Unerwartetes zu bewältigen oder ihm einen Sinn zu unterlegen. Erst recht gilt diese Unterschiedlichkeit im interkulturellen Vergleich. Für einen Ethnologen ist es selbstverständlich, dass jeder Volksstamm nicht nur seine eigene Sprache, Sitten und Gewohnheiten hat, sondern dass auch Sinngebung, Moral und Religion höchst unterschiedlich sind und daher auch das wirtschaftliche Verhalten, immer eingebunden in den Gesamtzusammenhang, ganz verschieden aufgefasst wird.

Dies gilt auch innerhalb des westlichen Lagers mit gravierenden Unterschieden zwischen den Wirtschaftsordnungen. Beispielsweise neigt Frankreich seit Jahrhunderten und verstärkt seit der Großen Revolution zu einer starken Rolle des Staates und konzentriert sich auf die staatsnahen Konzerne, während die angelsächsische Welt eher auf Staatsferne und ein freies Unternehmertum vertraut. Die jetzige deutsche Wirtschaftsordnung ist nur verständlich aus der Tatsache, dass nach dem Zusammenbruch der nationalsozialistischen Diktatur eine Verfassung verabschiedet wurde, die auf die Grundrechte des Einzelnen abstellte und daher auch auf die wirtschaftlichen Grundrechte wie etwa die Gewerbefreiheit. Wiederum völlig anders ist das gesamte Konzept in Russland, in China oder in den arabischen Ölstaaten. Einzelne Länder sind ganz auf den Rohstoffexport eingestellt, so dass die Wirtschaft und Politik hauptsächlich damit beschäftigt sind, diese ständig mühelos einfließenden Gelder auf eine bestimmte Klientel zu verteilen.

Die in Deutschland betriebene Wirtschaftstheorie orientiert sich an den US-amerikanischen Vorbildern. Wenn sie versucht, eine allgemeingültige Theorie zu entwickeln, ist sie daher ständig in der Versuchung, die in den USA geltenden Verhältnisse für allgemeingültig zu erklären. Jedes Volk, erst recht die Amerikaner, hält die eigene Ordnung für normal und richtig und alles andere für merkwürdige Abweichungen. So orientieren sich etwa die deutschen Lehrbücher stark an Börse und Kapitalmarkt, weil dies nach amerikanischem Verständnis der normale Finanzierungsweg ist, nicht aber nach deutschem Verständnis, wo der Bankkredit als übliche Finanzierung gilt. Einerseits eine verallgemeinerungsfähige allezeit und überall gültige Wirtschaftstheorie aufstellen zu wollen und andererseits sich hierbei an den amerikanischen Verhältnissen zu orientieren ist von vornherein zum Scheitern verurteilt. Eines von beiden geht nur.

Als verallgemeinerungsfähig gelten abstrakte formalisierte Theoreme, meist von Mathematikern und nicht von Sozialwissenschaftlern entworfen. Hierzu gehört beispielsweise die Spieltheorie, zu der zahlreiche Veröffentlichungen erschienen sind. Ihren Namen erhielt diese Theorie, weil es anfänglich um Gesellschaftsspiele wie Schach, Mühle oder Dame ging. Wenn der Teilnehmer den nächsten Zug auswählen muss, hat er zu berücksichtigen, welche Züge der Gegner hieraufhin machen kann. In der Spieltheorie werden daher Entscheidungssituationen modelliert, in denen sich mehrere Beteiligte gegenseitig beeinflussen. Die Theorie versucht, das rationale Entscheidungsverhalten in sozialen Konfliktsituationen zu formulieren. Beispielsweise kann es um das Zweipersonen-Nullsummenspiel gehen, worin also der Gewinn des einen ebenso groß ist wie der Verlust des anderen. Ein Lösungskonzept geht davon aus, dass beide versuchen, den maximalen Gewinn des Gegners zu minimieren und ebenso den eigenen maximalen Verlust möglichst gering zu halten. Das von den Mathematikern vorgeschlagene Lösungskonzept ist zweckmäßig, falls der Spieler und sein Gegner keine Fehler begehen, das heißt beide optimal und rational handeln.

Hierbei interessiert es niemanden, ob die Unternehmer sich typischerweise wie geübte Schachspieler verhalten und jeden einzelnen Zug, jede Aktion unter

Berücksichtigung aller möglichen Aktionen nicht nur eines einzigen Gegners, sondern aller Wettbewerber, Kunden und Lieferanten durchplanen. Dieser Versuch wäre nicht nur wegen des Zeit- und Rechenaufwands kaum sinnvoll, sondern schon einfach deshalb, weil die grundlegende Annahme, dass nämlich alle Mitspieler sich streng rational verhalten, nicht gegeben ist. Vielmehr gibt es für das Verhalten Daumenregeln, es gibt das in einem sozialen Milieu Übliche und Gewohnte und daher das mit einiger Wahrscheinlichkeit Erwartbare.

7.1   Die Selbstreferenzialität

In dem Artikel *Orientierungslose Enttäuschte?* in der *FAZ* vom 4. Januar 2017 stellt Eckhard Hesse fest: *Disziplinen wie Politikwissenschaft und Soziologie haben auf Grund starker Selbstreferenzialität an Reputation verloren.* Gilt dies etwa auch für die Wirtschaftstheorie? Selbstbezüglich kann eine Wissenschaft heißen, die sich darauf beschränkt, die Forschungsansätze der Kollegen mehr oder minder kritisch weiterzuentwickeln, die internen Auseinandersetzungen zu pflegen und hierbei den Kontakt zur Außenwelt zu verlieren. Ebenso selbstbezüglich ist es, wenn die Lehrbuchautoren auf jede Originalität verzichten, sich die Lehrbücher daher immer mehr gleichen und nur in einigen Einzelheiten aktualisiert werden. In beiden Fällen vermindert sich der Gewinn an Wissen, die Ausbeute der Forschung: Diese trägt nichts mehr dazu bei, das tatsächliche Verhalten der Akteure zu verstehen. Auf eine Selbstbezüglichkeit der Wissenschaft deutet es auch hin, wenn die Veröffentlichungen sich ganz überwiegend auf die mehr oder minder entlegenen und in kleiner Auflage erscheinenden ausländischen Fachzeitschriften konzentrieren und sich die Professoren eher selten in der hiesigen Tagespresse zu aktuellen Problemen äußern, sich also an die allgemeine Öffentlichkeit wenden. Gesellschaftliche Relevanz lässt sich jedoch nur über die allgemeine Tagespresse erreichen, zumal die Politik grundsätzlich nur das aufgreift, was in der Öffentlichkeit kontrovers diskutiert wird. Durch Veröffentlichungen nur in den Fachzeitschriften, also nur im Kreise der Kollegen, könnten die Politiker den Eindruck gewinnen, als hätte ihnen die Wirtschaftswissenschaft nichts zu sagen. Dies könnte sich eines Tages auf die Bewilligung von Forschungsmitteln auswirken. Gerade im Fach Wirtschaft ist es für die Wissenschaft unumgänglich, sich in der Öffentlichkeit Gehör zu verschaffen, weil sonst die politische Debatte ganz von den ungezählten Verbänden und den großen Unternehmen beherrscht wird, die sämtlich über sehr aktive Presseabteilungen verfügen.

8 Die Abschottung gegenüber den anderen Humanwissenschaften

Eine *„praxisorientierte"* *Wirtschaftspolitik* verspricht Fredebeul-Krein (Seite1). Altmann kündigt schon im Untertitel seines Buches eine *Einführende Theorie mit praktischen Bezügen* an. Mit dem Buch von Bartling (Seite 1) *können an Wirtschaftsfragen Interessierte* [...] *zu wichtigen aktuellen Fragen kompetent Stellung nehmen.* Klump (Seite 13) stellt in Aussicht, *methodische Ansätze anzusprechen, die für die praktische Wirtschaftspolitik Relevanz besitzen.* Bei Mussel (Seite VI) sollen *interessierte Praktiker* [...] *befähigt werden, das aktuelle wirtschaftliche Geschehen zu begreifen und zu beurteilen.*

Dieser stereotyp versprochene Praxisbezug, insbesondere der Bezug zur deutschen Wirtschaft und Wirtschaftspolitik, fehlt jedoch in den Büchern weitgehend. Einen Grund hierfür nennt Woll (Seite VI f):

> *Der Leser darf* [...] *darauf vertrauen, dass* [...] *keine wesentlichen Teile der Volkswirtschaftslehre, die gegenwärtig zum internationalen Standard zählen, in der Darstellung fehlen. Besonderheiten deutscher Literatur, die in der Terminologie, Stoffgewichtung und -auswahl erkennbar sind, sollen vermieden werden.*

Es ist also ernsthaft gar nicht angestrebt, auf die Verhältnisse in Deutschland oder in der Europäischen Union einzugehen und hier einen Praxisbezug herzustellen, sondern Messlatte ist der internationale, das heißt amerikanische Standard. Daher werden solche deutschen Besonderheiten wie die Soziale Marktwirtschaft oder solche Persönlichkeiten wie Ludwig Erhard gar nicht erwähnt. Es wird eine freischwebende Theorie ohne Bodenhaftung entwickelt und nicht etwa versucht, die hiesigen Studenten auf einen Berufsweg in der hiesigen Wirtschaft und Gesellschaft vorzubereiten oder überhaupt die hiesigen Verhältnisse in Augenschein zu nehmen.

Eine verräterische Bemerkung findet sich bei Altmann (Seite VII):

> *Die der Volkswirtschaftslehre häufig unterstellte Praxisferne ist sicher nicht immer von der Hand zu weisen, jedoch sind die in diesem Buch beschrie-*

benen ökonomischen Theorieansätze in unserer marktwirtschaftlichen Realität leicht wiederzufinden.

Der Weg der Erkenntnis geht also nicht etwa von der Realität zur Theorie, sondern zunächst wird die Theorie entwickelt, und erst danach wird in der Realität nachgeschaut, ob dort einzelne Ansätze der Theorie wiederzufinden sind.

Zu dieser Praxisfremdheit kommt hinzu, dass Wirtschaft und Wirtschaftspolitik in den Lehrbüchern gewöhnlich dargestellt werden, als handele es sich um einen autonomen und von allen anderen Gesellschaftsbereichen und Humanwissenschaften abgetrennten isolierten Bezirk. Dieser abgeschottete Bereich gehorcht vermeintlich nur eigenen Gesetzen. Diese Abschottung hat sich in den jüngst vergangenen Jahrzehnten verstärkt. Noch bei Samuelson heißt es 1973 (Seite 21):

Die Volkswirtschaftslehre hat viele Berührungspunkte mit anderen wichtigen wissenschaftlichen Disziplinen. Soziologie, Politische Wissenschaften, Psychologie und Anthropologie gehören zur Gruppe der Sozialwissenschaften, deren Fachgebiete sich mit dem der Nationalökonomie überschneiden. Nationalökonomie beruht zu einem beträchtlichen Teil auf dem Studium der Geschichte.

Über die beiden ersten Nobelpreisträger für Wirtschaftswissenschaften, Ragnar Frisch und Jan Tinbergen, hebt Samuelson hervor, dass sie sich auch intensiv mit den Problemen des jeweiligen Landes beschäftigt haben.

Die Verbindungen zu den benachbarten Humanwissenschaften und alle örtlichen Bezüge sind inzwischen gekappt worden. Durch das Fehlen aller außerwirtschaftlichen Bezüge wirkt die Darstellung heute nicht nur praxisfern, sondern darüber hinaus leicht steril und selbstbezüglich. Insbesondere wird nicht bedacht, dass die gesamte Wirtschaft nur eine dienende Funktion hat, nämlich für die Privatleute und den Staat die nötigen Sach- und Finanzmittel bereit zu stellen. Die Wirtschaft bekommt also ihre Aufträge stets von außerwirtschaftlichen Instanzen und kann sich schon daher nicht als autonom gebärden. Am Anfang steht stets die Sinngebung: An welche Werte sich ein Mensch gebunden fühlt und was er für seine Existenz erstrebt. Ganz ähnlich wird in der Politik beraten, welche Maßnahmen aus übergeordneten Gründen als vordringlich zu betrachten sind. Diese wertgebundenen Entscheidungen auf individueller und gesamtstaatlicher Ebene konkretisieren sich dann zu bestimmten Bedarfen und schließlich Einkäufen. Angesichts dieser dienenden Funktion der Wirtschaft zeigt zumindest Altmann ein außergewöhnliches Selbstbewusstsein (Seite 1):

Für einen Wirtschaftswissenschaftler kann kein Zweifel daran bestehen, dass die meisten Probleme dieser Welt im Kern vorrangig ökonomischer Natur sind. Somit ist die Wirtschaftswissenschaft, natürlich insbesondere die Volkswirtschaftslehre, die wichtigste wissenschaftliche Disziplin überhaupt. Andere Disziplinen sind bei der Problemanalyse dann nur Hilfswissenschaften der Wirtschaftswissenschaft.

In den Lehrbüchern fällt allerdings auf, dass die Dienste dieser vermeintlichen Hilfswissenschaften, nämlich aller anderen Humanwissenschaften, nicht in Anspruch genommen werden, sondern die Wirtschaftswissenschaft einen Solitär bildet.

Eine gänzlich unverstellte Sicht dieses Problems findet sich in dem Bändchen *Baukunst in der Hansestadt Stade* von Dieter-Theodor Bohlmann, herausgegeben von der Sparkasse Stade-Altes Land 2016. Einleitend (Seite 9) schreibt er, dass auch Bauwerke bewahrte Zeugnisse der Vergangenheit sind, *denn an der Art der Bauweise, der Zweckbestimmung des Gebäudes sowie am figürlichen Schmuck lässt sich ablesen, wie die Menschen damals dachten, welche religiösen und philosophischen Wertvorstellungen sowie handwerkliches Können sie hatten. Außerdem prägten wirtschaftliche, technische, politische, gesellschaftliche und kulturelle Geschehnisse und Veränderungen das Stadtgefüge.*

Hier wird deutlich, was sich für jeden Außenstehenden von selbst versteht, dass nämlich bei der Planung und Errichtung eines Gebäudes eine Vielzahl von Motiven und Erwägungen zusammenkommen, die insgesamt ein unentwirrbares Knäuel bilden. Die wirtschaftlichen Motive geben bei den größeren Investitionen niemals allein den Ausschlag. Ähnlich ist es bei den alltäglichen Einkäufen. Jedes Handeln hat irgendein Motiv, ein bewegenden Grund und wird allein hieraus für andere verständlich, wie jeder Kriminalist weiß. Ob das Motiv rational oder irrational, lauter oder unlauter ist, spielt zunächst einmal zum verstehenden Nachvollziehen keine Rolle und wird erst später beurteilt. Es wird also dem Forschungsgegenstand nicht gerecht, das Psychische und Psychologische vom Handeln abzuschneiden. Ebenso wenig Sinn sind hat es, die sozialen Bezüge zu vernachlässigen. Denn zumindest bei den größeren Entscheidungen sind gewöhnlich mehrere Personen beteiligt, und selbst wenn einer allein entscheidet, ist dieser Entschluss durch die Gewohnheiten und Maßstäbe seines Milieus und seiner Region vorgeprägt. Es ist insofern nicht sachgerecht, das rein Wirtschaftliche herauszusondern, ähnlich wie ein Medizinstudent einen Nerv oder eine Ader aus dem Organismus herauspräpariert, ohne zu fragen, welche Funktion dieser kleine Körperteil im Rahmen des ganzen Organismus hatte.

8.1 Die reine Ökonomie

Joseph Schumpeter (1883 bis 1950) veröffentlichte in Band 15 (1906) der *Zeitschrift für Volkswirtschaft, Sozialpolitik und Verwaltung* den Beitrag *Über die mathematische Methode in der Nationalökonomie.* Vorläufer waren William Stanley Jevons (1835 bis 1882), der durch Beiträge zur formalen Logik hervorgetreten ist, und Léon Walras (1834 bis 1910), der in mathematischer Form ein Gleichgewichtsmodell entwickelte, wonach ein Preissystem für einen jederzeitigen Ausgleich zwischen Angebot und Nachfrage sorgt. Schumpeter sprach sich für eine *reine Ökonomie* aus, die als eine exakte Wissenschaft ihre Urteile in Form von mathematischen Gleichungen darstelle. Weil die Begriffe der Ökonomie quantitativ seien, *ist unsere Disziplin eine mathematische.* Hier handelt es sich allerdings um einen verhängnisvollen Irrtum. Sicherlich erscheinen in der Buchhaltung und im Jahresabschluss lauter Zahlen, aber hierbei handelt es sich ja nur um die nachträgliche Aufzeichnung des Geschehens. Beim Grundproblem der Wirtschaft, nämlich wie der ganze Produktionsapparat optimal und effizient auf die Wünsche des Publikums einzustellen ist, geht es nicht um ein mathematisches Problem, sondern um das politische Problem, wie die Wirtschaftsordnung am zweckmäßigsten einzurichten ist. Die entscheidende Persönlichkeit in der jungen Bundesrepublik Deutschland, Ludwig Erhard, war kein Mathematiker, sondern kam aus der Praxis: Im elterlichen Weißwarengeschäft hatte er eine Lehre zum Einzelhandelskaufmann absolviert. Für ihn war selbstverständlich, dass die Wünsche der Kundschaft Vorrang vor allem anderen hatten und – wenn irgend möglich – zu erfüllen waren, wie auch immer sie lauten mochten.

Die Impulse aus dem Publikum, die das ganze Wirtschaftsgeschehen lenken, sind überwiegend irrational und gewöhnlich qualitativer, nicht quantitativer Art.

Schumpeter forderte, die reine Ökonomie müsse nur solche Annahmen einführen, die für ihre Ziele unumgänglich seien. Psychologische und soziologische Annahmen gehörten nicht dazu, womit die Autonomie der Theorie gewährleistet sei. Diese Abschottung von den anderen Sozialwissenschaften und die Arbeit mit irrealen Modellen und Verhaltensannahmen sind zwar heftig kritisiert worden, haben aber gleichwohl zahlreiche Nachfolger gefunden. Seit Mitte des 20. Jahrhunderts haben sich die Wirtschaftswissenschaften gegenüber den anderen

 © Frank & Timme   Verlag für wissenschaftliche Literatur

Sozialwissenschaften, etwa der Soziologie, der Psychologie, der Rechtswissenschaft und der Politikwissenschaft, isoliert und alle Verbindungen gekappt. Die innere Organisation der Universität trägt zu dieser Trennung bei: Die einzelnen Sozialwissenschaften sind in getrennten Fakultäten, Fachbereichen und Instituten angesiedelt. Die Abschlussprüfungen, die Promotionen, die Habilitationen und damit die gesamte wissenschaftliche Karriere verlaufen nur innerhalb eines relativ eng abgegrenzten Fachbereichs. Niemand macht dadurch Karriere, dass er versucht, ausgewählte Probleme aus der Gesamtheit der Sozialwissenschaften im Blick zu behalten oder auch nur eng verwandte Themen aus den Nachbargebieten in seine Überlegungen aufzunehmen.

All dies verstärkt in den Wirtschaftswissenschaften die Neigung zur Selbstbezüglichkeit, weil Anregungen aus der Nachbarschaft fehlen. Tatsächlich sind jedoch bei jedem einzelnen Menschen und in der Gesellschaft insgesamt die wirtschaftlichen Handlungen in eine Vielzahl außerwirtschaftlicher Bezüge eingebettet und stehen mit diesen in enger Wechselwirkung. Insofern erscheint es in jedem Falle als problematisch, einzelne Wissenschaften als *autonom* oder *rein* aus diesem Verbund herauslösen zu wollen. Nach Bartling (Seite 14) *haben die Ergebnisse von Nachbardisziplinen wie Rechtswissenschaft, Soziologie oder Politologie für viele ökonomische Fragen unmittelbare Bedeutung […]. Das begründet die Forderung nach interdisziplinärer Zusammenarbeit […]. Ziel […] ist es nicht etwa, den universal gebildeten „Alleskönner" zu züchten. Vielmehr soll einer immer dringender werdenden Kooperation von hoch qualifizierten Fachleuten verschiedenster Wissenschaftsbereiche ein Weg geebnet werden.* Eine Durchsicht der umfangreichen Listen der Veröffentlichungen der Professoren für Wirtschaftstheorie legt jedoch den Gedanken nahe, dass es zu einer solchen Kooperation eher selten kommt. Durchweg geht es um Spezialprobleme innerhalb der etablierten Theorie. Sehr selten werden die erkenntnistheoretischen Grundlagen reflektiert. Titel wie *Die Wirklichkeit als Herausforderung. Grenzgänge eines Ökonomen* von Hans Christoph Binswanger (Murmann Publishers, Hamburg 2016) bilden die absolute Ausnahme.

Wöhe als Standardwerk der Betriebswirtschaftslehre betont die Autonomie dieser Wissenschaft und legt Wert auf die Abgrenzung zu den Nachbarn. Das Buch beginnt (Seite 3) mit der Feststellung: *Die Betriebswirtschaftslehre ist eine selbstständige wirtschaftswissenschaftliche Disziplin.* Auf Seite 8 heißt es hierzu:

Natürlich ist sich die ökonomisch zentrierte Betriebswirtschaftslehre der Einseitigkeit ihres Vorgehens bewusst. Natürlich weiß der Ökonom um die technischen, medizinischen, psychologischen oder sozialen Implikationen

© Frank & Timme   Verlag für wissenschaftliche Literatur

betrieblichen Handelns. Die wissenschaftliche Durchdringung dieser Tat-
bestände überlässt er aber seinen Kollegen aus den Nachbarwissenschaften,
weil er diesen die höhere Fachkompetenz zubilligt.

Jedoch werden die Erkenntnisse der Nachbarwissenschaften nicht genutzt und in die eigene Lehre übernommen. Beispielsweise wird die psychologische Frage, welche Ziele einerseits der mittelständische Unternehmer, andererseits der Konzernvorstand tatsächlich verfolgen, nicht gestellt. Auf Seite 68 heißt es hierzu nur: *Ziele lassen sich nach unterschiedlichen Klassifikationsmerkmalen einteilen,* was dann näher ausgeführt wird, aber nur in der Form von Definitionen und möglichen logischen Beziehungen zwischen den Zielen, niemals als Beschreibung der tatsächlich verfolgten Ziele. Offensichtlich wurden die Unternehmer niemals hierzu befragt. Stattdessen wird in einer dogmatisch starren Form immer vom Ziel der langfristigen Gewinnmaximierung ausgegangen.

Die gesamte Wirtschaftstheorie beruht auf zwei Säulen, zwei Grundannahmen oder Axiomen, die als gegeben vorausgesetzt und nicht hinterfragt werden, nämlich dass der Unternehmer nach Gewinnmaximierung und der Konsument nach Nutzenmaximierung strebe. Auf diese Weise wird der wirtschaftliche Bereich verselbstständigt und aus dem Denken der menschlichen Persönlichkeit herausgelöst. Zum Beispiel wird nicht gesehen, dass der Mensch in aller Regel nach einer sinngebenden Tätigkeit sucht, die über die reine Befriedigung von Bedürfnissen hinausgeht. Die wirtschaftliche Tätigkeit ist gewöhnlich nur Werkzeug, hat nur einen instrumentellen Charakter im Dienste höherer Ziele und ist nur im Licht dieser außerwirtschaftlichen Ziele verständlich. Diese Ziele sind teils individuell gewählt, meist aber durch das soziale Umfeld, das Milieu und die ganze Kultur vorgegeben. Insofern steht die Wirtschaft auf derselben Stufe wie beispielsweise Technik und Architektur, die ebenfalls keine autonomen Disziplinen bilden, sondern immer im Auftrag außenstehender Institutionen oder Unternehmen tätig werden.

Am deutlichsten wird die Orientierung an einer außerwirtschaftlichen Sinngebung bei Ludwig Erhard: Sein oberstes Ziel war, die bis in die Zeit vor dem Zweiten Weltkrieg hinein reichende Teilung in soziale Klassen zu überwinden: Einerseits eine kleine Klasse im Luxus, andererseits eine große Klasse verarmter Arbeiterschaft. Stattdessen wollte er *Wohlstand für Alle* schaffen, so lautet der Titel seines grundlegenden Werkes (wohlgemerkt mit einem großen A), erschienen im Econ-Verlag, Düsseldorf 1957. Und zwar wollte er die Klassenteilung überwinden, indem er durch das Kartellverbot die Extragewinne der Oberklasse beseitigte und indem er die Arbeiterschaft am Produktivitätsfortschritt teilhaben ließ. An die-

© Frank & Timme   Verlag für wissenschaftliche Literatur

sem Beispiel wird deutlich, dass es wenig Sinn hat, eine vermeintlich autonome Wirtschaft von den politischen Erwägungen abtrennen zu wollen, denen sie dient.

Wenn wir mit Wilhelm Dilthey der Meinung sind, dass es Aufgabe der Humanwissenschaften sei, mit viel Einfühlungsvermögen das menschliche und daher auch das wirtschaftliche Verhalten verstehend nachzuvollziehen, dann ist dies kaum möglich, ohne den außerwirtschaftlichen Bestimmungsgründen dieses Verhaltens nachzuspüren. Grundlegend ist hier die Tatsache, dass sich der Mensch immer in einer bestimmten Situation befindet, womit die Rahmenbedingungen gemeint sind, vor die oder unter die jemand sich bei einem Vorhaben gestellt sieht. Es geht um die konkreten Bedingungen des Tuns oder Erleidens. Sie begrenzen allgemein die Befindlichkeit in einer bestimmten Umgebung, einem Zusammenhang oder einer Abhängigkeit. In der beruflichen Tätigkeit, sei es als Angestellter oder gerade auch als Unternehmer, sieht sich der Mensch einer Vielzahl von Erwartungen oder auch Zwängen gegenübergestellt. Diese Erwartungen sind gewöhnlich rollengebunden typisiert, je nachdem, in welcher Rolle einer agiert (als Kunde, Verkäufer, Händler, Lieferant, Steuerzahler, Steuerberater etc.). Durch diese Typisierungen wird das Verhalten kalkulierbar, die Erfolgschancen von Handlungen werden vergrößert und das Risiko vermindert.

Hierbei kommt es ständig zu Rollenkonflikten, vor allem wenn die eigenen Wünsche oder Verhaltensmaßstäbe den Verhaltenserwartungen der anderen Teilnehmer widersprechen und wenn jemand sich zu einem Verhalten genötigt sieht, das er eigentlich missbilligt. So müssen die persönlichen Ziele, welches diese auch immer sein mögen, und die hierfür eigesetzten Mittel, ständig modifiziert und an die wechselnden Situationen angepasst werden. Vor allem geht es um rechtliche Regeln und milieubedingte Normen, die das Verhalten begrenzen, und um die soziale Situation, den eigenen Platz in einem sozialen Zusammenhang. Da ist es eine psychologische Frage, wie der Einzelne hierauf und auf die unvermeidlichen Konflikte reagiert. Beispielsweise kommt es immer wieder zu Loyalitätskonflikten: Der Arbeitgeber oder die Umgebung verlangen Loyalität auch in einem Sinne eines Verhaltens, das dem Einzelnen als fragwürdig im Sinne des Unternehmensziels, als ungerecht oder gar als gesetzwidrig erscheint.

Das Verhalten eines Menschen ist für Außenstehende und daher auch für die Wissenschaft mithin nur verständlich, wenn mitbedacht wird, in welcher Situation jemand sich befunden hat. Daher verbietet es sich, das wirtschaftliche Verhalten für sich genommen zu isolieren und aus dem sozialen Zusammenhang herauszutrennen. So gesehen erscheint auch der methodische Individualismus als problematisch, weil das menschliche Zusammenleben primär durch geteilte Ideen bestimmt wird. Die Identitäten und Interessen zielgerichtet handelnder

Personen werden primär durch gemeinschaftliche Bestrebungen (die Familie, die Firma, den Berufsstand, die regionale Tradition etc.) gebildet, nicht durch die Wünsche isolierter Einzelner.

Charles Taylor geht in seinem Artikel *Was ohne Deutung ist, bleibt leer* (*FAZ* vom 13. Januar 2016) der Frage nach, ob sich eine Fachwissenschaft konstruieren lässt, deren Grundprinzipien keiner weiteren Interpretation bedürfen. Wenn es diese Wissenschaft gäbe, wäre sie in der Tat rein, autonom und von allen anderen unabhängig. Charles Taylor beantwortet diese Frage in dem Sinne, dass keine der Humanwissenschaften einen solchen Grad von Reinheit erreichen könne. *Wenn sie es versucht, wird sie steril oder zahlt für ihre Genauigkeit – so wie die Ökonomie – den Preis, nichts mehr zu den wesentlichen Fragen sagen zu können.* Als Beispiel führt er die Philosophie an, doch gilt dies ausdrücklich auch für die Wirtschaftswissenschaft.

Will die Philosophie „rein" sein, so muss sie sich von diesen heillos verunreinigten Formen *fernhalten. Doch damit ist auch sie zur Sterilität verdammt.* Das Grundanliegen, einen Teilaspekt des Menschlichen Verhaltens, nämlich das wirtschaftliche, aus dem gesamten durch unübersehbar viele Bezüge mit Außerwirtschaftlichem verbundenen Verhalten herauszulösen, ist von vornherein zum Scheitern verurteilt.

8.2 Die Reine Rechtslehre

Ein vergleichbares Vorhaben, eine der Humanwissenschaften aus dem Zusammenhang herauszulösen, gab es schon einmal, nämlich die *Reine Rechtslehre* des österreichischen Rechtswissenschaftlers Hans Kelsen (1881 bis 1973). Ziel dieser Lehre war es, die Rechtswissenschaft von allen Beimengungen, unter anderem soziologischer, psychologischer, biologischer, religiöser, ethischer und politischer Art, zu scheiden. Als Recht gilt alles, was im Instanzenweg ordnungsgemäß verabschiedet wurde, im Gesetzblatt veröffentlicht worden ist und vom Staat notfalls mit Zwang durchgesetzt werden kann – ohne Rücksicht auf moralische und ethische Erwägungen oder Fragen der Gerechtigkeit. Recht und Moral sind nach dieser Lehre zwei voneinander unabhängige Normensysteme, die nicht miteinander vermischt werden dürfen.

Die Reine Rechtslehre erhebt ähnlich wie die orthodoxe Wirtschaftstheorie den Anspruch, unabhängig von Ort und Zeit auf jegliche jemals vom Menschen gesetzte Ordnung anwendbar zu sein. Und zwar soll es in jeder Gesellschaft eine höchste Grundnorm geben, die nicht begründet oder abgeleitet werden

 © Frank & Timme   Verlag für wissenschaftliche Literatur

kann, sondern aus der alle anderen Normen in hierarchischer Folge abzuleiten sind. Die Rechtsordnung wird als Gesamtheit aller Normen betrachtet, die sich aus der Grundnorm ableiten lassen. Diese Grundnorm ist allerdings in keinem Gesetzbuch enthalten. Sie ist nicht gesetzt und hat auch keinen Inhalt, sondern es wird nur so getan, *als ob* es diese Grundnorm gäbe, weil sich diese Annahme als nützlich erwiesen hat. Hier liegt die Als-ob-Philosophie von Hans Vaihinger (1852 bis 1933) zugrunde. Dieser stellte die Frage: *Wieso erreichen wir oft Richtiges mit bewusst falschen Annahmen?* Seine Antwort geht dahin, dass weder Gott noch die Seele nachweisbar seien. Jedoch seien dies nützliche Fiktionen. Sie erlangen Bedeutung, *als ob* sie wahr seien, auch wenn sie der Denkkonstruktion bewusst widersprechen. Nützliche Fiktionen erhalten ihre Legitimität durch den lebenspraktischen Zweck. Damit sind sie für viele Bereiche unentbehrlich.

Diese Konstruktion der Reinen Rechtslehre geht also nicht von der offensichtlichen Tatsache aus, dass die Gesetze von der Politik, dem Parlament, gesetzt worden sind, um in der Gesellschaft bestimmte Zwecke zu erreichen, beispielsweise um durch das Strafrecht die Anzahl der Straftaten zu vermindern. Oder im bürgerlichen Recht, um das wirtschaftliche Zusammenwirken zu erleichtern und Streitigkeiten schlichten zu können. Stattdessen werden alle Rechtsnormen, ohne Bezug auf die umgebende Gesellschaft, aus einem Obersatz abgeleitet, von dem jeder weiß, dass er gar nicht existiert.

Kelsen und die Reine Rechtslehre stehen in Österreich unverändert in hohem Ansehen. Es geht immer um den Rechtspositivismus, das heißt, dass als Recht die Gesamtheit aller vom Staat gesetzten (positiven) Normen gilt – unabhängig davon, welche Beweggründe hierfür maßgebend waren.

Aus der Sicht der akademischen Wirtschaftstheorie ist dieses Vorhaben der Reinen Rechtslehre unter zwei Gesichtspunkten von Interesse:

(1) Zunächst wird hier deutlich, wie problematisch es ist, eine einzige Humanwissenschaft aus dem natürlichen Zusammenhang aller Wissenschaften, die sich mit dem menschlichen Verhalten beschäftigen, herauszulösen. Dies führt zu höchst merkwürdigen Ergebnissen. Wenn als Recht alles gilt, was im Gesetzblatt veröffentlicht wurde, ohne Rücksicht auf Moral und Ethik, dann kann der Staat Beliebiges beschließen. In der nationalsozialistischen Ära ist auch schreiendes Unrecht in Gesetzesform gegossen worden. Es geht hier um den Unterschied zwischen Legalität (einer rein äußerlichen Übereinstimmung mit dem Gesetz) und Legitimität (als inhaltlicher Übereinstimmung mit Moral und Recht).

(2) Am Beispiel der Reinen Rechtslehre wird das Problem eines rein deduktiven Denkens deutlich, wie es auch in der Wirtschaftstheorie üblich ist. Wenn alle Sätze aus Obersätzen abgeleitet werden und diese wiederum aus noch höheren Sätzen, braucht es einen obersten Satz an der Spitze, der definitionsgemäß seinerseits nicht abgeleitet oder mit noch höheren Werten begründet werden kann, sondern letztlich willkürlich gesetzt werden muss. Es muss so getan werden, als ob es diesen Satz, der nicht bewiesen werden kann, wirklich gibt. Gleichzeitig muss dieser Satz so allgemein formuliert werden, dass alles aus ihm hergeleitet werden kann. In der Wirtschaftswissenschaft ist dies in Bezug auf den Konsum der Satz, dass der Konsument seine Nutzenmaximierung anstrebe. Dieser Satz ist inhaltsleer, weil alles und jedes, was tatsächlich angestrebt wird, als Nutzen definiert werden kann. Daher kann dieser Satz weder bewiesen noch widerlegt werden. Im Sinne von Karl Popper ist dieser Satz sinnlos, weil nicht falsifizierbar. Denn jedes denkbare Konsumverhalten kann aus ihm abgeleitet werden. Der Realitätsgehalt dieser Ableitungen ist jedoch ebenso hoch wie im Obersatz, nämlich gleich null, weil durch eine bloße logische Deduktion keine Realitätspartikel in die Argumentation eingeführt werden.

Nicht viel besser ist der Obersatz *Alle Unternehmen streben nach einer langfristigen Gewinnmaximierung.* Um alle tatsächlich verfolgten direkten und indirekten Ziele zu umfassen, müssen die Begriffe *langfristig* und *Gewinn* sehr weit gefasst werden, so dass auch aus diesem Satz alles und jedes gefolgert werden kann.

8.3   Die anderen Humanwissenschaften

Die Wirtschaftswissenschaft hat sich gegenüber den anderen Humanwissenschaften abgeschottet. Hiermit hat sie eine Autonomie gewonnen, ist aber in die Gefahr einer Selbstbezüglichkeit, Irrelevanz und Sterilität geraten. Nachfolgend werden einige Lebensgebiete durchgegangen, die in der Lebenswirklichkeit der Unternehmer und der Konsumenten eine enge Verbindung zum wirtschaftlichen Verhalten haben und zum Verstehen dieses Verhaltens mitbedacht werden müssten.

8.3.1   Das Recht
Das wirtschaftliche Verhalten vollzieht sich in aller Regel in den vorgeprägten Formen des Privatrechts, das festlegt, welche Freiheiten und Rechte, Pflichten

und Risiken die Menschen im Verhältnis zueinander haben. Es gewährt und sichert die Privatautonomie, nämlich die Freiheit des Einzelnen, seine Rechtsbeziehungen zu anderen in Selbstbestimmung und Selbstverantwortung zu regeln, wie Helmut Köhler in der Einführung zum Bürgerlichen Gesetzbuch (Deutscher Taschenbuch Verlag, München 2012, Seite X) feststellt. Dafür stellt es geeignete Handlungsformen zur Verfügung. An erster Stelle steht hierbei der Vertrag. Das Bürgerliche Gesetzbuch (BGB) geht von der Vertragsfreiheit aus. Diese galt in der bürgerlichen Gesellschaft des Jahres 1900, als das BGB in Kraft trat, als selbstverständlich und wird daher nicht ausdrücklich genannt. Es geht um die Abschlussfreiheit (jeder kann entscheiden, ob er einen Vertrag schließen will oder nicht), die Inhaltsfreiheit (den Inhalt des Vertrages frei zu bestimmen) und die Formfreiheit (grundsätzlich steht es frei, den Vertrag mündlich, schriftlich oder in welcher Form auch immer abzuschließen). Diese Vertragsfreiheit ist allerdings durch eine Vielzahl von Einzelgesetzen eingeschränkt, häufig aus sozialen Gründen, nämlich um den Schwächeren vor dem Stärkeren zu schützen, beispielsweise den Mieter gegenüber dem Eigentümer oder den Arbeitnehmer gegen dem Arbeitgeber. Das Gesetzbuch stellt gewisse Institute wie Kauf, Miete, Schenkung, Pacht und so fort zur Verfügung, sodass die Vertragspartner nur auf das jeweilige Institut Bezug nehmen müssen. Hierzu gibt es dann eine umfangreiche Kommentarliteratur und Rechtsprechung, so dass sich die Vertragspartner ihrer Rechte und Pflichten sicher sein können, was das Geschäftsleben sehr erleichtert. Daneben gibt es einige weitere Gesetze, die für alle Unternehmen gelten wie die Gewerbeordnung und das Handelsgesetzbuch sowie unübersehbar viele Spezialgesetze für einzelne Geschäftszweige und Gesellschaftsformen.

Grundlegend zum Verständnis des Ganzen sind die verfassungsrechtlichen Grundlagen. Das Grundgesetz geht davon aus, dass jeder Mensch eine unaufgebbare Menschenwürde hat, die sich in einer Reihe von Grundrechten konkretisiert. Der Staat hat den Zweck, jedem Menschen die Wahrnehmung dieser Grundrechte zu sichern. Hierzu gehören auch einige wirtschaftsbezogene Grundrechte. Zum Beispiel hat nach Artikel 2 jeder Mensch das Recht auf freie Entfaltung seiner Persönlichkeit. Hieraus wird eine allgemeine Handlungsfreiheit abgeleitet, wozu auch die Vertragsfreiheit gehört. Zur Meinungsfreiheit (Artikel 5) gehört auch die Pressefreiheit. Die Vereinigungsfreiheit (Artikel 9) umfasst auch die Freiheit zur Bildung von Gewerkschaften und Arbeitgeberverbänden. Nach Artikel 12 haben alle Deutschen das Recht, Beruf, Arbeitsplatz und Ausbildungsstätte frei zu wählen. Hierzu gehört auch das Recht, sich in einem Beruf selbstständig zu machen. Artikel 14 sichert Eigentum und Erbrecht.

Diese Grundrechte sind nicht etwa vom Staat gewährt und können bei Bedarf wieder eingesammelt werden. Im Gegenteil: Der Staat muss diese jedem Menschen eigenen Grundrechte respektieren, und jede Einschränkung ist begründungspflichtig. Der Normalfall ist, dass jeder sich durch bloße Anmeldung des Gewerbes, also ohne Prüfung oder Nachweis eines Bedarfs, selbständig machen kann. Er oder sie kann dann frei entscheiden, welche Produkte oder Dienste angeboten werden und zu welchem Preis. Hierzu gibt es allerdings mit Rücksicht auf das Allgemeininteresse oder auch bloß auf die Tradition zahlreiche Ausnahmen wie etwa die Meisterprüfung im Handwerk oder die Gebührenordnungen (mit Mindestpreisen) bei den Freien Berufen. Hinzu kommen die ebenso zahlreichen wie komplizierten Steuergesetze, Bauvorschriften und weitere Normen, die das Verhalten einengen.

In den volkswirtschaftlichen Lehrbüchern wird in aller Regel einzig nur das Gesetz gegen Wettbewerbsbeschränkungen, auch Kartellgesetz genannt, ausführlich behandelt, obwohl dies im Tagesbetrieb der Unternehmen nur selten eine Rolle spielt und die mittelständischen Betriebe gewöhnlich gar nicht betrifft. Dieses Gesetz wurde nicht nur erlassen, um Wettbewerb zu erzwingen, sondern auch, damit der einzelne Kunde sich nicht hilflos einer monopolähnlichen Macht gegenübersieht, also aus Gründen der Freiheitssicherung – einem grundsätzlichen politischen Ziel, dem letztlich das ganze Grundgesetz dient.

Werden die rechtlichen Grundlagen des Wirtschaftens im Lehrbuch nicht behandelt, wie es die Regel ist, so wird es den Studierenden unnötig erschwert, die Sinnhaftigkeit, die Regeln und die Grenzen des gesamten Wirtschaftsbetriebs zu verstehen. Ebenso wenig kann er dann der politischen Debatte folgen, wenn einzelne Verbände mit Vehemenz versuchen, für ihre jeweilige Klientel Ausnahmebestimmungen durchzusetzen oder einschränkende Regelungen zu verhindern. Gewöhnlich geht es darum, zwischen ökonomischen, ökologischen und sozialen Gesichtspunkten abzuwägen, ebenso aber auch zwischen unternehmerischer Freiheit oder aber dem Verbraucherschutz. Das Bundesverfassungsgericht tendiert überwiegend dazu, die Grundrechte des einzelnen Bürgers zu schützen und auszuweiten. Die Europäische Union brachte durch den Binnenmarkt einen verstärkten internationalen Wettbewerb, betont aber auch Umweltschutz und Verbraucherschutz.

Jedes Gesetz hat einen bestimmten Zweck, wie Rudolf von Jhering feststellte. Die Wirtschaftswissenschaftler könnten die Regierung und die Abgeordneten in der Frage beraten, welcher Gesetzeswortlaut am ehesten geeignet ist, den gewollten Zweck zu erreichen. Wie wird sich ein Gesetz voraussichtlich auswirken? Welche Anreize werden gesetzt? Gibt es Fernwirkungen, an die bisher niemand gedacht hat? Ist mit einem Ausweichen der Betroffenen zu rechnen? Wird ein Gesetz überhaupt von den Betroffenen verstanden oder ist es zu kompliziert? Wie ist ein Markt, wie ist eine Auktion zweckmäßigerweise zu organisieren? Wie lässt sich das menschliche Verhalten beeinflussen, ohne die unternehmerische Initiative zu lähmen? Derartige Probleme einer wirtschaftspolitischen Ingenieurskunst werden von den Theoretikern nicht behandelt.

8.3.2 Die Psychologie

Bartling stellt einführend fest (Seite 5): Die *menschlichen Bedürfnisse sind eine Ausgangstatsache für den Wirtschaftsprozess. Die Ursache ihrer Entstehung ist eine Frage, die in der Regel außerhalb des Bereichs der Wirtschaftswissenschaften liegt.* Ganz ähnlich klingt es bei Woll: *Die Ursache der Entstehung von Bedürfnissen ist eine Frage, die weitgehend außerhalb des Gebiets der Wirtschaftswissenschaft liegt [...]. In der Wirtschaftswissenschaft wird meistens davon ausgegangen, dass Bedürfnisse – aus welchen Gründen auch immer – vorhanden sind oder sein können.*

Es ist jedoch kaum möglich, das Verhalten der Akteure verstehend nachzuvollziehen, ohne den Gründen dieses Verhaltens, den Motiven, nachzugehen. Insofern erscheint es als nicht sachdienlich, diesen Bereich von vornherein abzutrennen. Hinzu kommt die Tatsache, dass die Psychologie sich heute als streng empirische Wissenschaft versteht. Sie kann insofern eine wertvolle Ergänzung zur Wirtschaftswissenschaft sein, die sich, wie wir gesehen haben, mit der empirischen Forschung eher schwertut. Als Wissenschaft vom Erleben und Verhalten obliegt es der Psychologie, Theorien und daraus abgeleitete Hypothesen mit naturwissenschaftlichen quantitativen und statistischen Methoden zu überprüfen.

Hauptsächliche Gebiete der Wirtschaftspsychologie sind:

- Kaufverhalten, Marktforschung, Marketing, Werbung
- Personalauswahl
- Training, Weiterbildung, Personalentwicklung
- Organisationsentwicklung, Erleben und Verhalten von Personal in Organisationen
- Führungspsychologie, Beeinflussung der Arbeitskräfte durch die Betriebsführung
- Arbeitspsychologie, Gestaltung von Arbeitsplätzen
- Ingenieurpsychologie, Beziehungen zwischen Mensch und Maschine, Ergonomie, Benutzerfreundlichkeit
- Finanzpsychologie, Verhalten von Menschen an Geldmärkten, Verhalten von Managern bei Investitionsentscheidungen

Hierbei fällt auf, dass all diese Teilgebiete Erkenntnisse bereitstellen, die aus der Sicht der Unternehmensführung nützlich sind. Die volkswirtschaftlich interessante Frage, von welchen Motiven sich die Unternehmensführung ihrerseits leiten lässt, wird hierbei jedoch nicht verfolgt, ist also gesondert zu erforschen.

In der Praxis ist bei weitem am wichtigsten die Frage, von welchen Motiven sich die Kunden beim Kauf leiten lassen, denn dies ist im allseitigen Wettbewerb für jedes Unternehmen eine Überlebensfrage. Unter den Kunden steht der private Kunde wegen seines überwiegend unberechenbaren Verhaltens im Vordergrund. Nur nebenbei geht es um die Firmenkunden und die Nachfrage der öffentlichen Hand. Motive und Verhalten der Konsumenten bilden gleichzeitig das entscheidende volkswirtschaftliche Problem, weil ja diese Kaufentscheidungen den ganzen Apparat lenken.

Zum Kaufverhalten haben Psychologie und Marktforschung aus der Praxis sehr umfangreiche und differenzierte Theorien entwickelt, die hier nicht ausgebreitet werden können. Beispielsweise geht es um die Frage, ob die Käufe lange überlegt und abgewogen werden oder gewohnheitsmäßig oder aber spontan, impulsiv erfolgen. Daneben geht es um die strategische Frage, wie dieses Verhalten zielgerichtet beeinflusst werden kann (Produktgestaltung, Werbung, Einrichtung des Ladens, Image der Firma und so fort). Hierzu gehört auch der Versuch, die Kaufentscheidungen mit Emotionen aufzuladen und positive Kauferlebnisse zu schaffen. Im optimalen Fall wird eine regelrechte Fangemeinde etwa für eine Musikgruppe oder für einen Fußballverein gebildet. Oder im jugendlichen Alter, wenn sich noch keine festen Kaufgewohnheiten gebildet haben, wird der Kunde so umworben, dass er später lebenslang einer Marke treubleibt. Je mehr sich die Produkte der verschiedenen Anbieter objektiv gleichen, desto näher liegt es, die eigenen Produkt nur gefühlsmäßig, nur im Kopf des Kunden, von den anderen unterscheidbar zu machen, beispielsweise, indem sie mit unterschiedlichen Assoziationen aufgeladen werden. Neuerdings gibt es beispielsweise bei Amazon die personalisierte Werbung: Aufgrund der bisherigen Käufe und des Online-Suchverhaltens wird ein Persönlichkeitsprofil erstellt und es werden die hierzu passenden Produkte präsentiert.

Dieser ganze für die Wirtschaft entscheidende Fragenkreis bleibt in den Lehrbüchern ausgespart: Das wirtschaftliche Verhalten wird gleichsam von seinen Motiven amputiert.

© Frank & Timme   Verlag für wissenschaftliche Literatur

8.3.3 Die Soziologie

Die für die Lenkung des Wirtschaftsprozesses wichtigste Freiheit ist die des Konsumenten, sein Einkommen so zu verausgaben oder zu sparen, wie er es für richtig hält, schreibt Woll (Seite 50).

Hier entsteht leicht der Eindruck, als würde jeder einzelne Konsument völlig willkürlich und allein, ohne Bezug auf sein soziales Umfeld, irgend etwas beschließen. Einer solchen Auffassung stellte Alfred Schütz (1899 bis 1959) den Begriff der *Lebenswelt* entgegen. Die Welt, in der wir leben, ist immer schon eine soziale Welt, die dem Einzelnen vorausgeht und von früheren Generationen erfahren und interpretiert wurde. In dem Sinne, dass sie mit anderen Menschen geteilt und gemeinsam gedeutet und kommuniziert wird, ist sie eine subjektive Welt. Alles Wissen von ihr und in ihr sowie alle Werte und Verhaltensmuster sind intersubjektiv. Für eine handlungsverstehende Soziologie gilt es, die Prozesse der Sinnkonstruktion und -interpretation der lebensweltlichen Akteure nachzuvollziehen. Damit unterscheidet sich die Sozialwissenschaft wesentlich von den Naturwissenschaften, deren Objektbereich keine bewusste Selbstdefinition und Deutung für sich beansprucht. Der Sozialwissenschaftler kann die Tatsache, dass Menschen ein Selbstverständnis ihrer subjektiv sinnhaften Handlungen entwickeln, nicht ignorieren, sondern vielmehr muss er auf diesen Interpretationen und Konstruktionen aufbauen.

Auch in seiner Eigenschaft als Konsument orientiert sich der Mensch in aller Regel an seiner sozialen Umgebung. Er und ebenso auch der Unternehmer oder der angestellte Geschäftsführer sowie alle Mitarbeiter bewegen sich jeweils in bestimmten sozialen Milieus, in denen spezielle Werte und Normen gelten, die nicht ungestraft verletzt werden dürfen und jeweils ein bestimmtes Verhalten nahelegen. Teils handelt es sich um lockere und informelle Milieus wie etwa bloße Nachbarschaften, Freundeskreise oder die Dorfgemeinschaft, teils handelt es sich um organisatorisch verfestigte Gemeinschaften wie Vereine, Verbände oder Parteien. Besonders bedeutsam ist in jedem Falle das Milieu der Kollegen, das heißt der Angehörigen der gleichen Berufsgruppe, die öfter miteinander zu tun haben, sich kennen und bestimmte Vorstellungen darüber haben, was *man* in bestimmten Fällen sagt und tut. Die wichtigste Bezugsgruppe der mittelständischen Unternehmer ist gewöhnlich der Fachverband seiner jeweiligen Branche, seien es die Speditionsunternehmer, die Textilhändler, die Hoteliers oder wer auch immer. Hier gibt es, besonders in traditionsreichen Wirtschaftszweigen wie dem Handwerk, einen strengen Ehrenkodex. Als Bindemittel kommt das

Bewusstsein hinzu, dass es, besonders gegenüber Staat und Politik, gemeinsame Interessen gibt, die nur über einen Verband durchsetzbar sind.

Ohne die soziale Bedingtheit des wirtschaftlichen Handelns zu berücksichtigen, seien es die Konsumenten oder die Unternehmer, ist dieses Handeln nicht zu verstehen. Insofern ist es ein schwerwiegendes Versäumnis, auch gegenüber den Studierenden, dass in den Lehrbüchern hierauf nicht eingegangen wird.

Hier würde die Soziologie helfen, zumal sie ähnlich wie die Psychologie eher empirisch als theoretisierend arbeitet und daher ebenfalls geeignet ist, Schwächen der Wirtschaftstheorie auszugleichen. Die Soziologie versteht sich als Wissenschaft, die sich mit der Erforschung des sozialen Verhaltens befasst. Sie untersucht die Voraussetzungen, Abläufe und Folgen des Zusammenlebens der Menschen. Als Handlungstheorie fragt sie nach Sinn und Strukturen sozialen Handelns und den die Handlungen regulierenden Werten und Normen. Speziell die Wirtschaftssoziologie befasst sich mit der Analyse von ökonomischen Phänomenen im gesellschaftlichen Zusammenhang. Hier wird der Markt als sozialer Ort, als eine von vielen gesellschaftlichen Institutionen verstanden. Der Einzelne, gerade auch der rational Handelnde, entscheidet nicht nach einer individuellen Nutzenkalkulation, schon weil dies viel zu umständlich wäre, sondern er orientiert sich an seiner sozialen Umgebung. Der Anzug des Bankangestellten ist dunkelblau oder steingrau. Der Chef der Werbeagentur kommt im Ringelpullover.

Agenturen, die das soziale Verhalten steuern, sind zunächst einmal die Familie und die häusliche Erziehung, die Schule, die betriebspraktische Ausbildung oder das Studium und dann neben der Berufstätigkeit die unzähligen Vereine – von den Kleingärtnern bis hinauf zum exklusiven und einflussreichen Rotary, wo man nicht nach Reichtum hinzugebeten wird, sondern nach Charakter. In den vielen Vereinen regiert das Ehrenamt. Dieses Wort bedeutet nicht nur, dass unentgeltlich gearbeitet wird, sondern auch hier gibt es einen Ehrenkodex. Beispielsweise wird es übel aufstoßen, wenn einer das Vereinsfahrzeug zu Privatfahrten benutzt.

In unserem Zusammenhang ist der Betrieb der entscheidende Prägestempel des Verhaltens. Jedes Unternehmen atmet einen anderen Geist oder, wie man heute sagt, hat seine besondere Philosophie. Dem neuen Mitarbeiter wird in den ersten Wochen verdeutlicht, *wie es bei uns so zugeht,* und schon mancher musste zum Ende der Probezeit die Schlüssel wieder abgeben – nicht wegen mangelnder Leistung, sondern *weil er einfach nicht zu uns passte.* Dieser Geist des Hauses kann sehr unterschiedlich sein: förmlich oder zwanglos, konservativ oder innovativ, ehrgeizig oder verschlafen, autoritär oder delegierend, selbstgefällig oder

 © Frank & Timme   Verlag für wissenschaftliche Literatur

offen für Kritik. Ebenso unterschiedlich ist das moralische Niveau. In einigen Betrieben wird auf strenge Gesetzestreue geachtet und den Geschäftspartnern wird fair entgegengekommen. In anderen Betrieben herrscht die Neigung, sich auf Kosten von Kunden und Lieferanten, Finanzamt, Versicherungen und Zollamt Sondervorteile zu verschaffen. Das Binnenklima der Zusammenarbeit kann von unverbindlicher Freundlichkeit geprägt sein oder aber von Eifersüchteleien, Mobbing oder gar sexuellen Übergriffen.

Bei der Fusion zweiter Unternehmen gibt es häufig Probleme, weil im Vorfeld nur auf die Zahlen und die rein betriebswirtschaftlichen Aspekte geachtet wurde und weil sich nach der Fusion herausstellt, dass zwei unterschiedliche Unternehmenskulturen aufeinanderprallen, die nach einigen Jahren zusammenwachsen oder auch nicht, wodurch die Fusion scheitern kann.

Besonders schwierig ist es für die Soziologen, in der bunten und heterogenen riesigen Schar der Konsumenten bestimmte Milieus auszumachen, denen die Werbung zugeordnet werden kann. Vor dem Ersten Weltkrieg, in der wilhelminischen Ära, war die Gesellschaft sehr klar nach Ständen unterteilt, was sich auch im Konsum (Nahrungsmittel, Kleidung, Mobiliar) niederschlug. Keine Dame der Gesellschaft wäre auf den Gedanken gekommen, in der Konsumgenossenschaft einzukaufen, weil sie dort auf lauter Arbeiterfrauen gestoßen wäre. Als das BGB im Jahre 1900 in Kraft trat, wurde noch davon ausgegangen, dass eine Dame anhand ihrer Kleidung als Angehörige einer bestimmten Gesellschaftsschicht erkennbar war, im Unterschied zum Dienstpersonal. Diese festen Milieus lösten sich ab der Mitte des 20. Jahrhunderts und verstärkt nach der Kulturrevolution von 1968 zunehmend auf.

Bei der Erforschung von Zielgruppen für die Werbung wird heute meist von den Sinus-Milieus ausgegangen. Das Sinus-Institut für Marktforschung und Sozialforschung in Heidelberg und Berlin will nach eigener Aussage *verstehen, was Menschen bewegt. Es erforscht die Alltagwirklichkeit der Menschen und ihre Bedeutung für Unternehmen.* Die deutsche Gesellschaft wird hier nach zwei Dimensionen unterteilt: einerseits der sozialen Lage, nämlich von der Ober- über die Mittel- bis zur Unterschicht, andererseits nach der Grundorientierung: entweder Tradition oder Modernisierung oder aber Individualisierung/Neuorientierung. Bei den Milieus, die sich hier ergeben, stehen oben die Liberal-Intellektuellen, unten die Prekären, und alles gruppiert sich um die bürgerliche Mitte herum. Die Milieus sind nicht trennscharf abgegrenzt, sondern überlappen sich.

Die Sozialforschung versucht also, die unübersehbare Vielfalt menschlicher Verhaltensmaßstäbe auf einige wenige Dimensionen und Zielgruppen einzuschmelzen, um das Ganze für Marktforschung und Werbung überschaubar und handhabbar zu machen. Im Idealfall ist ein Produkt, etwa eine Biersorte, *milieuübergreifend beliebt*, wie Benjamin Knödler in der Wochenzeitung *der Freitag* vom 5. Januar 2017 feststellt.

Bei Bartling (Seite 65) heißt es nur, dass die Haushalte ihren Konsumplan oder Verbrauchswirtschaftsplan festlegen. *Bestimmungsgrößen hierfür sind für den jeweiligen Haushalt die Bedürfnisstruktur des Haushaltes, die erwarteten Preise und die geplante Konsumsumme. Diese drei Determinantengruppen bestimmen, welche Mengen der einzelnen Güter ein Haushalt in einer Wirtschaftsperiode nachfragt.* Dies gehört zu den rein formalen Aussagen, die für die akademische Wirtschaftstheorie kennzeichnend sind: Aussagen, die jederzeit richtig sind, aber noch einer inhaltlichen Ausfüllung bedürfen, hier vor allem in der Hinsicht, wie die Bedürfnisstruktur zustande kommt und wonach sich der Konsument richtet. Dies können im Idealfall Soziologie und Sozialforschung leisten. Die Praxeologie oder Praxistheorie weist darauf hin, dass die wirtschaftlichen Entscheidungen, speziell des Konsums, gewöhnlich nicht Ergebnis eines rationalen Abwägungsprozesses sind, wie es in der Wirtschaftstheorie unterstellt wird. Vielmehr wird in bestimmten Situationen mehr oder minder automatisch gehandelt, so wie es in speziellen historischen und kulturellen Zusammenhängen eingeübt ist und erwartet wird. An dem Verhalten wird erkennbar, in welcher Zeit und in welcher Gesellschaftsgruppe wir uns befinden. Dies weiß jeder Regisseur, der einen historischen Film dreht.

In welcher Form dies erforscht werden kann, wird aus dem Werk von Pierre Bourdieu (1930 bis 2002) deutlich. In seinem Buch *Die feinen Unterschiede* (Suhrkamp Verlag, Frankfurt am Main 1982) beschreibt er, mit welchen Mechanismen soziale Schichten sich voneinander abgrenzen. Bourdieu hat von 1963 bis 1979 eine umfassende Feldstudie betrieben. Zahlreiche Detailbeobachtungen werden mit einer Fülle von Material belegt. Schon durch diese Methode setzt er Maßstäbe gegenüber vielen seiner Kollegen in den Wirtschafts- und Sozialwissenschaften, die eher spekulativ und deduktiv arbeiten. Das Ergebnis dieser Studie geht dahin, dass für den gehobenen Konsum der Geschmack des Käufers maßgeblich ist. Der Geschmack ist jedoch nichts Individuelles, sondern wird immer von der Gesellschaft geprägt. Er ist keine Eigenheit des Menschen, die er von Natur aus hat, sondern rührt von seinem sozialen Umfeld her, insbesondere seiner Herkunft und seiner Sozialisation in einem bestimmten sozialen Milieu. In den Bereichen Essen und Trinken, Kleidung und Wohnungseinrichtung gibt es spezifische Verhaltensweisen je nach sozialen Schichten. Hierdurch manifestieren und stabilisieren sich die sozialen Unterschiede. Die verschiedenen *Geschmacksklassen* reproduzieren sich. Im Unterschied zur sozialistischen Klassentheorie werden

© Frank & Timme   Verlag für wissenschaftliche Literatur

hier die Klassen auch durch Kulturelles definiert. Die oberen Klassen legen hierbei Wert auf die feinen Unterschiede, beispielsweise beim Musikhören. Von Bourdieu stammt das Wort *Distinktionsgewinn*: Durch den Konsum von speziellen Artikeln verstehen es privilegierte Kreise, sich von anderen zu unterscheiden.

8.3.4   Die Politik

Wirtschaftspolitik ist ein Teilbereich der allgemeinen Politik. Beide sind untrennbar miteinander verbunden, so heißt es bei Fredebeul-Krein (Seite 15). In den Lehrbüchern erscheinen Wirtschaft und Wirtschaftspolitik jedoch eher als zwei Lebensbereiche, die isoliert für sich stehen, ohne die Verbindung zur allgemeinen Politik zu ziehen.

Stattdessen wird der Bereich Wirtschaftspolitik streng systematisch nach einer internen Logik dargestellt. So erscheinen beispielsweise bei Klump (Seite 192) vier *Kriterien der ordnungspolitischen Analyse und Konzeptionen der Ordnungstheorie*, nämlich einerseits Kapitalismus und Sozialismus und andererseits Marktwirtschaft (Verkehrswirtschaft) und Planwirtschaft (Zentralverwaltungswirtschaft). Durch die Kombination dieser Kriterien ergeben sich vier Idealtypen, so auch:

Als ordnungspolitischer Extremfall kann eine sozialistische Zentralverwaltungswirtschaft ohne freie Konsumwahl angesehen werden. Sie ist dadurch gekennzeichnet, dass die zentrale Planungsinstanz aufgrund gesamtwirtschaftlicher Bedarfsschätzungen und -prognosen nicht nur Produktion und Investition, sondern auch die Verteilung der für den privaten Konsum verfügbaren Güter vollständig plant. Den einzelnen Wirtschaftssubjekten werden dabei bestimmte Mengen von Konsumgütern zugewiesen, die sie mit Hilfe von Bezugscheinen erwerben. Preise für Güter und Produktionsfaktoren sind in einer solchen Wirtschaftsordnung ebenso wie Geld funktionslos.

Durch die streng systematische Darstellung, ohne auf tatsächlich realisierte politische Ordnungen Bezug zu nehmen, ergeben sich Kombinationen, die aus heutiger Sicht als wirklichkeitsfremd und irrelevant erscheinen.

Bei Mussel heißt es eingangs (Seite 1):

Das Kernproblem dieses komplexen Wirtschaftsprozesses bildet dessen Koordination. Es geht dabei letztlich um die Abstimmung der Konsumpläne von Haushalten sowie der Produktionspläne von Unternehmungen. Die Wirtschaftswissenschaften bieten zur Lösung dieses Koordinationsproblems zwei

idealtypische Wege an: Entweder erfolgt die Organisation der Wirtschaft
zentralverwaltungswirtschaftlich (zentralplanwirtschaftlich) oder aber über
dezentrale Entscheidungen, d. h. marktwirtschaftlich.

Am Anfang des Buches, beim Grundproblem, wird also nicht die Wirtschaftspolitik als Teilbereich der allgemeinen Politik behandelt, sondern es wird von
vornherein und auch im ganzen nachfolgenden Text ausschließlich innerhalb
des gesonderten Bereichs Wirtschaft argumentiert. Eine solche hier unterstellte
Autonomie der Wirtschaft ist jedoch in der Realität nicht vorhanden, sondern
in jedem Staat gibt es Generalgrundsätze, die für alle Lebensbereiche und daher
auch für die Wirtschaft gelten: entweder liberal oder totalitär, entweder dik-
tatorisch oder demokratisch, rechtsstaatlich oder willkürlich, zentralistisch
oder föderal. Besonders deutlich wurde diese einheitliche Durchdringung aller
Lebensbereiche in der DDR, wo ja die Sozialistische Einheitspartei Deutschlands
(SED) nicht nur die gesamte allgemeine Politik beherrschte, sondern auch Kultur, Presse, Bildungswesen, Sport und eben auch die Wirtschaft. Der Staat war
totalitär in dem Sinne, dass kein Lebensbereich ausgespart blieb.

Mit umgekehrtem Vorzeichen gilt Ähnliches für die Bundesrepublik. Die
Freiheit ist unteilbar, und die Freiheitsrechte der Konsumenten, der Unternehmer
und der Arbeitnehmer sind integrale Bestandteile der freiheitlichen Gesamtordnung. Daher erscheint es als nicht sachdienlich, die Wirtschaftspolitik als
vermeintlich autonomen und nur eigenen Gesetzen gehorchenden Bereich von
der allgemeinen Politik abzukapseln. Vielmehr sollte sie als ein Teil der politischen Gesamtordnung behandelt werden, von der aus sie ihre Legitimation erhält
und mit der sie zahlreiche inhaltliche Berührungspunkte hat.

Die Väter und Mütter des Grundgesetzes gingen bei der Debatte im Parla-
mentarischen Rat davon aus, dass ein zentralistischer Staat mit Machtmonopol
stets zu einem Missbrauch dieser Macht führen werde und dass es niemals
wieder vorkommen dürfe, dass der Bürger hilflos und ohne Ausweich- oder
Beschwerdemöglichkeit einem Machtmonopol gegenübersteht. Daher wurde
beschlossen, außer der traditionellen Gewaltenteilung (Parlament, Regierung,
Rechtsprechung) auch die Macht auf zahlreiche Körperschaften zu verteilen, vor
allem den Bund, die Länder und eine starke kommunale Selbstverwaltung, ferner
eine funktionale Selbstverwaltung in Form der berufsständischen Kammern.
Dieses Prinzip der freiheitssichernden Machtverteilung wurde insbesondere von
Ludwig Erhard auch auf die Wirtschaft übertragen, indem der Kunde immer
die Auswahl zwischen voneinander unabhängigen Anbietern haben soll, also
keine Absprachen (Kartelle) oder gar gemeinsame Verkaufsbüros (Syndikate)

geduldet werden, wie sie vor dem Zweiten Weltkrieg allgemein üblich waren. Seit Ende des 19. Jahrhunderts hatte das Reichsgericht derartige Verabredungen als Ausfluss der allgemeinen Vertragsfreiheit als legal betrachtet. Das Kartellverbot wird also nicht nur innerwirtschaftlich begründet, sondern ist gleichzeitig Teil einer freiheitssichernden Ordnung des Staates und insofern verfassungsrechtlich begründet.

Ein zweites Grundprinzip, das in der allgemeinen Politik und daher auch in der Wirtschaft gilt, geht dahin, dass jegliche Machtausübung und Entscheidungsgewalt einer demokratischen Legitimation bedarf. Diese kann nur von der Basis, den jeweiligen Mitgliedern und den von der Herrschaft Betroffenen ausgehen. Das Grundgesetz legt fest, dass alle Macht vom Volke ausgeht (Artikel 20) und diese Ordnung auch in den Ländern und den Gemeinden gelten muss (Artikel 28). Die Juristen sprechen von einem Homogenitätsgrundsatz und von einer strukturellen Gleichheit aller Legitimationsebenen (von Münch/Kunig: Grundgesetz, Kommentar. Verlag C.H.Beck, München 2012, Anmerkung 28 zu Artikel 28). Auch die innere Ordnung der Parteien muss demokratischen Grundsätzen entsprechen (Artikel 21). Nach § 32 BGB ist bei jedem Verein die Mitgliederversammlung das entscheidende Organ, von dem alles ausgeht.

Dieses demokratische Grundprinzip ist in der Wirtschaft in der Form verwirklicht, dass alle Impulse vom Kunden ausgehen und die Gesamtheit der Konsumenten durch ihre Kaufentscheidungen den Apparat lenkt: Hierin liegt die Konsumentensouveränität. Dieses Wort provoziert allerdings den Einwand, der Konsument sei mitnichten souverän, sondern Opfer einer manipulativen Werbung. Selbst wenn dies so ist, so ist er gleichwohl mit seinen Entscheidungen das lenkende Organ, das die sämtlichen Entscheidungen der Wirtschaft steuert und die dortige Machtausübung legitimiert – ganz gleich, wie diese Entscheidungen des Konsumenten zustande kommen.

Die Unternehmen werden stets direkt oder indirekt vom Konsumenten beauftragt. Innerhalb der Unternehmen ist das demokratische Prinzip dadurch realisiert, dass die gesamte Belegschaft den sehr einflussreichen Betriebsrat wählt – im internationalen Vergleich eine deutsche Besonderheit.

Das dritte Grundprinzip, das das gesamte politische Zusammenleben und daher auch die Wirtschaft betrifft, ist der Rechtsstaat entsprechend Artikel 1 Absatz 3 des Grundgesetzes: Nicht nur die Privaten, sondern auch alle staatliche Macht ist an das Gesetz gebunden. *Wird jemand durch die öffentliche Gewalt in seinen Rechten verletzt, so steht ihm der Rechtsweg offen,* so bestimmt Artikel 19 des Grundgesetzes. Das Verwaltungsgericht überprüft beispielsweise, ob ein Antrag zu Unrecht abgelehnt wurde. Eine Enteignung ist nach Artikel 14 an strenge Voraussetzungen gebunden und wird in der Tagespraxis möglichst vermieden. Aus § 823 Absatz 1 BGB wurde das *Recht am eingerichteten und ausgeübten Gewerbebetrieb* hergeleitet. Die Unternehmen sind also vor willkürlichen staatlichen Eingriffen weitgehend geschützt und genießen insofern Investitionssicherheit. Das Grundgesetz konstituiert also nicht nur die Freiheitsrechte des Individuums und auch des Unternehmens, sondern auch die Abwehrrechte gegenüber willkürlichen Staatseingriffen.

Im praktischen Vollzug der allgemeinen Politik ergibt sich eine Fülle von Berührungspunkten mit der Wirtschaftspolitik. Die gesamte gewerbliche Wirtschaft ist unmittelbar von den übergeordneten politischen Zielen betroffen. Noch stärker gilt dies für die Landwirtschaft, die Forstwirtschaft und die Fischerei als ordnungspolitische Ausnahmebereiche mit starker staatlicher Einflussnahme. Die freien Berufe, im volkswirtschaftlichen Sinne ebenfalls Unternehmen, regeln hingegen ihr Standesrecht weitgehend selbst. Aber sämtliche Wirtschaftsbereiche, weitaus am stärksten die Landwirtschaft, unterliegen der Politik der Europäischen Union. Beispielsweise gibt es aus deutscher Sicht die Überlegung, dass die Landwirtschaft nicht nur um ihrer selbst willen gefördert werden müsse. Vielmehr müsse sie auch deswegen finanziell unterstützt werden, weil Deutschland weitaus größter Nettozahler der EU ist und daher ein Teil der Mittel nach Deutschland zurückfließen müsse.

Der Einfluss der allgemeinen Politik auf die Wirtschaft zeigt sich in der Praxis vor allem darin, dass die politischen Parteien hierzu recht unterschiedliche Auffassungen haben. Dies bezieht sich vor allem darauf, wie stark der Staat zugunsten der sozial Schwächeren oder zugunsten der Verbraucher Einfluss nehmen soll. Es gibt den ordnungspolitischen Grundkonflikt zwischen Freiheit und Gleichheit: Je mehr wirtschaftliche Freiheit in einer Leistungsgesellschaft gewährt wird, desto stärker werden die Unterschiede des Einkommens und Vermögens, desto geringer also die Gleichheit. Wenn andererseits weitgehende Gleichheit hergestellt wird, lähmt dies den Leistungswillen, ist irgendwann nicht mehr finanzierbar und ist mit einem großen Verwaltungsaufwand verbunden, also mit weniger Freiheit. Ein ähnliches Problem gibt es bei der Verbraucherpolitik: Wird der Verbraucher allumfassend vor Fehlkäufen geschützt, so läuft dies auf eine staatliche Qualitätskontrolle, eine Entmündigung des Verbrauchers und langwierige Zulassungsverfahren hinaus, also ein Weniger an Freiheit und Dynamik.

Die Lehrbücher neigen dazu, nicht von diesen für jeden aktiven Politiker selbstverständlichen Konflikten auszugehen, sondern die einzelnen Politikbereiche in getrennten Kapiteln abzuhandeln, als ob sie nichts miteinander zu tun

© Frank & Timme   Verlag für wissenschaftliche Literatur

hätten. Der Student erfährt nicht, wo die Konfliktlinien liegen und wo die wider-streitenden Parteien stehen, auch nicht bei den folgenden Konflikten:

- Umstritten ist, wieweit der Staat sich selbst wirtschaftlich betätigen soll, also die Frage der Privatisierung oder Re-Kommunalisierung.
- Ganz unterschiedlich wird ferner das Grundproblem gesehen, inwieweit die Finanzmittel des Staates für investive Zwecke, vor allem Infrastruktur und Forschung, oder für konsumtive Zwecke, vor allem Soziales, ausgegeben werden sollen. Die langfristige internationale Wettbewerbsfähigkeit Deutschlands hängt vom Anteil der investiven Ausgaben ab. Dieser Zusammenhang ist jedoch der Öffentlichkeit schwer zu vermitteln, weil zu abstrakt und erst die fernere Zukunft betreffend. Kurzfristig sind die konsumtiven Ausgaben für die unterschiedlichsten sozialen Zwecke beliebt und bringen Beifall und unmittelbaren politischen Vorteil.
- Ebenso umstritten zwischen den Parteien ist die Frage, wieweit der Staat sich verschulden darf oder gar soll, um die Konjunktur zu stützen.

Die Wirtschaftstheorie tut sich auch deswegen schwer mit einer Verbindung zur allgemeinen Politik, weil sie immer vom methodischen Individualismus ausgeht, also von einzelnen Menschen als den handelnden Akteuren, während es sich tatsächlich immer um konkurrierende oder antagonistische Organisationen, etwa die Parteien oder die Verbände, handelt. Die linken Klassiker wie Marx und Engels waren in dieser Hinsicht realistischer, indem sie bestimmte Bevölkerungsgruppen, etwa die Klassen, als handelnde Subjekte betrachteten: das Kapital, das Bürgertum, das Proletariat oder den Adel. Sie bemerkten, dass der Einzelne weitgehend durch seine Stellung in einer Organisation oder Interessengruppe definiert wird.

Bei der Lektüre der wirtschaftspolitischen Lehrbücher fällt weiterhin auf, dass der Einfluss der diversen Fachministerien nicht gesehen und behandelt wird. Die politischen Aktionen der einzelnen Ministerien wirken sich oft ganz unmittelbar auf die Wirtschaft aus. Am deutlichsten wird dies in der Außenwirtschaft, wo die Außenwirtschaftspolitik ebenso wie die auswärtige Kulturpolitik einen unmittelbaren Teil der Außenpolitik bildet. Je nachdem werden Freihandelsabkommen oder aber der Schutz der heimischen Wirtschaft angestrebt. Ganz unmittelbar betroffen ist die Wirtschaft von Sanktionen, die gegen ausländische Staaten beschlossen werden, beispielsweise den Sanktionen der Europäischen Union gegen Russland vom März 2014 wegen der Besetzung der Krim. Hiervon ist unter anderem die europäische Landwirtschaft durch Exportverbote betroffen. Besonders heikel und umstritten sind unter den Parteien und in der Öffentlichkeit regelmäßig die Rüstungsexporte, die vom Wirtschaftsministerium zu genehmigen sind.

Aber die Wirtschaftspolitik ist nicht nur ein Teil der allgemeinen Politik und von dieser abhängig, sondern umgekehrt stellt auch die Wirtschaft die Finanzmittel und die gesamten Ressourcen der staatlichen Politik. Insofern ist die Abhängigkeit gegenseitig. Dieser Fragenkreis wird in den Lehrbüchern der Wirtschaftspolitik regelmäßig nicht oder nur ganz am Rande erwähnt. Vielmehr erscheint die Wirtschaftspolitik eher als isolierter Sonderbereich mit eigenen Zielen. Auch in dieser Hinsicht hat sich also die Wirtschaftswissenschaft von der Umwelt abgeschottet.

Zudem wird die Wirtschaftspolitik in den Lehrbüchern relativ eng definiert. Das Buch von Fredebeul-Krein hat die Kapitel *Ordnungspolitik, Wettbewerbspolitik, Finanzpolitik, Geldpolitik, Sozialpolitik – Verteilungspolitik, Arbeitsmarkt- und Beschäftigungspolitik, Außenwirtschaftspolitik* und *Umweltpolitik*. Hierin werden Ordnungs- und Wettbewerbspolitik sehr ausführlich behandelt (87 von 497 Seiten). Dieser Bereich ist in der Tat konstitutiv für die Wirtschaft und war in der Gründungsphase der Bundesrepublik heiß umstritten, gehört in der heutigen Praxis der Wirtschaftspolitik jedoch eher zu den Randbereichen. Die Ordnungspolitik wird auf relativ hohem Abstraktionsniveau behandelt. Die zahlreichen ordnungspolitischen Ausnahmebereiche (Landwirtschaft, Handwerk, Verkehr, Freie Berufe etc.) werden nicht problematisiert.

Der Bereich Bildungspolitik fehlt ganz, obwohl die Schulbildung und insbesondere die betriebliche Berufsausbildung sowie das wirtschaftsnahe Studium an den Fachhochschulen sicherlich große volkswirtschaftliche Bedeutung haben, ebenso wie das wirtschaftswissenschaftliche Studium. Ebenso fehlt in diesem umfangreichen Lehrbuch die Verkehrspolitik, speziell als staatliche Aufgabe der Bau und die Unterhaltung der Infrastruktur (Straßen, Bahnen, Wasserwege, digitale Infrastruktur), auf die die Wirtschaft existenziell angewiesen ist. Nicht behandelt wird ferner der Bereich Forschung, Innovationspolitik und Wissenstransfer. Ebenso fehlt die Regionalpolitik, obwohl es in Deutschland und noch weit mehr in der Europäischen Union sehr große regionale Wohlstandsunterschiede gibt und ein umfangreicher Maßnahmenkatalog aufgeboten wird, um dies zu mildern.

Die Bundesländer als Träger von Wirtschaftspolitik werden nicht behandelt, obwohl sie entsprechend Artikel 83 des Grundgesetzes die Bundesgesetze als eigene Angelegenheiten ausführen. In ihrer Wirtschaftspolitik stehen die Länder untereinander in einem heftigen Wettbewerb mit sehr unterschiedlichem Erfolg. Eine reizvolle Frage wäre beispielsweise, weshalb der Süden (Bayern,

Baden-Württemberg) regelmäßig an der Spitze steht, während Bremen und Berlin die Schlusslichter bilden.

Die Forschungspolitik kommt in den Lehrbüchern nicht vor, obwohl sie unmittelbare Auswirkung auf Innovation und technischen Fortschritt der Wirtschaft hat. Ebenso fehlt die Kulturpolitik mit ihrer Verbindung zu den zahlreichen Betrieben der Kunst und Kultur sowie dem industriellen Design. Ebenso bedeutsam ist die allgemeinpolitische Debatte über Presse und Urheberrecht für die Verlage für Bücher und Zeitschriften. Die Netzpolitik schließlich, der gesamte Bereich von Kommunikation und Digitalisierung, betrifft heute alle Wirtschaftszweige. Diese sämtlichen Probleme werden in der vierten, laut Seite 1 *gründlich überarbeiteten und aktualisierten Auflage dieses Lehrbuchs* (Fredebeul-Krein) nicht angeschnitten. Die Theorie der Wirtschaftspolitik hat sich, sehr eng definiert, von der allgemeinen Politik und deren wirtschaftsnahen Bereichen abgeschottet.

Die in der Tagespraxis sehr einflussreichen zahlreichen Verbände werden in den Lehrbüchern nur am Rande und nur als eine Art Störfaktor einer rationalen Wirtschaftspolitik erwähnt, obwohl sie insofern eine wichtige Aufgabe erfüllen, als sie die unterschiedlichen Interessen ihrer Mitglieder im Vorfeld der Politik bündeln und intern ausgleichen. Beispielsweise haben die Industrie- und Handelskammern und die Handwerkskammern den gesetzlichen Auftrag, das Gesamtinteresse der gewerblichen Wirtschaft ihrer jeweiligen Region zu vertreten, und ihre Spitzenorganisationen in Berlin vertreten die gesamte deutsche Wirtschaft. Für sie trifft es insoweit nicht zu, was den Verbänden immer nachgesagt wird, nämlich dass sie ein Spezialinteresse auf Kosten der Allgemeinheit vertreten.

Zudem sind Abgeordnete und Ministerien auf das Fachwissen der Verbände angewiesen, wie interessengeleitet dieses auch immer sei. Beispielsweise hat es wenig Sinn, ein neues Arzneimittelgesetz zu beraten, ohne die Arzneimittelhersteller, die Großhändler, die Apotheken, die Ärzte und die Krankenkassenverbände anzuhören. Dieses Problem einer stets interessengebundenen Expertise wird im Lehrbuch Fredebeul-Krein nicht gesehen.

Mit geringen Abweichungen verhält es sich bei den wirtschaftspolitischen Lehrbüchern von Klump und Mussel ähnlich. Das Bundesministerium für Wirtschaft kommt in den Büchern zur Wirtschaftspolitik nicht vor, sein Jahreswirtschaftsbericht wird nicht zur Kenntnis genommen.

Stattdessen wird mit theoretisch möglichen Fällen operiert, etwa in folgender Form (Mussel, Seite 82):

Investitionen zum Aufbau einer Landesverteidigung, die ein einzelner Bürger tätigt, erhöhen auch die Sicherheit aller anderen Bürger, ohne dass diese sich an den Kosten beteiligen müssten. Für den individuellen Anbieter schlägt sich der zusätzliche Nutzen dann auch nicht in einer Reaktion der Marktpreise nieder, so dass es tendenziell zu einer Unterversorgung mit dem Gut Landesverteidigung kommt. Um dies zu verhindern, ist es sinnvoll, dass solche Investitionen durch den Staat getätigt werden, der sie als öffentliche Güter allen seinen Bürgern zur Nutzung zur Verfügung stellt und dafür eine allgemeine Steuer erhebt.

Hier bleibt offen, wann jemals ein einzelner Bürger in die Landesverteidigung investiert hat. Vielmehr ist es für jedermann selbstverständlich, dass es sich hier um eine staatliche Aufgabe handelt.

8.3.5   Die Dogmengeschichte

Die Stoffauswahl sollte […] möglichst repräsentativ für den derzeitigen Stand der Wissenschaft sein, heißt es einleitend bei Bartling (Seite 6), und bei den begleitenden Literaturangaben finden sich nur die neuesten Auflagen der aktuellen Lehrbücher. Nirgendwo wird ein Student zur Lektüre der Klassiker ermuntert oder gar, sich mit geistesgeschichtlichen Themen zu beschäftigen. Wie Kuhn (Seite 148) als Wissenssoziologe und Theoretiker des Paradigmenwechsels bemerkt, sind Lehrbücher pädagogische Vehikel für das Fortbestehen der normalen Wissenschaft, das heißt, wie sie sich nach einer Revolution auf neuen Grundlagen eingespielt hat. Sie müssen also nach jeder wissenschaftlichen Revolution neu geschrieben werden, *und wenn sie neu geschrieben sind, verschleiern sie zwangsläufig nicht nur die Rolle der Revolutionen, die sie hervorgebracht haben, sondern sogar deren Existenz. Wenn der […] Lehrbuch lesende Laie zu seinen Lebzeiten keine Revolution erfahren hat, erfasst sein geschichtliches Bewusstsein nur die Ergebnisse der letzten Revolution auf dem betreffenden Gebiet.* Dies dürfte beim Studenten oder der Studentin der Regelfall sein, einfach aufgrund ihres Lebensalters. *Lehrbücher beginnen also damit,* so fährt Kuhn fort, *dass sie den Sinn des Wissenschaftlers für die Geschichte der Disziplin abstumpfen.* Gelegentlich wird auf einzelne große Helden der Vergangenheit hingewiesen. *Durch solche Hinweise erhalten Studierende […] das Gefühl, sie nähmen Teil an einer beständigen historischen Tradition.* Durch Auslese oder durch Verzerrung werden die Wissenschaftler früherer Zeiten als Vorläufer des Heutigen eingespannt. So erscheint die Wissenschaft nicht nur als kontinuierlicher Prozess, sondern auch als kumulativ, als wäre lediglich immer nur Neues hinzugefügt worden. Die Versuchung, die

   © Frank & Timme   Verlag für wissenschaftliche Literatur

Geschichte rückwärts zu schreiben, als hätte sich alles geradlinig auf das Heutige hin entwickelt, ist allgegenwärtig. Hierdurch entsteht der Eindruck, als wäre das Heutige der höchst mögliche Stand des Wissens und als könne es daher keine Grundlagenkritik oder einen Methodenstreit geben. Durch diese Leugnung der in der Vergangenheit tatsächlich vorhandenen heftig ausgetragenen Grundsatzstreitigkeiten immunisiert sich somit der heutige Stand gegen Kritik. Die jetzigen Lehrbuchautoren stellen sich in eine Reihe mit dem Gründervater Adam Smith und können daher nicht angezweifelt werden. Allerdings werden immer wieder nur einige wenige passend ausgesuchte Bemerkungen aus den umfangreichen Werken der Klassiker zitiert. Aus gutem Grund werden daher die Studenten nicht zur Lektüre der Klassiker ermuntert. Denn wenn sie die dortige umfassende Bildung bemerken würden, erschiene ihnen die jetzige Wirtschaftstheorie womöglich als schmalbrüstig und enggeführt.

Ein entscheidendes Thema für die Neuzeit und die heutige Wirtschaft ist beispielsweise die Erfindung des Individuums, die Herauslösung des Einzelnen aus den Gruppenverbänden der Gesellschaft und das eigene kritische Nachdenken anstelle des Glaubens an die Autoritäten. Dieser lange Vorgang, beginnend am Ausgang des Mittelalters mit der Reformation, später mit der Aufklärung, ist deshalb so wichtig, weil heute das Verfassungsrecht und die Wirtschaft ganz von der individuellen Entfaltung der Persönlichkeit ausgehen, so auch des Konsumenten und des Unternehmers.

Aber auch die jüngste Vergangenheit der Wissenschaft findet in den wirtschaftswissenschaftlichen Lehrbüchern nicht statt. Nirgendwo findet sich ein Hinweis auf das Buch *Wohlstand für Alle* von Ludwig Erhard (Econ Verlag, Düsseldorf 1957), obwohl erst aus diesem Buch verständlich wird, was mit der *Sozialen Marktwirtschaft* gemeint ist und wie und warum Erhard diese Ordnung gegen heftigen Widerstand sowohl der Linken als auch der Unternehmer eingeführt hat.

Die jetzigen Lehrbücher der Wirtschaftswissenschaft leben in einem Status der ewigen Gegenwart, in einer merkwürdigen Zeitlosigkeit und Zeitvergessenheit. Immer wird nur der augenblickliche Zustand dargestellt ohne einen Hinweis darauf, welche Entwicklung zu diesem Zustand geführt hat. Durch die bloße Fotografie und Inventarisierung der jetzigen Verhältnisse bleibt den Studierenden deren sinnhafter Zusammenhang verborgen. Sie werden dazu verleitet, eine lange Reihe beziehungslos nebeneinander stehender Tatsachen auswendig zu lernen und für die vielen Definitionen ein dickes Vokabelheft anzulegen.

Besonders deutlich wird dies in den Lehrbüchern bei der Behandlung der Europäischen Union. Soweit die EU nicht mit wenigen Zeilen abgetan wird, werden Organe, Zuständigkeiten und die Daten der Verträge rekapituliert, ohne aber mit einem einzigen Satz darauf einzugehen, aus welchen vorzugsweise auch wirtschaftlichen Gründen es zu der europäischen Einigung kam, welche Schwierigkeiten ständig auftauchen und ob insofern das Vorhaben als erfolgreich zu betrachten oder in seinem Bestand gefährdet ist.

Allenfalls am Rande wird heute die Dogmengeschichte behandelt. Dieses Wort ist etwas missverständlich. Es gibt in der Wirtschaftswissenschaft keine Dogmatik wie etwa in der katholischen Kirche, sondern es geht schlicht um die Geschichte der Lehrmeinungen: die Vorläufer der Heutigen und die Klassiker, die bahnbrechenden Entdecker wirtschaftstheoretischen Denkens. Bei Werner Sombart (*Gewerbewesen, Erster Teil,* G. J. Göschen'sche Verlagsbuchhandlung, Leipzig 1904, Seite 39) lesen wir:

> *Was die gewerbliche Produktion wie alle wirtschaftliche Tätigkeit zunächst in ihrer Eigenart bestimmt, ist der Zweck, der dem Wirtschaften zugrunde liegt, sind die Ideen, von denen vorwiegend die Wirtschaftssubjekte geleitet werden, sind die Motivreihen, denen die wirtschaftlichen Handlungen letztlich ihr Dasein verdanken.*

Diese Motivreihen, diese Mentalitäten, sind dem geschichtlichen Wandel unterworfen. Die Lektüre der Klassiker vermittelt hierzu eine Sensibilität. Unverändert aktuell sind die Klassiker durch ihre Methode, nämlich die genaue Beobachtung der Gesellschaft und der wirtschaftlichen Vorgänge sowie deren Analyse. Heute sind die gesellschaftlichen Gruppen und ihre jeweiligen Mentalitäten keine Objekte der Forschung mehr, obwohl die unverändert das Geschehen durch ihre Absichten bestimmen.

Jeder von den Klassikern ging von den Problemen seiner Zeit aus, meist von den Missständen und Übelständen und ist vor diesem Hintergrund zu verstehen. Im Idealfall haben sie jedoch Theorien und wirtschaftspolitische Konzepte entwickelt, die noch heute gelten und dafür sorgen, dass die damaligen Missstände heute unbekannt sind. Erst aus der Lektüre der Klassiker lässt sich nachvollziehend verstehen, wie und warum es zu der heutigen Ordnung gekommen ist. Die menschliche Kultur erhält sich dadurch, dass sie weitergegeben wird, und jeder Zeit wohnt ein bestimmter Zeitgeist inne. Die jetzigen Studentinnen und Studenten sollten ein Gefühl dafür bekommen, dass die heutige Ordnung, so wie sie sie kennen, nicht einfach vorhanden ist. Vielmehr ist sie mit bestimmten Absichten und mit bestimmten Erfahrungen in einer historischen Situation entworfen und dann realisiert worden. Insbesondere ist die gegenwärtige Wirtschaftsordnung nicht wie in England im Lauf der Jahrhunderte gewachsen, sondern nach dem Totalzusammenbruch 1945 auf einem weißen Blatt Papier konstruiert worden. Ähnlich war es nebenan in der DDR, wo auch etwas ganz Neues entworfen und realisiert wurde, nur mit dem Unterschied, dass das eine sich bewährte und das andere nicht.

Stattdessen heißt es wie bei Bartling (Seite 41) üblicherweise: *Gedanklich gibt es zwei reine Formen von Wirtschaftssystemen, nämlich die Zentralverwaltungswirtschaft und die Marktwirtschaft.* Diese beiden Modelle werden dann eingehend erläutert, aber sie sind von ihren historischen Wurzeln abgeschnitten worden. Die Studierenden erfahren nicht mehr, wann, von wem und warum diese Ordnungen eingeführt worden sind. Bei der systematischen Methode, einfach abstrakt mehrere Modelle nebeneinander zu stellen, erscheinen diese als willkürlich, wie vom Himmel gefallen. Der Student erfährt auch nicht, weshalb in diversen Staaten Zentralverwaltungswirtschaften eingeführt worden sind und in einzelnen Ländern noch heute bestehen, obwohl doch im Lehrbuch überzeugend dargelegt wird, dass diese Wirtschaftsordnung nicht funktionieren kann.

Und schließlich ist es auch eine Frage der Bildung, ein abstraktes Ordnungsmodell der Wirtschaft nicht einfach als gegeben hinzunehmen, sondern sich nach dem Woher, Warum und von Wem zu erkundigen. Früher hieß es: *ad fontes!* (zu den Quellen!). Dies war das Motto der Humanisten der Frühen Neuzeit, die damit eine Rückbesinnung auf die Originaltexte forderten. Philipp Melanchton forderte 1518 in seiner Antrittsrede vor der Wittenberger Universität, *bis zur Sache selbst vorzudringen, damit ihr nicht ihre Schatten umarmt.*

Beispielsweise wird erst aus der Lektüre des Buches *Erlebtes – Erstrebtes – Erreichtes, Lebenserinnerungen* von Franz Oppenheimer (Joseph Melzer Verlag, Düsseldorf 1964) deutlich, welches Problem durch die Soziale Marktwirtschaft gelöst wurde. Oppenheimer (1864 bis 1943) war der verehrte Lehrer Erhards, und dieser hat zu dem Buch ein Geleitwort beigesteuert. Hier schreibt er: *Oppenheimer nannte seine Lehre einen „liberalen Sozialismus" […]. Nun, ich habe Adjektiv und Substantiv umgelagert.* So entstand ein *Sozialer Liberalismus.* Erhard stellte sich zur Überwindung eines verlogenen Nationalismus und Protektionismus ein *Europa der Freien und Gleichen* vor – ein Gedanke, den er von Oppenheimer übernommen hatte. Dieser beschäftigte sich zeitlebens mit folgendem Problem: Er kannte als Wirtschaftsordnungen nur einerseits als Freiheit den entfesselten Kapitalismus des ausgehenden 19. Jahrhunderts, der sich zwar als effizient und wohlstandssteigernd zeigte, jedoch mit einem schreienden Elend der Arbeiterklasse verbunden war. Und andererseits kannte er den Sozialismus, der sich zwar um Solidarität und gerechte Verteilung bemühte, aber unausweichlich in die

Unfreiheit, die Diktatur, führte. Das Problem bestand darin, wie sich wirtschaftliche Freiheit für alle, gerade auch für die Arbeiterklasse, mit einem Wohlstand für alle verbinden ließe. Hierzu wurde von Erhard das Kartellverbot, der erzwungene Wettbewerb, erfunden und politisch durchgesetzt.

Diese Vorgeschichte wird heute in keinem Lehrbuch erwähnt. Ebenso wenig wird erwähnt, dass die Arbeiterschaft im frühen Kapitalismus tatsächlich ausgebeutet und auf einem sehr niedrigen Lebensniveau festgehalten wurde. Zudem herrschte in Preußen bis 1918 bei den Wahlen zum Abgeordnetenhaus ein Dreiklassenwahlrecht. Als Hauptaufgabe des Staates galt der Schutz des Eigentums, und daher war das Stimmgewicht der großen Eigentümer, der Kapitalisten, unverhältnismäßig größer als das der besitzlosen Arbeiter. Diese waren praktisch rechtlos. *Die Proletarier dieser Welt haben nichts zu verlieren als ihre Ketten* hieß es durchaus zu Recht im *Kommunistischen Manifest* von Karl Marx und Friedrich Engels (1848). So erschien eine Revolution, wobei die Arbeiter selbst die Produktion in die Hand nehmen und die Produkte nach Bedarf gerecht verteilen, als plausible Lösung. Die DDR als sozialistischer Staat der Arbeiter und Bauern und als Friedensstaat, der die Wurzeln von Faschismus und Krieg beseitigt hätte, wurde in dieser Tradition ja zunächst mit einiger Begeisterung und Idealismus gegründet, bis sie später in Diktatur und Ineffizienz erstarrte. Dementsprechend groß waren die Probleme 1990 bei der Wiedervereinigung. Nicht nur war die Industrie in der DDR hoffnungslos veraltet, sondern es gab auch Mentalitätsprobleme, weil das Erziehungswesen der DDR ganz auf kritiklose Einfügung in die allmächtige Staatsmacht gerichtet war und nicht auf selbstständige Lebensbewältigung wie im Westen. Hier ist das Bewusstsein und Verhalten oft spielerisch, spontan, kapriziös und unkonventionell, während in der DDR die strenge moralische Beurteilung des Verhaltens vorherrschte. So kam es zu dem Gemeinspruch: *Das Bewusstsein im Westen ist ironisch, im Osten tragisch.*

Die Studenten sollten auch lernen, dass bestimmte Mentalitäten in bestimmten Wirtschaftsverfassungen entstehen: *Das Sein bestimmt das Bewusstsein,* so wird heute meist verkürzt Karl Marx zitiert. In seiner Schrift *Zur Kritik der politischen Ökonomie* (1859) spricht er davon, dass die gesellschaftlichen Lebensumstände, besonders die Produktionsbedingungen zur Sicherung der materiellen Existenz, ein bestimmtes Bewusstsein zur Folge haben: *Es ist nicht das Bewusstsein der Menschen, das ihr Sein, sondern umgekehrt ihr gesellschaftliches Sein, das ihr Bewusstsein bestimmt.*

Beispielsweise prägte in der strengen mittelalterlichen Zunftverfassung diese Zunft weitgehend das Leben und auch die Gesinnung der Mitglieder. Ihre Arbeit, die hergestellte Menge und die Preise waren streng geregelt. Ein Wettbewerb war

© Frank & Timme   Verlag für wissenschaftliche Literatur

praktisch nur über die Qualität möglich. Ferner war der Zugang zum Handwerk nur über ein ausgesucht schwieriges Meisterstück möglich, an dem nachher noch herumgekrittelt wurde. Es könnte sein, dass diese damalige Pflege der Qualität als Selbstzweck noch heute nicht nur im Handwerk, sondern auch in der Industrie nachwirkt.

Ein ganz anderes Beispiel bildet die Wirkung der jeweiligen Agrarverfassung und des Erbrechts auf die Wirtschaftsgesinnung. Es könnte sein, dass der Gewerbefleiß des deutschen Südwestens darin seinen Ursprung hat, dass die Realteilung (bei drei Kindern erbt jedes ein Drittel des Bauernhofes) zur Folge hatte, dass nicht lebensfähige Kleinstbetriebe entstanden und daher frühzeitig die Notwendigkeit zu einer ergänzenden gewerblichen Tätigkeit gesehen wurde. Umgekehrt war es bei den großen Landgütern östlich der Elbe: Diese wurden im Ganzen vererbt, und die leer ausgehenden Geschwister mussten eine Stelle im öffentlichen Dienst suchen oder auswandern. Die Gutsherren waren an der Gründung gewerblicher Betriebe und daher einer Schmälerung ihrer alleinigen Herrschaft nicht interessiert.

In Deutschland gibt es eine Vielzahl regionaler Traditionen gewerblicher Wirtschaft, die bis in die Gegenwart fortwirken, etwa im Siegerland, im Sauerland und in den Bergbauregionen des Harzes und des Erzgebirges. Sprichwörtlich ist die hanseatische Gesinnung in den alten Hansestädten: die Kaufmannsehre in Gestalt einer absoluten Zuverlässigkeit, verbunden mit einer weltoffenen Haltung. *Mein Feld ist die Welt* hieß der Wahlspruch des Hamburger Reeders Albert Ballin (1857 bis 1918).

Wenn sich die akademische Wirtschaftstheorie von diesen Wechselwirkungen zwischen allgemeiner Geschichte und Wirtschaftsgeschichte sowie den jeweils herrschenden Gesinnungen abschottet, erschwert sie unnötig das Verständnis der heutigen Verhältnisse. Hinzu kommt die Tatsache, dass Werturteile als unwissenschaftlich gelten. Eine angestrengte Wertneutralität führt dazu, dass Institutionen und Vorgänge aller Art nur beschrieben und nicht in ihrer Sinnhaftigkeit erläutert werden. Die sämtlichen Phänomene der Wirtschaft und der Wirtschaftspolitik werden nur fotografiert und inventarisiert, ohne darauf einzugehen, wann und warum sie entstanden sind, welche Absicht dahinter stand und inwiefern diese Absicht erreicht wird. Weil die sämtlichen Institutionen nur in ihrem jetzigen Bestand geschildert werden, ohne auf die Situation ihrer Entstehung und ihrer Herkunft einzugehen, wirken sie seltsam blutleer ähnlich wie Pflanzen, die von ihrem Wurzelwerk abgeschnitten worden sind.

Die Geschichtswissenschaft könnte der Wirtschaftstheorie auch Impulse in Hinsicht auf ihre Methode geben, vor allem in der Frage des richtigen Umgangs mit den Quellen. Die Geschichtsforscher sind den Umgang mit einer Vielzahl von meist schriftlichen Quellen unterschiedlichsten Ranges gewöhnt. Fast keine dieser Quellen war darauf aus, einen Hergang neutral und objektiv zu schildern, sondern die Meldungen, Briefe, Tagebücher, Chroniken etc. verfolgten bestimmte Zwecke des Tages. Ähnliches gilt für die Bücher und journalistischen Erzeugnisse wie die Tageszeitungen. Würde sich die Wirtschaftstheorie eines Tages verstärkt der wirtschaftlichen Wirklichkeit zuwenden, so wäre sie ebenfalls auf einen kritischen Umgang mit den Quellen angewiesen.

Ferner sind diese Quellen unentbehrlich zu heuristischen Zwecken, nämlich zunächst einmal interessante und relevante Themen zu finden und zweitens in erster Annäherung mögliche Ursachen und Zusammenhänge zu erkennen. Die Journalisten sind ja von Berufs wegen darauf angewiesen, Interessantes und Relevantes zu finden, und sie sind gewöhnlich ganz dicht am Geschehen, indem sie an den Veranstaltungen teilnehmen und sich mit den Akteuren unterhalten. Zudem unterhalten die Redaktionen gewöhnlich ein umfangreiches Archiv und können daher den Werdegang und den Hintergrund erläutern.

8.3.6 Die Wirtschaftsgeschichte

In der eingangs dieses Buches erwähnten Umfrage des Internetportals *Wirtschafts Wunder* wurden die mehr als tausend Wirtschaftswissenschaftler 2015 auch befragt, ob sie der Aussage *Ökonomen sollten wieder stärker auf Geschichtsschreibung zurückgreifen* zustimmen. 32,3 Prozent stimmten *stark* zu, weitere 43 Prozent stimmten *etwas* zu. Nur 22,2 Prozent hielten diese Forderung für unberechtigt. Ein Problembewusstsein ist also bei der großen Mehrheit vorhanden. Hieraus ist aber einstweilen keine Umorientierung gefolgt, sondern es wird weiterhin ohne Blick auf die historischen Zusammenhänge gearbeitet.

In allen hier untersuchten Lehrbüchern will jeder Autor will nur den jeweils neuesten aktuellen Stand präsentieren. Das Stichwort *Wirtschaftsgeschichte* wird niemals genannt. Diese Disziplin könnte jedoch viel zum Verständnis der Gegenwart beitragen, weil sie die Entwicklung, die Organisation und die Handlungslogik von und in Volkswirtschaften und einzelnen Branchen in historischer Perspektive untersucht bis hin zu den Unternehmen, den Akteuren und Akteursgruppen. Die Wirtschaft, wie wir sie heute vorfinden, beispielsweise die regionale Verteilung der einzelnen Gewerke, ist oft erst aus ihrer langen Vorgeschichte verständlich. Mentalitäten und typische Handlungsmuster haben sich in Jahrzehnten gebildet und verfestigt. Dies gilt insbesondere für die kleinbetrieblichen und mittelständischen Strukturen mit ihrem ausgeprägten Traditionsbewusstsein. Andererseits gab es Pioniere in Richtung der Industrialisierung.

© Frank & Timme   Verlag für wissenschaftliche Literatur

In der Ökonometrie wird davon ausgegangen, dass sich das Wirtschafts-wachstum entsprechend mathematischer Funktionen entwickelt und dass durch das Lösen von Differenzengleichungen die Gestalt dieser Funktionen ermittelt werden kann. Als realistischer erscheint die Vermutung, dass sich Perioden rela-tiver Stagnation ablösen mit Durchbrüchen technischer oder auch politischer und juristischer Art. Diese Durchbrüche ereignen sich nicht einfach, sondern sie werden jeweils von bestimmten Persönlichkeiten mit bestimmten Ideen vorange-trieben – immer gegen ein allgegenwärtiges Beharrungsvermögen der Bürokratie, des Publikums und der bisherigen Funktionsträger, die um ihren Status fürchten. Es geht immer um den Konflikt, entweder das Alte (die bestehenden Unterneh-men und Arbeitsplätze sowie überhaupt die alte Ordnung und das Gewohnte) zu schützen oder aber sich dem Neuen zu öffnen. Die Widerstände gilt es auch dann zu überwinden, wenn das Neue offensichtlich besser und vernünftiger ist. Der Konflikt zwischen Tradition und Innovation, zwischen Abschließung und Öffnung ist heute so aktuell, wie er in der Vergangenheit immer wieder war. Der Unterschied ist nur, dass er im 19. Jahrhundert auf nationaler Ebene ausgetragen wurde, heute eher auf europäischer oder weltweiter Ebene.

Anschaulich deutlich wird dies beispielsweise durch zwei Persönlichkeiten – Pioniere, die sich unbeirrt von großen und modernen Ideen leiten ließen: Friedrich Harkort und Friedrich List.

Friedrich Wilhelm Harkort (1793 bis 1880) gründete 1819 zusammen mit einem Elberfelder Kaufmann und Bankier in Wetter/Ruhr die Firma *Mecha-nische Werkstätten Harkort & Co* zur Herstellung von Dampfmaschinen und Gasbeleuchtungsapparaten. Die preußischen Behörden förderten das Werk als eine der ersten Maschinenbauanstalten im Ruhrgebiet. Bereits 1826 wurde hier nach englischem Vorbild das Puddelverfahren eingeführt, um das im Hochoffen erzeugte Roheisen in Schmiedeeisen umzuwandeln. Aus Harkorts Unternehmen ging später das Werk Wetter der DEMAG hervor. Erst durch die hier hergestell-ten Pumpen, Dampfmaschinen und Eisenbahnschienen wurde der Abbau von Kohle im Tiefbergbau möglich. Innerhalb seines Unternehmens schuf Harkort eine Betriebskrankenkasse – damals ebenfalls eine Pioniertat.

1825 veröffentlichte Harkort den Aufruf, zwischen Köln am Rhein und Minden an der Weser eine Eisenbahn zu bauen. Der Artikel begann: *Durch die rasche und wohlfeile Fortschaffung der Güter wird der Wohlstand eines Landes bedeutend vermehrt [...]*. 1828 gründete Harkort mit einigen Freunden die erste Eisenbahn-Aktiengesellschaft auf deutschem Boden: die *Prinz-Wilhelm-Eisen-bahn-Gesellschaft*. Hier ging es um den Transport von Steinkohle aus Essen ins Bergische Land, nach Wuppertal. Die von Pferden gezogene Bahn wurde 1831 eröffnet. 1847 kam die von Harkort längst geforderte Köln-Mindener Eisenbahn hinzu. Sie wurde rein privat finanziert, denn der preußische Staat sah sich nicht willens oder in der Lage, Eisenbahnen zu bauen.

Harkort gründete einen *Verein für die deutsche Volksschule und die Verbreitung gemeinnütziger Kenntnisse,* der schon nach kürzester Zeit 2 500 Mitglieder hatte. Hier sollte der Stand der Volksschullehrer gehoben werden – bisher waren weder der obrigkeitliche Staat noch die Kirche an *mündigen Lehrern* interessiert. Harkort wies auf die unzulänglichen Bildungsmöglichkeiten für das Proletariat hin und veröffentlichte 1844 die Anklageschrift *Bemerkungen über die Hindernisse der Zivilisation und Emanzipation der unteren Klassen.* Hierin stellt er fest: *100 000 Fibeln, die 3 000 Taler kosten, haben einen größeren Wert für die Erziehung der Menschheit als 100 000 Bewaffnete, die jährlich 9 Millionen verschlingen.*

Harkort war Mitglied des Westfälischen Provinziallandtags, der konstituierenden preußischen Nationalversammlung und des Reichstags. Hier forderte er für die Arbeiter feste Anstellungen und feste Löhne. Er schlug eine Gewinnbeteiligung der Arbeiter vor und forderte ein Verbot der Kinderarbeit. Ab 1856 wurden entsprechend seinen Forderungen Unterstützungskassen für Arbeiter und Handwerker eingerichtet. Bekannt ist noch heute eine Schrift *Über die soziale Frage* von 1844. Hier heißt es:

Früher bemerkten wir bereits, dass es untunlich erscheint, den Fabrikherrn für den Unterhalt seiner Leute verantwortlich zu machen. Allein die Pflicht könnte dringend nahegelegt werden, das System der wechselseitigen Unterstützung [...] sowohl in Krankheitsfällen als wie Invalidität unter ihnen einzuführen und mit angemessenen Zuschüssen zu unterstützen. Sichert der Staat durch Zollschutz die Herrn, dann geschehe auch einiges für die Diener.

Durch die Behandlung von Pionieren wie Harkort würde für jeden Studenten deutlich, dass sich der wirtschaftliche und soziale Fortschritt und das Wachstum des Wohlstands nicht einfach ereignen, schon gar nicht entlang einer mathematischen Funktion, sondern durch vorausschauende engagierte Persönlichkeiten, die für die heutigen Errungenschaften die Grundlagen gelegt und zunächst einmal die Ideen gehabt haben.

Friedrich List (1789 bis 1846) war Wirtschaftstheoretiker, Unternehmer, Diplomat und ebenfalls Eisenbahn-Pionier. Als Rechnungsrat der Regierung in Stuttgart wurde er 1817 mit Befragungen unter den Auswanderern aus Baden und Württemberg beauftragt. Ziel der Regierung war, bessere Informationen über die Gründe für die Auswanderung zu erhalten, um auf dieser Basis

Gegenmaßnahmen ergreifen zu können. Hier, mit einer Befragung, arbeitete List erstmalig empirisch. Erfolgreich setzte er sich für eine Reform der Beamtenausbildung ein: Nicht nur juristische Kenntnisse sollten vermittelt werden, sondern auch Staatswissenschaften wie Volkswirtschaft und Finanzwesen. 1819 reiste er nach Frankfurt. Unter seiner maßgeblichen Beteiligung wurde mit den örtlichen Kaufleuten dort der *Allgemeine Deutsche Handels- und Gewerbeverein* als erster Unternehmerverband der Neuzeit gegründet. List setzte dem Verein das Ziel, die innerdeutschen Zollgrenzen zu überwinden. Er sah die Schaffung eines großen innerdeutschen Binnenmarktes durch Aufhebung der kleinstaatlichen Zollgrenzen als notwendige Voraussetzung für eine Industrialisierung Deutschlands. Beim Binnenmarkt dachte er an Deutschland, die Habsburgmonarchie und eventuell sogar an eine Union gemeinsam mit Frankreich. Nur durch einen überregionalen Absatz könnten die deutschen Unternehmen die notwendige Größe erreichen, um international wettbewerbsfähig zu werden. Der Verein richtete 1819 eine von List formulierte Bittschrift an die Bundesversammlung, worin es heißt:

Achtunddreißig Zoll- und Mautlinien in Deutschland lähmen den Verkehr im Innern und bringen ungefähr dieselbe Wirkung hervor, wie wenn jedes Glied des menschlichen Körpers unterbunden wird, damit das Blut ja nicht in ein anderes überfließe. Um von Hamburg nach Österreich, von Berlin in die Schweiz zu handeln, hat man zehn Staaten zu durchschneiden, zehn Zoll- und Mautordnungen zu studieren, zehnmal Durchgangszoll zu bezahlen.

Die Bundesversammlung erkannte jedoch die Existenz des Vereins nicht an und verwies die Unterzeichner an die Einzelstaaten. Diese lehnten eine Einmischung in ihre Angelegenheiten strikt ab. Der Handelsverein versuchte nun, die Öffentlichkeit von seinen Zielen zu überzeugen. Friedrich List gab hierzu ab 1818 eine eigene Zeitung heraus, das *Organ für den deutschen Handels- und Gewerbestand*. 1828 wurde immerhin ein *Süddeutscher Zollverein* gegründet. Als Abgeordneter im württembergischen Landtag setzte List sich für Demokratie und Freihandel ein. In seiner *Reutlinger Petition* von 1821 wandte er sich gegen die zunehmende Bürokratisierung. Die *Schreiberherrschaft* sei eine *vom Volk ausgeschiedene über das ganze Land ausgegossene und in den Ministerien konzentrierende Beamtenwelt, unbekannt mit den Bedürfnissen des Volkes und den Verhältnissen des bürgerlichen Lebens* [...] *jeder Einwirkung des Bürgers, gleich als wäre sie staatsgefährlich, entgegenkämpfend.* Dem wollte List eine Stärkung der kommunalen Selbstverwaltung entgegensetzen. Diese Schrift wurde polizeilich beschlagnahmt, List zu zehn Monaten Festungshaft verurteilt. Im Exil in den USA gründete er mit mehreren Gesellschaftern ein Kohlebergwerk und eröffnete zum Abtransport der Kohle eine erste Bahnlinie.

Gegen die Konkurrenz der industriell führenden Engländer verlangten die amerikanischen Unternehmer einen Schutzzoll. List wandte sich von der strengen Freihandelslehre ab und befürwortete Schutzzölle für Länder, die im Gegensatz zu England einen Rückstand in der Industrialisierung aufwiesen. List konzipierte eine förmliche Entwicklungstheorie einer nachholenden Industrialisierung. Diese Theorie wurde von zahlreichen anderen Staaten von Südamerika bis China studiert und angewandt. Seine Idee eines zeitweiligen Erziehungszolls, unter dessen Schutz die Industrialisierung anlaufen sollte, setzte sich nicht nur in den USA und den deutschen Staaten durch.

In *Mitteilungen aus America* (1828/29) berichtete List dem deutschen Publikum von den Anfängen des Eisenbahnwesens in den USA und entwickelte detaillierte Pläne für ein Eisenbahnnetz in Bayern und zu den hanseatischen Hafenstädten.

1834, inzwischen wieder in Deutschland, begann List, für eine Enzyklopädie der Staatswissenschaften zu werben. Hier entstand das *Staatslexikon – Enzyklopaedie der Staatswissenschaften* als eine der wichtigsten Schriften des deutschen Frühliberalismus. Es hat maßgeblich dazu beigetragen, über die Grenzen der Bundesstaaten hinweg den Zusammenhalt der entstehenden liberalen Bewegung zu festigen und auf eine gemeinsame Grundlage zu stellen. List lieferte Beiträge zu Eisenbahn und Dampfschifffahrt, aber auch zu Arbeitern und Arbeitslohn oder zu Arbeit sparenden Maschinen. Er entwickelte eine Theorie der produktiven Kräfte. Gemeint waren die Kompetenzen einer Gesellschaft, die sich nicht nur auf das Sachkapital bezogen, sondern auch auf Innovationskraft, Ingenieurleistung, unternehmerischen Geist sowie Bildungs- und Ausbildungsniveau der Bevölkerung. Der Entwicklungsstand einer Volkswirtschaft sei das Ergebnis der geistigen Leistungen der Menschen, zum Beispiel Erfindungen und Verbesserungen. Hierzu gehören auch die politischen Voraussetzungen, weil *Arbeitsamkeit, Sparsamkeit, Erfindungs- und Unternehmergeist der Individuen nichts Bedeutendes zustande gebracht haben, wo sie nicht durch die bürgerliche Freiheit, die öffentlichen Institutionen und Gesetze [...] unterstützt gewesen sind.* Die Lernanstrengungen der Menschen sind von der Ausgestaltung des institutionellen Rahmens abhängig. In der Industrie besteht, anders als in der Landwirtschaft, eine institutionell abgesicherte Anreizstruktur, die Lernprozesse fördert. Die Fähigkeit im Umgang mit Kunden sowie Erfindungsgabe und Geschmack bestimmen hier in hohem

Maße den wirtschaftlichen Erfolg. Deshalb sei ein großer industrieller Sektor eine notwendige Bedingung für den Erfolg geistiger Leistungen. List entwickelte eine Stufenleiter der wirtschaftlichen Entwicklung der Nationen, beginnend mit den Jägern und Sammlern und gipfelnd in den Gesellschaften mit Manufakturen.

Für List waren die Überwindung der Zollschranken und der Bau der Eisenbahnen die beiden entscheidenden Werkzeuge, um die gewerbliche Rückständigkeit der deutschen Staaten zu überwinden. In seiner Schrift über den Bau einer Eisenbahn von Leipzig nach Dresden legte er 1833 die Vorteile eines solchen Vorhabens dar: Die Eisenbahn ermöglicht einen billigen, schnellen und regelmäßigen Massentransport, der förderlich für die Entwicklung der Arbeitsteilung, die Standortwahl der Betriebe und letztlich einen höheren Absatz sei. Innovativ im obrigkeitlichen Staat war Lists Art der offensiven Werbung für ein breites Publikum. Auf der Grundlage dieser Schrift wurde ein vorbereitendes Komitee gegründet, das eine überzeugende Kosten- und Rentabilitätsrechnung aufstellte, mit der Regierung über die Konzessionen verhandelte und schließlich zur Finanzierung Aktien ausgab. 1839 wurde die Eisenbahn Leipzig–Dresden als erste deutsche Fernbahnstrecke in Betrieb genommen. Die folgenden Projekte orientierten sich an diesem Vorbild.

Nach einer regen journalistischen Tätigkeit erschien 1841 sein Hauptwerk *Das nationale System der politischen Ökonomie*. Hier geht er davon aus, dass eine Volkswirtschaft nicht nur von allgemein gültigen Gesetzen bestimmt sei, sondern dass immer auch die unterschiedlichen sozialen und politischen Faktoren eine Rolle spielen würden. Er sah die Industrialisierung eines Landes als Initialzündung eines sich selbst verstärkenden Prozesses. Nicht zuletzt plädierte List für einen Nationalstaat anstelle der vielen deutschen Kleinstaaten.

List lebte in einer streng hierarchisch verfassten aristokratischen Gesellschaft weltferner krähwinkeliger Kleinstaaten, wo schon die Forderung nach Bürgerrechten und Demokratie polizeiliche Ermittlungen nach sich zog. Ein Freigeist und Feuerkopf wie er galt ähnlich wie sein Freund Heinrich Heine stets als gefährlicher Unruhestifter, der frühzeitig aus allen öffentlichen Ämtern entfernt wurde, der keine feste Anstellung und keine festen Einnahmen fand. Sein Anliegen, die industrielle Entwicklung, wurde selbst in seiner liberalen Partei nicht allgemein geteilt, sondern überwiegend wurde das Ideal einer kleinbetrieblichen handwerklichen Gesellschaft hochgehalten. Seine Verdienste wurden nicht anerkannt. Tief enttäuscht setzte er 1846 seinem Leben selbst ein Ende.

Seine Ideen indes wurden im Laufe des 19. Jahrhunderts im großen Maßstab realisiert: Der Deutsche Zollverein bestand von 1834 bis 1919, und mit den Eisenbahnen wurden nach und nach alle Provinzen erschlossen. Der geöffnete

Binnenmarkt und der erleichterte Transport zogen eine große Investitionswelle nach sich. Durch den Massentransport wurden eine Massenproduktion und eine allgemeine Industrialisierung möglich. Die Hersteller mussten sich plötzlich im reichsweiten Wettbewerb bewähren. Durch den Kapitalbedarf der Eisenbahnprojekte entstand die moderne Aktiengesellschaft.

Vorbildlich aus heutiger Sicht war auch sein frühzeitiger amtlicher Auftrag, die Befragung der Auswanderer. Die massenhafte Auswanderung war seinerzeit ein großes Problem der deutschen Staaten. Die Ursachen hierfür hat List nicht durch eine allgemeine Reflexion oder gar mit mathematischen Mitteln erforscht, sondern, ein Pionier der empirischen Sozialforschung, durch die Befragung: *Weshalb wollt ihr auswandern? Weshalb wollt ihr auf Dauer eure Heimat verlassen?* Die Gründe lagen nicht nur, wie heute meist vermutet, in der Armut und dem unzureichenden Nahrungsangebot. Mindestens ebenso gravierend waren die Schikanen durch die subalternen Beamten. Die Beamtenschaft war nur dem Landesherrn verpflichtet und nahm auf die Nöte und Probleme des einfachen Volks keinerlei Rücksicht. Die amtlichen Weisungen wurden mit aller Härte vollzogen, auch wenn es im Einzelfall unverhältnismäßig oder widersinnig war. Amerika galt ganz wörtlich als Land der Freiheit, wo es eine solche Beamtenschaft nicht oder noch nicht gab. Auch heute soll es sich noch nicht in allen Amtsstuben herumgesprochen haben, dass es nicht Aufgabe sein kann, einfach nur Gesetze zu vollstrecken und ablehnende Bescheide zu versenden, sondern eher, den Bürger zu beraten, wie er im Rahmen der geltenden Gesetze sein Anliegen realisieren kann.

In der Wirtschaftsgeschichte steht in den angelsächsischen Ländern die *Cliometrie* im Vordergrund, benannt nach Clio, der antiken Muse der Geschichtswissenschaft. Douglass North (1920 bis 2015) erhielt 1993 zusammen mit Robert William Fogel den Nobelpreis für Wirtschaftswissenschaften. Sie hatten die wirtschaftsgeschichtliche Forschung erneuert, indem sie ökonomische Theorien und quantitative Methoden anwandten, um wirtschaftlichen und institutionellen Wandel zu erklären. North erforschte die gesellschaftlichen Strukturwandlungen, die mit Wirtschaftsentwicklungen einhergehen und andererseits sie beeinflussen und ermöglichen. Seine Theorie des institutionellen Wandels wandte sich immer mehr vom Effizienz- und Rationalitätsparadigma der neoklassischen Sicht von Institutionen ab.

In der Cliometrie geht es um historische Zeitreihen, beispielsweise den Zusammenhang zwischen Bevölkerungsentwicklung, Lebenserwartung, Wirtschaftsformen und Ernährung. Prominenter Vertreter des Faches ist Jörg Baten, Jahrgang 1965. Er wurde bekannt durch seine langfristigen Untersuchungen zur

Entwicklung von Humankapital und Lebensstandard. Als Indikator diente unter anderem die Statistik des Buchkonsums. Baten gelangte zu dem Schluss, dass der Vorsprung in der Bildungsentwicklung einiger Länder die heutigen Unterschiede von Arm und Reich verursachte, während beispielsweise der Welthandel eine eher geringe Rolle spielte. Ein anderes Forschungsergebnis war, dass die Gesundheit historischer Bevölkerungsgruppen stark von der Art der landwirtschaftlichen Spezialisierung abhing. Beispielsweise milderte eine viehwirtschaftliche Spezialisierung den katastrophalen Protein- und Calciummangel vorindustrieller Gesellschaften. Die wirtschaftsgeschichtliche Forschung kann also Grundlagen für die heutige Entwicklungspolitik liefern.

8.3.7   Der technische Fortschritt

Von den hier untersuchten sieben Lehrbüchern erwähnen nur zwei (Mussel, Altmann) den technischen Fortschritt, obwohl doch dieser für die Wirtschaftsgeschichte und für die heutige weltwirtschaftliche Konkurrenz eine entscheidende Rolle spielt. Das Thema wird eher summarisch abgehandelt. Bei Altmann (Seite 43) geht es vor allem um die Frage, ob der technische Fortschritt als eigenständiger Produktionsfaktor betrachtet werden soll. Im betriebswirtschaftlichen Werk von Wöhe mit einem Umfang von 992 Seiten ist dem Thema *Forschung und Entwicklung* eine einzige Zeile (Seite 76) gewidmet: *Die FuE-Planung steht in engem Zusammenhang mit der Entwicklung neuer Produkte.*

Das Wachstum der Wirtschaft beruht auf einer ständigen Steigerung der Produktivität der Arbeitskraft, hervorgerufen durch einen immer höheren Einsatz von Kapital, also von Technik aller Art. Gleichzeitig sinken hierdurch die Stückkosten, so dass der Massenwohlstand steigt. Der technische Fortschritt im Verkehr und Transportwesen, also die Senkung der Transportkosten pro Einheit, verschärft den überregionalen und schließlich weltwirtschaftlichen Wettbewerb. Der Fortschritt der Kommunikationsmittel und die Digitalisierung hin zu Industrie 4.0 sind die Herausforderungen der Gegenwart. Unverändert ist in der Theorie und der Tagespolitik umstritten, ob der technische Fortschritt durch die Freisetzung von Arbeitskräften eine Arbeitslosigkeit erzeugt oder ob die Arbeitskräfte an anderer Stelle aufgesogen werden. Die von der Technik angetriebene *schöpferische Zerstörung* (Schumpeter) von Betrieben, die in der Entwicklung nicht mithalten konnten, erzeugt jedenfalls an deren Standort zunächst einmal einen Verlust von Arbeitsplätzen.

Von den drei Lehrbüchern zur Wirtschaftspolitik, die wir durchgesehen haben, ist in zweien (Klump und Fredebeul-Krein) das Thema *Forschungspoli-*

tik im Sachverzeichnis nicht erwähnt. Mussel hingegen widmet diesem Thema anderthalb Seiten und stellt fest (Seite 206):

> *Für die internationale Wettbewerbsfähigkeit einer Volkswirtschaft ist der Stand von Forschung und Entwicklung (FuE) ein herausragender Faktor [...]. Die Bedeutung von Forschung und Entwicklung für das wirtschaftliche Wachstum ist unbestritten.*

Um dies zu verdeutlichen, genügt ein kurzer Blick in die Wirtschaftsgeschichte.

- 1769 erhielt James Watt ein Patent für eine verbesserte Dampfmaschine. Im Lauf des 19. Jahrhunderts verbreitete sich diese Technik, vor allem für den Antrieb von Eisenbahnen und Schiffen. In der Wende zum 20. Jahrhundert wurde die Dampfmaschine abgelöst durch den Elektromotor und, als Antrieb, durch den Verbrennungsmotor.
- 1825 wurde in England die erste Eisenbahn eröffnet. Seitdem haben sich die Verkehrsmittel stürmisch weiter entwickelt bis hin zum Container-Verkehr (seit 1956), mit dem heute rund zwei Drittel aller grenzüberschreitenden Transporte abgewickelt werden und der die Basis der Globalisierung bildet. Die Transportkosten sanken auf winzige Bruchteile des Produktpreises, wodurch die weltweite Konkurrenz möglich ist.
- Seit den 1970er Jahren hat sich der Mähdrescher als Erntemaschine durchgesetzt. Hierdurch wurden nicht nur zahlreiche Schnitter und Erntehelfer arbeitslos, sondern auch die Hersteller von Sensen mussten ihre Betriebe schließen. Durch die Mechanisierung der Landwirtschaft reichen inzwischen etwa 4 Prozent der Bevölkerung aus, um das Volk mit Nahrungsmitteln zu versorgen.
- In der Energiegewinnung haben sich dramatische Umbrüche ereignet: vom Holz als einzigem Energiespender über die fossilen Energien (Kohle, Erdöl, Erdgas) über die Kernenergie hin zu den erneuerbaren Energien.

Insgesamt wurden Wirtschaftsgeschichte und Wirtschaftswachstum durch eine Kette technischer Revolutionen vorangetrieben. Datenverarbeitung und Digitalisierung haben auch die Büroarbeit weitgehend automatisiert. Der heutige Bankangestellte kann sich ganz einfach nicht vorstellen, wie es in den 1960er Jahren zuging, als die Zinsen per Hand, mit Kugelschreiber, Papier und mithilfe einer mechanischen Rechenmaschine, angetrieben durch Drehkurbel, errechnet wurden.

Der Prozess einer ständigen durch die Forschung vorangetriebenen weiteren Rationalisierung, heute die Herausforderung durch Industrie 4.0, dauert in voller Stärke an. Umso merkwürdiger ist es, dass dieses Thema in der Lehrbuchliteratur entweder gar nicht oder allenfalls beiläufig behandelt wird. In den *Grundlagen der Wirtschaftspolitik* von Fredebeul-Krein kommen die Begriffe *Digitalisierung, Forschungs- und Technologiepolitik* auf 500 Seiten nicht vor, ebenso wenig in Bartlings *Grundzügen der Volkswirtschaftslehre*. Die Ursache für dieses Versäumnis könnte darin liegen, dass die Wirtschaftswissenschaft allgemeingültige Modelle entwickeln will, die zu jeder Zeit und in jedem Land gelten. Daher besteht wenig Interesse an den konkreten Ursachen und politischen Maßnahmen, auch wenn diese den technischen Fortschritt und den geschichtlichen Verlauf bestimmen.

Klump erwähnt in seiner *Wirtschaftspolitik* ebenfalls nicht die Forschungs- und Entwicklungspolitik als einen Teil der Wirtschaftspolitik, obwohl doch diese Politik entscheidend wichtig ist, wenn Deutschland langfristig im internationalen Wettbewerb mithalten will. Jedoch behandelt Klump auf Seite 137 ein Problem des Marktversagens:

Die strategische Rolle von Investitionen für wirtschaftliches Wachstum wird noch dadurch unterstrichen, dass von einzelnen Investitionsvorhaben häufig positive externe Effekte auf andere Investitionsprojekte ausgehen. Solche Externalitäten können [...] technologischer Art sein [...]. Im Falle positiver Externalitäten droht [...] ein Marktversagen, da sich die gesellschaftlichen Auswirkungen nicht ausreichend in den Marktpreisen niederschlagen.

Hierzu wird auf Seite 67 erläutert:

Technologische Externalitäten: Dabei besteht ein direkter (physischer) Zusammenhang zwischen den individuellen Nutzen-, Gewinn- oder Kostenfunktionen, der nicht durch Veränderungen der Marktpreise erfasst oder ausgeglichen wird. Sie begründen ein eindeutiges Marktversagen.

Das bedeutet also: In Firma A wird eine Erfindung gemacht und patentiert. Nach Ablauf der Schutzfrist (maximal 20 Jahre) wird diese Erfindung auch von den Firmen B und C genutzt und setzt sich schließlich allgemein durch. In Firma A sind durch diese Entwicklung Kosten entstanden, bei allen späteren Nutzern nicht. Für sie ist diese Erfindung eine technologische Externalität, die nicht in den Kosten erfasst und daher in der Kalkulation des Preises nicht berücksichtigt wird.

Im Lehrbuch von Klump wird in dieser Form den Studenten ein in jeder Volkswirtschaft selbstverständlicher Vorgang, der die gesamtwirtschaftliche Entwicklung vorantreibt, als *Marktversagen* präsentiert.

© Frank & Timme   Verlag für wissenschaftliche Literatur

9   Wirtschaftstheorie als Wissenschaft

In den Lehrbüchern zeigt sich ein gewisser Mangel an selbstkritischer Reflexion, insbesondere in Bezug auf die Herangehensweise, die Methodik. Zwar wird gewöhnlich eingangs zugegeben, dass ein Nachholbedarf bei der empirischen Prüfung der Theorien bestehe. Dies scheint die Autoren aber nicht zu irritieren. Denn freischwebend, ohne Bodenkontakt, lassen sich umso unbefangener die Modelle und Gleichungssysteme entwickeln. Diese bilden dann ein eigenständiges von der Wirklichkeit abgesondertes Reich, und es wird nur innerhalb dieses Diskursuniversums argumentiert.

Nun gibt es allerdings drei voneinander getrennte Diskursuniversen, drei getrennte Reiche, und die Wirtschaftswissenschaft hat ihren Sitz im falschen von dreien. Dem Artikel *Erkenntnisinteresse* in *Metzler Lexikon Philosophie* (Verlag Metzler, Stuttgart und Weimar 2008) entnehmen wir:

Die Erkenntnisinteressen stellen die Grundlage für unterschiedliche Forschungsprozesse dar:

(1) Das technische Erkenntnisinteresse erfordert die Erzeugung eines gesetzartigen Wissens (zur Beherrschung der Naturprozesse), wie es die empirisch-analytischen Wissenschaften leisten.

(2) Das praktische Erkenntnisinteresse realisiert sich in den historisch-hermeneutischen Wissenschaften (Geistes-, Geschichts- und Sozialwissenschaften), denen es um ein interpretatives Verstehen sinnvoller Konfigurationen zu tun ist.

(3) Dem emanzipatorischen Erkenntnisinteresse wird in den kritisch orientierten Wissenschaften wie der Psychoanalyse, der Ideologiekritik, der kritischen Gesellschaftstheorie und der Philosophie entsprochen.

Die Wirtschaftswissenschaft verortet sich ständig im Reich (1) und möchte ein gesetzartiges Wissen erzeugen. Dies ist zur Beherrschung der Naturprozesse notwendig. Im Reich (1) handelt es sich um die Naturwissenschaften. Das ständige Bestreben, in der Wirtschaftstheorie und zumal in der Ökonometrie ein exaktes den Naturwissenschaften vergleichbares Wissen zu erwerben, ist also vor vornherein im Ansatz verfehlt, weil es sich nicht um Vorgänge der Natur handelt, sondern um menschliches Verhalten.

Stattdessen kann die Wirtschaftstheorie zunächst einmal nur ihren Ort im Reich (2) bei den Sozialwissenschaften haben, weil es immer um wirtschaftliche Vorgänge im Rahmen eines sozialen Handelns im Kontext der Gesellschaft gehen kann. Mithin kann es nicht um den Erwerb gesetzesartigen Wissens gehen, sondern vielmehr um ein interpretatives Verstehen.

Sehr lohnend wäre, wenn sich die Wirtschaftswissenschaftler auch in das Reich (3) des emanzipatorischen Erkenntnisinteresses trauen würden, beispielsweise in einer Ideologiekritik. Es könnte ja sein, dass es sich bei der neoliberalen Lehre um eine Ideologie der kapitalistischen Klasse handelt und dass diese Ideologie dazu dient, der Ausbeutung der Arbeiterklasse, der Entwicklungsländer und der Natur ein wissenschaftliches Mäntelchen umzuhängen.

Durch ihre Verortung im Reich (1), in der Nähe der Physiker, verfehlt die Wirtschaftswissenschaft ihren angemessenen Platz im Reich (2) und ihr kritisches Potenzial im Reich (3). Aus diesem Generalirrtum folgen alle weiteren.

9.1   Die Wahrheit

Inwiefern handelt es sich bei der Wirtschaftstheorie überhaupt um eine Wissenschaft? Wird den Ansprüchen Genüge getan, die gemeinhin an ein wissenschaftliches Arbeiten gestellt werden?

Als Wissenschaft gilt der Inbegriff der Gesamtheit menschlichen Wissens, der Erkenntnisse und Erfahrungen einer Zeitepoche, welches systematisch gesammelt, aufbewahrt, gelehrt und tradiert wird. Bei einer Einzelwissenschaft geht es um das Wissen eines begrenzten Gegenstandsbereichs. Als Wissen wiederum wird ein für Personen oder Gruppen verfügbarer Bestand von Fakten, Theorien und Regeln verstanden, die sich durch den größtmöglichen Grad an Gewissheit auszeichnen, so dass von ihrer Gültigkeit und Wahrheit ausgegangen wird.

Aber was ist Wahrheit? Hierzu gibt es im Wesentlichen drei hauptsächliche Theorien.

(1) Die Korrespondenztheorie besagt, eine Aussage oder eine gedankliche Vorstellung seien wahr, wenn sie mit der Wirklichkeit übereinstimmen. Die Aussage und die Wirklichkeit *korrespondieren* gleichsam miteinander. Gegensätze zur Wahrheit sind der Irrtum oder die Lüge als Aussagen, die nicht zutreffen.

    © Frank & Timme   Verlag für wissenschaftliche Literatur

(2) Die von Jürgen Habermas (geboren 1929) entwickelte Konsenstheorie der Wahrheit, auch *Diskurstheorie* genannt, besagt, eine Aussage sei dann wahr, wenn sie Anerkennung von allen vernünftigen Gesprächspartnern verdient und über sie ein Konsens hergestellt werden kann. Eine Aussage ist wahr, wenn ihr Geltungsanspruch berechtigt ist, indem er diskursiv, also in einer freien Debatte eingelöst werden kann: wenn jeder andere, der in das Gespräch eintreten könnte, demselben Gegenstand dasselbe Prädikat zusprechen würde. Über die Wahrheit entscheidet also nicht die Evidenz der Erfahrung (ich halte für wahr, was ich sehe), sondern der Gang der Argumentation innerhalb eines Diskurses.

(3) Die Kohärenztheorie besagt, dass eine Aussage wahr ist, wenn sie sich widerspruchslos in ein bestehendes System von Aussagen eingliedern lässt. Was man nicht eingliedern kann, wird als unrichtig abgelehnt. Es geht um ein in sich widerspruchsfreies logisch geschlossenes System.

Hierbei erweist sich allerdings (2), die Konsenstheorie, als sehr problematisch, weil sie den Wahrheitsanspruch daran knüpft, was zu einer bestimmten Zeit ganz allgemein gedacht und gesagt wird, also an die gerade im Schwange befindliche Ideologie. Beispielsweise ließ sich in der Nazizeit ein Konsens darüber herstellen, dass es menschliche Rassen unterschiedlichen Wertes gebe: Die Germanen ganz oben, die Juden ganz unten – aus heutiger Sicht ein ungeheuerlicher Irrtum. In der DDR ließ sich ein Konsens darüber herstellen, dass der Sozialismus dem Kapitalismus überlegen sei, weil es eine geschichtliche Gesetzmäßigkeit im Sinne einer wissenschaftlich gesicherten Reihenfolge vom Kapitalismus zum Sozialismus zum Kommunismus gebe. Aus heutiger Sicht war dies milde ausgedrückt ein Irrtum, etwas kritischer ausgedrückt eine Herrschaftsideologie.

Nach dieser Konsenstheorie kann es keine unabhängige Kritik an der jeweils augenblicklich geltenden Ideologie oder auch nur am gegenwärtigen Gerede geben.

Habermas setzt hier einen völlig freien, insbesondere herrschaftsfreien Diskurs, eine allseits offene Debatte voraus. Dies ist insofern unrealistisch, als es gewöhnlich eine Instanz mit Diskurshoheit gibt, die bestimmt, was gesagt werden darf, welche Urteile erlaubt sind und was als bloßes Ressentiment zu gelten hat. Beispielsweise gibt es zurzeit (2017) eine große Gruppe im weitesten Sinne konservativer Mitbürger, die meinen, die linksliberale Presse, gemeinsam mit den regierenden Parteien, übe eine Diskurshoheit aus und bestimme, was *man* in der Öffentlichkeit sagen dürfe. Daher würden national-konservative Äußerungen nicht geduldet.

In unserer Sache, der kritischen Betrachtung der jetzigen akademischen Wirtschaftstheorie, fällt auf, dass die neoliberale, mathematisch orientierte und sich von den anderen Humanwissenschaften abgeschottete Richtung eine Diskurshoheit gewonnen hat mit der Folge, dass wissenschaftliche Karrieren nur in dieser Richtung möglich sind und alle Lehrbücher nur auf dieser Plattform errichtet werden können. Die streng ausgeübte Diskurshoheit und das Fehlen einer inner-akademischen Grundsatzkritik führen zu einer Verarmung der Argumentation, zur Selbstbezüglichkeit und schließlich zur Sterilität. Insofern ist die Diskurstheorie der Wahrheit äußerst problematisch, weil es die dort vorausgesetzte Freiheit eines unbefangenen herrschaftsfreien Diskurses praktisch nirgendwo gibt.

Aus ähnlichen Gründen erweist sich auch (3), die Kohärenztheorie der Wahrheit, als problematisch. Denn hier wird nur erkundet, ob die interne Logik des Bestehenden gewahrt bleibt. Wenn aber nur das als wahr gelten soll, was sich in das aktuell gültige System einfügen lässt, kann es keine Kritik, keine Berichtigung und schon gar keinen Fortschritt in Richtung eines anderen Systems geben. Beispielsweise hat Albert Einstein das gesamte System der klassischen Physik aus den Angeln gehoben und hätte entsprechend der Kohärenztheorie keine Chance gehabt.

So bleibt nur (1), die Korrespondenztheorie der Wahrheit, übrig. Sie entspricht dem ganz naiven Verständnis von Wahrheit, das bereits den Kindern vermittelt wird: Wahr ist, was stimmt, was wirklich so ist. Beispielsweise erweist sich ein Bericht über ein Geschehen als wahr, wenn sich später in einer Filmaufnahme zeigt, dass es genauso geschehen ist wie berichtet. Der Satz *Unternehmer A ist insolvent* ist wahr, wenn A gestern beim Amtsgericht den entsprechenden Antrag gestellt hat. Es geht immer darum, ob die Aussage mit der Wirklichkeit übereinstimmt. Als Wirklichkeit gilt die Gesamtheit aller Tatsachen: alles, was der Fall ist.

Auf diesen Prüfstand *Wahrheit oder Irrtum?* stellen wir jetzt eine Aussage, die sich in ähnlicher Form am Anfang aller wirtschaftswissenschaftlichen Lehrbücher findet und das Fundament für alles Folgende bildet. Bei Altmann (Seite 8) lautet sie so:

Das ökonomische Prinzip

Die knappen Mittel werden bewirtschaftet. Bei rationalem Verhalten erfolgt dieses Bewirtschaften nach dem sogenannten ökonomischen Prinzip. Es beruht auf dem allgemeinen Vernunftprinzip, das jedem Menschen

gebietet, entweder mit gegebenen Mitteln (Gütern) einen möglichst großen
Erfolg (Nutzen) zu erzielen oder aber, anders formuliert, ein vorgegebenes
Ziel (eine bestimmte Nutzenhöhe) mit einem möglichst geringen Aufwand
(möglichst wenig Gütern) zu erreichen. Andernfalls wird auf einen an sich
möglichen Nutzen verzichtet, oder es werden Güter verschwendet.

Diese Aussage wäre nach dem Konsensprinzip wahr, weil alle Wirtschaftstheoretiker hiervon ausgehen und auf Grund einer Diskurshoheit Konsens besteht. Alle Forscher gehen von denselben Grundlagen aus und verzichten auf Originalität. Keiner wagt, aus dem *Mainstream* auszubrechen.

Diese Aussage von Altmann wäre auch nach dem Kohärenzprinzip wahr, weil sie sich nicht nur in die Wirtschaftstheorie nahtlos einfügt, sondern sogar deren Grundlage bildet und weil die Wirtschaftstheorie in sich widerspruchsfrei ist.

Es bleibt die Frage, ob diese Aussage über das ökonomische Prinzip auch nach der Korrespondenztheorie der Wahrheit wahr ist. Das ökonomische Prinzip wird hier aus einem allgemeinen Vernunftprinzip abgeleitet, das jedem Menschen ein bestimmtes rationales Verhalten gebietet. Tatsache ist allerdings, dass nicht wenige Menschen ihre Existenz durch Glücksspiel ruiniert haben. Ferner gibt es Menschen, die sich für 22 000 Euro eine Armbanduhr kaufen. Und vor allem sind rund zehn Prozent aller deutschen Mitbürger zahlungsunfähig und haben die entsprechende Eidesstattliche Erklärung abgegeben. Sie haben dauerhaft mehr Geld ausgegeben, als sie einnahmen, und konnten ihre Schulden nicht mehr bezahlen. Ferner gibt es ungesunde Konsum- und Lebensgewohnheiten: Rauchen, Alkohol im Übermaß, viel fettes und süßes Essen, wenig Bewegung. Die Behauptung, dass das allgemeine Vernunftprinzip jedem Menschen ein bestimmtes Verhalten gebietet, erweist sich demgemäß als unwahr, weil sich zahlreiche Menschen offensichtlich unvernünftig verhalten. Diese Behauptung stimmt also mit den Tatsachen nicht überein.

Wenn sich also die gedankliche Grundlage der gesamten Wirtschaftstheorie als Irrtum, als unwahr herausstellt, so muss dies auch für alle daraus folgenden Aussagen gelten, denn niemals kann aus Unwahrem etwas Wahres geschlossen werden. Konsequenterweise muss gefolgert werden, dass die Wirtschaftstheorie den Ansprüchen an eine Wissenschaft nicht genügt und es sich daher nicht um eine Wissenschaft handelt, sondern um ein verselbstständigtes gedankliches Gebilde abseits von Wahrheit und Wirklichkeit. Die Aussagen müssten daher strenggenommen im Irrealis (Konjunktiv II) erscheinen:

Wenn die Welt von lauter Vernunftautomaten vom Typ Homo oeconomicus bevölkert wäre, ergäben sich hieraus die Folgerungen, dass jeder Unternehmer nach einer Gewinnmaximierung und jeder Konsument nach einer Nutzenmaximierung strebte.

Weil sich die Wirtschaftswissenschaft in einer abgeschlossenen *Welt (1)*, den exakten Naturwissenschaften, bewegt und diese mit der Wirklichkeit verwechselt, verstellt sie sich den Zugang zur *Welt (2)*, dem Zusammenleben, in der wir alle uns bewegen: einer Welt voller Irrungen und Verwirrungen, voller Unvernunft und Fehlverhalten, das nachher bereut wird. Die Erforschung dieser Welt (1) findet deshalb nicht an den Universitäten statt, sondern an privaten Instituten wie etwa der GfK in Nürnberg oder der Firma Sinus in Heidelberg und Berlin.

Dass die akademische Wirtschaftstheorie an der Wirklichkeit wenig Interesse hat, zeigt sich auch darin, dass in den Lehrbüchern nie mit realen Zahlen, etwa den *Statistischen Jahrbüchern* des Statistischen Bundesamtes, gearbeitet wird. Die Begriffe wie Konsumquote oder Sparquote erscheinen immer nur in allgemeiner Form als a oder b, sodass kein Student erkennen kann, um welche Größenordnungen es geht oder wie diese Quoten sich in Deutschland entwickelt haben. Wenn behauptet wird, der Konsum sei eine Funktion des Einkommens, so erscheinen nie Statistiken dieser beiden Größen oder ein Korrelationskoeffizient, der angibt, inwieweit die Entwicklung beider Größen parallel lief. Auch in dieser Hinsicht, nämlich in realen Zahlen eine Entwicklung zu veranschaulichen, ist Ludwig Erhards *Wohlstand für Alle* lehrreich: Er hat nicht nur ein abstraktes System propagiert, sondern vermochte durch zahlreiche Statistiken den Erfolg dieser neuen Wirtschaftsordnung zu beweisen.

9.2   Das Popper-Kriterium

Um zu prüfen, was es mit der Wirtschaftstheorie als Wissenschaft auf sich hat, lohnt es sich, den Band *Logik der Forschung* von Karl R. Popper (Verlag J.C.B. Mohr, Tübingen 1971) zur Hand zu nehmen. *Ich glaube [...] dass es zumindest ein philosophisches Problem gibt, das alle denkenden Menschen interessiert. Es ist das Problem [...] die Welt zu verstehen – auch uns selbst, die wir ja zu dieser Welt gehören, und unser Wissen,* so bemerkt er einleitend (Seite XIV). *Die Theorie ist das Netz, das wir auswerfen, um „die Welt" einzufangen – sie zu rationalisieren, zu erklären und zu beherrschen. Wir arbeiten daran, die Maschen des Netzes immer enger zu machen* (Seite 31).

Ist die Wirtschaftstheorie, so wie sie heute betrieben wird, geeignet, in diesem Sinne *die Welt einzufangen?* In unserem Leben gibt es eine Kette von Erlebnissen, Ereignissen und Situationen. Teils verstehen wir sie, teils brechen sie unverstanden über uns oder über unsere Nachbarn herein. Die Humanwissenschaften haben die natürliche Aufgabe, diese Welt zu erklären und nachvollziehbar verständlich zu machen. Popper spricht sich dafür aus, in der Wissenschaft die jeweils bisher vorgeschlagenen Lösungsmöglichkeiten kritisch zu untersuchen, weil nur so ein Fortschritt der Wissenschaft möglich ist. *Aber die Kritik wird nur dann fruchtbar sein, wenn wir unser Problem so klar wie irgend möglich formuliert haben und unsere Lösung in eine hinreichend definite Form gebracht haben; das heißt eben, in eine Form, die kritisch diskutiert werden kann.* (Seite XV). Popper will *nur ein solches System als empirisch anerkennen, das einer „Nachprüfung" durch „Erfahrung" fähig ist* (Seite 15). Er fordert, *dass es die logische Form des Systems ermöglicht, dieses auf dem Wege der methodischen Nachprüfung negativ auszuzeichnen: Ein empirisch-wissenschaftliches System muss an der Erfahrung scheitern können* (ebenda). Es gibt mithin zwei Kriterien, um eine wissenschaftliche Aussage beurteilen zu können:

(1) Es handelt sich um eine Aussage über die Welt.
(2) Die Aussage muss so konkret gefasst sein, dass sie durch eine Erfahrung widerlegt werden kann.

Ein Beispiel hierfür ist: Jemand hat hunderte von Schwänen beobachtet und festgestellt, dass sie alle weiß sind. Er verallgemeinert diese Beobachtungen zu dem Satz *Alle Schwäne sind weiß.* Dies ist eine wissenschaftliche Aussage, denn (1) sie ist eine Aussage über die Welt, und (2) sie kann durch eine Beobachtung widerlegt werden, nämlich sobald der erste schwarze Schwan gesichtet wird. Entscheidend ist hierbei, dass eine beliebige Zahl von Beobachtungen nie ausreicht, um einen Satz endgültig zu bestätigen, zu verifizieren. Hingegen genügt eine einzige gegenteilige Beobachtung, um ihn zu falsifizieren. Dies ist das sogenannte Popper-Kriterium.

Der Satz

Wenn die Hähne krähen auf dem Mist,
ändert sich das Wetter oder es bleibt, wie es ist.

ist hingegen kein wissenschaftlicher Satz. Zwar ist es (1) eine Aussage über die Welt, in diesem Falle eine Prognose des Wetters, aber (2) es gibt keine mögliche Beobachtung, durch die er widerlegt werden könnte.

Wenden wir dieses Kriterium für Wissenschaftlichkeit auf die üblichen Aussagen der Wirtschaftstheorie an!

Zahlreiche dieser Aussagen sind Definitionen nach der Art

Unter ... versteht man ...

Diese Sätze sind keine wissenschaftlichen Aussagen über die Wirklichkeit. Die Definitionen sind lediglich sprachliche Formulierungshilfen. Sie können nicht richtig oder falsch sein, sondern nur üblich oder nicht üblich, zweckmäßig oder unzweckmäßig. Bis etwa Mitte des 20. Jahrhunderts wurde die Meinung vertreten, Definitionen hätten die Aufgabe, das Wesen eines Gegenstandes zu kennzeichnen. Darunter wurde das Eigentliche, Gleichbleibende und Kennzeichnende verstanden – im Unterschied zu den bloß zeitlichen und zufälligen begleitenden Eigenschaften. Teils wurde dieses Wesen, das im Begriff zum Ausdruck kommen soll, als das eigentlich Reale betrachtet. In der Philosophie ist dieses Problem als Universalienproblem bekannt. Da gibt es traditionell zwei Parteien:

- Die Realisten betrachten den Begriff, den Entwurf, das Wesen als das Reale. Das Wort *Realisten* ist hier missverständlich, denn es wird nicht im heutigen Sinne (als *auf die Wirklichkeit bezogen)* gebraucht, sondern im Gegenteil als Begriffsrealismus in der Nachfolge von Platons Ideenlehre: Die Idee einer Sache, der Entwurf, das Wesen sei das Reale. Die draußen in der Welt vorfindlichen Dinge sind nur mehr oder minder unvollkommene Beispiele hierfür. In der Scholastik wurde aus der Tatsache, dass es einen Begriff für etwas gab, auf die reale Existenz dieses Gegenstandes geschlossen.
- Die Nominalisten hingegen betrachten die Gegenstände, die uns umgeben, als das Reale und die Begriffe als bloß zufällige Bezeichnungen, die so oder auch anders lauten können. Dies wird am deutlichsten daran, dass in den verschiedenen Sprachen höchst unterschiedliche Gruppen von Gegenständen zu einem Begriff, einem Wort, zusammengefasst werden. Dieses nominalistische Denken hat sich im Westen im Unterschied zum Islam inzwischen durchgesetzt.

Das essentialistische (vom Wesen ausgehende) Denken muss sich den Einwand gefallen lassen, dass es letztlich willkürlich ist, was als Wesen eines Gegenstandes betrachtet wird. Angenommen, der Gegenstand A habe die Eigenschaften a, b, c, d, e und f. Jetzt kann einer sagen, die Eigenschaften a, b und c seien die entscheidenden, die das Wesen kennzeichnen. Hingegen seien d, e und f nur zufällige Begleiter. Ebenso gut kann einer umgekehrt behaupten, gerade d, e und f seien wesentlich, hingegen a, b und c nur zufällig. Ein solcher Streit kann nie bündig entschieden werden.

Hier handelt es sich insofern nicht um philosophische Spitzfindigkeiten, sondern insofern um bedeutsame Probleme, als der eine sagen kann:

Zum Wesen des Menschen gehört die freie Wahl, bei der Konsumwahl ebenso wie bei der Partnerwahl oder bei der politischen Wahl einer Partei. Die jeweilige Entscheidung ist einer Begründung nicht fähig und nicht bedürftig. Sie muss einfach als Entscheidung zur Kenntnis genommen werden.

Der andere kann sagen:

Zum Wesen des Menschen gehört die Vernunft, das prüfende Abwägen des maximalen Nutzens, gerade bei der Auswahl der Konsumartikel.

Ein solcher Streit um das wahre Wesen wäre fruchtlos, eine bloße Auffassungssache und keine wissenschaftliche Aussage, weil (1) es sich nicht über eine Aussage über die Welt handelt, sondern dem Menschen willkürlich etwas zugeschrieben wird und (2) weil dieser Streit nicht durch Beobachtungen zu klären ist.

Eine wissenschaftliche Aussage wäre hingegen: *Beim Besuch eines Restaurants vergehen zwischen dem Überreichen der Speisekarte und der Bestellung durchschnittlich 4,6 Minuten des Abwägens und Auswählens.* Dies wäre (1) als Aussage über die Welt (2) recht leicht zu überprüfen und gegebenenfalls zu widerlegen.

Der Satz *Alles wirtschaftliche Verhalten folgt dem wirtschaftlichen Prinzip, also der Vernunft* ist ein wissenschaftlicher Satz, weil es (1) um eine Aussage über die Welt geht und (2) weil dieser Satz durch Beobachtungen zu widerlegen ist. Entsprechend dem Popper-Kriterium genügt für diese Widerlegung eine einzige widerstreitende Beobachtung. Allein schon die Beobachtung, dass es Spielbanken gibt, genügt als Widerlegung. Denn das Geld zur Spielbank zu tragen, wo wegen der Betriebskosten des Hauses und der Besteuerung die Auszahlung auf Dauer immer geringer sein muss als die Einzahlung, ist offensichtlich unvernünftig.

Der Satz *Alles wirtschaftliche Verhalten folgt dem wirtschaftlichen Prinzip, also der Vernunft* könnte allerdings dadurch *gerettet* werden, dass der im wirtschaftlichen Prinzip angesprochene Ertrag und damit auch die Vernunft so weit gefasst werden, dass hiermit jegliches wirtschaftliche Verhalten umfasst wird. Die bloße Tatsache, dass irgend jemand sich in irgendeiner Weise wirtschaftlich verhält, wäre dann als vernünftig betrachtet. Mit anderen Worten: Die Begriffe *Wirtschaften* und *Vernunft* werden einfach miteinander identifiziert, wie es in unseren Lehrbüchern üblich ist. In diesem Falle wäre allerdings der Satz *Alles wirtschaftliche Verhalten folgt dem wirtschaftlichen Prinzip, also der Vernunft* kein wissenschaftlicher Satz mehr, weil es keine Beobachtung mehr gäbe, durch die dieser Satz widerlegt werden könnte. Er steht dann logisch auf derselben Ebene wie *Wenn der Hahn kräht auf dem Mist, ändert sich das Wetter oder es bleibt, wie es ist.* Gelegentlich wird den Wirtschaftswissenschaften ein Begriffsrealismus vorgeworfen: Als wenn es sich bei dem *Konsum* oder dem *Volkseinkommen* um eigenständige Entitäten (seiende Gegenstände) handele und nicht um bloße sprachliche Zusammenfassungen einer Vielzahl von wirtschaftlichen Akten. Bartling warnt (Seite 19): *Die Volkswirtschaftslehre kommt […] nicht ohne einen Grundstock an Definitionen und Klassifikationen aus. Jedoch darf sie sich nicht in einem Begriffsrealismus erschöpfen.* Durch Definitionen und Klassifikationen allein könne man keine Ursache-Wirkungs-Zusammenhänge erfassen. Die Lehrbücher ergehen sich jedoch in unzähligen Definitionen und oft entsteht der Eindruck, dass der Autor meint, einen Sachverhalt und ein Verhalten durch die Definition bereits hinreichend geklärt zu haben.

Beispielsweise heißt es bei Altmann (Seite 33):

Die Zuordnung nicht ausreichend vorhandener (knapper) Mittel zu einer Vielzahl von Bedürfnissen kennzeichnet man als Wirtschaften.

Hier handelt es sich nicht nur um eine Definition, sondern eine Tatsachenbehauptung, denn es wird vorausgesetzt, dass die vorhandenen (knappen) Mittel nicht ausreichen, um eine Vielzahl von Bedürfnissen zu befriedigen.

Und außerdem handelt es sich hier um eine Verhaltensbeschreibung:

Die Menschen ordnen die vorhandenen knappen Mittel einer Vielzahl von Bedürfnissen zu.

Die Definitionen enthalten Tatsachenbehauptungen und Verhaltensbeschreibungen, die teils richtig sind, teils nicht. Ganz ähnlich ist es bei der Definition (Altmann, Seite 34):

Alles, was subjektiv zur Befriedigung von Bedürfnissen dient bzw. dienen kann, bezeichnet man als Gut.

Hier wird implizit unterstellt, dass nur wirtschaftliche, käufliche Güter zur Befriedigung von Bedürfnissen geeignet sind. Jedoch gibt es auch das Bedürfnis nach Ruhe. Oder es gibt das Bedürfnis, abseits des Kauf- und Werberummels über den Sinn der eigenen Existenz nachzudenken. Solche nichtökonomischen Bedürfnisse werden von vornherein aus der Betrachtung ausgeschlossen.

Durch derartige Behauptungen und Beschreibungen, die mittels der Definitionen in die Betrachtung eingeführt und der Wirklichkeit untergeschoben werden, wird der Leser in das spezielle Diskursuniversum namens *Wirtschaftstheorie* eingeführt, und hinter ihm fällt unbemerkt die Tür ins Schloss, wenn er nämlich diesen abgeschlossenen Raum der Theorie mit der Wirklichkeit verwechselt.

Ebenso warnt Bartling an angegebenen Ort vor einem *Modellplatonismus*, also der Gefahr, dass die unter sehr einschränkenden Bedingungen formulierten Modelle, die die Wirtschaftstheorie beherrschen, in der Nachfolge von Platons Ideenlehre als Wirklichkeit betrachtet oder mit dieser verwechselt werden. Hier handelt es sich tatsächlich um eine ernsthafte Gefahr.

Bartling fährt hier fort, indem er seinerseits das Popper-Kriterium vorstellt:

Als Weiterentwicklung fordert der kritische Rationalismus, dass die theoretisch hergeleiteten Hypothesen mit den Fakten konfrontiert werden müssen. Dazu seien die Hypothesen so aufzustellen, dass sie durch Beobachtungen widerlegt werden können, das heißt, sie müssen falsifizierbar sein.

Dass Problem ist nun allerdings, dass dieses Popper-Kriterium in der Wirtschaftstheorie immer wieder verletzt wird. Am deutlichsten wird dies in der Ökonometrie. Wenn für eine wirtschaftliche Entwicklung ein Dutzend Ursachen in Betracht kommen wie oben bei dem Beispiel der Trinkgeldzahlung und wenn dann eine dieser Ursachen als die Wahrheit bezeichnet wird und alle anderen als Störgrößen betrachtet werden, so ist dies nicht durch eine Beobachtung widerlegbar. Mit jeder der denkbaren Ursachen kann ein rechnerischer Zusammenhang hergestellt werden, und es ist nicht möglich, irgendeine Beobachtung anzugeben, die als Widerlegung gelten könnte. Ebenso ist es, wenn mittels der Differenzengleichungen errechnet wird, hinter der konjunkturellen Schwankung oder hinter dem Wachstum stehe eine bestimmte mathematische Funktion. Dies kann man meinen oder nicht meinen oder ein anderer kann erklären, eine ganz andere Funktion stehe dahinter. Ebenso gut kann einer erklären, es handele sich um lauter einzelne zufällige Ereignisse ohne irgendeinen Zusammenhang. Insofern bewegen wir uns hier in einem Reich der willkürlichen Zuschreibungen, es handelt sich nicht um falsifizierbare Aussagen im Sinne des Popper-Kriteriums.

Dasselbe gilt für die Verhaltensgleichungen, dass nämlich der Konsum eine Funktion des Einkommens sei oder das Sparen eine Funktion des Zinses, die Investition ebenfalls eine Funktion des Zinsen und so fort. Immer wird von zahlreichen möglichen Ursachen willkürlich eine einzige ausgewählt, und niemals ist dies durch eine Beobachtung widerlegbar. Die Aussage, jeder Konsument sei bestrebt, seinen Nutzen zu maximieren, ist ebenfalls nicht durch eine Beobachtung widerlegbar. Denn jeder Mensch strebt nach irgendetwas, und dieses wird als Nutzen betrachtet. In diesem Falle werden einfach *das Bestreben* und *der Nutzen* miteinander identifiziert, und schon erhält man eine Aussage, die immer stimmt und nichts besagt.

Wenn das Popper-Kriterium ernsthaft als Prüfstein für den Unterschied zwischen einer wissenschaftlichen Erkenntnis und einem bloßen Meinen, Vermuten und Unterstellen betrachtet wird, wäre die gesamte in unseren Universitäten und in den Lehrbüchern gelehrte Wirtschaftstheorie keine Wissenschaft, weil sie niemals ihre Erkenntnisse in einer hinreichend konkreten falsifizierbaren Form aufstellt.

Die Verhaltensgleichung $C = f(Y)$ wäre falsifizierbar, wenn sie beispielsweise in der Form $C = 0,9 Y + 28$ aufgestellt würde. Dann wäre 28 der Basiskonsum, der unabhängig vom Einkommen ist, und die Konsumquote wäre 0,9, das hieße, dass 90 Prozent des Einkommens für den Konsum verwandt werden. In dieser Form wäre die Gleichung falsifizierbar, nämlich anhand eines Statistischen Jahrbuchs nachprüfbar. Aber in dieser Form, mit realen Zahlen, erscheinen die Verhaltensgleichungen in den Lehrbüchern niemals.

Der Satz $Y = C + S$ *(Einkommen gleich Summe von Konsum und Sparen)* bedeutet: Jede beliebige Verwendung des Einkommens wird entweder als Konsum oder als Sparen definiert, so dass die Summe aus beiden stets gleich dem Einkommen ist. Auch dieser Satz ist nicht falsifizierbar, stimmt immer und besagt nichts über die Wirklichkeit.

In den Lehrbüchern findet sich eine Vielzahl von Definitionsgleichungen in der Art

Als Volkseinkommen bezeichnet man die Summe von ...

und von Verhaltensgleichungen, wobei nicht immer deutlich wird, welches von beiden gemeint ist.

Wie verhält es sich mit dem bereits betrachteten Satz (bei Altmann auf Seite 18 und üblicherweise in jedem Lehrbuch eingangs aufgeführt):

© Frank & Timme   Verlag für wissenschaftliche Literatur

Auf der einen Seite hat jeder Mensch eine Vielzahl von Bedürfnissen. Auf der anderen Seite reichen die zur Verfügung stehenden Güter […] nicht aus, alle Bedürfnisse gleichzeitig im gewünschten Umfang zu erfüllen. Man sagt daher, dass die Güter knapp sind.

Nun kennen wir aber zufällig einen Mann, der recht still und bescheiden zurückgezogen lebt und alles hat, was er braucht. Von seiner relativ hohen Pension von rund 5 000 Euro pro Monat gibt er regelmäßig nur etwa 3 000 aus und legt den Rest auf das Sparbuch, aber nicht, um für einen bestimmten Zweck zu sparen, sondern einfach, weil ihm für dieses Geld keine sinnvolle Ausgabe einfällt. Die 3 000 reichen aus, alle seine Bedürfnisse zu erfüllen.

Dieser gar nicht unwahrscheinliche Fall einer genügsamen Lebensführung wäre schon der erste schwarze Schwan, der ausreicht, die obige Aussage zu widerlegen. Sie trifft nicht, wie behauptet, auf *jeden* Menschen zu, und eine einzige widersprechende Beobachtung widerlegt diesen Satz. Hier wird etwas unterstellt, das häufig zutrifft, aber nicht immer.

Bei Bartling finden wir auf Seite 76 in seiner Theorie des Haushalts:

Die Konsumfunktion lässt sich schreiben:
$c = f(y)$
Im Einzelnen gilt der Kausalbezug, dass mit steigendem Einkommen regelmäßig auch die Konsumsumme steigt (und umgekehrt).

Bei Woll (Seite 15) finden wir die beiden *Verhaltens-Gleichungen*
- $S = f(Y)$, also: Die Ersparnis als abhängige Größe ist eine Funktion des Einkommens und
- $I = g(Y,i)$, also: Die Investition als abhängige Größe ist eine Funktion des Einkommens und des Zinssatzes. Sie steigt mit dem Einkommen und fällt bei steigendem Zins.

Derartige Unterstellungen, die sich plausibel anhören, kennzeichnen die gesamte Wirtschaftstheorie. Von allen Ursachen für eine Entwicklung wird eine einzige als bestimmende ausgewählt, und es wird ein funktionaler Zusammenhang hergestellt. Es hört sich einleuchtend an, trifft häufig auch zu, aber nicht immer. Streng genommen entsprechend dem Popper-Kriterium handelt es sich hier nicht um wissenschaftliche Aussagen, weil sie nicht hinreichend konkret formuliert sind. Denn wenn die Konsumsumme eines Haushalts steigt, können wir nicht durch eine Beobachtung feststellen, welche von den vielen möglichen

Ursachen hierfür verantwortlich ist. Dieser Satz aus der Haushaltstheorie ist also nicht falsifizierbar. Vor allem wird nie festgestellt, wie häufig und in welchem Ausmaß diese Unterstellung zutrifft. Es wird kein Versuch unternommen, die Aussage beispielsweise anhand einer Befragung hinreichend zu konkretisieren. Es handelt sich lediglich um Vermutungen.

Dies gilt auch für den Satz, dass die Unternehmer die Maximierung ihres Gewinns anstreben. Gar nicht selten kommt es vor, dass ein Handwerker ordnungsgemäß seinen Auftrag ausführt, damit die Sache für erledigt hält und vergisst, eine Rechnung zu schreiben. Dieses Verhalten ist nach der Hypothese der Gewinnmaximierung nicht erklärbar und widerlegt den Satz, dass *alle* Unternehmer hiernach streben.

Insgesamt lässt sich feststellen, dass die akademisch betriebene Wirtschaftstheorie sich auf zwei Methoden gegen alle kritischen Einwände immunisiert hat:

(1) Alle Sätze werden so allgemein formuliert, dass sie sich nicht durch Beobachtungen widerlegen lassen. Gewöhnlich geschieht dies dadurch, dass unter zahlreichen Motiven, die für ein Verhalten maßgeblich sein können, willkürlich eines ausgewählt und zur Ursache erklärt wird. Es lässt sich nicht beweisen, dass dieses Motiv nicht die Ursache darstellt.

(2) Es werden Dogmen über das menschliche Verhalten aufgestellt, und der Forschungsgegenstand wird so eng definiert, wie aus diesen Dogmen gefolgert werden kann. Alles bleibt innerhalb der Dogmatik des rationalen menschlichen Verhaltens nach dem wirtschaftlichen Prinzip. Alles, was dieser Dogmatik widerspricht, wird nicht zur Kenntnis genommen und gehört nicht zum Forschungsgegenstand.

In der Wissenschaftstheorie nimmt das Abgrenzungsproblem einen zentralen Platz ein. Dabei geht es um das Problem, nach welchem Kriterium Behauptungen der empirischen Wissenschaft, also Sätze über die Wirklichkeit, sich von Sätzen der Mathematik, der Logik oder auch von Mythen unterscheiden lassen, also rein formalen Sätzen, die immer gelten, oder von einem Mythos, an den einer glauben kann oder auch nicht. Schon Immanuel Kant hatte gefragt: *Was und wie viel kann Verstand und Vernunft, frei von aller Erfahrung, erkennen?* Bereits Aristoteles hatte ein Kriterium angegeben, wonach die empirische Wissenschaft das zeitlich Veränderliche erforscht, nichtempirische Wissenschaften wie Mathematik hingegen das Unveränderliche behandeln. Popper schlug als Abgrenzungskriterium einen Satz von Albert Einstein vor: *Insofern sich Sätze einer Wissenschaft auf die*

Wirklichkeit beziehen, müssen sie falsifizierbar sein, und insofern sie nicht falsifizierbar sind, beziehen sie sich nicht auf die Wirklichkeit.

In der akademischen Wirtschaftstheorie gibt es hierzu den merkwürdigen Widerspruch, dass

- einerseits behauptet wird, ihre Aussagen gäben eine Beschreibung der wirtschaftlichen Wirklichkeit. Sie werden aber so allgemein formuliert, dass sie nicht falsifizierbar sind, also keine wissenschaftliche Aussagen über die Wirklichkeit bilden,
- gleichzeitig behauptet wird, sie gälten ganz allgemein für jegliches Wirtschaften. Das würde heißen, dass sie zu den Formalwissenschaften wie die Mathematik gehören. Dies kann aber nicht sein, weil es um menschliches Verhalten geht.

Insofern scheitert die Wirtschaftheorie auf beiden Seiten des Abgrenzungsproblems: Sie ist weder Aussage über die Wirklichkeit noch eine Formalwissenschaft. So betrachtet bildet sie einen Mythos, an den einige glauben, andere nicht. Vor allem aber sind Mythen immer an eine bestimmte Zeit und eine bestimmte Kultur gebunden und geraten nach einiger Zeit in Vergessenheit.

9.3   Das Menschenbild

Das grundsätzliche Problem besteht darin, ob sich das wechselvolle menschliche Verhalten wirklich in Funktionen und Verhaltensgleichungen sinnvoll einfangen und beschreiben lässt. Denn dies würde ja bedeuten, dass der Mensch wie ein Automat programmiert worden ist. Die Wirtschaftstheorie neigt zu einem arg verkürzten Menschenbild, das mit der Menschenwürde, die im Grundgesetz vorausgesetzt wird, nicht vereinbar ist. Die Existenzphilosophie geht davon aus, den Menschen als ein offenes Wesen zu betrachten, der sich aus seinem Lebensvollzug heraus verstehen muss und sich erst im konkreten Verhalten zu sich selbst zu dem bestimmt, was er ist (Stichwort *Existenz* in *Metzler Lexikon Philosophie*, Verlag J.B. Metzler, Stuttgart/Weimar 2008).

Der Mensch kann sich selbst nicht als bloßes Exemplar eines Homo oeconomicus verstehen, denn das Wesentliche je seines Seins eröffnet sich ihm nur, wenn er sich zu den konkreten Möglichkeiten seines eigenen Selbstseinkönnens verhält. Jean-Paul Sartre (1905 bis 1960) brachte dies auf die Formel, dass beim Menschen die Existenz der Essenz vorausgehe. Das heißt: Es gibt keinen vorgängigen Wesensbegriff des Menschen (also auch nicht eine Reduzierung auf den Homo oeconomicus), sondern er ist das, wozu er sich macht. Er entwirft sich in die Zukunft und richtet sich danach. Dementsprechend ist der Mensch auch für andere und für die Humanwissenschaften erst aus seinem konkreten Lebensvollzug, aus seiner geschichtlichen Einmaligkeit zu verstehen.

Jeder Einzelne von uns ist genötigt, sein Leben selbst zu entwerfen und hierfür die Verantwortung zu übernehmen. In den Lehrbuchkapiteln über die Wirtschaftsordnung wird jeweils zu Recht betont, dass in der freien Marktwirtschaft mit dezentraler Steuerung jedes Wirtschaftssubjekt, also jeder Unternehmer und jeder Konsument, frei entscheiden kann. Dies bildet den Unterschied zur Zentralverwaltungswirtschaft. Diese Freiheit in der Marktwirtschaft hat natürlich zur Folge, dass die Entscheidungen je nach Situation und nach persönlichen Vorlieben, zeitlichem Horizont und Wertbindungen höchst unterschiedlich ausfallen. Im Sinne von Popper gibt es deshalb zu jedem angeblichen wirtschaftlichen Gesetz nicht nur einen einzigen schwarzen Schwan, sondern ganze schwarze Schwärme.

Der Grundgedanke, dass das menschliche Verhaltens in einer mathematischen Funktion oder Verhaltensgleichung eingebunden sei und hiermit beschrieben werden könne, ist mit der tatsächlichen Entscheidungsfreiheit nicht vereinbar. Insofern ist die Wirtschaftstheorie, wie sie heute gelehrt wird, als obsolet zu betrachten.

Hinzu kommt eine Neigung zu einem merkwürdig reduzierten Menschenbild. Der Mensch wird als *Homo oeconomicus* zu einem Vernunftautomaten gemacht, als ob es keine Willensfreiheit, keine Haftung und keine Verantwortung gäbe. Wissen und Fähigkeiten des Menschen werden in dem Ausdruck *Humankapital* als Übersetzung von *human capital* als ein in der Bilanz aktivierbares Anlagegut betrachtet, ebenso wie der Bestand an Maschinen und Gebäuden. In der Betriebswirtschaftslehre taucht der Mensch als solcher, der mit seiner Würde, seinen Rechten und Pflichten respektiert werden muss, gar nicht mehr auf, sondern wird reduziert auf den *Produktionsfaktor Arbeit* oder, bei der Unternehmensleitung, auf den *dispositiven Faktor*. So wird der Kritik der Linken Vorschub geleistet, dass der Kapitalismus eine inhumane und menschenverachtende Wirtschaftsform darstelle.

9.4   Die Scholastik

In ihrer Argumentationsweise erinnern die Lehrbücher der Wirtschaftstheorie an die scholastische Methode, die immerhin für ein ganzes Jahrtausend, nämlich vom sechsten bis zum 16. Jahrhundert als die alleinige wissenschaftliche Methode galt. Uns geht es an dieser Stelle nicht um die Inhalte, nämlich damals die theologischen und heute die wirtschaftstheoretischen Dogmen, sondern allein um die Methode. In beiden Fällen gab es Obersätze, aus denen geschlussfolgert wurde: damals die aristotelischen und die Lehren der Kirchenväter, heute die Dogmatik der Wirtschaftstheorie. Diese Obersätze konnten und können, damals wie heute, jeweils nur geglaubt und nicht bewiesen werden.

Die Scholastiker waren davon überzeugt, dass theoretisches Wissen, das aus unbezweifelbaren allgemeinen Grundsätzen logisch sauber hergeleitet wird, das sicherste Wissen ist, das es geben kann. Beobachtungen können falsch und trügerisch sein oder falsch gedeutet werden, aber eine logisch saubere Folgerung aus einem allgemeingültigen Prinzip ist notwendigerweise irrtumsfrei.

In der schulmäßig betriebenen Wirtschaftstheorie werden einige Obersätze aufgestellt, die von niemandem bezweifelt werden (dürfen) und als allgemeingültig betrachtet werden, so etwa:

(1) Der Mensch handelt rational, nämlich entsprechend dem wirtschaftlichen Prinzip.

Hieraus wird streng logisch abgeleitet:

(1a) Die Unternehmen haben das Ziel der Gewinnmaximierung.

(1b) Die Konsumenten haben das Ziel der Nutzenmaximierung.

(2) Das wirtschaftliche Verhalten gehorcht Gesetzen, die sich in mathematischer Form darstellen lassen, nämlich als Funktion. Denn jede Entscheidung (abhängige Variable) hat eine – und nur eine – Ursache, die unabhängige Variable.

(3) Die zeitliche Entwicklung in Konjunktur und Wachstum gehorcht ebenfalls einer mathematischen Funktion.

Diese nie bezweifelten Obersätze sind nicht durch die Verallgemeinerung von Beobachtungen entstanden, sondern durch einen Beschluss:

(0) Wir haben beschlossen, nur dasjenige als Wirtschaft zu betrachten, was diesen von uns formulierten Obersätzen entspricht.

Das Erkenntnisobjekt der Wirtschaftstheorie ist also nicht etwa die wirkliche Wirtschaft, wie sie auf dem Wochenmarkt und an ungezählten anderen Orten praktiziert wird. Sondern Erkenntnisobjekt ist ein logisches System von Folgerungen, die sich aus einigen gewillkürten Vorgaben entwickeln lassen. Mit demselben Recht könnten andere Vorgaben zugrunde gelegt werden, etwa:

(1*) Die Wirtschaft wird gelenkt von den Kaufentscheidungen der Konsumenten. Diese sind prinzipiell irrational und als zufällig zu betrachten.

(2*) Der zeitliche Verlauf von Konjunktur und Wachstum ist, wie jeder geschichtliche Verlauf, durch eine unübersehbare Vielfalt zufälliger Ereignisse bestimmt, nämlich durch unvorhersehbare individuelle und kollektive (politische) Entscheidungen, Stil- und Geschmackswandel, durch Erfindungen oder durch Naturereignisse.

(3*) Um das reale Geschehen gedanklich einfühlend zu verstehen und zu erklären, entscheiden wir uns, die Akteure zu beobachten und zu befragen.

Stattdessen wird wenig realistisch von den obigen Sätzen eines rationalen Verhaltens ausgegangen, weil dies den Zugang über Logik und Mathematik erlaubt. Die Wahl des Erkenntnisobjektes wird also durch die anzuwendende Methode bestimmt und nicht etwa umgekehrt. Wissenschaftlich naheliegend wäre es eher, zunächst das Erkenntnisobjekt auszuwählen und dann die hierzu angemessene Methode. Ein prinzipiell irrationales und unvorhersehbares Verhalten mit mathematischen Mitteln beschreiben zu wollen ist von vornherein unangemessen und daher zum Scheitern, zur Sterilität verurteilt, etwa so, als wollte jemand eine Theorie der Malerei entwickeln und hierzu nur diejenigen Gemälde einbeziehen, auf denen geometrische Formen zu sehen sind: Das Erkenntnisobjekt wird ausgewählt nach der Methode der Erklärung statt umgekehrt.

Ebenso wie in der Scholastik herrscht in der akademischen Wirtschaftstheorie ein grenzenloses Vertrauen in die Deduktion: Alles, was aus den gewillkürten Obersätzen hergeleitet wird und sich widerspruchsfrei in das bisherige System einfügt, gilt als richtig. Es gibt eine Tradition der Kritiklosigkeit. Ein Zweifel an den Obersätzen kommt im schulmäßigen Betrieb nicht vor. Es handelt sich stets um ein Wissen aus Büchern, nicht aus der Erfahrung.

Josef Pieper nennt in seinem Büchlein *Scholastik. Gestalten und Probleme der mittelalterlichen Philosophie* (St. Benno-Verlag, Leipzig 1960) einige Charakteristika, die auch in unserem Zusammenhang auffallen, beispielsweise (Seite 22):

> [...] *natürlicherweise fehlt dem Schrifttum der mittelalterlichen Scholastik der Zauber persönlicher Unmittelbarkeit; es geht gar nicht anders, als dass Schulbücher der Originalität ihrer Verfasser nur wenig Raum lassen. Lernen kommt offenbar, im durchschnittlichen Fall, auf andere Weise nicht zustande. Und wenn* [...] *die lernende Aneignung des überkommenen*

© Frank & Timme   Verlag für wissenschaftliche Literatur

Reichtums die vordringliche geschichtliche Aufgabe ist, dann ist eben damit das Schulmäßige nicht nur unvermeidlich, sondern notwendig.

Auf Seite 34 wird festgestellt: *Das „Schulmäßige" passt gut zusammen mit der Rationalität.* Seite 52: *Es gab ein praktisch unbegrenztes Vertrauen in die Kraft der Vernunft.* Dem entspricht heute das Vertrauen in die mathematischen Schlussfolgerungen anstelle eines Denkens, das sich auf Erfahrung, auf empirisches Forschen stützt. Das bloße Deduzieren aus Obersätzen enthält *die Gefahr ebendieses „deduktiven Rationalismus", die durch Anselm von Canterbury zum ersten Mal [...] heraufbeschworen wird* (Seite 57). Anselm von Canterbury lebte von 1033 bis 1109 und gilt als Vater der Scholastik. Die Gefahr eines rein deduktiven Denkens wurde also bereits frühzeitig erkannt.

Johann von Salisbury, zwischen 1110 und 1120 in Südengland geboren, stellte fest, *dass die Philosophie zugrunde gehen muss, wenn sie versucht, allein von Logik zu leben: Die Dialektik bleibt, wenn sie nicht von anderswo empfängt, unfruchtbar* (Seite 84). Stattdessen *solle man sich der möglichst genauen, geduldigen Erforschung des Konkreten zuwenden.* Es geht um den *Respekt vor der Wahrheit, die ihren Sinn nicht darin hat, unserem Wunsch nach einem systematisch geschlossenen „Weltbild" Genüge zu tun, sondern darin, dass die Wirklichkeit so zu Gesicht komme, wie sie wirklich ist: erkennbar und unergründlich zugleich.* Dieser Satz ehrwürdigen Alters kann ganz unmittelbar auf die heutige Situation der Wirtschaftstheorie übertragen werden, die nur innerhalb eines geschlossenen Weltbilds stattfindet und darüber die zugleich erkennbare und unergründliche Wirklichkeit aus den Augen verloren hat.

In dem genannten Büchlein über die Scholastik (Seite 22 f) wird aber auch die Ursache des späteren Niedergangs aufgezeigt:

Natürlich war [...] damit zu rechnen, dass der weithin institutionalisierte Wissenschaftsbetrieb des Mittelalters versuchen würde, die einmal eingeübte Verfahrensweise, obwohl sie primär auf die Ausbeute schon vorliegender Erkenntnisbestände zugeschnitten war, festzuhalten und durchzusetzen. Ein solcher Versuch aber konnte schließlich nur zu völliger Sterilität und zur Auflösung führen.

Georg Wilhelm Friedrich Hegel (1770 bis 1831) fällte in den *Vorlesungen über die Geschichte der Philosophie, Zweiter Abschnitt, A. Verhältnis der scholastischen Philosophie zum Christentum* das einstweilen endgültige Urteil über die Scholastiker:

[Sie] *untersuchten so hohe Gegenstände, [...] das Denken wurde so spitz-*
findig ausgebildet; es gab edle, tiefsinnige Individuen, Gelehrte. Und doch
ist dies Ganze eine barbarische Philosophie des Verstandes, ohne realen
Stoff, Inhalt; es erregt uns kein wahrhaftes Interesse [...]. Es ist Form, leerer
Verstand, der sich in grundlosen Verbindungen von Kategorien, Verstan-
desbestimmungen herumtreibt [...]. Es ist eine eigentümliche Barbarei,
nicht der unbefangenen, rohen, sondern die höchste Idee und die höchste
Bildung sind zur Barbarei geworden; was eben die gräßlichste Gestalt der
Barbarei und Verkehrung ist, die absolute Idee, und zwar durchs Denken,
zu verkehren.

Schlimmstenfalls wird später einmal das Urteil über die heutige akademische
Wirtschaftstheorie in ähnlicher Form ausfallen. Die Scholastik büßte ab dem
16. Jahrhundert ihren Einfluss ein und galt spätestens mit der Aufklärung als erledigt und abgetan, nämlich als die Wissenschaft begann, ihr Wissen nicht mehr
aus den alten Büchern überkommener Weisheiten zu schöpfen, sondern aus einer
Erforschung der Realität. Diese empirische Wende steht der Wirtschaftswissenschaft noch bevor.

9.5   Die Hochschulpolitik

Unter den geschilderten Umständen stellt sich die Frage, welche Relevanz die
akademisch betriebene Wirtschaftstheorie für die Studierenden, für die Akteure
der Wirtschaft, für die Öffentlichkeit und die Politik besitzt. Wem sagt sie Neues?
Wem hilft sie zu einem besseren Verständnis der Welt? Wen berät sie effizient?
Was ist nach dem Hochschulgesetz die Aufgabe der Universität und wird diese
Aufgabe, zumindest in der wirtschaftswissenschaftlichen Fakultät, erfüllt?
   Im Lehrbuch Fredebeul-Krein heißt es eingangs (Seite 1): *Das Buch ist für*
Studierende der Volks- und Betriebswirtschaftslehre an Universitäten, Fachhoch-
schulen und Berufsakademien konzipiert. Ganz ähnlich steht es bei Mussel
(Seite VI): *Dieses Buch [...] richtet sich [...] in erster Linie an Studierende im*
Grundstudium, sei es an Universitäten, Fachhochschulen, Berufsakademien oder
anderen einschlägigen Aus- und Weiterbildungsinstitutionen. Auf dem Rückum-
schlag wird empfohlen: *Dieses erfolgreiche Buch [...] deckt das Gebiet der*
einschlägigen Studiengänge zum Bachelor ab. Altmann (Seite VIII) bedankt sich:
Viele Studenten haben Anregungen gegeben. Klump schreibt (Seite 12): *Der Foli-*
ensatz für die Dozenten wurde überarbeitet und erweitert. Wöhe verweist auf das

parallel erscheinende *Wöhe-Übungsbuch: Dieses enthält rund 500 klausurerprobte Übungsaufgaben mit Musterlösungen.*

Offenbar sind die Lehrbücher ganz für den internen Universitätsbetrieb konzipiert und geschrieben. Insofern sind sie relevant für jeden Studierenden, der sich auf das Examen vorbereiten will. Sie leisten etwa das, was bei den Juristen der Repetitor leistet. Der gravierende Unterschied zwischen diesen beiden Fakultäten besteht allerdings darin, dass das Jurastudium nicht nur auf das Staatsexamen vorbereitet, sondern vor allem auf die nachfolgende Tätigkeit als Richter, Rechtsanwalt oder den anderen juristischen Berufen, und zwar im Regelfall in Deutschland und daher orientiert an den hiesigen Gesetzen. Die Lehrbücher der Wirtschaftstheorie hingegen orientieren sich nicht an der hiesigen Wirtschaft, sondern am internationalen, will meinen amerikanischen Standard der Forschung. Der Studierende wird also nicht auf eine hiesige Berufstätigkeit vorbereitet, sondern im Gegenteil stellt er in den ersten Monaten seiner beruflichen Tätigkeit fest, dass die Wirklichkeit ganz anders aussieht als der Inhalt der Lehrbücher, sodass er diese nach dem Examen nicht mehr gebrauchen kann und sich völlig neu orientieren muss.

In dieser Verlegenheit sind die Lehrbuchautoren nie gewesen. Denn sie sind ja nach dem Examen denselben Weg und in demselben Milieu weitergegangen zur Promotion, zur Habilitation und zur Berufung als Professor. Sie haben den geschlossenen Raum der Universität nie verlassen und sich nie mit einem Fabrikanten oder einem Ladeninhaber unterhalten. Stattdessen haben sie an Spezialproblemen der üblichen Lehre weitergetüftelt, um die begehrte Veröffentlichung in einer amerikanischen Fachzeitschrift zu erringen. Diese Artikel sind nicht im Kontakt mit der Wirtschaft entstanden, sondern nur in der Studierstube, im Elfenbeinturm.

Nirgendwo wird in den Lehrbüchern der Eindruck erweckt, als habe der Autor an einer Erforschung der Wirklichkeit ein Interesse. Insofern sind diese Lehren für die Öffentlichkeit, für die Akteure und die Politik von relativ geringem Informationswert. Wenn beispielsweise versucht wird, mit Differenzengleichungen den mathematischen Funktionen auf die Spur zu kommen, die vermeintlich hinter den konjunkturellen Schwankungen und dem Wachstum stehen, so ist die Relevanz für alle, die nicht zum Universitätsbetrieb gehören, gleich null.

Erfüllen eigentlich die wirtschaftswissenschaftlichen Fakultäten der deutschen Hochschulen ihren gesetzlichen Auftrag? Dies können wir hier natürlich nicht für alle Universitäten überprüfen, sondern wir greifen aufs Geratewohl eine der führenden Hochschulen heraus, nämlich die Heinrich-Heine-Universität

Düsseldorf. In § 3 des *Gesetzes über die Hochschulen des Landes Nordrhein-West-falen* sind deren Aufgaben wie folgt umrissen:

Aufgaben

Die Universitäten dienen der Gewinnung wissenschaftlicher Erkenntnisse sowie der Pflege und Entwicklung der Wissenschaften durch Forschung, Lehre, Studium und Förderung des wissenschaftlichen Nachwuchses und Wissenstransfer (insbesondere wissenschaftliche Weiterbildung, Technologietransfer). Sie bereiten auf berufliche Tätigkeiten in In- und Ausland vor, die die Anwendung wissenschaftlicher Erkenntnisse und Methoden erfordern. Die Universitäten gewährleisten eine gute wissenschaftliche Praxis.

Es geht also in der Hauptsache um folgende vom Land Nordrhein-Westfalen gestellten Aufgaben oder Aufträge:

(1) Wissenschaft: Forschung, Wissenstransfer, gute wissenschaftliche Praxis
(2) Lehre, Studium, Nachwuchsförderung
(3) Vorbereitung auf berufliche Tätigkeiten

Inwiefern werden diese Aufträge (1) bis (3) durch die akademische Wirtschaftstheorie erfüllt?

(1) Wissenschaft
Das Grundgesetz (Artikel 5, Absatz 3) bestimmt: *Kunst und Wissenschaft, Forschung und Lehre sind frei.* Der Kommentar (von Münch/Kunig, 6. Auflage, Verlag C.H. Beck München 2012, Anmerkung 100ff. zu Artikel 5) stellt hierzu entsprechend der Rechtsprechung des Bundesverfassungsgerichts fest:

Wissenschaftliche Tätigkeit ist alles, was durch Inhalt und Form als ernsthafter planmäßiger Versuch zur Ermittlung der Wahrheit anzusehen ist. Dabei ist der Schutzbereich des Grundrechts dann nicht eröffnet, wenn „vorgefassten Meinungen oder Ergebnissen lediglich (der) Anschein wissenschaftlicher Gesinnung oder Nachweisbarkeit" verliehen wird. Da Wissenschaft auf ständige Selbst- oder Fremdüberprüfung zielt, ist der Ausdruck „kritische Wissenschaft" eine Tautologie.

    © Frank & Timme   Verlag für wissenschaftliche Literatur

Schon hier ergeben sich Bedenken hinsichtlich der akademischen Wirtschaftstheorie, denn wie wir gesehen haben, bemüht sie sich nicht um die Wahrheit im Sinne einer Übereinstimmung von Aussagen und Wirklichkeit, sondern nur um die interne Logik der etablierten Theorie. Insofern handelt es sich um vorgefasste Meinungen, denen durch großen mathematischen Aufwand der Anschein wissenschaftlicher Nachweisbarkeit verliehen wird. Eine kritische Selbst- oder Fremdüberprüfung der grundlegenden Annahmen findet nicht statt. Insofern könnte es ein Problem sein, ob die in dieser Form betriebene Wirtschaftstheorie den Schutzbereich der grundgesetzlichen Wissenschaftsfreiheit genießt.

Zur Universität Düsseldorf gehört das *Düsseldorf Institute for Competition Economics (DICE)*. Hier sind 16 Professorinnen und Professoren tätig. Sie nennen insgesamt 111 Titel ihrer Veröffentlichungen und aktuellen Vorhaben, darunter 110 in englischer Sprache und eine auf Deutsch. Von den Themen beziehen sich neun erkennbar auf deutsche Verhältnisse. Auch diese erscheinen auf Englisch in einer ausländischen Zeitschrift, zum Beispiel der Artikel von Annika Herr über *Public reporting and the quality of care of German nursing homes* in der Zeitschrift *Health Policy* 120 (10). Dort wird sie kaum einer der Betroffenen und der deutschen Gesundheitspolitiker finden und wenn doch, muss sie erst ins Deutsche rückübersetzt werden. Ein Beitrag von Jens Wrona über *Trade, Tasks, and Trading* soll im *Canadian Journal of Economis* erscheinen, wo ihn kaum ein deutscher Leser aufsuchen wird. Die Veröffentlichung in einer möglichst exotischen Zeitschrift hat für den Autor nebenbei den großen Vorteil, dass der Artikel weitgehend einer kritischen Debatte entzogen wird. Es wird nur im unmittelbaren konsensualen Umfeld, wo man sich gegenseitig zitiert, zur Kenntnis genommen.

Keine einzige der 111 Veröffentlichungen der Düsseldorfer bezieht sich auf das Land Nordrhein-Westfalen. Dem Bundesland, das die Universität finanziert und daher auch die Gehälter der Professoren bezahlt, fühlt sich niemand verpflichtet.

Keiner der Professoren erwähnt eine Veröffentlichung in einer deutschen Tageszeitung. Anscheinend besteht kein Interesse, an der hiesigen wirtschaftspolitischen Debatte teilzunehmen. Ebenso erwähnt keiner der Professoren ein Gutachten, das er für eine hiesige offizielle Stelle angefertigt hätte. Für das Land Nordrhein-Westfalen stellt sich hier die Frage, ob die Gelder für die wirtschaftswissenschaftliche Fakultät gut angelegt sind. Denn die sämtlichen Forschungsergebnisse werden praktisch unter Ausschluss der allgemeinen Öffentlichkeit veröffentlicht. Erkennbar hat niemand unter den Forschern ein Interesse daran, dass in Nordrhein-Westfalen oder im deutschen Sprachraum eine Debatte über diese Ergebnisse stattfindet oder dass beispielsweise die gesundheitspolitischen Untersuchungen von den hiesigen Gesundheitspolitikern zur Kenntnis genommen werden. Alles spielt sich ausschließlich in der abgeschlossenen Fachwelt ab und hat erkennbar den einzigen Zweck, durch diese Veröffentlichungen ein persönliches Profil und eine Karriere zu fördern. Der Wissenstransfer, der im Hochschulgesetz vorgeschrieben ist, findet nicht statt. Womöglich kommen Landtag und Landesregierung eines Tages zu dem Schluss, dass eine Wissenschaft, von der für das Land keinerlei Impulse ausgehen, als entbehrlich zu betrachten ist.

(2) Nachwuchsförderung

Die im Hochschulgesetz geforderte Förderung des wissenschaftlichen Nachwuchses besteht heute darin, dass auch die Doktoranden in diesem engspurigen Sinne eingeübt werden. Von den großen Wirtschaftsforschern aus der Blütezeit der Nationalökonomie um 1900 herum hingegen wird regelmäßig berichtet, dass sie sich in den ersten Jahren ihrer universitären Laufbahn nicht nur mit Ökonomie beschäftigt haben, sondern auch mit Recht, Philosophie und Geschichte. Diese breite Anlage der wissenschaftlichen Laufbahn ist heute ganz ausgeschlossen: für die Studenten durch die Verschulung des Studiums und für alle, die nach dem Studium eine Professur anstreben, durch ihre höchst unsichere wirtschaftliche Lage und ihre gewöhnlich nur befristeten Arbeitsverhältnisse, wodurch sie in eine enge Abhängigkeit von den etablierten Professoren geraten. Die *FAZ* berichtete am 22. Februar 2017 unter der Überschrift *Extremsport Wissenschaft* über die beruflichen Perspektiven der rund 145 000 unterhalb der Professur beschäftigten Akademiker an den deutschen Hochschulen. *Was auf dem Arbeitsmarkt eigentlich verboten ist – die langjährige Beschäftigung in befristeten Kettenverträgen – ist an den Hochschulen nicht nur ausdrücklich erlaubt, sondern die Regel.* Wer sich von Befristung zu Befristung durchhangeln muss, wird kaum das Wagnis eingehen, in seinen Veröffentlichungen die ausgetretenen Pfade zu verlassen. Der Erfolg der langjährigen Anstrengung, die Professur, wird gewöhnlich erst jenseits des vierzigsten Lebensjahres erreicht und nur mit einer Motivation, die derjenigen der Extremsportler ähnelt. Den Privatgelehrten, der durch ein geerbtes Vermögen materiell unabhängig ist, gibt es nicht mehr. Die wissenschaftliche Laufbahn gibt es nur innerhalb des abgeschlossenen Apparats und nach den Gesetzen des Apparats, insbesondere durch Verzicht auf Originalität. So kommt es zur Selbstreferenzialität nach innen und zur Sterilität nach außen.

In dem Artikel *Die Vordenker müssen nachdenken* in der *FAZ* vom 13. Oktober 2016 stellt Georg Giersberg fest, die meisten Studenten der Betriebswirtschafts-

© Frank & Timme   Verlag für wissenschaftliche Literatur

lehre suchten anwendbares Wissen für ihre künftige Karriere. Dies leiste die BWL derzeit aber nur eingeschränkt. Denn *der Wissenschaftsbetrieb ist zunächst einmal darauf aus, den eigenen Nachwuchs zu fördern. Der macht Karriere, wenn er sich in der Modellierung möglichst spezieller Sachverhalte bewährt. Das verschafft ihm Zugang zu internationalen Fachzeitschriften, was wiederum Voraussetzung für einen Aufstieg im Wissenschaftsbetrieb ist, also für eine Berufung auf einen Lehrstuhl.* Die Förderung des Nachwuchses geht also nicht etwa dahin, die jungen Leute zu eigenen Ideen zu ermuntern, die den Betrieb bereichern würden. Und schon gar nicht soll irgendetwas Bisheriges kritisch in Frage gestellt werden. Sondern sie geht dahin, auf dem vorhandenen Baum immer feinere Verästelungen zu finden. Denn die Herausgeber der Fachzeitschriften repräsentieren ja das bisherige System und wachen darüber, dass alles im Lot bleibt. Und für die Hochschulkarriere ist nicht die praktische Relevanz der Artikel entscheidend, sondern allein deren Anzahl.

(3) Vorbereitung auf den Beruf

Im Wintersemester 2015/16 gab es rund 90 000 Studierende der Wirtschaftswissenschaften und rund 230 000 junge Leute studierten Betriebswirtschaftslehre. Sie sollen durch ihr Studium in die Lage versetzt werden, in rund 40 Berufsjahren sinnvoll auf wirtschaftsnahe Probleme zu reagieren, sie in einen übergreifenden Zusammenhang einzuordnen sowie Folgen und Tragweite abzuschätzen. Dies ist nicht nur für jeden Einzelnen bedeutsam, sondern auch für die Gesellschaftsordnung insgesamt: Für die internationale Wettbewerbsfähigkeit der deutschen Wirtschaft, für das künftige hiesige Gemeinwohl und für die stete Aktualisierung der Wirtschaftsordnung, zumal sich diese als offenes lernfähiges System darstellt, also auf Anregungen und auf fundierte Kritik angewiesen ist.

Überwiegend handelt es sich um deutsche Studierende, die ihr Berufsleben in Deutschland verbringen werden. Daher wäre es naheliegend, in der Lehre auf die hiesigen Verhältnisse und Besonderheiten einzugehen, vom Mittelstand über das Handwerk bis zum Betriebsrat.

Auch einige der ausländischen Studierenden werden hier tätig sein. Und für alle, die im Ausland tätig sein werden, wäre es nützlich, wenn sie die Verhältnisse im Heimatland als Vergleichsbasis kennen.

Die im Hochschulgesetz aus individuellen und aus gesamtgesellschaftlichen Gründen vorgeschriebene Vorbereitung der Studierenden auf eine spätere wirtschaftsnahe berufliche Tätigkeit findet nur in einem problematischen Sinne statt wie oben beschrieben. Die in den Lehrbüchern versprochene Praxisnähe ist nicht gegeben. Die Modelle, Funktionen und Gesetze sowie die Welt der Ökonometrie und der Differenzengleichungen haben mit der beruflichen Tätigkeit, beispielsweise im städtischen Amt für Wirtschaftsförderung, bei der Handelskammer, in einem Fachverband oder wo auch immer nichts zu tun und schaffen hierfür auch keine Grundlagen. Im Gegenteil: Im Laufe seines Studiums der Wirtschaftswissenschaften hat der Student gelernt, seinen unmittelbaren Eindrücken zu misstrauen. Wenn er einen mittelständischen Unternehmer kennenlernt, reduziert er ihn gedanklich auf den *dispositiven Faktor,* statt in die Gedankenwelt dieses Unternehmers einzudringen und sich hierauf einzulassen. Er begegnet dem Unternehmer mit der vorgefassten Meinung, dass dieser nur das Ziel einer Gewinnmaximierung im Auge habe. Er hat nie etwas über Versagen und Scheitern der Unternehmer und Konsumenten gehört und weiß hiermit nichts anzufangen. Erst nach Jahren in der Praxis hat er die Modellwelt der Theorie erfolgreich verlernt und ist, im glücklichen Falle, wieder unbefangen und offen für die persönlichen Eindrücke des Tages, die sich nur erfahren und nicht errechnen lassen. Es geht um die Fähigkeit des Menschen, die ihm begegnende Realität ohne vorgefasste Meinung zu erfassen, zu beurteilen und zu handhaben, also ohne den Spielraum der Vernunft von vornherein einzuschränken, indem alles und jedes auf das wirtschaftliche Prinzip und mathematische Formeln reduziert wird.

Die Ausbildung der Studenten in der geschlossenen Modellwelt der Wirtschaftstheorie lässt sich etwa damit vergleichen, als würden die Studenten der Meteorologie nicht die Veränderungen von Wetter und Klima draußen in der Landschaft studieren, sondern im Kleinklima in einem gärtnerischen Gewächshaus, verbunden mit der Behauptung, an diesem Modell mit seinen vereinfachten Bedingungen ließe sich das allgemeine große Wettergeschehen am besten beobachten. Dies wäre natürlich Unsinn, denn im Gewächshaus, wo es keinen Wind, kein Gewitter, keinen Schneefall und keine Cumuluswolken gibt, lässt sich über das reale Wettergeschehen draußen nichts lernen. Schlimm würde es nur dann, wenn die Studenten ausschließlich im Gewächshaus lernen, um dort ihre Prüfung zu bestehen, und mit diesem Diplom in der Tasche beim Deutschen Wetterdienst beginnen sollten, das Wetter der drei kommenden Tage vorherzusagen. Dies könnten sie im Zweifel sehr viel schlechter als ein Landwirt, der jeden Morgen kritisch zum Himmel schaut, oder auch ein Segelflieger, die sich noch nie in wissenschaftlicher Form mit dem Wetter beschäftigt hat und daher unverbildet blieb. Er ist stattdessen gewohnt, genau auf Sonne und Wolken zu achten.

In extremer Form gilt dieses Problem für die Doktoranden, die zehn und mehr Jahre nur im Gewächshaus verbracht haben.

Insgesamt erscheinen die für diese Fakultät aufgewandten finanziellen Mittel des Landes Nordrhein-Westfalen weitgehend als Fehlinvestition, weil es keinen Wissenstransfer aus den exotischen Zeitschriften in die Geschäftswelt und in die politische Alltagsdebatte gibt und weil das Studium die Absolventen eher schlecht als recht auf die Tätigkeit in wirtschaftsnahen Berufen vorbereitet. Die esoterische Forschung mit fremdsprachigen Veröffentlichungen in Übersee erscheint als irrelevant für die hiesige Öffentlichkeit und die Studierenden, ebenso als ungeeignet für die Beratung der Politik und wirtschaftlicher Akteure aller Art. Sie bringt keinen Nutzen.

Naheliegend wäre also, dass die Landesregierung im Rahmen einer umfassenden Evaluation untersucht, inwiefern der jetzige Universitätsbetrieb der Wirtschaftswissenschaften geeignet ist, die im Hochschulgesetz formulierten Ziele zu erreichen. Dabei ginge es weniger um die Qualität der Forschung, gemessen an der Anzahl der Veröffentlichungen, denn dies ist ja nicht das Problem in einem Betrieb, in dem alles auf Veröffentlichungen drängt. Diese werden jedoch nur innerhalb des *Elfenbeinturms* der abgeschlossenen Expertenwelt zur Kenntnis genommen. Problem ist vielmehr Wissenstransfer aus der Forschung in die unternehmerische Praxis, in die Politikberatung und in die öffentliche Debatte, vor allem in die Tagespresse. Die zweite große Aufgabe zur Evaluation wäre die Erfüllung des Bildungsauftrags. Beispielsweise könnten die Absolventen des Studiums nach ein- oder mehrjähriger beruflicher Tätigkeit befragt werden, inwiefern sie das Studium als hilfreich für die Vorbereitung auf die Praxis empfunden haben. Diese Evaluation beträfe nicht nur Nordrhein-Westfalen, sondern alle Bundesländer, weil die akademische Wirtschaftswissenschaft überall in ähnlicher Form betrieben wird, wie sich am einfachsten im überall ähnlichen Inhalt der Lehrbücher ablesen lässt.

9.6 Der Paradigmenwechsel

Auf Seite 28 zitiert Samuelson Max Planck, der festgestellt hat: *Eine neue wissenschaftliche Erkenntnis setzt sich nicht durch, indem ihre Gegner überzeugt und dazu gebracht werden, die neue Erkenntnis einzusehen, sondern vielmehr dadurch, dass ihre Gegner nach und nach sterben und eine neue Generation heranwächst, die mit den neuen Erkenntnissen vertraut ist.* Könnte es passieren, dass dieses Schicksal auch der neoklassischen Wirtschaftstheorie bevorsteht?

Eine fundamentale Neubesinnung tut schon jetzt erkennbar not – nicht nur in Einzelheiten, nicht nur in der Methode, sondern auch im Forschungsgegenstand. Wann, wo und in welcher Weise sich ein solcher Wechsel der Fundamente vollzieht, schildert Thoma S. Kuhn in *Die Struktur wissenschaftlicher Revolutionen* (Verlag Suhrkamp, Frankfurt am Main 1973). Er führt hier (Seite 10) das Wort *Paradigma* ein. *Darunter verstehe ich allgemein anerkannte wissenschaftliche Leistungen, die für eine gewisse Zeit einer Gemeinschaft von Fachleuten maßgebende Probleme und Lösungen liefern.* Es handelt sich um die Grundlagen, die im täglichen Forschungsbetrieb vorausgesetzt und nicht bestritten werden: Das Anerkannte, von dem alle ausgehen. Entscheidend sind hier die Worte *für eine gewisse Zeit*, dass nämlich ebendiese Fundamente nicht auf unbegrenzte Zeit gelten, sondern gewöhnlich nur für einige Jahrzehnte oder für einige Generationen, bis ein *Paradigmenwechsel* fällig wird.

Aufgrund des Studiums der Wissenschaftsgeschichte geht Kuhn davon aus, dass es keine gleichmäßige kumulative Vermehrung des Wissens gibt, indem jeder Forscher dem großen Bestand ein wenig hinzufügt. Vielmehr gibt es einen zeitlichen Wechsel: einerseits der Normalbetrieb auf gesicherter Grundlage und andererseits gelegentliche Revolutionen, wenn die in generationenlanger Forschungsarbeit errichteten Wissenschaftsgebäude einstürzen oder eingerissen und durch neue ersetzt werden – regelmäßig unter heftigem Widerstand ihrer Bewohner. Diese lassen sich nicht etwa eines Besseren belehren, sondern neigen in der Gefahrensituation zu einer dogmatischen Verhärtung ihrer Lehre. Das neue Gebäude wird erst von der nächsten Forschergeneration errichtet. Die jeweils neue Gedankenwelt setzt sich durch, indem die Vertreter der alten aussterben und ihre Bücher aus den Bibliotheken ausgesondert werden.

Ein bekanntes Beispiel für einen schmerzhaften Paradigmenwechsel ist die von Alfred Wegener (1880 bis 1930) entwickelte Theorie der Kontinentalverschiebung, der Grundlage der heutigen Plattentektonik. Diese Theorie setzte sich erst in den 1960er Jahren durch – gegen heftigen Widerstand und gegen üble Verleumdungen durch die alten Vertreter der Theorie unbeweglicher Kontinente.

Kuhns Theorie des Paradigmenwechsels war von Ludwik Fleck (1890 bis 1961) in dessen Hauptwerk *Entstehung und Entwicklung einer wissenschaftlichen Tatsache* (Basel 1935) vorweggenommen worden. Eine Tatsache ist nicht einfach vorhanden und muss nur von einem Forscher entdeckt werden. Sondern Wissenschaft ist stets ein soziales Phänomen. Eine Tatsache, in den Worten Flecks, entsteht in *Denkkollektiven* mit bestimmten *Denkstilen* und verfestigt sich dort. Ein Denkkollektiv ist als Gemeinschaft der Menschen definiert, die im Gedankenaustausch oder in gedanklicher Wechselwirkung stehen: Eine Gruppe von Wissenschaftlern, die sich auf einer gemeinsamen theoretischen Basis mit einem Problem beschäftigen. Eine solche Gruppe entwickelt, zumal innerhalb einer festen Institution wie der Universität, einen etablierten Denkstil mit einer Beharrungstendenz. Die wesentlichen Überzeugungen und Handlungsmuster werden von den Mitgliedern als selbstverständlich wahrgenommen, so dass eine Veränderung undenkbar erscheint.

Von besonderer Bedeutung hierbei ist die Unterscheidung zwischen dem esoterischen Kreis der Fachspezialisten und dem exoterischen Kreis der interessierten Laien. Zwischen den beiden Kreisen gibt es eine Reihe von Abstufungen. Sie spiegeln sich wider in unterschiedlichen Formen der Publikation: Die Zeitschriftenwissenschaft, die Handbuchwissenschaft und die populäre Wissenschaft.

Das Denkkollektiv wird durch einen Denkstil zusammengehalten, den Fleck als gerichtetes Wahrnehmen mit entsprechendem gedanklichen und sachlichen Verarbeiten des Wahrgenommenen beschreibt. Der Denkstil legt fest, was innerhalb des Kollektivs als wissenschaftliches Problem, als evidentes Urteil oder angemessene Methode gilt. Auch was als Wahrheit gilt, kann hier nur in der stilgemäßen Auflösung von Problemen bestimmt werden und ist innerhalb des Denkstils vollständig determiniert: Es kann nur eine einzige Methode und nur eine einzige Lösung des Problems geben.

Die Beharrungstendenz innerhalb des Denkstils wird durch fünf Strategien gesichert:

(1) Ein Widerspruch ist undenkbar und wird nicht gesucht.
(2) Taucht er trotzdem auf, so wird er nicht gesehen und ignoriert.
(3) Stößt ein Forscher gleichwohl auf einen Widerspruch, so wird er verschwiegen und nicht diskutiert.
(4) Sollte der Widerspruch trotzdem offensichtlich werden, so wird er mit großer Kraftanstrengung in das bestehende System integriert.
(5) Beobachtungen, die der herrschenden Anschauung entsprechen, werden erdichtet.

Diese grundlegenden Beobachtungen Flecks, die zunächst 1935 kaum zur Kenntnis genommen wurden, sind heute durch Kuhn aufgenommen worden und gehören jetzt zum üblichen Bestand der Wissenssoziologie. Sie passen verblüffend genau auf den jetzigen akademischen Betrieb der Wirtschaftstheorie und wurden deshalb hier etwas ausführlicher behandelt. Die gravierendste Beobachtung, nämlich (5), das Erdichten von Beobachtungen, ist hier weit verbreitet, wenn vermeintlich mathematisch berechenbare Kausalitäten an erfundenen Beispielen veranschaulicht werden sollen.

Ein heikler Punkt in der Entwicklung einer Wissenschaft ist jeweils erreicht, wenn diese selbstreflexiv geworden ist:
- Wenn es im Schwerpunkt um Definitionen und um Schlussfolgerungen aus selbst erdachten Obersätzen (von der Art: Isolierte Individuen verhalten sich streng rational nach dem wirtschaftlichen Prinzip) geht
- und wenn Sätze nur auf ihre interne Logik überprüft werden
- und wenn daher die Ausbeute an nichtbanalen Sätzen über die Wirklichkeit immer spärlicher wird.

In diesem Stadium einer Wissenschaft wird Kritik von Außenstehenden nicht mehr zur Kenntnis genommen, weil ja der Außenstehende mit der internen Logik nicht vertraut sein kann. Im Priesterseminar würde wohl kaum die Kritik eines Besuchers ernstgenommen, der zuvor erklärt hat, dass er die katholische Dogmatik entweder nicht kennt oder ablehnt.

Die selbstreflexiv gewordene Wissenschaft hat das Geschäft der Kritik wieder verkompliziert: Der Kritiker möge zunächst den Ort ausweisen, von dem er spricht, seine eigene Befangenheit vorzeigen, seine Worte entsprechend temperieren, bevor er dann vielleicht immer noch zu sprechen beginnt, so schildert es Thomas Thiel in dem Artikel *Wissenschaft über den Wolken* in der *FAZ* vom 25. Januar 2017. Aber nicht nur eine von außen kommende, sondern auch eine innerhalb der Wissenschaft ständig zu übende Kritik, die als Motor des Ganzen den wissenschaftlichen Fortschritt vorantreiben soll und von der Karl R. Popper ausgeht, ist inzwischen alles andere als selbstverständlich. Stattdessen werden die grundlegenden Annahmen der Wirtschaftstheorie nicht mehr bezweifelt, was mit der *Logik der Forschung* im Sinne von Popper nicht vereinbar ist. Vielmehr stellt er auf Seite 26 fest: *Das Spiel der Wissenschaft hat grundsätzlich kein Ende: Wer eines Tages beschließt, die wissenschaftlichen Sätze nicht weiter zu überprüfen, sondern sie etwa als endgültig verifiziert zu betrachten, der tritt aus dem Spiel aus.*

Als Institution ist Wissenschaft selbst ein Machtgefüge, schreibt Thiel im soeben erwähnten Artikel. Hier wird Herrschaft ausgeübt und über Laufbahnen entschieden. Der *befristet beschäftigte Mittelbau stellt seine Kritik klugerweise bis zur Festanstellung zurück.* Der *FAZ*-Artikel schließt den Bericht über eine Tagung in Frankfurt am Main resignierend: *Am Ursprungsort der Kritischen Theorie, die [...] Wissenschaftler zu nonkonformistischen Intellektuellen heranbilden wollte [...] versank jeder Anflug von Konkretion in lähmender Selbstreflexion [...]. Auf den liberalen westlichen Grundkonsens kann sich Kritik heute nicht mehr so leicht berufen. Auf eine Wissenschaft in der Filterblase kann sie nicht setzen.* Das Konzept der *Filterblase* stammt von dem Internetaktivisten Eli Pariser. Er stellte fest,

© Frank & Timme   Verlag für wissenschaftliche Literatur

dass die Suchmaschinen je nach dem bisherigen Suchverhalten der Benutzer unterschiedliche Ergebnisse liefern, sodass jeder Benutzer in seiner Grundhaltung bestätigt wird. Der Linke findet Proteste, der Konservative findet rechtes Gedankengut. Die Programmierer der Suchmaschinen gehen davon aus, dass an Kritik oder auch nur an objektiver Information kein Interesse mehr besteht.

Der Sieg der Neoklassik über konkurrierende Paradigmen erklärt sich nicht durch überlegene wissenschaftliche Leistung, sondern auch durch sozialen Druck auf den Nachwuchs. *Jeder* (amerikanische) *Ökonom muss sich mit der Neoklassik auseinandersetzen, was für keinen anderen Ansatz gilt*, so schreibt John T. Harvey in *Contending Perspectives in Economics. A Guide to Contemporary Schools of Thought* (Cheltenham, UK; Edward Elgar 2016).

Michel Foucault geht im oben bereits angesprochenen Buch *Die Ordnung der Dinge* davon aus, dass die Wissenschaft mehr oder weniger stabile diskursive Formationen und begriffliche Koordinaten ausbildet, welche determinieren, was jeweils diskutierbar, verstehbar, wahr oder falsch ist. Foucault diskreditiert also die Idee des kontinuierlichen Fortschritts. Stattdessen gibt es einen Wechsel der bestimmenden Strukturen. Dieser Wechsel ist kontingent, das heißt nicht notwendig, nicht konsequent, sondern unvorhersehbar und zufällig wie überhaupt alle geschichtlichen Ereignisse.

Bei den von Fleck und Kuhn erforschten wissenschaftlichen Revolutionen, die nach Erreichen des selbstreflexiven und durch ständige Wiederholungen steril gewordenen Stadiums anstehen, handelt sich um periodische Stilwechsel, die sich ganz ähnlich auch immer wieder in der Kunstgeschichte abspielen. Beispielsweise war Anton von Werner (1843 bis 1915) nicht nur der führende Maler der wilhelminischen Zeit, sondern auch der tonangebende Kunstpolitiker und Vorsitzender der entsprechenden Vereinigungen. Als solcher bestimmte er, wer und was ausgestellt wurden. Er lieferte glanzvolle Historienbilder mit einer fotografischen Genauigkeit und war Anführer der heftigen Gegner der modernen Kunst. Heute ist er vergessen, und seine großformatigen Gemälde verstauben in den Depots.

Die Wissenschaft hat die Aufgabe, neue Erkenntnisse zu erzeugen und Wissen zu schaffen. Sie findet jedoch in etablierten Institutionen wie den Universitäten statt. Und wie in jeder anderen verfestigten Organisation trifft des Neue auf den Widerstand des Alten, und zwar umso stärker, desto mehr die Neuerungen ins Grundsätzliche gehen. Aus den Unternehmen ist dies als Innovationswiderstand, -hindernis oder -barriere bekannt und betrifft technische, wirtschaftliche oder organisatorische Neuerungen gleichermaßen. Denn immer ist die Umstellung mit Anstrengungen, Umbruch und einer als unnötig empfundenen Turbulenz verbunden. Außerdem sind die jeweils besonderen Positionen der Mitarbeiter und Vorgesetzten und ihr Status bedroht. Sie müssen also ihre gewohnte einzigartige Stellung als gefährdet betrachten. Gewachsene Machtstrukturen sind gefährdet, sei es im Unternehmen oder in der Ordinarien-Universität. Schnell bilden sich Seilschaften des Verhinderns, die beredt darlegen, inwiefern sich das Bisherige bewährt habe und die Vertreter des Neuen nicht über die notwendige Qualifikation verfügen. Dagegen mahnt Popper (Seite 22): *Wer an einem System, und sei es noch so „wissenschaftlich", dogmatisch festhält […] wer seine Aufgabe etwa darin sieht, ein System zu verteidigen, bis seine Unhaltbarkeit logisch zwingend bewiesen ist, der verfährt nicht als empirischer Forscher in unserem Sinn; denn ein zwingender logischer Beweis für die Unhaltbarkeit eines Systems kann ja nie erbracht werden.* Es geht also nicht darum, ein bestehendes System als falsch zu entlarven. Sondern es geht um den Unterschied zwischen einem offenen und einem dogmatischen System. Popper (Seite 21) fordert dabei nicht, dass jeder Satz nachgeprüft werde, sondern nur, dass jeder Satz nachprüfbar sein soll. Anders ausgedrückt: *dass es in der Wissenschaft keine Sätze geben soll, die einfach hingenommen werden müssen, weil es aus logischen Gründen nicht möglich ist, sie nachzuprüfen.* Zu diesen Sätzen gehören in der Wirtschaftstheorie nicht nur die basalen Annahmen, sondern auch alle vermeintlichen Gesetzmäßigkeiten, Funktionen und Verhaltensgleichungen. Sie alle sind so unbestimmt definiert, dass sie empirisch nicht nachprüfbar sind. Daher sieht sich der neu hinzukommende Student genötigt, sie einfach hinzunehmen. Er bekommt zu hören: *Davon gehen wir hier einfach aus.*

Tatsächlich werden Systeme nicht verworfen, weil ihre Unhaltbarkeit erwiesen wurde, sondern weil sie sich als unergiebig und irrelevant zeigten und neue Systeme die Wirklichkeit besser erklärten.

Wegen des allgegenwärtigen Innovationswiderstands ist, wie Kuhn (Seite 156) schreibt, eine grundsätzliche Überprüfung eines bestehenden Paradigmas erst dann zu erwarten, *nachdem ein fortdauerndes Unvermögen, ein bemerkenswertes Rätsel zu lösen, eine Krise hat entstehen lassen. Und auch dann erfolgt sie erst, wenn das Bewusstsein der Krise einen Alternativkandidaten für das Paradigma hervorgebracht hat.* Das bemerkenswerte Rätsel, das in der Wirtschaftstheorie dieses Bewusstsein hervorrufen könnte, ist die Unfähigkeit zu Prognosen: Weder die Konjunktur noch das Wachstum der Gesamtwirtschaft können einigermaßen treffsicher vorausgesagt werden noch das Verhalten der einzelnen Unternehmer und Konsumenten. Es geht um die Unfähigkeit und den Unwillen, das Verhalten lebendiger Menschen zu verstehen und sich in die individuellen und kollektiven Regungen einzufühlen. Der Ansatz, menschliches Verhalten in mathematischen

 © Frank & Timme   Verlag für wissenschaftliche Literatur

Gleichungen auszudrücken, weil Rationalität unterstellt wird, ist rundherum gescheitert. Stattdessen kann es nur um inhaltliche und nur ergänzend um quantitative Analysen gehen. Die statistischen Betrachtungen haben heuristischen Wert, indem sie Anregungen für Forschungsfragen und Vermutungen für Zusammenhänge liefern können. Ferner können sie zur Prüfung der gefundenen Sätze dienlich sein. Grundgerüst ist aber immer der konkrete inhaltliche Zusammenhang: Um welche Personen geht es? Wie fühlen, empfinden und entscheiden diese?

Das jeweils neue System wird an der Frage geprüft, ob bessere Prognosen mit höherer Treffsicherheit möglich sind, wie Popper auf Seite 8 darlegt: *Diese Prüfung soll feststellen, ob sich das Neue, das die Theorie behauptet, auch praktisch bewährt.* Das Prüfungsverfahren ist ein deduktives: Aus dem neuen System werden empirisch möglichst leicht nachprüfbare Prognosen deduziert und aus diesen möglichst jene ausgewählt, die aus bekannten Systemen nicht ableitbar sind oder mit diesen im Widerspruch stehen. Hierüber wird dann in der praktischen Anwendung entschieden. *Fällt die Entscheidung negativ aus, werden die Folgerungen falsifiziert, so trifft die Falsifikation auch das System, aus dem sie deduziert wurden.*

Kuhn fragt auf Seite 172, warum *die Ökonomen weniger als die Vertreter anderer Sozialwissenschaften über die Frage debattieren, ob ihre Disziplin eine Wissenschaft sei. Kommt das daher, dass die Ökonomen wissen, was Wissenschaft ist? Oder vielmehr daher, dass sie sich über die Ökonomie einig sind?* Letzteres ist der Fall. Sie sind sich einig, und daher ist für eine selbstkritische Grundsatzdebatte kein Raum. Weil die bisherige Wissenschaft sich in den Universitäten fest eingerichtet und unkündbar etabliert hat, könnte es sein, dass der Umbruch sich zunächst einmal außerhalb der Universität, in privaten Instituten und Initiativen ereignet und die Universitäten erst in der nächsten Generation erreicht. Wie könnte sich ein Paradigmenwechsel in der Wirtschaftstheorie abspielen? Es kann im Prinzip nur darum gehen, das deduktive Denken, das Schlussfolgern aus gewillkürten allgemeinen Prinzipien, aufzugeben und sich stattdessen der Realität zuzuwenden: Aus einer Wirtschaftstheorie ohne Wirklichkeit muss eine solche werden, die sich ganz der Wirklichkeit zuwendet. Getreu den Prinzipien von Karl R. Popper werden aus genauen Beobachtungen Hypothesen entwickelt, die sich schließlich zu Theorien verdichten, die aber immer wieder kritisch hinterfragt werden. Erst hierdurch würde die Wirtschaftstheorie zu einer Wissenschaft, nämlich einer Lehre, die Aussagen über die Wirklichkeit macht und deren Aussagen anhand der Wirklichkeit auf ihre Wahrheit überprüfbar ist.

Methodisch wäre es erforderlich, auch alles außerhalb des Universitätsbetriebes Erforschte auszuwerten, beispielsweise die Erkenntnisse der privaten Marktforschungsinstitute und der empirische Sozialforschung, ferner außerwissenschaftliche Quellen wie Ratgeberbücher bis hin zur belletristischen Literatur. Die Wirtschaftswissenschaftler müssten ausschwärmen zu Befragungen der Akteure, vor allem der mittelständischen Unternehmer, der Konzernmanager und der Konsumenten. Hieraus ließen sich Verallgemeinerungen, Hypothesen und Theorien gewinnen, die immer wieder auf ihre Wahrheit und Relevanz zu überprüfen wären.

Ein Sonderthema von hohem politischen Interesse wäre, die Stärken und Schwächen der deutschen Wirtschaft im weltweiten Vergleich herauszuarbeiten, also die internationale Wettbewerbsfähigkeit, und dies mit Vorschlägen zum langfristigen Wachstum sowie zur Nachhaltigkeit zu verbinden.

Träger einer solchen Revolution könnten unter anderem Persönlichkeiten sein, die vor der akademischen Laufbahn eine betriebliche Ausbildung oder jedenfalls einige Jahre in der unternehmerischen Praxis verbracht haben, ferner gemischte Teams aus Wirtschaftswissenschaftlern, Psychologen, Soziologen, Historikern, Politikwissenschaftlern und Medienvertretern. Im weitesten Sinne ginge es bei dieser Revolution

- um das wirtschaftliche Verhalten der Menschen,
- die Öffnung zu allen anderen Humanwissenschaften
- und das Aufgreifen bisher vernachlässigter Themen.

Zu Letzterem gehört beispielsweise das Problem der politischen Legitimation. Weil sich die Wirtschaftstheorie an den exakten Naturwissenschaften orientiert, wird nirgendwo die – politisch alles entscheidende – Frage der Macht gestellt: Wer bestimmt eigentlich, was in der Wirtschaft vorfällt? Wer ist hierzu offiziell berechtigt und wer tut es tatsächlich? Wer hat dort letztlich das Sagen? Mit welcher Machtbefugnis und von wem ernannt? Für wen und in wessen Interesse findet alles statt? Wie kommen die riesigen Einkommens- und Vermögensunterschiede zustande? Inwiefern sind sie gerechtfertigt? Weshalb gibt es keine Vermögenssteuer? Weshalb werden komfortable Boni an Manager gezahlt, die eine Bank zugrunde gerichtet haben? Lässt sich die ganze Ordnung unserer Wirtschaft auf eine andere Ordnung umstellen, die endlich soziale Gerechtigkeit verspricht? Bereichern sich die Industrieländer auf Kosten der Entwicklungsländer?

Weil die Wirtschaftstheorie und auch die Theorie der Wirtschaftspolitik diese Thematik der Legitimation konsequent auslassen, wird das Vakuum mit allerlei Unterstellungen, Vorurteilen und Ressentiments gefüllt, beispielsweise, *die Konzerne* würden uns regieren. In dem von der Zeitschrift *Der Spiegel* als Bestseller benannten Buch *Kein Kapitalismus ist auch keine Lösung* von Ulrike Herrmann (Westend-Verlag, Frankfurt am Main 2016) wird auf Seite 145 darüber gefachsimpelt, was passiert, *wenn Großkonzerne die Wirtschaft beherrschen.* Oder bestimmt das *internationale Finanzkapital, das die Regierungen vor sich hertreibt?* Niemand macht sich die Mühe, derartige Halb- oder Viertelwahrheiten zurechtzurücken. Schon seit Jahrzehnten gibt es die Vorwürfe, *die Verbände* oder *die Werbung* als *Die geheimen Verführer* (so ein bekannter Buchtitel von Vance Packard aus dem Jahre 1957) hätten übermäßigen Einfluss. All dies leistet dem allgegenwärtigen Verschwörungsdenken Vorschub, wir alle würden von dunklen geheimen Mächten regiert und wären nur scheinbar frei in unseren Entscheidungen. Die akademische Wirtschaftstheorie tut nichts, um dieses Dunkelfeld aufzuhellen.

9.7   Der Fall Niko Paech

Beim Paradigmenwechsel (und dessen Blockade) geht es nicht nur um abstrakte Theorien, sondern immer auch um Personen, um Laufbahnen, um Eifersüchteleien, um die Berufungspolitik der Universitäten und um Stellenbesetzungen. Wer in der Öffentlichkeit großes Interesse findet, macht sich bei neidischen Kollegen unbeliebt. Und vor allem: Wer die etablierte Lehre grundsätzlich in Frage stellt, muss damit rechnen, in der einen oder anderen Form ausgesondert zu werden. Irgendein formaler Grund, eine Verfahrensfrage findet sich immer. Exemplarisch deutlich wird dies beim Wirtschaftswissenschaftler Niko Paech, Universität Oldenburg.

Die *Carl von Ossietzky Universität Oldenburg* stellt sich im Internet vor mit der Schlagzeile *Offen für neue Wege.* Ihr Ziel ist es, *Antworten zu finden auf die großen Fragen der Gesellschaft im 21. Jahrhundert.* Und weiter verheißt sie: *Die Universität Oldenburg gibt Raum zum Querdenken.*

Ein ausgesprochener Querdenker ist Niko Paech, Jahrgang 1960. Von 2008 bis 2016 war er in Oldenburg außerplanmäßiger Professor am Lehrstuhl für Produktion und Umwelt. Er brachte ab 2006 den Begriff der *Postwachstumsökonomie* in die deutsche Diskussion: ein Wirtschaftssystem, das zur Versorgung des menschlichen Bedarfs nicht auf Wirtschaftswachstum angewiesen ist, sondern sich durch Wachstumsrücknahme auszeichnet. Dies sei notwendig, weil es nicht gelungen ist, Umweltschäden und Rohstoffverbrauch von der Wertschöpfung zu entkoppeln. Zudem hat die Glücksforschung nachgewiesen, dass das Wohlbefinden nicht weiter durch Konsum und Einkommen zu steigern sei. Außerdem gibt es ökonomische Grenzen des Wachstums durch die begrenzten Rohstoffvorräte, etwa beim Erdöl. Daher fordert Paech einen nachhaltigen Lebensstil, den er selbst vorlebt (zum Beispiel Fahrrad statt Flugzeug). Der Ressourcenverbrauch ist nicht nur ökologisch schädlich, sondern überfordert den Menschen auch psychisch. Paech bezeichnet dies als *Konsumverstopfung*. Die radikale Reduktion von Ansprüchen, die der materiellen Selbstverwirklichung dienen, sei kein Mangel, sondern ein Gewinn. Der Mensch werde durch eine Reduktion der Arbeitszeit auf 20 Stunden pro Woche zufriedener und von der globalen Ressourcenkette unabhängiger. So werde Frustration, Angst und eventuell Gewalt vermieden. Die gewonnene freie Zeit kann man zum Selbstanbau von Obst und Gemüse nutzen. Autobahnen und Flughäfen müssten weitgehend zurückgebaut werden.

Niko Paech wurde mit seinen Ideen in zahlreichen deutschen und internationalen überregionalen Zeitungen als profilierter Vertreter einer solchen Bewegung vorgestellt und gewürdigt. 2006 wurde ihm für seine Habilitationsschrift *Nachhaltiges Wirtschaften jenseits von Innovationsorientierung und Wachstum – Eine unternehmensbezogene Transformationstheorie* der Kapp-Forschungspreis für Ökologische Ökonomie verliehen. Dieser Preis ist nach Karl-Wilhelm Kapp (1910 bis 1976) benannt, der mit seinem Hauptwerk „*Soziale Kosten der Marktwirtschaft*" eine politische Ökonomie der Umwelt begründet hatte. 2012 wurde Paech mit dem Zeit-Wissen-Preis *Mut zur Nachhaltigkeit* ausgezeichnet. Die Jury bezeichnete ihn als *weltweit eine der Lichtgestalten in der Postwachstumsdiskussion*. Er ist Deutschlands berühmtester und radikalster Wachstumskritiker. Auf der Liste der weltweiten *Thought Leaders*, die das Gottlieb Duttweiler Institut, ein Schweizer Thinktank, zusammengestellt hat, landete er 2018 auf Platz 18 – vor etablierten Ökonomen wie Axel Ockenfels, Hans-Werner Sinn und Thomas Straubhaar.

Am 23. März 2017 erschien bei *Zeit-Online* von Felix Rohrbeck der Artikel *Der Verstoßene* aus der Wochenzeitung *Die Zeit* Nr. 11/2017. Hier wird über Paech berichtet:

Im Oktober vergangenen Jahres hat er die Universität Oldenburg unter noch immer ungeklärten Umständen verlassen. Er selbst sagt, er sei „vom Campus geprügelt" worden und sieht sich als Opfer eines Machtkampfs zwischen klassischen und alternativen Ökonomen, der seit der Finanzkrise verstärkt an deutschen Universitäten tobe. Für viele klassische Ökonomen ist Paech ein Spinner, der sich mit seiner Radikalität in den Medien Gehör verschafft hat, dessen Vorstellungen sie aber für unrealistisch halten und dessen Methoden wissenschaftlichen Kriterien nicht genügen.

Paech berichtet, nach der Finanzkrise 2008 sei zunächst eine Neuorientierung der Wirtschaftswissenschaften gefordert worden. Die Lehre wollte offener und vielstimmiger werden. Inzwischen gebe es jedoch einen *Rollback* der dogmatischen Ökonomen, die wieder auf dem Vormarsch seien. *Man habe ihn „gekillt"*, sagt Paech. Er sieht sich als Opfer neoklassischer Mainstream-Ökonomen, die an die Selbstheilungskräfte des Marktes glauben und alle anderen Denkansätze bekämpfen.

Diese Lesart teilen nicht alle, die mit dem Fall zu tun hatten. 2014 bewirbt sich Paech am Institut für Betriebswirtschaftslehre und Wirtschaftspädagogik auf die Stelle, die er bereits sechs Jahre vertretungsweise innehatte: die Professur für Produktion und Logistik. Zunächst sieht es aus, als habe er gute Aussichten, doch dann interveniert die Universitätsleitung und stellt Paechs Eignung in Frage, weil er zu wenig in internationalen Zeitschriften publiziert habe. Eine solche Intervention ist höchst ungewöhnlich, denn normalerweise entscheidet die Berufungskommission. Zudem seien der Kommission formale Fehler unterlaufen, so meinte die Leitung. Deshalb müsse das Verfahren abgebrochen werden. Ein weibliches Kommissionsmitglied habe sich von einem Mann vertreten lassen. Dadurch sei die Frauenquote nicht mehr erfüllt gewesen. Zuvor war es allerdings gelebte Praxis an der Universität, dass sich hier weibliche durch männliche Kollegen vertreten ließen. Die Stelle wurde neu ausgeschrieben, und zwar so, dass Paech keine Chance hatte.

Seit Jahren gibt es an dem Institut zwei Lager: die Nachhaltigkeitsforscher und die eher klassischen Ökonomen. Durch die erneute Ausschreibung verändern sich die Kräfteverhältnisse: Jüngere Wirtschaftswissenschaftler rücken nach, denen die klassische Ökonomie zu kurz kommt. So bleibt alles beim Alten, ein alternativer Ansatz wurde ausgesondert.

In der Selbstdarstellung heißt es wie gesagt: *Die Universität Oldenburg gibt Raum zum Querdenken.* Offensichtlich muss sich dieses aber in den gewohnten Bahnen der Mehrheitsfraktion bewegen. Dafür wurde die Chance, der Universität Oldenburg ein eigenständiges Profil zu geben, geopfert.

Carl von Ossietzky, nach dem sich die Oldenburger Universität benannt hat, war übrigens ein ausgesprochener Querdenker, der sich schon während des Ersten Weltkriegs als Pazifist hervortat und später deswegen verfolgt und im Konzentrationslager zugrunde gerichtet wurde.

9.8   Die korrumpierte Wissenschaft

Am 6. März 2017 erschien in der *Frankfurter Allgemeinen Zeitung* ein Kommentar von David Folkerts-Landau, Chefvolkswirt der Deutschen Bank, mit der Überschrift *Wirtschaftsforschung im Dilemma*. Hier wird darüber nachgedacht, wann und wie sich eine Chance eröffnet, dass Ökonomie wieder als seriöse Wissenschaft Anerkennung findet. Leider dränge sich die Vermutung auf, dass es in der Zunft der Ökonomen nicht viel anders zugeht als bei den Hofnarren im Mittelalter: *Wes Brot ich ess, des Lied ich sing.* In der Brexit-Debatte hätten beide Parteien auf wissenschaftliche Gutachter mit diametral entgegengesetzten Befunden verwiesen, die jeweils ihre Positionen untermauern sollten. Die Bundesministerien würden ihnen genehme Wirtschaftsforschungsinstitute mit lukrativen Forschungsaufträgen bedenken. Durch gekaufte parteiische Gutachten hat der Ruf der Ökonomie in den letzten Jahrzehnten erheblich gelitten.

Ein Beispiel für die unterschiedlichen Sichtweisen ist der Protektionismus. Unter den Wirtschaftswissenschaftlern gilt es seit David Ricardo (1772 bis 1823) als ausgemachte Sache, dass ein freier Außenhandel allen Teilnehmern nützt, wenn jede Nation sich auf Dasjenige konzentriert, was sie am günstigsten herstellen kann. Daher werden bilaterale, oder, noch besser, multilaterale Freihandelsabkommen empfohlen. Erstaunen erregte deshalb ein Meinungsumschwung in den USA zu Beginn der Präsidentschaft von Donald Trump. Folkerts-Landau stellt fest:

> *In der Handelspolitik der neuen amerikanischen Administration haben Forscher das Sagen, deren Erkenntnisse nicht über den Merkantilismus des 18. Jahrhunderts hinauszugehen scheinen. Populisten auf der ganzen Welt sehen mittlerweile im Freihandel die Wurzeln allen Übels. Sie finden willfährige Ökonomen, die ihre verqueren Theorien unterstützen [...] Forschung verkommt dann zur Bestätigung eigener Werturteile. Dabei wird das Eingeständnis des Nichtwissens [...] zur Schwäche im Kampf um Deutungshoheit.*

Eher geht es um die Bestätigung von Vorurteilen als um die Suche nach Erkenntnis. *Politikberatung gerät dann in die Hände von Voodoo-Experten.* Dieser Eindruck von Beliebigkeit, Willkür und daher Korrumpierbarkeit kommt weniger durch charakterliche Fehler der Forscher zustande als deshalb, weil sich in der wirtschaftswissenschaftlichen Politikberatung jeweils mehrere Lager mit entgegengesetzten Ausgangspositionen gegenüberstehen. Solche Lager sind:

(1) Die nachfrageorientierten Forscher in der Nachfolge von Keynes und die angebotsorientierten in der Nachfolge von Schumpeter. Beide Lager sind etwa gleich stark, geben aber gegensätzliche Ratschläge, etwa in der Frage der Zulässigkeit einer weiteren Staatsverschuldung.

Zur Anregung der Wirtschaft empfehlen einige Volkswirte eine Politik des billigen Geldes. Die europäische und die japanische Zentralbank haben den Zins auf nahe null herabgesetzt und fluten das Bankensystem mit Geld. Die billigen Kredite regen zahlreiche Investitionen (von der Maschinenfabrik bis zum Häuslebauer) an. Langfristig orientierte Volkswirte halten diese Politik, auf Dauer betrieben, für verhängnisvoll. Denn so entfällt die Steuerungswirkung des Zinses, denn nur ein ausreichend hoher Zins sorgt dafür, dass nur diejenigen Investitionen vorgenommen werden, die eine ausreichend hohe Rendite abwerfen. Außerdem verführt ein Zins nahe null die Privatleute und insbesondere den Staat zu einer hemmungslosen Verschuldung.

(2) In der Außenhandelspolitik stehen sich ebenfalls zwei Lager gegenüber. Die Vertreter des Freihandels lehren, dass langfristig allen Nationen gedient sei, wenn sich im freien weltweiten Wettbewerb jeder auf seine Stärken konzentriert. Kurzfristig hingegen ist diese Politik schmerzhaft für alle Betriebe, die dem Wettbewerb aus dem Ausland nicht gewachsen sind. Hinzu kommt das regionale Problem. Bei einem freien Außenhandel entstehen neue industrielle Zentren von exportorientierten Unternehmen. Diese Schwerpunkte bilden sich aber nicht in derselben Region und mit denselben Arbeitskräften wie den Regionen, die wegen des Auslandswettbewerbs geschädigt sind. Es kann also passieren, dass wegen der starken Auslandskonkurrenz ganze Landstriche veröden. Außerdem arbeiten die neuen Betriebe, die durch den freien Außenhandel begünstigt werden, gewöhnlich rationeller, also mit weniger Arbeitskräften als die alten geschlossenen. Daher sind Parolen populär in dem Sinne, die heimische Wirtshaft müsse vor einer ruinösen Auslandskonkurrenz, die immer als unfair dargestellt wird, geschützt werden.

Dementsprechend unterschiedlich sind die Positionen in der Frage der Handelsbilanz. In langfristiger Sicht ist eine ausgeglichene Handelsbilanz zu erreichen, indem die eigene Volkswirtschaft dem internationalen Wettbewerb ausgesetzt wird. So wird ein starker Innovationsdruck erzeugt. Dabei wird in Kauf genommen, dass im Inland ganze Branchen verschwinden wie in Deutschland geschehen (Foto, Büromaschinen). Kurzfristig hingegen ist ein Ausgleich einer defizitären Handelsbilanz möglich, indem Exporte gefördert und Importe erschwert werden wie zu Zeiten des Merkantilismus empfohlen.

Dieses Problem wird in einem traditionell exportstarken Land wie Deutschland mit riesigem Handelsbilanzüberschuss naheliegend ganz anders gesehen als in den USA, die sich im Export anhaltend schwertun und ein gigantisches Handelsbilanzdefizit vor sich herschieben.

(3) Ganz ähnlich kontrovers verhält es sich in der Frage der Flüchtlinge und der Einwanderer: Langfristig profitiert ein Land von den neuen Impulsen und vom Fleiß der Einwanderer, wie es für die USA seit ihren Gründungstagen kennzeichnend war und ist. Kurzfristig hingegen heißt es, die Ausländer würden den Einheimischen die Arbeitsplätze wegnehmen. Außerdem stören sich viele an Sprache, Sitten und Kleidung der Einwanderer, bis sich dies in der nächsten oder spätestens übernächsten Generation angeglichen hat.

(4) Ein weiterer Grundsatzstreit betrifft entweder Leistungs- oder soziale Gerechtigkeit: Eine freie Wirtschaft ist immer auf Leistungsgerechtigkeit angewiesen, erzeugt also Ungleichheit bei Einkommen und Vermögen. Als Gegengewicht wird die Soziale Gerechtigkeit gefordert, also ein Ausgleich der Unterschiede und eine soziale Vorsorge.

Bei diesen vier Grundkonflikten kann jeder Forscher sich entweder auf die eine oder auf die andere Seite schlagen, ohne dass ihm dies als falsch nachgewiesen werden könnte. Es geht einfach um unterschiedliche Schwerpunkte und Sichtweisen. Dahinter stehen aber in allen vier Fällen ganz massive wirtschaftliche und politische Interessen. Daher ist es nicht verwunderlich, dass bestimmte Interessengruppen und bestimmte Lager der Forscher zueinander finden und dass für hohe Honorare einseitige Gutachten geliefert werden. Das Popper-Kriterium als Probe auf die Wahrheit einer Aussage hilft hier nicht weiter, weil es nicht um Tatsachen geht, sondern um unterschiedliche Wertungen: Entweder langfristiges oder kurzfristiges Denken, entweder mehr Freiheit oder mehr Gleichheit.

Das politische Problem besteht hauptsächlich darin, dass die seriösen und verantwortungsvollen Politiker eher zu einer langfristigen Sicht des Gemeinwohls neigen, während die Populisten die ganz unmittelbar drängenden Probleme aufgreifen und skandalisieren, also kurzfristig denken und argumentieren. Für jede der unterschiedlichen Positionen lassen sich wirtschaftswissenschaftliche Gutachten finden. An einer umfassenden, alle relevanten Aspekte einschließenden Analyse hat niemand Interesse, weil hieraus keine eindeutigen Empfehlungen abzuleiten wären, die sich in prägnante Schlagworte umsetzen lassen. Jeder Auftraggeber will nur Argumente, die seine eigene Position stützen. Daher ist bei jedem Gutachten zu fragen, wer den Auftrag gegeben hat. Mit einer Wissenschaft im strengen Sinne des Wortes, nämlich der Suche nach objektiven und kritisch überprüfbaren Wahrheiten, hat dieser Betrieb wenig zu tun.

Joachim Müller-Jung erinnerte deshalb in der *FAZ* vom 26. November 2016 in einem Kommentar mit dem Titel *Die weltentrückten Wissenschaftler* an deren Verantwortung: Als Gestalter der Zukunft und nicht zuletzt unseres Wohlstandes sollten sie *dem populistischen Kokolores etwas entgegensetzen* und sich nicht in den Elfenbeinturm zurückziehen. Im postfaktischen Zeitalter sieht er hier eine ernste Gefahr: *Die Gemeinschaft der Wissenschaftler wird ins politische Abseits gestellt. Ihnen scheint es immer noch genug, sich selbst und ihren Instrumenten der Selbstkontrolle zu vertrauen. Das Elitäre hat sie selbst in die Isolation getrieben.* Dies trifft auf die Wirtschaftswissenschaften in besonderer Weise zu. Um die Jahrhundertwende 1900 war es noch selbstverständlich, dass die Forscher in der aktuellen politischen Debatte Stellung bezogen. Heute dreht sich alles nur darum, in einer führenden amerikanischen Zeitschrift einen Artikel unterzubringen – den hier daheim niemand liest und niemand versteht. Die Wirtschaftswissenschaft will werturteilsfrei und politisch neutral bleiben und ist in diesem Bestreben selbstgenügsam geworden. Sie ist sich zu vornehm, sich in den Meinungskampf einzumischen und beispielsweise die seriösen Politiker zu unterstützen gegen die Populisten. Insofern nimmt sie ihre Verantwortung nicht wahr.

10   Eine Öffnung der Wirtschaftstheorie

Es könnte also an der Zeit sein, die gesamte jetzige in den etablierten Lehrbüchern aufscheinende Wirtschaftstheorie (Volkswirtschaftslehre und Wissenschaft von der Wirtschaftspolitik) offiziell zum gescheiteten Projekt zu erklären und sie, ebenso auch die Betriebswirtschaftslehre, um das Humanum, die lebendigen Personen mit ihren Strebungen und Problemen, zu erweitern. Dies würde im Einzelnen bedeuten:

(1) Aus der Wirtschaftstheorie wird alles gestrichen, was nicht auf Beobachtungen beruht und was sich nicht durch Beobachtungen widerlegen lässt. Dies wäre alles, was nicht dem Popper-Kriterium genügt, also das weitaus meiste. In den Lehrbüchern heißt es gewöhnlich in der Einleitung etwas verschämt, die Theorie habe in empirischer Hinsicht einen Nachholbedarf. Dies insofern irreführend, als die vermeintlichen Funktionen und Gesetze so allgemein und unkonkret formuliert sind, dass sie prinzipiell nicht empirisch überprüfbar sind.

(2) Stattdessen ginge ein völlig neuer Ansatz dahin, mit den Methoden der Psychologie, der Sozialforschung und der Rechtswissenschaft das menschliche Verhalten zu untersuchen: Um welche Personengruppen geht es? Welche Motive haben sie für ihr Handeln? Wie erklären sich ihre Erfolge und ihr Scheitern? Welche Funktionen haben sie rechtlich und tatsächlich im Wirtschaftsgeschehen und welche Konflikte ergeben sich typischerweise? In welche sozialen Bezüge sind sie eingebunden? Dies wäre zu untersuchen
- für die Konsumenten als Herren des Geschehens,
- für die Unternehmer, vor allem des Mittelstandes,
- für die Aktionäre und Kapitalanleger,
- für die Manager und angestellten Geschäftsführer,
- für die Prokuristen, die immer wieder zwischen Geschäftsleitung und Belegschaft vermitteln müssen und nicht selten zwischen diesen beiden Mühlsteinen zermahlen werden,
- für die Angestellten,
- für die Arbeiter,

- und für die Betriebsräte, die einerseits die Belegschaft gegenüber der Geschäftsleitung vertreten, andererseits ebenfalls das Interesse des Unternehmens berücksichtigen müssen.

Sie alle verschwinden heute im *Produktionsfaktor Arbeit* oder im *dispositiven Faktor,* die ebenso kalt und nüchtern in die Berechnungen einbezogen werden wie der Produktionsfaktor Kapital. Dies ist insofern inhuman, als es sich um Menschen mit eigener Würde, eigenen Rechten und Pflichten und vielfältigen sozialen Bezügen handelt. Diese reduzierende Betrachtung trifft vor allem die Arbeiter, worüber sich die Linke durchaus nachvollziehbar bitter beschwert. In dem Artikel *Erwartungen an Sahra* (gemeint natürlich: Frau Wagenknecht) von Michael Jäger in der Wochenzeitung *der Freitag* vom 2. Februar 2017 heißt es: *Niemand will zur „führenden Rolle des Proletariats" zurück. Aber eine Rolle müssen Arbeiter schon haben. Als Menschen, nicht bloß als Arbeiter. Heute haben sie keine.*

All diese menschlichen Bezüge wären nicht nur Basis einer anderen Wirtschaftstheorie, sondern wären auch in die Betriebswirtschaftslehre einzufügen, die erst hierdurch ein lebendiges Gesicht bekäme. Jede(r) Studierende könnte sich ausmalen, in welche Rollen er oder sie später eingebunden sein wird, und die Interessen und Konflikte der anderen Teilnehmer nachvollziehen. Die Betriebswirtschaftslehre müsste weit stärker auf die Fragen der Motivation und auf die innerbetrieblichen sozialen Bezüge eingehen. Da hieße unter anderem, dass nicht nur wie jetzt bei Wöhe (Seite 148f.) die möglichen Führungsstile definierend aufgezählt werden, sondern jeder einzelne Stil mit seinen betrieblichen und persönlichen Folgen analysiert wird. Es wäre zu untersuchen, wie die unvermeidlichen durch innerbetriebliche Interessengegensätze bedingten Konflikte in geordneter Form ausgetragen werden können und welche Konflikte, etwa das Mobbing, möglichst vermieden werden können.

(3) Das Entsprechende, die Untersuchung des menschlichen Verhaltens mit allen seinen rechtlichen, psychologischen und sozialen Bezügen, wäre auch in der Theorie der Wirtschaftspolitik zu unternehmen, und zwar für die dort handelnden Personengruppen:
- das Wählerpublikum,
- die Abgeordneten,
- die Minister und die Ministerialbürokratie,
- die Verwaltungen,

- die Verwaltungsgerichte, beispielsweise ihre Rolle bei Klagen im Anschluss an Planfeststellungsverfahren,
- die ehrenamtlichen und die hauptamtlichen Funktionäre der Verbände und ihre Strategien,
- die Wirtschaftsförderer der Kommunen und die Vertreter der Bauleitplanung.

Auf diese Weise bekäme auch die Wirtschaftspolitik ein menschliches Gesicht und wäre in ihren Interessen und Konflikten für die Studierenden nachvollziehbar. Bei einer Forschung dieser Art wäre der Wissenstransfer, die Übertragung der Forschungsergebnisse in den Alltagsbetrieb und die Praxis, nicht nur eher gewährleistet als heute, sondern konstitutiv für den ganzen Forschungsbetrieb. Die Forschung bekäme Aufträge aus Verwaltung und Politik, beispielsweise die Identifizierung von Problemen und die Prüfung einzelner vorgeschlagener Lösungen auf ihre mutmaßliche Wirksamkeit. Hiermit müsste eine völlige Umstellung der Veröffentlichungspraxis einhergehen, indem vorgeschrieben wird, dass alle Ergebnisse zunächst in deutscher Sprache vorliegen müssen – sei es im Internet oder sei es in deutschsprachigen Zeitschriften. Natürlich ist es unbenommen, sie außerdem im Ausland zu veröffentlichen. Eine solche Vorschrift wäre mit der grundgesetzlich (Artikel 5) geschützten Meinungsfreiheit vereinbar: *Jeder hat das Recht, seine Meinung in Wort, Schrift und Bild frei zu äußern und zu verbreiten.* Dieses Grundrecht umfasst die gesamte kommunikative Entfaltung des Einzelnen, die nicht gestört würde.

Im Sinne einer Öffnung zu den anderen Humanwissenschaften wäre es, wenn üblicherweise je nach Themenstellung in Teams aus Ökonomen, Soziologen, Psychologen, Juristen und Politologen gearbeitet würde. Ein Problem ist etwa zurzeit die Rechtstatsachenforschung: Wie wirken sich die neuen oder geplanten Gesetze tatsächlich aus? Lassen sich die erhofften Wirkungen erreichen oder geht das neue Gesetz an der Zielgruppe vorbei, ohne deren Verhalten zu ändern?

10.1 Ältere Ansätze

Deutschland und Österreich gehörten bis in die 1920er Jahre hinein in einigen wissenschaftlichen Disziplinen (Mathematik, Medizin, Physik und auch in der damals so genannten Nationalökonomie) zu den weltweit führenden Nationen, bis diese Entwicklung in der nationalsozialistischen Ära verschüttet wurde und später die Führung an die USA überging. In den 1950er und 1960er Jahren wurden die älteren Ansätze nicht nur nicht wieder aufgegriffen, sondern vollständig verleugnet, als wenn es diese Pioniere nie gegeben hätten. Es wurde auch nicht mehr, wie in den 1920er Jahren, im volkswirtschaftlichen Lehrbuch ganz konkret auf die Art und Bedeutung der einzelnen Produktionsfaktoren und Wirtschaftszweige eingegangen – ohne alle Abstraktion nur beschreibend, um Interessierte und Studenten an die Realität heranzuführen. So war die *Einführung in die Volkswirtschaft* von Ludwig Ziegler (Zentralverlag, Berlin 1921) angelegt. *Volkswirtschaftslehre ist die Wissenschaft von dem Wirtschaftsleben der Menschen,* heißt es einführend auf Seite 8 und der Autor betont, *dass Zweck und Ziel aller Volkswirtschaft der Mensch ist.* Die eigentlich selbstverständliche Tatsache, dass es in der Wirtschaft um das wechselvolle und erklärungsbedürftige Verhalten der Menschen geht, geriet inzwischen aus dem Blickfeld.

Nach dem Zweiten Weltkrieg wurden die forschende Tradition der Jahrhundertwende und die schlicht beschreibende Tradition nicht wieder aufgenommen, sondern stattdessen wurde völlig neu angesetzt. Die akademische Wirtschaftswissenschaft beschränkte sich auf die Rezeption amerikanischer Lehren. Führender Lehrbuchautor mit großem Einfluss auf die Entwicklung der deutschen Volkswirtschaftslehre war Erich Schneider, seit August 1944 an der Christian-Albrechts-Universität zu Kiel tätig. Ganze Generationen von Studenten wurden mit seiner *Einführung in die Wirtschaftstheorie* (4 Bände, Verlag J.C.B. Mohr, Paul Siebeck 1947 bis 1972) groß, worin, auf dem Umweg über Amerika, vieles aus der deutschsprachigen Vorarbeit zurückkehrte. Schneider als bei weitem einflussreichster Wirtschaftswissenschaftler der 1950er und 1960er Jahre begründete auch für Deutschland die noch heute anhaltende Tradition der formalen mathematischen Modelle, die längst die alleinige Herrschaft übernommen hat und immer mehr verfeinert wird.

Vorher gab es eine große Vielfalt wirtschaftstheoretischer Ansätze. Nicht nur ihre inhaltlichen Aussagen, sondern auch ihre Methodik könnten heute Anknüpfungspunkte für eine Neubesinnung der wirtschaftlichen Theorie werden.

10.1.1 Der Merkantilismus

Der Merkantilismus umfasste die Wirtschaftspolitik und Wirtschaftstheorie des Frühkapitalismus von 16. bis 18. Jahrhundert, hat aber als Neomerkantilismus auch in der Gegenwart erhebliche Bedeutung, insbesondere durch die Wahl von Donald Trump zum Präsidenten der USA ab 2017. Ursprünglich ging es darum, im absolutistischen Staat durch eine Steigerung der Staatseinnahmen die Macht und den Einfluss des jeweiligen Landesherrn zu steigern. Hierzu wurde Geld benötigt, das seinerzeit aus Münzen aus Edelmetall bestand. Es galt also, Gold

 © Frank & Timme   Verlag für wissenschaftliche Literatur

und Silber zu gewinnen, und zwar durch eine aktive Handelsbilanz: Es sollte mehr an das Ausland verkauft als von dort importiert werden. Deshalb wurden auf ausländische Fertigwaren hohe Zölle erhoben, wodurch gleichzeitig die inländischen Betriebe vor ausländischem Wettbewerb geschützt wurden (Protektionismus). Vom Staat errichtete und geförderte Manufakturen sollten Ersatz für die Importwaren herstellen. Auf benötigte Import-Rohstoffe wurden hingegen niedrige Zölle erhoben. Der Einfluss der Zünfte wurde zurückgedrängt zugunsten einer stärkeren Gewerbefreiheit. Die Binnenzölle (innerhalb des jeweiligen Königreichs) wurden aufgehoben, um den Handel nicht zu behindern. Ein starkes Bevölkerungswachstum, ein hohes Angebot an Arbeitskraft und daher niedrige Löhne und demgemäß niedrige Herstellungskosten sollten den Export erleichtern. Der Außenhandel wurde als Nullsummenspiel betrachtet: Die Überschüsse des einen entsprechen den Defiziten der anderen.

Später setzte sich die Einsicht durch, dass ein freier Außenhandel die internationale Arbeitsteilung fördert, weil jeder Landstrich sich auf seine Stärken konzentriert, was letztlich bei allen Nationen zu Wohlstandsgewinn führt. Jedoch wurden für junge Nationen mit noch nicht konkurrenzfähiger Wirtschaft ein zeitweiliger Schutz (Erziehungszoll) gefordert, bis der Entwicklungsrückstand durch eine staatliche Wirtschaftsförderung aufgeholt ist. Dies forderte auch, wie oben geschildert, Friedrich List (1789 bis 1846) für Deutschland gegenüber dem bereits industrialisierten England. Aus ähnlichen Erwägungen wurde bis in die 1980er Jahre ein Zollschutz für die lateinamerikanischen Länder gefordert. Die Wirtschaftspolitik war im Rahmen des dort so genannten *Strukturalismus* darauf gerichtet, die eigene Produktion zu fördern, damit diese Produkte an die Stelle von Importen treten konnten.

In der Innenpolitik der meisten Staaten ist Protektionismus populärer als Freihandel, weil der Wohlstandsgewinn beim Freihandel erst später kommt und zunächst ein abstraktes Versprechen bleibt, während die Fabrik, die wegen billiger Importe schließen muss, ganz gegenwärtig schmerzhaft ist. Aus diesem Grund verfolgt der neue Präsident der USA, Donald Trump, eine neomerkantilistische Politik: keine Freihandelsabkommen, stattdessen Schutz der heimischen Industrie durch hohe Zölle. Dies führt allerdings zu einer allgemeinen Verteuerung, weil nicht nur für die importierten Waren höhere Preise gefordert werden, sondern auch die inländischen Hersteller ihre Preise auf dieses Niveau heben können und ohne Mehrleistung Extragewinne einfahren. Ferner entfällt der Wettbewerbs- und Innovationsdruck, was auf Sicht zu einem Zurückbleiben der heimischen Industrie führt. Dies ist gerade für die USA sehr gefährlich. Denn das jetzige riesige Außenhandelsdefizit kommt ja gerade dadurch zustande, dass die dortigen Industrieprodukte nicht weltmarktfähig sind. Diese Schwäche könnte sich bei einem Wettbewerbsschutz verstärken.

Zukunftsweisend war beim Merkantilismus hingegen der Grundgedanke, die Wirtschaft zu fördern, indem staatliche und institutionelle Hindernisse wie etwa die Binnenzölle und die Macht der Zünfte gemildert oder aufgehoben wurden.

10.1.2 Die Kameralistik

Die Kameralistik oder Kameralwissenschaft vermittelte den Kammerbeamten des Fürsten die notwendigen Kenntnisse für die Tätigkeit im absolutistischen Staat. Sie bildete die besondere deutsche Form des Merkantilismus. Ziel war auch hier, durch staatliche Aktionen die Wirtschaft zu fördern und den Wohlstand zu mehren. Der Schwerpunkt lag hier allerdings auf der Landwirtschaft, daneben ging es um die Stadtwirtschaft als Förderung von Handel und Gewerbe.

Johann Heinrich Gottlieb von Justi (1717 bis 1771) argumentierte in seinen politischen Schriften, dass ein Land wirtschaftlichen Erfolg nur unter einer moderaten Regierung erlangen könne, die die Unantastbarkeit von Privateigentum garantiere. Despotismus führe zwangsläufig zur Verarmung und militärischen Schwächung des Landes. Der Staat soll Maßnahmen zur Bevölkerungsvermehrung und zur Ankurbelung des Wettbewerbs (Zurückdrängen von Gilden und Innungen) ergreifen. Der private Verbrauch soll durch Aufhebung von Luxusverboten gestärkt werden. Ein umfassendes wirtschaftliches Reformprogramm umfasst die Förderung des Manufakturwesens, von Bergbau und Landwirtshaft sowie die weitgehende Aufhebung von Export- und Importverboten. Es geht um eine weitgehende staatliche Intervention zum Zweck langfristiger wirtschaftlicher Liberalisierung. Die Regierung solle Projektemacher und Erfinder fördern.

10.1.3 Die Klassik

Die klassische Nationalökonomie setzt mit dem Werk über den *Wohlstand der Nationen* (1776) von Adam Smith ein und war eng mit dem politischen Liberalismus verbunden. Dies entsprach dem aufkommenden Bürgertum im Zuge der Ablösung der feudalen Gesellschaftsstrukturen. Grundgedanke ist das Prinzip der Marktwirtschaft als ein sich selbst regulierenden Systems, das vom Eigennutz der Individuen angetrieben zum Wohle aller wirkt. Hierzu gehört die Forderung nach einer Freiheit wirtschaftlicher Betätigung – die Tätigkeit aller wird durch die *unsichtbare Hand* des Marktes koordiniert. Das Zusammenwirken der Einzelnen wird durch Gesetzmäßigkeiten gesteuert, mit denen soziale Tatsachen erklärt werden können. Die wesentliche Handlungsbedingung ist die Knappheit der Mittel zur Befriedigung der menschlichen Bedürfnisse. Das Selbstinteresse sorgt für ein rationales Handeln. Dieses wird durch das institutionelle Umfeld bestimmt, so etwa durch die rechtliche Ordnung. Die wirtschaftliche Tätigkeit setzt einen Kapitalstock voraus. Ein freier Außenhandel, wobei jede Nation sich auf ihre besonderen Stärken konzentriert, dient dem Wohlstand aller.

Jean-Baptiste Say (1772 bis 1823) systematisiert die Lehre von Adam Smith und wird durch das Saysche Theorem bekannt: Jedes Angebot schafft selbst seine Nachfrage, wodurch das System zu einem Gleichgewicht tendiert: Das Nationalprodukt ist gleich dem Nationaleinkommen. Say vertraute auf die Analyse und die empirische Methode, um die ökonomischen Gesetze zu erkennen. Als Naturzustand des Menschen betrachtete er die Freiheit. Nur die Freiheit gestattet es ihm, seine Fähigkeiten bestmöglich einzusetzen. Hierzu gehört ein Naturrecht auf Eigentum. Nur das Eigentum erlaubt das Schaffen von Wohlstand: Nur durch die Sicherheit, die Früchte seiner Arbeit zu erhalten, wird ausreichender Anreiz geschaffen, es bestmöglich zur Wertschöpfung zu nutzen und zu erhalten. Das Kapital muss sinnvoll eingesetzt werden, wenn es einen Zins abwerfen soll. Auch hier muss der Mensch die Sicherheit haben, die Früchte seiner Arbeit zu ernten. Durch das Eigentum entstehen Marktpreise, Güteraustausch und Arbeitsteilung.

Hier könnte die aktuelle Forschung ansetzen, etwa mit der Frage, wie stark und in welcher Weise rechtliche Institute wie wirtschaftliche Freiheit und Eigentum motivierend wirken, wie sich dies bei einer Mehrzahl von Eigentümern ändert (Extremfälle: Publikumsaktiengesellschaft oder Volkseigentum) oder wie sich eine zunehmende Besteuerung (Einkommensteuer, Erbschaftsteuer) auf die Motivation auswirkt.

Um 1870 herum wird in der Neoklassik die alte Wertlehre (Wert als geronnene Arbeitskraft) durch eine subjektive Wertlehre abgelöst: Der Wert der Güter hängt von ihrem Nutzen für den Nachfrager ab, wobei der Nutzen jeder Einheit umso geringer wird, je mehr schon verbraucht wurde (Grenznutzentheorie). Gleichzeitig verlagert sich das Interesse: Während in der älteren Klassik der Wohlstand und das wirtschaftliche Wachstum im Mittelpunkt standen, geht es in der Neoklassik eher um die optimale Allokation der Ressourcen, also den möglichst rationellen Einsatz der Produktionsfaktoren. Diese werden als gegenseitig ersetzbar angesehen.

In dieser Form wurde die klassische Lehre aus allen psychischen, sozialen, rechtlichen und moralischen Bezügen herausgelöst und in dieser stark verengten Form kanonisiert und dann dogmatisiert, indem ihr seit Mitte des 20. Jahrhunderts ein Erklärungsmonopol, ein Alleinvertretungsanspruch, zugebilligt wird. Die Kanonisierung hat zur konkreten Folge, dass die Annahmen, auf denen diese Theorie beruht, als offenbare und unbezweifelbare Wahrheit behandelt und nicht diskutiert werden. Daher wird auch nicht darüber debattiert, ob es sich hier um eine Wissenschaft handelt, weil keine Aussagen über die Realität gemacht werden, sondern nur über Folgerungen aus selbstgesetzten Annahmen.

10.1.4 Der Sozialismus

Friedrich Engels (1820 bis 1883) veröffentliche 1845 einen Bericht über *Die Lage der arbeitenden Klasse in England* mit dem Untertitel *Nach eigener Anschauung und aus authentischen Quellen*. Hier werden die sozialen und wirtschaftlichen Verhältnisse in England zur Zeit der frühen Industrialisierung dargestellt. Die Schrift gilt als Pionierwerk der empirischen Sozialforschung, indem sie die empirische Beschreibung mit der theoretischen Verallgemeinerung verbindet. Inhaltlich geht es um die totale Verelendung der Arbeiterschaft bis hin zum *sozialen Mord*. Die Schrift ist eine vernichtende Anklage der englischen Bourgeoisie und ihrer zügellosen Profitgier. In der Presse erschienen Karikaturen: unten die Kinder im Bergwerk und die elenden Kranken in Lumpen, oben der Kapitalist mit Dienerschaft in behaglicher Einrichtung.

In der Theorie von Karl Marx (1818 bis 1883) und Engels stehen sich in der Epoche des Kapitalismus die Kapitalistenklasse (Privateigentümer der Produktionsmittel) und die Arbeiterklasse, das Proletariat, als Gegenspieler gegenüber. Die Arbeiter sind gezwungen, ihre Arbeitskraft an die Kapitalisten zu verkaufen. Der Kapitalist stellt sie als Lohnabhängige ein und profitiert von ihrer Arbeit, weil er ihnen immer nur einen Teil des von ihnen erwirtschafteten Geldes auszahlt und den Rest für sich behält. Die Arbeiter werden also ausgebeutet. Der aus diesem Gegensatz resultierende Klassenkampf macht es erforderlich, dass die organisierte Arbeiterklasse die Macht erobert, um sich zu befreien. Insbesondere soll sie das Eigentum an den Produktionsmitteln erringen. In der DDR gab es daher die *Volkseigenen Betriebe*.

Zunächst einmal erlebte der Sozialismus einen beispiellosen Siegeszug. *Eine Milliarde Menschen – beinahe ein Drittel der Erdbevölkerung – betrachten heute „Das Kapital" von Karl Marx als das ökonomische Evangelium*, stellte Paul A. Samuelson 1973 in seiner *Volkswirtschaftslehre* (Bund-Verlag, Köln, Seite 15) fest.

Das politische Ziel, die *Diktatur des Proletariats*, wurde jedoch schon 1878 von Friedrich Nietzsche (1844 bis 1900) kritisiert: Der Sozialismus sei der abgelebte Bruder des Despotismus, den er beerben wolle. Er brauche eine Fülle von Staatsgewalt und strebe eine Vernichtung des Individuums an. Der Gewaltstaat könne sich nur durch äußersten Terrorismus Hoffnung auf Existenz machen. Er bereite sich im Stillen auf eine Schreckensherrschaft vor.

Nach dem Zusammenbruch der DDR 1989 und der Sowjetunion 1991 ist der orthodoxe Sozialismus und spätere Marxismus-Leninismus heute wissenschaftlich und politisch tot, wenn wir einmal von Ländern wie Nord-Korea und Eritrea absehen. Verheerende Folgen hatte die sozialistische Misswirtschaft in Venezuela: Im Land mit den höchsten Erdölvorkommen der Erde gibt es kein Benzin und kein Geld für den Import von Nahrungsmitteln. Zu diesem Tod des Marxismus-Leninismus als einer wissenschaftlichen Lehre hat wesentlich die Tatsache beigetragen, dass insbesondere in der DDR diese Lehre nicht nur kanonisiert wurde, sondern vollständig erstarrte zu einer bloßen Herrschaftsideologie und einer Sammlung immer gleicher Phrasen, über die nicht diskutiert werden durfte. Dies bildet für die heutige westliche Wirtschaftstheorie ein warnendes Beispiel dafür, wie eine Dogmatisierung zum Verlust des Realitätskontakts und zur Sterilität führen kann. Heute wird der Marxismus nur noch in kleineren Zirkeln debattiert, so etwa in *Das Argument,* einer *Zeitschrift für Philosophie und Sozialwissenschaften* mit einer Auflage von rund 2 000 Exemplaren.

Zukunftsweisend und bleibend verpflichtend ist jedoch der Grundgedanke, dass es in der Wirtschaft nicht nur um Produktionsfaktoren und betriebswirtschaftliches Rechnungswesen geht, sondern um lebendige Menschen mit eigener Würde und eigenen Rechten sowie Interessen, die nicht immer mit dem Unternehmensinteresse übereinstimmen können. Zukunftsweisend ist ebenso die von Engels angewandte Methode der empirischen Sozialforschung: die Erkundung an Ort und Stelle und hierauf aufbauend die Theorie.

10.1.5 Die Historische Schule

Gustav von Schmoller (1838 bis 1917) gilt als Hauptvertreter der jüngeren Historischen Schule der Nationalökonomie. Vor dem Studium war er für längere Zeit in der Kanzlei seines Vaters, eines Finanzbeamten, tätig, wo er die Sorgen der kleinen Leute und die Alltagsrealität in Heilbronn kennen lernte. Dies war ihm wichtig: Er wollte zeitlebens nie im abgeschlossenen Raum der Universität, dem *Elfenbeinturm,* bleiben. Später übernahm er deshalb das Amt eines Stadtverordneten. Beim Studium in Tübingen bemühte er sich um eine möglichst weite allgemeine wissenschaftliche Bildung und besuchte naturwissenschaftliche, vor allem aber philosophische und historische Vorlesungen. Er promovierte mit einer *Untersuchung der volkswirtschaftlichen Anschauungen zur Reformationszeit.* Schon in dieser Dissertation umriss er sein Verständnis dieser Disziplin: *So müssen wir die Nationalökonomie in die Reihe der sozialen Wissenschaften stellen, welche sich von den Bedingungen des Raumes, der Zeit und der Nationalität nicht trennen lassen, deren Begründung wir nicht allein, aber vorwiegend in der*

Geschichte suchen müssen. Schmoller und die von ihm vertretene historisch-realistische, psychologisch-ethische Betrachtungsweise erfuhren in den 1870er Jahren einen Höhepunkt des Wirkens und des Einflusses. Er war ein Vertreter einer interdisziplinären Wissenschaft und gleichzeitig Wirtschafts- und Sozialpolitiker. In den Preußischen Jahrbüchern 1864 und 1865 veröffentlichte er einen Artikel über die Arbeiterfrage. Hieraus entstand der Zwei-Fronten-Krieg, der ihn als den Vertreter einer neuen sozialpolitischen Richtung für viele Jahre beschäftigte: Einerseits wandte er sich gegen die Manchester-Liberalen, die dogmatisch den freien Markt und eine Laissez-faire-Politik verfolgten und das Bestehen einer Arbeiterfrage leugneten. Andererseits kämpfte er gegen die revolutionäre Agitation der Marxisten, die ihm nicht geeignet schien, die Lage der Arbeiter zu verbessern. Die Manchester-Liberalisten hefteten ihm das Schimpfwort eines *Katheder-Sozialisten* an, denn in ihren Augen war alles sozialistisch, was nicht der reinen Lehre von Adam Smith folgte.

Schmoller als unbestechlicher Verfechter einer sozialen Gerechtigkeit forderte eine staatliche Sozialpolitik mit allmählicher Verbesserung der Lage der Arbeiterschaft. Für ihn stand fest, dass es möglich sei, auf der Grundlage der bestehenden Ordnung, also ohne Revolution, die Kultur der unteren Klassen zu heben und dass auf diese Weise ein sozialer Fortschritt und eine gerechtere Verteilung erreicht werden konnten. In diesem Sinne setzte er sich und seine Reformvorschläge bei der Reichsregierung unter Otto von Bismarck durch. Im Zuge dieser Bewegung wurden die noch heute bestehenden und international als vorbildlich geltenden gesetzlichen Versicherungen für alle Arbeiter und Angestellten eingerichtet:

- 1883 die Krankenversicherung,
- 1884 die Unfallversicherung,
- 1889 die Alters- und Invalidenversicherung,
- 1891 die gesetzliche Rentenversicherung.

Im Sinne einer Sozialgesetzgebung, die sowohl den extremen Kapitalismus als auch die revolutionäre Umgestaltung vermied und stattdessen innerhalb der bestehenden Ordnung einen wirksamen Schutz der Arbeiterschaft errichtete, wirkte auch der maßgeblich von Schmoller und seinen Gefährten 1872 gegründete und noch heute bestehende *Verein für Socialpolitik,* der sich mit zahlreichen Schriften an die Öffentlichkeit wandte. Er hat sich inzwischen zu einer politisch neutralen fachübergreifenden Gesellschaft von Wirtschaftswissenschaftlern gewandelt. Schmoller argumentierte stattdessen moralisch und ethisch, fußend auf überlieferten humanen Werten – ohne theoretische Begründung seiner Aussagen. Eine Neubesinnung auf ethisch-historisch-philosophische Grundlagen erschien ihm und seinen Anhängern zur Begründung für die Notwendigkeit konkreter Maßnahmen als ausreichend.

1870 veröffentliche Schmoller eine *Geschichte der deutschen Kleingewerbe im 19. Jahrhundert,* worin er dieses, also in etwa den Mittelstand, *als gesellschaftspolitisch notwendigen Stabilitätsfaktor* beschrieb und *Innovationsförderung, Kooperation und regulierende Selbstverwaltungsorgane* befürwortete. Dies ist durch die noch jetzt bestehenden berufsständischen Organisationen, vor allem die Industrie- und Handelskammern und Handwerkskammern, realisiert worden.

In der Historischen Schule wurde mithin die Nationalökonomie vollständig anders betrieben als die jetzige Volkswirtschaftslehre. Heute sind die Professoren bemüht, Werturteile zu vermeiden, weil diese nicht wissenschaftlich begründbar sind und mithin als unwissenschaftlich gelten. Die Werte und Ziele werden von der Politik vorgegeben. Diese Trennung mutet ein wenig künstlich an, weil ja über das Ziel der Wirtschaftspolitik weitgehend Einigkeit besteht: Es geht im Prinzip immer um die langfristige Steigerung des Massenwohlstands ohne Inflation und um dies zu erreichen, ist das Zwischenziel: Es gilt die weltweite Wettbewerbsfähigkeit der deutschen Wirtschaft dauerhaft zu sichern. Es wäre naheliegend, wenn auch die Theorie der Wirtschaftspolitik in diese Richtung argumentierte, anstatt so tun, als werde lediglich ein politischer Werkzeugkasten beschrieben. Dies verstärkt den Eindruck der Sterilität. Die scharfe Trennung zwischen moralischem Urteil über das Wünschbare und andererseits den empfohlenen Maßnahmen wirkt wirklichkeitsfremd, weil in der menschlichen Persönlichkeit und in der Tagespolitik immer das eine aus dem anderen folgt: Erst wird ein Zustand oder eine Handlung als unmoralisch, als nicht hinnehmbar oder als skandalös verurteilt, und sogleich beginnt hierauf die Debatte, wie dieser Zustand zu ändern sei. Diese enge Verbindung wird beispielsweise in der Medizin deutlich, die sich von vornherein als anwendungsbezogen darstellt, nämlich mit dem Ziel der Heilung von Krankheiten und Verletzungen, und gleichwohl als Wissenschaft gilt.

Wenn die Theorie der Wirtschaftspolitik sich nur auf einer abstrakten Ebene mit den möglichen Maßnahmen und nicht mit deren Begründung beschäftigt, verzichtet sie auf eine mögliche öffentliche Beachtung.

Schmoller und seine Anhänger gingen völlig anders vor: Es gab ein offensichtliches soziales politisches Problem, nämlich die menschenunwürdige Lage der Arbeiterschaft, und daher wurde wissenschaftlich und politisch an der Lösung dieses Problems gearbeitet, und zwar erfolgreich. Die Vertreter dieser

Schule haben die deutschen Staatswissenschaften von 1860 bis 1914 maßgeblich beeinflusst und auf ein sehr viel breiteres Fundament gestellt als die rein mathematische Analyse der klassischen Volkswirtschaftslehre. Die Historische Schule warf der Klassik Realitätsferne vor. Deren Modelle und Theorien seien zwar sehr klar und lieferten oft eindeutige Ergebnisse. Diese stimmten jedoch mit den beobachtbaren Vorkommnissen nur selten überein. Die Kritiker forderten zumindest eine Untermauerung und Überprüfung der theoretischen Ergebnisse durch empirische Untersuchungen. Karl Knies (1821 bis 1898) trat 1853 durch seine Veröffentlichung *Die politische Ökonomie vom Standpunkt der geschichtlichen Methode* hervor und lehnte jede Theorienbildung, die Naturgesetzlichkeiten verkündete, als unwissenschaftlich ab. Gesetzmäßigkeiten könnten in der Ökonomie nur den Charakter von Analogien haben. Realistische Prognosen seien kaum möglich.

Eine Schwäche der Historischen Schule bestand darin, gelegentlich in eine reine Sammlung von Fakten und Statistiken und eine bloße Schilderung der Ereignisse abzugleiten, womöglich gar recht kleinräumig (*Die Entwicklung der Ziegenzucht im Dorf ...*). Nur Fakten ohne Theorie sind ebenso steril wie nur Theorie ohne Fakten.

Die von der Historischen Schule frühzeitig erhobenen Einwendungen gegen die Klassik gelten im Prinzip noch heute, weil sich die Klassik zur herrschenden Lehre entwickelt hat. Insofern liegt es nahe, heute im Zuge einer Erneuerung der Wirtschaftswissenschaft die damaligen Debatten aufzugreifen. Eine vernichtende ganz ins Grundsätzliche gehende Kritik der klassischen Wirtschaftstheorie findet sich bereits bei Lujo Brentano (1844 bis 1931) in seinem 1923 im Verlag von Felix Meiner, Leipzig, erschienenen Buch *Der wirtschaftende Mensch in der Geschichte*. Brentano war wie Schmoller Kathedersozialist, Reformist und Vertreter eines *Dritten Weges* (zwischen Liberalismus und Sozialismus). Er sah allerdings weniger den Staat als Schutzmacht der Arbeiterschaft, sondern setze sich für starke Gewerkschaften ein, die den Arbeitgebern gleichberechtigt gegenüberstehen sollten. Brentano hat auf die Gründergeneration der Bundesrepublik großen Einfluss gehabt, zum Beispiel war Theodor Heuss sein Student und Doktorand. Schon 1888 bemängelte er in seiner Antrittsvorlesung in Wien *Über die klassische Nationalökonomie* den Widerspruch dieser Lehre mit der Wirklichkeit. In diesem Vortrag, der in dem erwähnten Buch von 1929 abgedruckt ist, führt er aus (Seite X), die Klassik habe das Streben des modernen bürgerlichen Individuums nach dem größtmöglichen Gewinn zum Ausgangspunkt ihrer Betrachtungen gemacht und hieraus wie aus einem Axiom ein vollständiges Lehrgebäude deduziert. Er stellt fest (Seite 5):

Nach klassischer Nationalökonomie ist alles so einfach! Wenige allgemeine Sätze, und die ganze Welt liegt da wie ein offenes Buch. Es erscheint nicht nötig, sich mühsam positive Kenntnisse zu erwerben. Die Lehre ermöglicht ein fertiges Urteil über alle öffentlichen Fragen. Ein englischer Nationalökonom hat einen Chemiker bedauert, weil dieser der Beobachtungen und eines dazu nötigen Laboratoriums bedürfe, während er [der Ökonom] lustwandelnd durch Deduktion aus wenigen allgemeinen Sätzen ewige Gesetze zu entdecken imstande sei.

Brentano stellt fest (Seite 30), eine Beschreibung der konkreten wirtschaftlichen Erscheinungen habe eine größeren wissenschaftlichen Wert als die scharfsinnigsten Deduktionen aus dem Gewinnstreben, dem wirtschaftlichen Egoismus, deren Ergebnisse trotz aller formalen Richtigkeit mit den Tatsachen im Widerspruch stehen. Er bemängelt (Seite 3), die Klassik habe an die Stelle wirklicher Menschen einen abstrakten Menschen gesetzt und einen von allen Besonderheiten des Berufs, der Klasse, der Nationalität und Kulturstufe freien Menschen geschaffen. Sie unterscheidet nicht den Bauern vom Kaufmann, den ungebildeten Proletarier vom verfeinerten Kulturmenschen. Zwar strebe jedermann nach seinem Vorteil. Doch einige sind zu dumm, um ihren Vorteil zu erkennen, und immer wird dieses Streben durch Herkommen und Autoritäten modifiziert. Der Egoismus werde von mannigfaltig verschiedenen und komplizierten Verhältnissen beeinflusst, so dass seine Wirkung sich nicht vorhersagen lässt.

Brentano stellt auch fest (Seite 20), dass der nach den Lehren der Klassik ausgebildete junge Mann sich im Leben so verhält, als ob seine hypothetischen Sätze überall und vollständig der Wirklichkeit entsprächen. Eine glänzend bestandene Universitätsprüfung nützt jedoch nichts für das Examen, das das Leben mit uns anstellt.

Daher sieht Brentano (Seite 30) nur eine Lösung: *Die unmittelbare Beobachtung der wirtschaftlichen Erscheinungen.* Es gilt festzustellen, wieweit sie vom wirtschaftlichen Egoismus oder anderen Faktoren beherrscht werden und in welcher Weise die konkreten Verhältnisse, innerhalb deren sich der Egoismus betätigt, denselben beeinflussen.

10.1.6 Methodenstreit und Werturteilsstreit

In diesem Streit zwischen Historischer Schule und Klassik, der auch als der ältere Methodenstreit der Nationalökonomie bezeichnet wird, ging es in den 1880er und 1890er Jahren um ein grundsätzliches und heute unverändert aktuelles Problem: Ob die Wirtschaftstheorie im Schwerpunkt ihrer Methodik von

Beobachtungen zu Verallgemeinerungen gelangen soll, also induktiv (wie in der Historischen Schule gefordert), oder von allgemeinen Gesetzen schlussfolgernd zu den Einzelheiten, also deduktiv, oder in welcher Kombination der beiden Methoden.

Schmoller vertrat die Auffassung, dass es keine unveränderlichen Gesetze menschlichen Handels gebe, auch in der Wirtschaft nicht. Daher hielt er theoretische Betrachtungen und das deduktive Vorgehen für wenig sinnvoll. Untersuchungsobjekt der Wirtschaftstheorie sei die Gesellschaft insgesamt in ihrer jeweiligen historischen Gestalt. Eugen Böhm von Bawerk (1851 bis 1914) veröffentlichte demgegenüber 1914 den Aufsatz *Macht oder ökonomisches Gesetz*, worin er postulierte, dass die Löhne über das ökonomische Gesetz von Angebot und Nachfrage gebildet werden und nicht über veränderliche Machtverhältnisse zwischen Unternehmer und Arbeiter. Diese grundsätzliche Frage ist, nicht nur für die Lohnbildung, unverändert aktuell, denn eine lenkende Politik muss immer wieder feststellen, dass sie sich nicht gegen die Marktkräfte durchsetzen kann. Beispielsweise ist von der Polizei zu erfahren, dass beim Rauschgift streng marktwirtschaftliche Gesetze gelten: Die Zerschlagung einer Bande führt zu einer lokalen Verknappung und Preissteigerung, was auswärtige neue Anbieter anzieht, bis der normale Preis sich wieder eingespielt hat.

Punktuelle Versuche, durch politische Eingriffe die Kräfte des Marktes außer Kraft zu setzen, führen gewöhnlich zu Umgehungen und zu unbeabsichtigten Spätfolgen. Wird beispielsweise aus sozialen Gründen ein Höchstpreis festgesetzt, so wird dieser entweder durch Sonderzahlungen umgangen, oder die angebotene Menge nimmt ab, weil die Produktion bei einem Höchstpreis, der die Kosten nicht deckt, eingestellt wird. Also muss in einem zweiten Eingriff die Produktion subventioniert werden. Dies führt jedoch zu einer Verfälschung des Wettbewerbs, was in einer Interventionsspirale weitere Eingriffe erforderlich macht, und so fort. Ein punktförmiger Eingriff an einer Stelle wirkt ähnlich wie ein Tropfen Öl auf einer Wasserfläche, der sich schnell ausbreitet und das ganze Wasser verdirbt (*Ölflecktheorem*). Eine solche nicht enden wollende Interventionsspirale ist beispielsweise in der europäischen Agrarpolitik zu besichtigen. Ludwig von Mises:

Die Aufgabe des Ökonomen ist es, über die entfernt liegenden Effekte zu informieren, so dass wir Handlungen vermeiden können wie die Versuche, gegenwärtige Übel dadurch zu heilen, dass wir den Samen für zukünftige größere Übel säen.

Die Vertreter der ökonomischen Gesetze und daher der deduktiven Methode gingen nicht von den Machtverhältnissen der Gesellschaft insgesamt aus, sondern begründeten den methodischen Individualismus, der ganz vom Nutzenstreben des Einzelnen ausgeht. Bei diesem Vorgehen besteht allerdings die Gefahr, das gesellschaftliche und rechtliche Umfeld ganz aus den Augen zu verlieren, das das Verhalten des Individuums eingrenzt und vorprägt.

Sinnvoll kann also nur eine Verbindung von induktiver und deduktiver Methode sein, um die jeweiligen einseitigen Übertreibungen zu vermeiden. Ein solches Vorgehen liefe daraus hinaus, zunächst auf Grund von Beobachtungen Hypothesen und schließlich ein Gebäude von Theorien zu entwickeln, deren Schlussfolgerungen aber immer wieder empirisch überprüft werden. Ein derartiges Vorgehen ist an allen anderen Wissenschaften selbstverständlich.

Als ebenso naheliegend erscheint es, einerseits mit Schmoller das Ganze der heute gewachsenen Gesellschaft im Blick zu behalten, gleichzeitig aber davon auszugehen, dass die Wirtschaftspolitik sich nicht mit Macht gegen die ökonomische Eigengesetzlichkeit durchsetzen kann, wie Böhm-Bawerk feststellte.

Um 1900 herum und dann in ähnlicher Form noch einmal in den 1960er Jahren gab es in den Wirtschafts- und Sozialwissenschaften den mit großer Erbitterung ausgetragenen Werturteilsstreit. Dabei ging es um die Frage, ob und wie sich die Wissenschaftler an der aktuellen politischen Diskussion beteiligen und daher wertend zu einzelnen Vorhaben Stellung nehmen könnten oder sollten. In anderen Disziplinen wird dies ganz entspannt gesehen. Beispielsweise sind die Klimaforscher durchweg gleichzeitig höchst engagierte Klimapolitiker und niemand wundert sich, wenn ein Meeresforscher sich politisch engagiert gegen die Verschmutzung und Vermüllung der Weltmeere wendet. Hier werden also auf Grund des Fachwissens ganz unmittelbar politische Maßnahmen als notwendig empfohlen und gefordert.

In gleicher Weise gilt diese wertende Stellungnahme auch für die Rechtswissenschaft. Hier wird natürlich davon ausgegangen, dass die Rechtsprechung an das Gesetz gebunden ist. Aber dabei geht es nicht um eine bloße Regelanwendung wie in einem Automaten, sondern es wird ganz unbefangen davon ausgegangen, dass das Gericht auch eine eigene Bewertung vornimmt. Kischel zeigt dies (Seite 534) am Beispiel von § 242 des Bürgerlichen Gesetzbuchs: *Der Schuldner ist verpflichtet, die Leistung so zu bewirken, wie Treu und Glauben mit Rücksicht auf die Verkehrssitte es erfordern.* Kischel: *Über den Begriff von Treu und Glauben erhalten die zur jeweiligen Zeit in der Gemeinschaft herrschenden sozialethischen Wertvorstellungen Eingang in das Recht. Treu und Glauben verlangt eine Interessenabwägung, ist Einfallstor für die verfassungsrechtlichen Grundrechte und grundsätzlich auch für die Verkehrssitte.* Kischel schildert auch (Seite 536), in welcher Methode dies stattfindet: *Wenn bei der Anwendung des § 242 BGB gemeinhin von den jeweiligen sozialethischen Wertvorstellungen der Gemeinschaft die Rede ist, so sind damit keinesfalls empirische Erhebungen über die tatsächlichen Vorstellungen in der Gemeinschaft gemeint, sondern eine wertgeprägte Betrachtung durch den Richter.* Hierbei haben die verfassungsrechtlichen Grundrechte eine besondere Bedeutung, weil diese eine Wertordnung vorgeben, von der der Richter nicht abweichen kann. Innerhalb dieses Rahmens werden jedoch ganz unbefangen auch eigene Wertungen der Richter in die Rechtsprechung einbezogen.

Insofern wäre es naheliegend, wenn auch die Wirtschaftswissenschaften davon ausgingen, dass sie sich nicht in einem luftleeren Raum einer vollständigen Wertneutralität befinden, worin Diktaturen ebenso ihren Platz haben wie eine rechtsstaatliche Demokratie. Sondern naheliegender Weise könnten auch sie von der grundgesetzlichen Wertordnung ausgehen. So ist aber die Geschichte des Faches nicht verlaufen. Vielmehr tat und tut man sich in der Frage der Werturteile sehr schwer. Im Streit zwischen den neutralen und den engagierten Forschern hat schließlich die Partei der vollständigen Werturteilsfreiheit den Sieg davon getragen: Die heutige Wirtschaftstheorie will nur *verallgemeinerungsfähige* Gesetze aufstellen, die also für Gesellschaften aller Art gelten sollen. Sie haben mit der verfassungsmäßigen Ordnung der Bundesrepublik und ebenso auch der Ordnung aller anderen Staaten nichts zu tun. Die aktuellen Probleme, die immer im Rahmen der jeweiligen Ordnung entstehen, kommen nicht vor und werden nicht aufgegriffen. So wird diese Wissenschaft steril und irrelevant.

In den Wirtschafts- und Sozialwissenschaften tat man sich in dieser Frage der Werturteilsfreiheit von Anfang an schwer, weil es im 19. Jahrhundert drei Flügel gab: Die Klassiker als Vertreter der Unternehmer, die Sozialisten als Vertreter der Arbeiter und in der Mitte die Reformer, die im Rahmen der bestehenden Ordnung die soziale Frage lösen wollten. In den Sozialwissenschaften tut man sich generell in dieser Frage der eigenen Bewertungen schwerer, weil diese Wissenschaftler anders als die Naturwissenschaftler ihrem Erkenntnisobjekt allzu nahe stehen und ja selbst Teil der beurteilten Wirtschaft und Gesellschaft sind, also leicht befangen sein können. Hinzu kommt das Problem der bezahlten Gutachten, die dem Auftraggeber gefallen sollen.

In der Werturteilsfrage sind die philosophischen Grundlagen einigermaßen unbestritten:

- Aus einem Sein kann kein Sollen gefolgert werden. Die Wissenschaft stellt Sätze auf, die wahr oder falsch sind, das heißt mit den Tatsachen übereinstimmen oder nicht. Diese Sätze sind objektiv überprüfbar. Auf wissenschaftlicher Grundlage kann jedoch nicht über gut oder schlecht, moralisch oder unmoralisch, politisch wünschbar oder nicht wünschbar entschieden werden, weil sich hier nicht um überprüfbare Tatsachen handelt, sondern um subjektive Urteile, die der eine so und der andere anders fällen kann.

- Die Wissenschaft kann allerdings die Werturteile ihrerseits zum Erkenntnisobjekt machen und prüfen, ob bestimmte Werturteile in bestimmten Gesellschaften üblich sind oder nicht. Hier handelt es sich wieder um überprüfbare Tatsachen.

- Die Wissenschaft kann auch prüfen, ob bestimmte Maßnahmen geeignet sind, einen vorgegebenen politischen Zweck zu erreichen. Nur die eigentliche politische Entscheidung, die wertende Auswahl bestimmter Ziele und die Priorisierung (Was ist am dringlichsten? Was kann auf später verschoben werden?) ist der Politik vorbehalten. Äußert sich der Wissenschaftler hierzu, so spricht er als Politiker und nicht mehr als Wissenschaftler.

- Jeder Forscher steht vor dem Problem, bestimmte Themen und Erkenntnisobjekte auszuwählen, denen er sich widmen will. Schon dies ist ein Werturteil. Insbesondere kann sich ein Wirtschaftswissenschaftler mit dem gut funktionierenden Normalbetrieb beschäftigen oder aber mit Krisen, Versagen und offensichtlichen Ungerechtigkeiten. Im ersteren Falle stützt er die Regierung, im zweiten Fall wird er bei der Opposition eingeladen. Er wird ohne weiteres bestimmten Lagern zugeordnet und dort als Kronzeuge zitiert. Leicht ist er befangen in dem Sinne, dass er versucht, mit seinen Forschungen seine politische Position zu untermauern und die gegnerischen Argumente zu widerlegen oder nicht zur Kenntnis zu nehmen. Selbst wenn er versucht, objektiv zu sein, wird ihm Voreingenommenheit unterstellt. – Die Nähe zu einem bestimmten Staat wird leicht zum Problem, wie am *preußischen Staatsphilosophen* Georg Wilhelm Friedrich Hegel (1770 bis 1831) sichtbar wurde, der das Preußen seiner Zeit als vollendeten Schlusspunkt einer weltgeschichtlichen Entwicklung betrachtete.

Im Werturteilsstreit in den Jahren vor dem Ersten Weltkrieg ging es um das Verhältnis von Wissenschaft und Politik, speziell der Sozialpolitik. Im Verein für Socialpolitik standen sich zwei Gruppen gegenüber. Max Weber und Werner Sombart vertraten den Standpunkt, Wissenschaft könne aus sich heraus zu keinerlei Werturteil führen. Forschung müsse jederzeit streng von wertender

Betrachtung getrennt werden. Für die Kathedersozialisten hingegen gehörte zur wissenschaftlichen Betätigung auch die Stellungnahme zu gesellschaftspolitischen Themen wie etwa zur sozialen Frage. Die beiden gegensätzlichen Positionen wurden von Schmoller und Weber vertreten:

- Schmoller meinte, das letzte Ziel der Erkenntnis sei immer ein praktisches. Allerdings gehe das Sollen immer aus dem Zusammenhang des Ganzen hervor, nämlich aus einer richtigen Kombination von Werten wie Freiheit, Gerechtigkeit und Gleichheit. Das Sollen, das richtige Handeln, kann also nicht mit logischen Mitteln aus einem einzigen obersten Wert deduziert werden. Dies sei auch nicht Aufgabe der Wissenschaft, sondern sie könne die Wahrheit umso eher erreichen, je mehr sie darauf verzichte, ein Sollen zu lehren.

- Max Weber meinte hingegen, es könne niemals Aufgabe einer Erfahrungswissenschaft sein, bindende Normen und Ideale zu ermitteln, um daraus Rezepte für die Praxis ableiten zu können. Die Schaffung eines Generalnenners in Gestalt allgemein letztgültiger Ideale sei nicht nur praktisch unlösbar, sondern in sich widersinnig. Die Wissenschaft müsse streng zwischen Zwecken (Werten) und Mitteln, um diese Zwecke zu erreichen, unterscheiden. Allerdings könne sie praxisrelevant werden, indem sie die Werte als Erkenntnisgegenstand betrachte und etwa auch prüfe, ob sie in sich widersprüchlich seien. Ferner könne sie prüfen, welche Mittel zum Erreichen bestimmter Werte geeignet seien. Die Gültigkeit von Werten sei nicht wissenschaftlich beweisbar. Aus Aussagen könnten keine Imperative hergeleitet werden. Allerdings kann auch der Wissenschaftler zu aktuellen politischen Fragen Stellung nehmen. In diesem Augenblick ist er aber nicht mehr Wissenschaftler, sondern wird zum Politiker.

Die Entscheidung, auf Werturteile zu verzichten, ist nach Webers Meinung nicht ihrerseits ein Werturteil. Sondern dieser Verzicht ist deshalb notwendig, weil Wissenschaft und Politik auf prinzipiell verschiedenen Wegen zu ihren Ergebnissen kommen.

Werner Sombart beanstandete, den wissenschaftlichen volkswirtschaftlichen Untersuchungen würden, ganz willkürlich, stillschweigend unterschiedliche Werte zugrunde gelegt. Daher würden die einzelnen Wissenschaftler ganz verschiedene Forderungen an die Praxis erheben, wodurch die Wissenschaft nicht nur Renommee, sondern auch Wirkung auf die Praxis verliere. Schon die naheliegende Aussage seines Kollegen Eugen von Philippovich, die Volkswirtschaftslehre sei ein Mittel, den Volkswohlstand zu erhöhen, und daher sei die

Produktivität das eigentliche Objekt dieser Wissenschaft, wurde von Sombart als unerlaubte Aufstellung einer Norm beanstandet. Letztendlich hat sich seinerzeit der Standpunkt von Max Weber, also die strenge Werturteilsfreiheit, als der stärkere erweisen und sich in den Wirtschaftswissenschaften durchgesetzt.

Um ein ganz ähnliches Thema ging es Ende der 1960er Jahre vor dem Hintergrund der 1968er Kulturrevolution bei dem in Deutschland und Österreich ausgetragenen Positivismusstreit.

- Auf der einen Seite standen die Vertreter des Kritischen Rationalismus wie Karl Popper, denen es um die Entwicklung und kritische Prüfung wissenschaftlicher Aussagen ging. Komplexe Aussagen lassen sich nicht empirisch belegen, sondern allenfalls falsifizieren. Diese Prüfung bezieht sich immer auf Einzelaspekte. Eine Veränderung der Gesellschaft als Ganzer hält er für nicht möglich und den Versuch hierzu für gefährlich, nämlich allzu leicht in eine Meinungsdiktatur führend. Das Ziel der Soziologie besteht vielmehr darin, einzelne gesellschaftliche Probleme zu lösen und Missstände aufzudecken.

- Auf der anderen Seite standen die Vertreter der Kritischen Theorie der Frankfurter Schule wie Theodor W. Adorno und Jürgen Habermas. Nach ihrer Meinung besteht das Wesen der Gesellschaft in einer Totalität, nämlich einem grundlegenden gesellschaftlichen Zusammenhang, der den Charakter der Gesellschaftsform bestimmt. Die *psychosozialen Agenturen* (Familie, Autoritäten, Gleichaltrige, Massenmedien etc.) der Gesellschaft formen und bestimmen Denken und Identität des Individuums und damit auch der Sozialwissenschaftler von vornherein in weitaus größerem Maße, als das Individuum seinerseits auf die sozialen Agenturen einwirken kann. Die Soziologie soll in einer Fundamentalopposition diese Totalität aufdecken und analysieren, um die Voraussetzungen zu ihrer potenziellen Überwindung zu schaffen. Es geht um die Gesellschaft insgesamt, die die einzelnen Probleme und Missstände verursacht. Die gesellschaftliche Totalität enthält Widersprüche, insbesondere Klassengegensätze. Nur durch die Aufhebung dieser Klassengegensätze ließen sich die wahren Ursachen der Missstände beseitigen.

Auch hier bewegte sich also der Streit wie um 1900 zwischen den Neutralen und den Engagierten, zwischen den Evolutionären und den Revolutionären. Inzwischen haben sich die Gemüter längst beruhigt. Die Sozialrevolutionäre der 1960er Jahre wie Joschka Fischer, Winfried Kretschmann oder Jürgen Trittin sind bei ihrem seinerzeit angekündigten *Marsch durch die Institutionen* schon lange auf der evolutionären Seite, den partiellen Verbesserungen, angekommen oder im Ruhestand. Insbesondere nach dem Kollaps der DDR meint kaum noch jemand, in einer sozialistischen Revolution müsse in Deutschland die gesellschaftliche Ordnung als Ganze umgekrempelt werden.

10.1.7 Der Verein für Socialpolitik

Der Verein für Socialpolitik war in der Bismarckzeit außerordentlich einflussreich und hat wesentlich zu der für damalige Zeiten bahnbrechenden fortschrittlichen Sozialpolitik beigetragen, wodurch die Arbeiterschaft in die Gesellschaft integriert wurde. Dabei ist es im Endeffekt gleichgültig, ob dies aus humanitären oder aus taktischen Gründen geschah, nämlich um der damals radikalen Sozialdemokratie den Wind aus den Segeln zu nehmen. Es könnte sein, dass Deutschland auf Grund dieser Maßnahmen ein Umsturz nach Art der russischen Revolution erspart geblieben ist.

Inzwischen hat dieser Verein mit dem Untertitel *Gesellschaft für Wirtschafts- und Sozialwissenschaften* rund 4 000 persönliche und institutionelle Mitglieder, darunter rund 1 200 Hochschulprofessoren. Jedoch ist es in der Öffentlichkeit um den Verein recht still geworden, was daran liegen könnte, dass er im Jahr 2016 ganze acht Presse-Informationen versandt hat. Darunter sind drei Preisverleihungen, vier Terminankündigungen und eine Information über eine interne Befragung der Mitglieder. Es gibt keinen einzigen Diskussionsbeitrag zur aktuellen Wirtschafts- und Gesellschaftspolitik. Die Ergebnisse der jährlichen Tagungen und der Arbeit der 24 Fachausschüsse werden in der Online-Publikationsdatenbank EconStor veröffentlicht. Eine anderweitige Veröffentlichung durch den Verein für Socialpolitik ist nicht vorgesehen. Selbst wenn es um spezifisch deutsche Probleme geht (regionale Bedeutung des Mittelstands, Solidarität zwischen alten und neuen Bundesländern, Vergleich vom alten und aktuellen Lastenausgleich), werden die Tagungsbeiträge in dieser Datenbank vergraben und nicht etwa der allgemeinen Tagespresse zugänglich gemacht, also praktisch nur von den Fachkollegen zur Kenntnis genommen. Es gibt also nicht einen Tagungsband – womöglich gar in deutscher Sprache, den man ins Regal stellen könnte und in dem man blättern könnte, um Interessierendes aufzuschlagen. Ein solcher Tagungsband könnte an die Presse, an diverse Dienststellen und Verbände versandt werden und von allen wirtschaftswissenschaftlich und politisch Interessierten angefordert werden. Durch einen solchen Band würde diese Wissenschaft in der Öffentlichkeit über ihre Arbeit Rechenschaft ablegen, würde sich legitimieren. Wie wir gesehen haben, ist ja diese Legitimation ein großes Problem in diesem Zweig der Wissenschaft. Nicht zuletzt würden sich die Forscher

© Frank & Timme   Verlag für wissenschaftliche Literatur

legitimieren gegenüber ihren Geldgebern und Dienstherren. Schlimmstenfalls würde allerdings ein kritischer Außenstehender durch Lektüre eines solchen Tagungsbandes entdecken, dass bei den Tagungen des Vereins für Socialpolitik auch leeres Stroh gedroschen würde, indem der Aufwand an Definitionen, Abgrenzungen und Formeln in keinem Verhältnis zum Gewinn neuen Wissens steht. So liegt die Vermutung nicht ganz fern, dass auch die unzähligen Referate einer solchen Tagung den Hauptzweck haben, dass die Referenten einen weiteren karrierefördernden Beitrag vorweisen können.

Von einer *Veröffentlichung* kann daher nur in einem formalen Sinne gesprochen werden, wenn die Öffentlichkeit zwar die Möglichkeit hat, die Beiträge zu lesen, aber kaum jemand außerhalb der Szene dies tut. In einer Download-Statistik ist festgehalten, wie häufig ein bestimmter Beitrag heruntergeladen wurde und aus welchem Land. Der Beitrag *Still different after all these years: Solidarity in East and West Germany* von der Jahrestagung 2010 des Vereins für Socialpolitik wurde in den Jahren 2010 bis 2012 genau siebenmal von deutschen Teilnehmern heruntergeladen, obwohl es sich sicher um ein hochinteressantes, politisch brisantes Thema handelt. Insofern werden diese Beiträge eher verheimlicht als veröffentlicht. Der in den Hochschulgesetzen angemahnte Wissenstransfer findet insofern nicht statt.

Bei den Jahrestagungen des Vereins für Socialpolitik gibt es auch nicht etwa Entschließungen, sei es zur Lage der Forschung an den Universitäten, sei es zu den aktuellen Problemen der Wirtschaft und zur Wirtschaftspolitik der Welt. Die organisierte Wirtschaftswissenschaft hat der Öffentlichkeit und der Politik anscheinend nichts zu sagen. Die Wortfolge *Verein für Socialpolitik* erschien im ganzen Jahr 2016 in der *FAZ* zehnmal, in der *Zeit* kein einziges Mal, im *Handelsblatt* sechsmal. Der Beitrag der 1 200 Hochschulprofessoren zur öffentlichen Debatte hielt sich in Grenzen. Man bleibt unter sich.

Für die allseits begehrten Veröffentlichungen stellt der Verein den Mitgliedern zwei Zeitschriften zur Verfügung, die *German Economic Review* und die *Perspektiven der Wirtschaftspolitik*, die an die Vereinsmitglieder verteilt werden. Bei der letztgenannten Zeitschrift teilen sich acht Herausgeber und 23 Mitglieder eines Herausgeberbeirats die Ehre, zu den Herausgebern zu gehören. Für einen Nachwuchsmann mit neuen Ideen dürfte es nicht leicht sein, an diesen 31 Koryphäen des Faches vorbeizukommen. Im Internet wird mitgeteilt, dass es diese beiden Zeitschriften gibt, aber nicht, welche Aufsätze dort veröffentlicht wurden.

Der Verein und damit das ganze Fach *Wirtschaftstheorie* und *Wirtschaftspolitik* konzentriert sich auf die interne Debatte der Mitglieder und ist insofern selbstreferenziell. Dies geht auch aus der Selbstdarstellung des Vereins im Internet hervor: *Als Dachorganisation von und für Ökonomen unterschiedlicher politischer und fachlicher Ausrichtung bezweckt der Verein die wissenschaftliche Erörterung wirtschafts- und sozialwissenschaftlicher sowie wirtschafts- und sozialpolitischer Probleme in Wort und Schrift sowie die Pflege internationaler Beziehungen innerhalb der Fachwissenschaft.* Kennzeichnend für die lediglich interne und insofern selbstgenügsame Haltung des ganzen Faches sind hier die Worte *von und für Ökonomen* und *innerhalb der Fachwissenschaft,* also nicht mit Außenwirkung. Im Internet stellt sich der Verein mit der Bemerkung vor: *Der Verein für Socialpolitik trägt wesentlich zur Infrastruktur in den Wirtschaftswissenschaften bei.* Eben: Nur zur Infrastruktur, nicht etwa zur öffentlichen Wirkung.

Am 6. September 2016 versandte der Verein eine Information über die Ergebnisse einer Mitgliederbefragung zum Thema *Würden Sie sagen, dass die Wirtschaftswissenschaft heute in einer Legitimationskrise steckt?* Von 1 000 Befragten gingen 734 Antworten ein. Davon räumten 45,5 Prozent der deutschen Wirtschaftswissenschaftler ein, dass die eigene Zunft seit der weltweiten Finanzkrise 2008/09 in einer Legitimationskrise steckt. Ein solches Ergebnis wäre vermutlich in den meisten anderen Fachwissenschaften undenkbar und müsste als Alarmzeichen ersten Ranges angesehen werden. Der Verein stellt stattdessen verharmlosend fest: *Weniger als die Hälfte der jüngeren Ökonomen sieht das Fach in einer Legitimationskrise.* Das Krisenbewusstsein ist bei den älteren (über 54 Jahre) Mitgliedern deutlich stärker als bei den jüngeren, was seine Ursache darin haben könnte, dass die Jüngeren bisher in ihrer Laufbahn nichts anderes kennen gelernt haben als den jetzigen Lehrbetrieb, während die Älteren eher kritisch ihre Stellung in Wirtschaft und Gesellschaft reflektieren.

Innerhalb des Verbandes gab es eine Opposition. Ein Arbeitskreis *Real World Economics* organisierte 2012 eine Gegenveranstaltung zur Tagung des Vereins für Socialpolitik in Göttingen. Sie forderten Theorienvielfalt statt geistiger Monokultur, Methodenvielfalt statt angewandter Mathematik und Selbstreflexion statt unhinterfragter normativer Annahmen. Die ablehnende Antwort des Vereinsvorsitzenden Michael Burda betrachtete Rudolf Hickel, einer der Abweichler, als unglaubliche Provokation und kommentierte: *Hier präsentiert sich ein Armutszeugnis, das belegt, dass diese vorherrschende Ökonomik aber auch nichts aus der Finanzkrise gelernt hat.* Arne Heise kommentierte Burdas Brief im *Handelsblatt*: *Von kritischer Selbstreflexion in Anbetracht des Scheiterns an der Wirklichkeit ist nichts zu sehen.* Unter den Doktoranden und Postdoktoranden des Vereins durchgeführte Studien ergaben, dass gut die Hälfte der Aussage tendenziell zustimmte, die aktuelle volkswirtschaftliche Forschung sei zu stark auf mathematische Modellierung ausgerichtet. Knapp die Hälfte gab

© Frank & Timme   Verlag für wissenschaftliche Literatur

an, die Forschung orientiere sich nicht ausreichend an realen Problemen, und über 60 Prozent stimmten der Aussage eher zu, historische Erfahrungen würden nicht ausreichend genutzt. Eine Debatte zwischen der Vereinsführung und den Abweichlern kam jedoch nicht zustande, sodass diese 2015 wieder eine Gegenveranstaltung organisierten. In der *Süddeutschen Zeitung* wurde kritisiert, der Verein weigere sich, eine echte Debatte zu führen.

Immerhin wurde auf der Vereinstagung in Augsburg 2016 über eine Reform des volkswirtschaftlichen Studiums gesprochen, und zwar gab es einen Workshop zum CORE-Projekt des *Institute for New Economic Thinking*. Hier geht es um ein neues Lehrbuch, primär allerdings nur um eine neue Lehrmethode. Näheres erläutert Tobias Kaiser in dem Bericht *Die Revolution des VWL-Studiums soll Krisen verhindern (Welt 24* vom 20. Oktober 2016). Die Studenten sollen auf völlig neue Weise ausgebildet werden, nämlich Online. Es geht mit allerlei elektronischem Schnickschnack darum, den Studenten zu erklären, warum die Ökonomie mit Modellen und der Mathematik arbeitet. Professor Nikolaus Wolf, der den Kurs an der Humboldt-Universität in Berlin einsetzen will, erläutert: *Das soll die Studenten motivieren, sich durch die theoretischen Modelle zu quälen.* Es geht also nicht ernsthaft um eine Revolution der Lehre oder gar der Wissenschaft, sondern nur um eine Motivationsveranstaltung für die Anfänger.

10.1.8 Die Wirtschaftsstufen

Die heutige akademische Wirtschaftstheorie beansprucht, verallgemeinerungsfähig zu sein in dem Sinne, dass sie für alle Regionen und alle Zeitläufte gelte. Demgegenüber versucht die Theorie der Wirtschaftsstufen, die historische Entwicklung der Wirtschaft in bestimmte aufeinander folgende Perioden einzuteilen. Dabei wird jeweils die Gesamtheit ökonomischer, demografischer, sozialer, technischer und politischer Faktoren berücksichtigt, und es wird davon ausgegangen, dass die Wirtschaft sich stufenweise höher entwickelt. Insbesondere Karl Bücher (1847 bis 1930) hat diesen Ansatz verfolgt. In der älteren Historischen Schule wurden Stufen entsprechend den vorherrschenden Produktionsfaktoren gebildet: in den Anfängen die Natur, dann die Arbeit, in neuerer Zeit das Kapital.

Bücher bildet Stufen nach dem Verhältnis der Entstehung der Produktions- und Konsumgüter und ihrem Verbrauch.

- Die erste Stufe bildet die Hauswirtschaft, heute auch Subsistenzwirtshaft genannt. Die Güter werden im Rahmen einer Großfamilie hergestellt und verbraucht. Nur am Rande gibt es Warenaustausch (oft durch *Geschenke,* die erwidert werden müssen) und Handel.

- Die zweite Stufe ist die Stadtwirtschaft mit kleineren gewerblichen Betrieben des Handwerks, die auf Wunsch der Kunden (also nicht für einen anonymen Markt) produzieren. Die Waren gehen direkt vom Hersteller zum Konsumenten über; es gibt daher keinen nennenswerten Handel. In geringem Umfang gibt es Fernhandel, etwa mit Gewürzen.
- Die dritte Stufe ist die Volkswirtschaft, die ganze Staaten umfasst. Hier entsteht ein einheitliches Münz-, Rechts- und Maßwesen. Die Waren und Produkte durchlaufen vom Hersteller zum Konsumenten lange Handelswege und werden für den allgemeinen Markt, nicht mehr für einzelne Kunden hergestellt. In Fabriken bildet sich eine Massenproduktion.
- Diese Stufenfolge lässt sich heute zwanglos fortführen zur Weltwirtschaft. Durch die Perfektionierung des gesamten Transportwesens sind die Transportkosten so weit gesunken, dass praktisch alle Länder der Welt im Austausch miteinander stehen. Viele Unternehmen arbeiten für den Export und damit für Kunden, die sie nicht selbst kennenlernen. Für die Konsumenten ist es selbstverständlich geworden, dass ihnen Güter der ganzen Welt zur Verfügung stehen und im Urlaub fast alle Länder besucht werden können.

Es liegt nahe, dieses Stufenschema heute zur Einteilung der Staaten in Entwicklungsländer, Schwellenländer und Industrieländer zu nutzen, wobei immer die Wirtschaft als Teil der Gesamtgesellschaft mit ihrem demografischen, rechtlichen, sozialen und politischen Gefüge und den jeweiligen Bildungssystemen zu sehen ist, ferner mit ihren Bodenschätzen und den klimatischen Bedingungen.

10.1.9 Die Arbeitslosen von Marienthal

Der zentrale Einwand gegen die heutige akademische Wirtschaftswissenschaft lautet, dass ihr die empirische Grundlage fehlt. Sie basiert nicht auf Beobachtungen und sie versucht nicht, beobachtetes Geschehen erklären. Dies könnte nur durch eine empirische Wirtschafts- und Sozialforschung geändert werden, indem die Lebenslage einer bestimmten Personengruppe an einem bestimmten Ort zu einer bestimmten Zeit untersucht wird und daraus allgemeine Schlüsse gezogen werden.

Klassisches Beispiel hierfür ist die Untersuchung *Die Arbeitslosen von Marienthal. Ein soziographischer Versuch über die Wirkungen langandauernder Arbeitslosigkeit.* Schon im Titel und Untertitel ist angedeutet, dass nicht nur berichtet werden soll, was gesehen und gehört wurde. Vielmehr soll dies als Ausgangspunkt einer Theorie verallgemeinert werden können. Das Buch ist 1933 bei

© Frank & Timme   Verlag für wissenschaftliche Literatur

Hirzel, Leipzig, erschienen und als Neuauflage 1975 bei Suhrkamp, Frankfurt am Main. Hier berichten Marie Jahoda, Paul Felix Lazarsfeld und Hans Zeisel über eine Untersuchung in Marienthal, einer Arbeitersiedlung in der Nähe von Wien. Die Siedlung war für die Belegschaft einer Textilfabrik gegründet worden, die ursprünglich bis zu 1 200 Mitarbeiter beschäftigte. Nach der Schließung der Fabrik im Zuge des Niedergangs der Textilindustrie und der Wirtschaftskrise 1931 entstand eine umfassende Arbeitslosigkeit, weil in der Nähe keine Arbeitsplätze verfügbar waren. In der Untersuchung ging es um die Frage, wie sich dies auf die Betroffenen auswirkt. Die Autoren, sozialistisch engagiert, wollten insbesondere wissen, ob sich die Arbeitslosen in Protest und Solidarität zusammenschließen. Das war offensichtlich nicht der Fall. Stattdessen herrschten Resignation und Rückzug aus der Gesellschaft.

Klassisch vorbildlich sind hier die Erhebungsmethoden in der Feldforschung, insbesondere der Methodenreichtum und darunter die teilnehmende Beobachtung als Musterbeispiel für eine Theoriebildung. Dabei wurden qualitative und quantitative, vorgefundene und erhobene Daten miteinander kombiniert. Die Forschungsmethoden waren nicht vorgegeben, sondern erwuchsen mit viel Einfallsreichtum erst bei der Konzentration auf die beiden Probleme: Die Stellung zur Arbeitslosigkeit und deren Folgen. Die öffentlichen Hilfen für die Arbeitslosen waren gering und befristet. Danach blieben nur noch Stehlen und Betteln. Um Zugang zu den Menschen in Marienthal und Informationen über sie zu gewinnen, haben die Autoren dieser Studie nicht nur Kontakt zu politischen und gesellschaftlichen Gruppen und Vereinen gesucht, sondern auch Kleidersammlungen, ärztliche Sprechstunden, Erziehungsberatungen sowie Turn- und Zeichenkurse durchgeführt. Über jede der 478 Familien wurden Katasterblätter angelegt, auf denen alles Gesehene und Erfahrene festgehalten wurde – vom Zustand der Wohnung beim Besuch wegen der Kleidersammlung bis hin zu den Essenslisten. Es ging um die objektiven Daten ebenso wie das subjektive Erleben der Betroffenen. Ergänzend wurde die amtliche Statistik zugezogen, so auch die Wahlergebnisse.

Insbesondere wurde in Zeitverwendungsbögen die Zeiteinteilung der Menschen beobachtet. Ohne baldige Aussicht auf Beschäftigung veränderte sich das Zeitbudget. Es fehlte das feste Raster, der strukturierte Tag. Wenn eigentlich eine Aufgabe zu erfüllen war, wurde sie trotzdem liegen gelassen. Die Verfilmung der Studie von 1988 trägt daher den seltsamen Titel: *Einstweilen wird es Mittag.* Die freie Zeit wurde nicht als Gewinn betrachtet, sondern als tragisches Geschenk. Die Menschen wussten diese Zeit nicht zu nutzen und glitten von einem geregelten Tagesablauf in eine Leere hinein. Dies betraf vor allem die Männer, während die Frauen noch mit den Pflichten des Haushalts beschäftigt waren.

Erstmals wurden in dieser Tiefe und Präzision die sozio-psychologischen Wirkungen von Arbeitslosigkeit nachgezeichnet. Das Hauptergebnis war, dass die Folge nicht, wie bis dahin allgemein erwartet, in einer aktiven Revolution bestand, sondern in einer passiven Resignation. Es wurden vier typische Haltungen herausgearbeitet und prozentual eingeteilt:

(1) Die auch innerlich Ungebrochenen, die noch Pläne und Hoffnungen für die Zukunft hatten (18 Prozent),

(2) die Resignierten (48 Prozent),

(3) die Verzweifelten (11 Prozent)

(4) und die verwahrlost Apathischen (25 Prozent). Die ganz Verwahrlosten und ihre Kinder waren im schlechten Gesundheitszustand, haben aber gleichwohl die ärztliche Sprechstunde nicht in Anspruch genommen.

Bei diesen drei letzteren Gruppen führen Resignation, Verzweiflung und Apathie zum Verzicht auf eine Zukunft, die nicht einmal mehr in der Phantasie als Plan eine Rolle spielt. Als grundlegende Dimension humanen Gestaltungsvermögens erwies es sich, für die Zukunft Pläne und Hoffnungen bewahren zu können, also mögliche Entwicklungen antizipieren zu können. Das Leben der Arbeitslosen war von abgestumpfter Gleichmäßigkeit bestimmt. Die Menschen zogen sich aus den Vereinen zurück, bestellten die Arbeiterzeitung ab und besuchten seltener die Bibliothek.

Die Mitautorin Marie Jahoda (1907 bis 2001), später Professorin für Sozialpsychologie, urteilte: *Das Problem der Sozialwissenschaften ist, unsichtbare Dinge sichtbar zu machen.* Ihr Kollege Paul Felix Lazarsfeld (1901 bis 1975) stellte im ähnlichen Sinne fest: *Dass das, was Menschen fühlen, ebenso wichtig ist wie das, was sie sagen, ist jetzt wohl als Axiom der Sozialforschung anerkannt.* Hans Zeisel (1905 bis 1992) stellte zusammenfassend fest: *Wir haben die ersten scharfen Werkzeuge in den Werkzeugkasten der empirischen Sozialforschung gelegt und damit dem Sozialforscher neuen Mut gegeben, sich immer schwierigeren Problemen zu nähern, neue Gebiete in seine Forschung einzuschließen.*

Die Marienthal-Studie wurde zunächst in der Nazizeit geächtet und verbrannt, fand aber mit einiger Verzögerung ein weites Echo und wurde in mehrere Fremdsprachen übersetzt. Sie hat wegen ihrer Methodik bleibende Maßstäbe gesetzt.

 © Frank & Timme   Verlag für wissenschaftliche Literatur

10.1.10 Ältere Literatur

Reizvoll ist es immer, einige originale Exemplare der älteren nationalökonomischen Literatur zur Hand zu nehmen – aus der Zeit vor der Verengung dieses Faches auf das rationale Handeln, vor der Mathematisierung, vor der Kanonisierung und inzwischen eingetretenen Versteinerung der Lehre. Diese Bücher aus den Jahren der Blütezeit der deutschen, österreichischen und französischen Nationalökonomie um das Jahr 1900 herum sind nicht in den öffentlichen Bibliotheken zu finden, die ja immer auf Aktualität bedacht sind und alles Alte aussondern. Teils kann man in den Antiquariaten fündig werden, teils aber auch auf dem eigenen Dachboden oder mit Glück auf Flohmärkten.

1896 erschien in J. D. Sauerländer's Verlag, Frankfurt am Main, der *Grundriss der Nationalökonomie* von Paul Leroy-Beaulieu, Mitglied des *Institut de France* und Professor am *Collège de France*. Einleitend (Seite 1) bemerkt er: *Die Nationalökonomie ist die Wissenschaft, welche auf dem Wege der Beobachtung die allgemeinen Regeln sammelt, welcher Produktion, Verteilung, Umlauf und Verbrauch der Reichtümer unterworfen sind.* Hier wird also schlicht und unvoreingenommen vom Beobachten und vom Sammeln von Regeln ausgegangen, also von einem empirischen Vorgehen, einer Orientierung an der Wirklichkeit, an den tatsächlichen Verhältnissen. Auf Seite 2 wird erläutert, welche Aufgabe diese Wissenschaft in der Gesellschaft hat:

Indem sie die Gesetze der Produktion und des Güterumlaufs entwickelt, klärt sie die Menschheit auf und dient ihr: denn sie erspart ihr schädliche Irrtümer, kostspielige Versuche und nachteilige Anordnungen, verhindert oder berichtigt Fehler der Staatsmänner. So trägt sie zur Entwickelung des Wohlbefindens und des Friedens in der menschlichen Gesellschaft bei.

Hier wird mithin die Legitimität des Faches begründet, und zwar in Hinsicht auf das *Wohlbefinden* (heute würde eher vom Wohlstand gesprochen) und den Frieden, nicht nur auf das eigene Volk bezogen, sondern auf Menschheit und menschliche Gesellschaft. Diese erhabene Begründung und gesellschaftliche Legitimierung des Faches fehlt in den aktuellen Lehrbüchern. Diese bringen am Anfang lediglich eine Definition der Volkswirtschaftslehre und legitimieren sich dann nicht durch ihren Nutzen für Staat und Gesellschaft oder gar für die Menschheit, sondern nur als Examensvorbereitung für die Studenten.

Auch die Frage von Böhm-Bawerk *Macht oder ökonomisches Gesetz?* wird in diesem alten Lehrbuch unbefangen angesprochen, nämlich dass

Gesellschaften mit einem beengenden System von Korporationen und Privilegien sich der Beobachtung der natürlichen wirtschaftlichen Gesetze schlecht fügen. Die wirtschaftlichen Erscheinungen schienen lediglich von der Willkür der Regierungen abhängig zu sein; es bedurfte der bürgerlichen und in gewisser Richtung auch der politischen Freiheit, damit die National-ökonomie sich auf einen günstigen Boden stellen konnte.

Die grundlegende Erkenntnis, dass eine erfolgreiche Entfaltung der Wirtshaft eine wirtschaftliche und auch politische Freiheit sowie die Aufhebung von Privilegien oder kurz eine Gewerbefreiheit erfordert, fehlt in den aktuellen Lehrbüchern, weil das politische und rechtliche Umfeld ausgeblendet wird. In diesem Lehrbuch aus der Zeit der Urgroßväter der heutigen Studentengeneration ist auch die Abschottung von den Nachbarwissenschaften noch nicht vollzogen. Im Gegenteil werden auf Seite 3f. die *Beziehungen der Nationalökonomie zu den verschiedenen andern Wissenschaften* eingehend erläutert:

Sie kommt mit allen anderen sozialen Wissenschaften gut aus.

- *Mit der Moral zum Beispiel verträgt sie sich in allen Punkten. Sie stellt den Satz auf, daß eine Gesellschaft von streng sittlicher Gesinnung unbestreitbare ökonomische Vorteile hätte. Die meisten moralischen Tugenden sind auch ökonomische: die Freude an der Arbeit, die Selbstbeherrschung, die Geduld, die Ausdauer, der Geist der Gerechtigkeit, die Vorsorglichkeit und der Geschmack am Familienleben.*
- *Mit der Philosophie, welche aus den einzelnen Thatsachen die allgemeinen Ideen abzuleiten versucht.*
- *Mit der Geschichte, welche sich bemüht, aus der Vergangenheit Lehren für das Verhalten der Menschen zu ziehen.*
- *Mit der Statistik, dieser emsigen Arbeiterin, welche alle, das Soziale betreffenden Thatsachen sammelt und gruppiert, damit der Gelehrte daraus Schlüsse und Regeln folgern kann, verständigt sich die Nationalökonomie leicht.*

Insbesondere dieser letztere Punkt fehlt heute: die systematische Auswertung der unübersehbar vielen für jedermann verfügbaren Statistiken und der Versuch, diese zahlenmäßig abgebildeten Strukturen und Entwicklungen inhaltlich, aus der Motivation und dem Verhalten der Akteure zu erklären. Die Volkswirtschaftslehre hat es aufgegeben, die *das Soziale betreffenden Thatsachen zu sammeln.* Leroy-Beaulieu fährt fort:

- Mit dem Recht steht die Nationalökonomie in besonderen Beziehungen. Sie hat mit demselben einen gemeinsamen Grund, die gleiche Basis; denn beide beruhen auf der Verantwortlichkeit des Einzelnen, welche wiederum auf zwei Prinzipien, Freiheit und Eigentum, gegründet ist.

Wovon hängt die Höhe der Ersparnis ab? In den heutigen Lehrbüchern gilt S, das Sparen, als Funktion von Y, dem Einkommen, oder auch von i, dem Zins. Bei diesem Problem war unser Autor Leroy-Beaulieu 1896 in seiner Methodik schon weiter, nämlich wirklichkeitsnäher als die heutigen Autoren Er schildert (Seite 33):

> In barbarischen Ländern häuft der Vorsichtige seine Schätze an und vergräbt sie, um sich derselben in Tagen der Not zu bedienen, aber er verwendet sie nicht zu neuen Unternehmungen, weil er befürchten müsste, durch äußere Entfaltung seines Reichtums die Aufmerksamkeit auf sich zu ziehen und beraubt zu werden.
>
> Das Sparen und das Kapital wird also umso besser gefördert, je wirksamer Wohlstand und Reichtum den Besitzenden garantiert sind: je gesicherter das Eigentum ist.
>
> Ein je weiterer Horizont sich für die Zukunft aufthut, um so größer werden die Ersparnisse und das anwachsende Kapital. Daher gehören auch ein kräftiger Familiensinn und die Achtung des Erbrechts zu den die Kapitalisierung begünstigenden Faktoren. Eine wohlgeleitete Erziehung, welche den Menschen mehr auf die Zukunft hinweist, kann den Sparsinn ebenfalls anspornen. Ein hoher Grad von Sittlichkeit hat denselben Erfolg. Dagegen schließen sich Sparsamkeit und Völlerei aus.

Als weitere Faktoren, die den Sparsinn begünstigen, werden dann die Sparkassen und ähnliche Institute gewürdigt, ferner die Aktiengesellschaften, die Gelegenheit zur Geldanlage bieten.

Hier werden also ebenso realistisch wie unbefangen rechtliche, psychologische, moralische, pädagogische und institutionelle Aspekte herangezogen, um ein bestimmtes Problem zu lösen, anstatt eine einzige Ursache auszuwählen und eine mathematische Funktion zu bilden, die nichts erklärt.

Schließlich sei noch an einem Beispiel veranschaulicht, in welcher unbefangenen Form in diesem Lehrbuch von 1898 (Seite 120) die Wirtschaft beobachtet und hieraus Konsequenzen gezogen werden. Es geht um die *Nachteile der geschlossenen Korporationen.*

Diese Zünfte wachten auch über die Fabrikation, die von den alten Verfahren nicht abweichen durfte; neue Methoden und Vervollkommnungen hatten Mühe durchzudringen, und manche Verbesserung wurde lange hinausgeschoben. So wurden sie ein Hindernis der industriellen Freiheit, da sie vielen arbeitsamen und begabten Leuten verwehrten, den ihnen zusagenden Beruf zu erlernen, Gesellen oder Meister (Arbeitgeber) zu werden, obgleich sie das Zeug dazu hatten. Sie standen industriellen Fortschritten entgegen, die sich ohne Zustimmung der Mehrheit der Zunftgenossen nicht anbahnen oder entwickeln konnten. Die Zünfte, ein System des Schlendrians und der Privilegien, wurden durch Gesetz vom 11. März 1791 definitiv abgeschafft, womit die Freiheit der Arbeit als wesentlicher Bestandteil der Gewerbefreiheit proklamiert war.

In diesem Lehrbuch werden die Probleme abgehandelt nach dem Schema
- ursprüngliche Interessen der Beteiligten,
- Auswüchse, Missbräuche, Schaden für die Allgemeinheit,
- moralische und politische Bewertung,
- Ratschlag an die Politik zum notwendigen Eingreifen.

Es gibt also vor allem die Orientierung an der Realität, und es gibt kein Bestreben nach Werturteilsfreiheit. Vielmehr gibt es feste Vorstellungen von Gerechtigkeit und Wohlstand, kurz vom Gemeinwohl, und hieraus leiten sich Empfehlungen ab. In diesem Sinne ist auch das Buch *Wohlstand für Alle* von Ludwig Erhard (Econ-Verlag, Düsseldorf 1957) abgefasst – sicherlich das wichtigste Quellenwerk für die Wirtschaft der Bundesrepublik, aber in den Lehrbüchern nirgendwo erwähnt, weil vermeintlich nicht wissenschaftlich.

Von Eugen von Philippovich (1858 bis 1917) erschien 1913 im Verlag J.C.B. Mohr (Paul Siebeck), Tübingen, der umfangreiche *Grundriss der Politischen Oekonomie*. Im ersten Band, Seite 41, geht es um *Die Volkswirtschaft als Gegenstand der Wissenschaft*. Er beginnt:

Die Aufgabe einer Wissenschaft von der Volkswirtschaft besteht in erster Linie darin, die Tatsachen festzustellen, das heißt aus dem gesellschaftlichen Leben der Menschen jene Veranstaltungen, Einrichtungen, Handlungen und Urteile herauszuheben, welche der Fürsorge für den Bedarf an materiellen Gütern gewidmet sind. Dann gilt es, die als wirtschaftlich ausgeschiedenen Tatsachen des gesellschaftlichen Lebens und ihren Zustand in einem gegebenen Zeitpunkt zu beschreiben.

An diese erste Aufgabe schließt sich die zweite, die Regelmäßigkeit des Auftretens wirtschaftlicher Tatsachen, ihre Ursachen und ihre Wirkungen zu beobachten, mithin den kausalen Zusammenhang wirtschaftlicher Tatsachen […] zu erklären (Wirtschaftstheorie). Eine wissenschaftliche Beschreibung wird von selbst zur Beschreibung des Regelmäßigen, Typischen; sie liefert uns allgemeine Kategorien. So lernen wir zum Beispiel den Unterschied von Groß- und Kleinbetrieben, von Fabrik, Handwerk und Hausindustrie in der Beschreibung der Produktion erkennen.

Hier wird genau dasjenige Vorgehen geschildert, das heute fehlt, nämlich vom Beobachten und Beschreiben der Tatsachen auszugehen, diese zu beschreiben und zu erklären, indem typische Zusammenhänge und Kausalitäten festgestellt werden. Seinerzeit hatte die Wirtschaftstheorie also die notwendige Bodenhaftung, anstatt in luftiger Höhe vorschnell Kausalitäten zu definieren, um nicht zu sagen zu dekretieren. Ebenso geht bei Philippovich auch die Wirtschaftspolitik stets von einer konkreten Situation aus (Seite 44): *Es muss immer ein bestimmter gesellschaftlicher Zustand, eine bestimmte Rechts- und Staatsordnung, eine bestimmte Stufe sittlicher Entwicklung und Bildung vorausgesetzt sein, wenn das Wirken des wirtschaftlichen Prinzips theoretisch verfolgt wird.* Dabei bleibt sich der Autor immer der Verbindung zu den Nachbarwissenschaften bewusst (Seite 43ff.): *Die Wirtschaftswissenschaft wird nur als Wissenschaft von einem Teil des gesellschaftlichen Lebens angesehen werden dürfen […] Die Wirtschaftstheorie ist* unter anderem *Werttheorie und, da wir zur Erklärung des Wertes […] das psychische Verhalten der Menschen zu prüfen haben, Wirtschaftspsychologie.*

Weit realistischer als in den heutigen Lehrbüchern wird in diesem Werk aus dem Jahre 1913 die begrenzte Aussagekraft der wirtschaftlichen Gesetze deutlich (Seite 47):

Die reine Theorie […] nimmt das Selbstinteresse der Geschäftswelt […] als eine gegebene Größe an, während in der Wirklichkeit Irrtum, Gewohnheit, Mangel an Energie seine Wirksamkeit verschieden gestalten. Die von ihr aufgestellten Gesetze sind daher nur unter ganz bestimmten Voraussetzungen gültig und drücken T e n d e n z e n aus, die in der Wirklichkeit zur Geltung kommen k ö n n e n und zur Geltung zu gelangen s t r e b e n. Weil es sich in der Tat nur um bloße Tendenzen handelt, erscheint es als nicht angebracht, sie als mathematische Funktion auszudrücken.

Daher erscheint dem Autor die reine Theorie stets als ergänzungsbedürftig:

Vermöge der vielen Abweichungen, welche die Wirklichkeit gegenüber der reinen Theorie aufweist infolge des Wirkens anderer Bedingungen und anderer Kräfte, als diese voraussetzt, genügt die reine Theorie nicht zur Erklärung der empirischen Wirklichkeit. Es tritt daher ergänzend eine e m p i r i s c h e, r e a l i s t i s c h e   T h e o r i e hinzu, welche den konkreten Erscheinungen zu folgen sucht. Sie ist bestrebt, die besonderen Bedingungen zu erforschen [...] die auf die Betätigung des Selbstinteresses einwirken und versucht, aus ihnen heraus – unter Zuhilfenahme der von der reinen Theorie aufgedeckten Tendenzen – die Tatsachen der Wirklichkeit und ihre Veränderungen zu erklären.

Es geht also nie um ein abstraktes vermeintlich allgemeingültiges Theoriengebäude, sondern immer um die Erklärung der vorgefundenen Wirklichkeit, ähnlich wie bei einem Archäologen, der bestimmte Scherben, Grabbeigaben und Grundmauern vorfindet und die vorhandenen Theorien lediglich als Hilfe zur Deutung dieser Funde wertet. Dabei betrachtet Philippovich (Seite 48) den Methodenstreit als bereits abgeschlossen und geht davon aus, dass induktive und deduktive Methode einander ergänzen und sich gegenseitig bedingen. Auch in dieser Beziehung war die Volkswirtschaftslehre im Jahre 1913 schon weiter als heute, weil heute einseitig nur deduktiv vorgegangen wird. *Deduktion ohne die Grundlage und Verifikation der Induktion würde zu leeren Formeln, bloße Induktion zu einer Fülle nicht zusammenhängender allgemeiner Sätze führen.* Ebendiese *leeren Formeln* finden wir heute vor. Philippovich hingegen widmet ein besonderes Kapitel (Seite 50) den *Methoden der Tatsachenfeststellung. Enqueten und Statistik.* Gut zwanzig Seiten (55 ff.) widmet er der Geschichte der Volkswirtschaftslehre. Eingehend untersucht werden die Eigenheiten der einzelnen Unternehmensformen (Einzelunternehmung, Aktiengesellschaft, Genossenschaft, öffentliche Unternehmung) sowie die Besonderheiten der großen und der kleinen Unternehmung bis hin zu den *Bedingungen der Entstehung und* den *Folgen des gewerblichen Großbetriebs.* Es wird also nicht wie heute bei Wöhe ganz abstrakt und lebensfern von einer einheitlichen Unternehmung ausgegangen.

Max Weber (1864 bis 1920) hat ein noch heute vielzitiertes Monumentalwerk zur Soziologie und überhaupt zur Geistesgeschichte des Okzidents (Abendlandes, Westens) hinterlassen. Das große Werk *Wirtschaft und Gesellschaft* im Verlag J.C.B. Mohr (Paul Siebeck), Tübingen 1976, trägt den Untertitel *Grundriss der verstehenden Soziologie.* Schon hiermit ist die Methode angedeutet: Es geht um das Verstehen des real Vorgefundenen. Demgemäß beginnt das Werk (Seite 1): *Soziologie [...] soll heißen: eine Wissenschaft, welche soziales Handeln deutend verstehen und dadurch in seinem Ablauf und seinen Wirkungen ursächlich erklären will.* Dabei gibt es bei Weber noch nicht die heutige Verengung auf das rationale Handeln, sondern er definiert ganz umfassend (Seite 12):

> *Wie jedes Handeln kann auch das soziale Handeln bestimmt sein:*
> 1. *zweckrational [...] für rational, als Erfolg, erstrebte und abgewogene eigne Zwecke,*
> 2. *wertrational: durch bewussten Glauben an den [...] unbedingten Eigenwert eines bestimmten Sichverhaltens rein als solchem und unabhängig vom Erfolg,*
> 3. *affektuell, insbesondere emotional,*
> 4. *traditional: durch eingelebte Gewohnheit.*

Es wäre sicherlich heute von großem Interesse, in der Wirtschaftswissenschaft zu untersuchen, wieweit und in welchem Sinne das Verhalten der Akteure (Konsumenten, Unternehmer) durch diese vier Motive gesteuert wird und welches bei einzelnen Entscheidungen im Vordergrund steht. Dementsprechend könnten sich alle anderen Teilnehmer und die Wirtschaftspolitik hierauf einstellen.

Weber geht von vornherein davon aus, dass sich dieses Handeln in einem bestimmten Rahmen von Institutionen abspielt (Seite 16):

> *Handeln, insbesondere soziales Handeln [...] können von Seiten der Beteiligten an der Vorstellung vom Bestehen einer legitimen Ordnung orientiert werden. Die Chance, dass dies tatsächlich geschieht, soll „Geltung" der bestimmten Ordnung heißen.*

Als solche Ordnungen nennt Weber die Konvention und, für die Wirtschaft noch bedeutsamer, das Recht, und führt verschiedene Formen der Legitimität einer solchen Ordnung auf.

Dabei wird bei Weber immer deutlich, dass es im sozialen Handeln und daher auch im wirtschaftlichen Verhalten keine Gesetze gibt, sondern nur einzelne Ereignisse (Seite 118):

> *Auch darf nie vergessen werden: dass Betriebs- und Unternehmungsformen ebenso wie technische Erzeugnisse „erfunden" werden müssen, und dass dafür sich historisch nur „negative", die entsprechende Gedankenrichtung erschwerende oder geradezu obstruierende, oder „positive", sie begünstigende Umstände, nicht aber ein schlechthin zwingendes Kausalverhältnis*

angeben lässt, so wenig wie für streng individuelle Geschehnisse irgendwelcher Natur überhaupt.

Eingehend untersucht Weber die Typen von Herrschaft und so auch deren Wirkung auf die Wirtschaft (Seite 166):

Die im Beginn der Entwicklung des Fachbeamtentums stehende Kollegialität der Finanzbehörden hat im Ganzen wohl zweifellos die (formale) Rationalisierung der Wirtschaft begünstigt. Die Gewaltenteilung pflegt, da sie feste [...] wenn auch nicht rationale, Zuständigkeiten schafft und dadurch ein Moment der „Berechenbarkeit" in das Funktionieren des Behördenapparats trägt, der (formalen) Rationalisierung der Wirtschaft günstig zu sein.

An dieser Stelle konnten nur einige winzige Kostproben des allumfassenden Weberschen Werkes gegeben werden. Eindrucksvoll ist immer wieder die Weite des Horizonts, den er abschreitet. Hierzu gehörte beispielsweise auch die Analyse *Die protestantische Ethik und der „Geist" des Kapitalismus*, worin dargelegt wird, dass eine erhöhte Wahrscheinlichkeit für die Entstehung des modernen, betriebswirtschaftlichen Kapitalismus besteht, wenn bestimmte ökonomische Komponenten mit einem religiös fundamentierten innerweltlich-asketischen Berufsethos zusammentreffen. Noch heute (2017) fällt auf, dass die calvinistisch geprägten Staaten (Schweiz, Niederlande, USA) wirtschaftlich besonders erfolgreich sind. Dies dürfte auf die von Calvin gepredigte Prädestinationslehre zurückzuführen sein. Danach steht für jeden Menschen schon lange vor seiner Geburt fest, ob er nach dem Tode zur Seligkeit oder zur Verdammnis vorherbestimmt ist. Daraus zogen die Calvinisten aber nicht den naheliegenden Schluss, ihre Leidenschaften unbefangen auszuleben, weil dies ja nichts mehr am Schicksal nach dem Tode ändert. Sondern im Gegenteil glaubten sie, sich ihrer Seligkeit versichern zu können, wenn sie hier auf Erden nach besonders strengen Regeln (kein Kartenspiel, kein müßiges Vertrödeln von Zeit etc.) lebten und einen großen insbesondere wirtschaftlichen Erfolg errangen. Dies galt (und gilt in den USA weithin noch heute) als Zeichen der Auserwähltheit. Diese wird gern nach außen gezeigt: Der reichste Mann in der Stadt hat das größte Haus.

Eine solche Verbindung von theologischen und ökonomischen Bestimmungsgründen des menschlichen Daseins ist natürlich in der heutigen enggeführten akademischen Lehre ganz undenkbar, schon weil die Fakultäten streng voneinander getrennt sind und weil eine akademische Karriere nur innerhalb einer Fakultät, in einem abgezäunten Gelände, möglich ist.

© Frank & Timme   Verlag für wissenschaftliche Literatur

Wie wir gesehen haben, ist die heutige Wirtschaftstheorie auf Verallgemeinerungsfähigkeit bedacht. So kommt es zu den Definitionsgleichungen, die zwar jederzeit und überall gelten, aber eben deshalb nichts erklären. Ebenso kommt es zu Verhaltensgleichungen, die ebenfalls nichts erklären, weil sie Verhaltensmotive unterstellen, die lediglich dem Forscher plausibel erscheinen. Die ältere Nationalökonomie hingegen ging davon aus, dass sich das wirtschaftliche Leben in bestimmten Formen und Ordnungen vollzieht, die entweder geschichtlich gewachsen sind oder sich aktuell neu entwickeln. Werner Sombart (1863 bis 1941) beispielsweise hat sich eingehend mit den Unterschieden zwischen der handwerklichen und der kapitalistischen Produktionsweise auseinandergesetzt. Das Handwerk ist an die Person des Meisters und seine Fähigkeiten gebunden, wobei sich das Sachvermögen und das Kapital noch nicht verselbstständigt haben. Den Kapitalismus hingegen beschreibt er in einer für das breite Publikum gedachten Form in dem Bändchen *Gewerbewesen* (G.J. Göschen'sche Verlagsbuchhandlung, Leipzig 1904), erster Teil, Seite 52:

Kapitalistische Unternehmung nenne ich diejenige Wirtschaftsform, deren Zweck es ist, durch die Summe von Vertragsabschlüssen über geldwerte Leistungen und Gegenleistungen ein Sachvermögen zu verwerten, das heißt mit einem Aufschlag (Profit) dem Eigentümer zu reproduzieren. Das Sachvermögen, das solcherart genutzt wird, heißt Kapital. Es fällt auf, dass der gesetzte Zweck nicht durch irgendwelche Beziehung auf eine lebendige Persönlichkeit bestimmt wird. Vielmehr rückt ein Abstraktum: das Sachvermögen, von vornherein in den Mittelpunkt der Betrachtung. Die kapitalistische Unternehmung kann nur noch unter dem unpersönlichen Gesichtspunkt einer Verwertung des Kapitals betrachtet werden.

Im zweiten Teil, Seite 118, geht es Sombart um den *Schutz gegen den Kapitalismus*. Er ist offensichtlich nicht davon überzeugt, dass zur Wissenschaft die Freiheit von Werturteilen gehöre, sondern bezieht unmissverständlich Stellung:

[…] *ohne Schutzmaßregeln vermag die Gesellschaft den Kapitalismus nicht zu ertragen* […] *Die Kraft, die in der kapitalistischen Organisation steckt und die erzeugt wird durch den schrankenlosen Erwerbstrieb, ist eine so ungeheure, dass sie, wo sie sich frei betätigt, rings um sich herum Land und Menschen, Natur und Gesittung, alles einfach kurz und klein schlägt. Man muss deshalb diesem wilden Tiere Zügel anlegen, damit es seine Kraft zwar*

betätigen, jedoch seiner Umgebung nicht durch allerhand Unarten schädlich
zu werden vermag.

Dabei geht es Sombart um den Schutz der Landschaft, so auch der Wälder gegen eine rein geschäftliche Ausnutzung. Ferner geht es um den *Menschenschutz*, speziell der Konsumenten, nämlich *wie in Zukunft die Interessen des konsumierenden Publikums gegenüber den Monopolbestrebungen der Industrie* [...] *zu wahren seien.*

Am frühesten hat man die Gefahren erkannt, die das schrankenlose Wirken des Kapitalismus für die in seinem Dienste befindlichen Arbeiter mit sich bringt [...] *Was hier in Frage kommt, ist natürlich das, was man unter der sozialen Gesetzgebung, genauer unter dem Arbeiterschutz, zu verstehen pflegt.*

Der Wirtschaftsforscher Sombart lässt es also nicht bei einer bloßen Theorie bewenden, sondern greift die Probleme seiner Zeit nachdrücklich auf und warnt vor Fehlentwicklungen.

10.2 Aktuelle Ansätze: Heterodoxe Ökonomie

Die akademische Lehre, so wie sie jetzt in den Lehrbüchern erscheint, wird von vielen Seiten als zu stark formalisiert und wirklichkeitsfremd kritisiert. Auch innerhalb der etablierten Forschung ist ein Problembewusstsein vorhanden. Woll schreibt (Seite 18f):

In einem Lehrbuch kann nur vom gegenwärtigen Bestand an Modellen und Theorien ausgegangen werden. Das schmale Fundament überprüfter und bestätigter Theorien ist leicht zu übersehen. Für die Zukunft der Volkswirtschaftslehre dürfte entscheidend sein, ob und inwieweit die Phase der Modellkonstruktion durch eine der Theoriebildung und -prüfung abgelöst wird. Diese dringend erforderliche Entwicklung des Faches kann allein die weitere Forschung bringen.

Woll betont die *Notwendigkeit einer methodologischen Neubesinnung*.

In dieser Richtung gibt es eine Fülle neuer Ansätze, die meist zusammenfassend als *heterodoxe Ökonomie* bezeichnet werden. Sie grenzen sich hiermit von der Orthodoxie ab, nämlich von der vorherrschenden überlieferten Lehrmeinung, die die öffentliche Wahrnehmung des Faches bestimmt und als reformfeindlich wahrgenommen wird. Diese Ansätze stehen also zumeist im Gegensatz zur neoklassischen Theorie sowie, in der Makroökonomie, zum Keynesianismus. Es geht um die Förderung des Pluralismus, die Vielfalt methodischer Ansätze, so meint die *International Confederation of Associations for Pluralism in Economics* (ICEAPE). Vor allem geht es dabei um folgende Vorhaben:

(1) Die atomistische individuelle Konzeption wird abgelehnt zugunsten eines sozialwirtschaftlich übergreifenden Ansatzes mit wechselseitigen Abhängigkeiten zwischen Individuen und sozialen Strukturen,
(2) die Zeit, der unumkehrbare historische Prozess, wird hervorgehoben,
(3) Einflüsse aus anderen Wissenschaftsbereichen werden aufgegriffen,
(4) die politische Bedeutung der Wirtschaftsprozesse wird untersucht,
(5) reale ökonomische und soziale Fragestellungen werden analysiert.

Der allumfassende Lösungsansatz der neoklassischen Theorie mit dem rationalen und gewinn- oder nutzenmaximierenden Subjekt wird abgelehnt, ebenso die Theorie der rationalen Entscheidung; stattdessen gibt es eine Vielzahl von gleichgestellten Theoriebereichen und Forschungsrichtungen. Ebenso kritisch wird die Theorie des Marktgleichgewichts beurteilt, nämlich als realitätsfremd. Ferner werden die weiteren üblichen Annahmen der Neoklassik abgelehnt, etwa die vollkommene Konkurrenz oder die völlige Transparenz der Marktteilnehmer. Insbesondere gilt diese Kritik der neoklassischen Theorie des Arbeitsmarkts, der mit den Produktmärkten nicht vergleichbar ist. Die neoklassische Theorie kann die strukturelle Arbeitslosigkeit nicht erklären.

Forschungsbereiche der heterodoxen Ökonomie sind:
• Bioökonomie (nachwachsende Rohstoffe, Nahrungsmittel, Kreislaufwirtschaft etc.)
• Evolutionsökonomik (Entwicklung der Wirtschaft durch Innovationen, entsprechend der biologischen Evolution)
• Experimentelle Ökonomik
• Feministische Ökonomie
• Institutionenökonomik
• Komplexitätsökonomik (Entwicklung von komplexen Gesamtsystemen)
• Marxistische Wirtschaftstheorie
• Mutualismus (Selbsthilfe im Genossenschaftswesen)

- Neuroökonomie (Beobachten der Vorgänge im Gehirn bei Entscheidungssituationen)
- Neoricardianische Schule
- Neo-Schumpetersche Ökonomie
- Ökologische Ökonomie
- Ökonophysik (Übernahme von Methoden aus der Physik, beispielsweise beim Phänomen der Emergenz, also dem Herauswachsen neuer Strukturen aus komplexen Systemen)
- Österreichische Schule
- Parecon (Mitbestimmung, Basisdemokratie in der Wirtschaft)
- Politische Ökonomie
- Post-autistische Ökonomie (Der herkömmliche methodische Individualismus gilt als Autismus)
- Postkeynianismus
- Sozialistische Ökonomie
- Technokratische Bewegung
- Verhaltensökonomik

Es ist ganz ausgeschlossen, diese Ansätze sämtlich hier im Einzelnen vorzustellen. Deshalb greifen wir hier nur die bekanntesten heraus: Die plurale Ökonomik, die narrative Ökonomie, die Verhaltensökonomik, die Institutionenökonomik und das Marketing Management.

10.2.1 Die Plurale Ökonomik

In England, Frankreich, Deutschland und anderen Ländern gibt es unter Lehrenden und Studierenden der Wirtschaftswissenschaften, die sich der theoretischen Monokultur der neoklassischen Theorie in Lehre, Forschung und Theorie widersetzen, die Bewegung der *Pluralen Ökonomik*. Worum es hier geht, erläuterten Lisa Kolde und Hannes Bohne vom *Netzwerk Plurale Ökonomik* am 22. Dezember 2016 in der Wochenzeitung *der Freitag* im Artikel *Die Ökonomik hat ein Problem*. Die beiden Autoren beanstanden:

> *Hinter dem Modelldenken verbirgt sich seit 150 Jahren der Anspruch, als einzige Methode reale Wirkungszusammenhänge in der Wirtschaft abzubilden. Doch diesem Anspruch fehlt die empirische Grundlage. Die Wirtschaftstheorien basieren nicht auf Fakten, sondern auf Vermutungen darüber, wie Mensch und Wirtschaft funktionieren. Hier liegt ein Grund*

© Frank & Timme   Verlag für wissenschaftliche Literatur

für technokratische Wirtschaftsempfehlungen, die an menschlichen Sorgen und Nöten vorbeigehen.

Die ersten Modelle der Neoklassik hätten nicht aus Überlegungen zu wirtschaftlichen Vorgängen gestammt, sondern aus der neuzeitlichen Physik. Vor 1870 gehörte hingegen die Wirtschaftswissenschaft zur Moralphilosophie und war stets in konkrete politische und gesellschaftliche Prozesse eingebunden. Auch heute braucht die Wirtschaftstheorie ein Korrektiv aus Philosophie, Ethik und Soziologie.

In Frankreich ist die kritische Bewegung, die sich gegen die heute dominierende Lehre wendet, als *Post-autistische Ökonomie* bekannt, womit schon der hauptsächliche Kritikpunkt angedeutet wird: Die herrschende Lehre geht vom methodischen Individualismus aus, und dieser Einzelne, von dem umgebenden Gesellschaft isoliert, hat angeblich eine streng logisch geordnete und mit mathematischen Mitteln darstellbare Bedürfnisstruktur, wie es jedoch tatsächlich nur für einen Autisten kennzeichnend ist, wobei der Autismus wohlgemerkt in der medizinischen Fachwelt als schwere Krankheit betrachtet wird. Die Wirtschaftswissenschaft soll sich stattdessen mit dem Einfluss des gesellschaftlichen Kontextes beschäftigen.

In der internationalen Debatte wird die Plurale Ökonomik meist als *Real World Economics* bezeichnet, weil sie sich im Unterschied zur jetzigen Lehre mit der realen Welt, dem tatsächlichen Verhalten des Menschen in der Wirklichkeit, beschäftigen will. Die 2011 in Großbritannien gegründete *World Economic Association* mit Sitz in Bristol als Vereinigung dieser Kritiker hatte 2016 weltweit bereits über 13 000 Mitglieder. Zurzeit (Anfang 2017) ist eine deutsche Sektion im Aufbau (Ansprechpartner ist Robert Köster, Universität Leipzig). Über den kollegialen Erfahrungsaustausch hat diese Sektion die in vielfacher Hinsicht prekäre Situation des wissenschaftlichen Mittelbaues im Blick und insbesondere, den heterodoxen Nachwuchs unterstützen. Hier soll die Möglichkeit zur Vernetzung geschaffen werden, aber es wird auch in Karrierefragen beraten.

Eine wichtige Zeitschrift ist hier die *real-world economics review,* die seit 2000 jährlich mit vier Ausgaben und zahlreichen prominenten Autoren erscheint. Alle bisher 77 Ausgaben mit Ausnahme der aktuellen Ausgabe können im Internet heruntergeladen werden. Grundsätzlich kritisieren Vertreter der Pluralen Ökonomik die nach ihrer Ansicht realitätsferne Theoriebildung und mathematische Modellierung der Volkswirtschaftslehre. Es wird die große Gefahr gesehen, dass die nur auf der Business School und nicht in der Praxis ausgebildeten Manager diese Modelle als Realität betrachten und gleichsam die Landkarte mit der Landschaft verwechseln. Des Weiteren wird darauf hingewiesen, dass die Ökonomik eine Sozial- und keine Naturwissenschaft ist. Daher wird ein Pluralismus von Theorien und Methoden gefordert. Die Ökonomik benötige eine Vielzahl von Ansätzen und Methoden, zum Beispiel auch die in der Sozialforschung übliche teilnehmende Beobachtung. Die mathematische Modellierung beherrsche nach wie vor die Wissenschaft, ohne dass ihre Ergebnisse auf Wahrheit überprüft werden. Die Analyse von Wirtschaftssystemen und ordnungen sei unzureichend verankert. Die Beschränkung auf kleine Modelle mache den Volkswirt zum unpolitischen und ahistorischen Experten.

Die Studentenorganisation *International Student Initiative for Pluralism in Economics* fordert eine vermehrte Einstellung von Lehrenden und Forschenden, die theoretische und methodische Vielfalt in die wirtschaftswissenschaftlichen Studiengänge tragen, und eine intensive Kooperation mit sozial- und geisteswissenschaftlichen Fakultäten. Die Organisation wurde am 5. Mai 2014 gegründet und veröffentliche als offenen Brief ein Manifest, worin es heißt:

> *Die Weltwirtschaft befindet sich in einer Krise. In der Krise steckt aber auch die Art, wie Ökonomie an den Hochschulen gelehrt wird, und die Auswirkungen gehen weit über den universitären Bereich hinaus. Die Lehrinhalte formen das Denken der nächsten Generation von Entscheidungsträgern und damit die Gesellschaft, in der wir leben. Wir, 40 Vereinigungen von Studierenden der Ökonomie aus 19 verschiedenen Ländern, sind der Überzeugung, dass es an der Zeit ist, die ökonomische Lehre zu verändern. Wir beobachten eine besorgniserregende Einseitigkeit der Lehre, die sich in den vergangenen Jahrzehnten dramatisch verschärft hat.*

Die Studenten wollen die Ökonomie wieder in den Dienst der Gesellschaft stellen und fordern theoretischen und methodischen Pluralismus, außerdem Interdisziplinarität. Als Mitgliedsorganisationen aus Deutschland werden genannt:

- Netzwerk Plurale Ökonomik, Heidelberg
- Oikos Köln
- Real World Economics, Mainz
- Kritische WissenschaftlerInnen Berlin
- Arbeitskreis Plurale Ökonomik, München
- Oikos Leipzig
- Was ist Ökonomie, Berlin
- Impuls für eine neue Wirtschaft, Erfurt
- Ecoation, Augsburg

- Kritische Ökonomen, Frankfurt
- Arbeitskreis Plurale Ökonomik, Hamburg
- Real World Economics, Heidelberg
- Student HUB Weltethos Institut Tübingen
- LIE – Lost in Economics e. V., Regensburg

Als Unterstützer werden darüber hinaus genannt:
- Bundesfachschaftskonferenz WiSo, Berlin
- Institut für sozial-ökologische Wirtschaftsforschung, München

Die Plurale Ökonomik ist also in Deutschland in zahlreichen Initiativen vertreten. 2012 organisierte der heute im *Netzwerk Plurale Ökonomik* aufgegangene *Arbeitskreis Real World Economics* um Helge Peukert und Christoph Freydorf eine Gegenveranstaltung zur Tagung des *Vereins für Socialpolitik* in Göttingen. Hier wurden *Theorienvielfalt statt geistiger Monokultur, Methodenvielfalt statt angewandter Mathematik* und *Selbstreflexion statt unhinterfragter normativer Annahmen* eingefordert. Der etablierten Forschung wurde ein *Scheitern an der Wirklichkeit* vorgeworfen.

Am 9. März 2016 erschien in der *FAZ* ein Artikel mit dem Titel *Die Nachfrage schafft sich ein Angebot – Die Wirtschaftswissenschaften werden wegen ihrer einseitigen Lehre arg kritisiert. Berliner Studenten nehmen die Reform selbst in die Hand.* Friedemann Bieber und Elisa Heidenreich berichten hier, dass Studenten der Freien Universität selbst die Initiative ergriffen haben. Ihr Arbeitskreis *Kritische WirtschaftswissenschaftlerInnen* bietet ein eigenes Modul *Denkschulen und aktuelle Kontroversen in der Ökonomik* an. Jede Woche wird ein Dozent eingeladen, der zu seinem Spezialgebiet eine Vorlesung hält, anschließend werden die Themen in einer Übung vertieft.

Umfragen unter den Doktoranden und Postdoktoranden des Vereins für Socialpolitik ergaben, dass gut die Hälfte der Aussage tendenziell zustimmte, die aktuelle volkswirtschaftliche Forschung sei zu stark auf mathematische Modellierung ausgerichtet. Knapp die Hälfte gab an, die Forschung orientiere sich nicht ausreichend an realen Problemen, und über 60 Prozent stimmten der Aussage zu, historische Erfahrungen würden nicht in ausreichender Form genutzt.

Zwischen dem Verein für Socialpolitik und den Kritikern kam keine echte Debatte zustande, und letztere wurden nicht etwa in den Verein aufgenommen oder zu dessen Veranstaltungen zugelassen, was den Vorwurf der Ausgrenzung nach sich zog.

Einige wichtige Vertreter der verschiedenen volkswirtschaftlichen Strömungen, darunter Olivier Blanchard und Hans-Werner Sinn, weisen allerdings die Kritik als unsinnig zurück. Sie beziehen sich dabei auf die Erfolge der neoklassischen Theorie und ihren positiven Einfluss auf den in den letzten Jahrzehnten errichteten Wohlstand. Demgegenüber ist jedoch zu bedenken, dass die Tatsache, dass die Geltung einer Theorie viel Gutes bewirkt hat, nichts über deren Wahrheit und wissenschaftlichen Rang aussagt. Eine Theorie, die allgemein akzeptiert wird und das Volk zu einem erwünschten Verhalten veranlasst, taugt gut als Ideologie, auch wenn sie von unzutreffenden Voraussetzungen ausgeht und irgendwann abgelöst wird. Die vom 6. bis zum 16. Jahrhundert allein herrschende Scholastik hat sicherlich viel zur kulturellen Entwicklung des Abendlandes beigetragen, gilt gleichwohl aber heute als erledigt.

Als anfängliche Triebkraft der Pluralen Ökonomik gilt der französische Autor Bernard Guerrien, der 2002 in der *Post-Autistic Economics Review*, Issue No. 12, den Artikel *Is There Anything Worth Keeping in Standard Microeconomics?* veröffentlichte. Die französische Studentenbewegung gegen den Autismus in der Wirtschaftswissenschaft hatte eine Revolte gegen den überproportionalen Einfluss der Mikroökonomie im akademischen Betrieb gestartet. Niemand hatte ihnen die Brauchbarkeit dieser Lehre bewiesen. Guerrien forderte, dass sie nur als eine unter vielen anderen vertreten werden solle. Die Mathematik solle auf ein Minimum reduziert werden oder ganz wegfallen. Die Studenten müssten entscheiden, ob die ökonomischen Annahmen, die hinter dem mathematischen Ansatz stehen, relevant seien. Dabei müssten diese Annahmen in klarer Sprache und nicht in abstrusen Formeln ausgedrückt werden. Aus Obersätzen, die offensichtlich allem widersprechen, was wir täglich rund um uns herum erleben, können keine relevanten Schlüsse gezogen werden. Dieser Mangel ist auch nicht durch einen weiter verstärkten Einsatz mathematischer Hilfsmittel zu reparieren, weil auf diesem Wege keine Annäherung an die Realität möglich ist. Guerrien beschäftigte sich daher mit der Frage, ob die Mikroökonomie unrealistisch oder irrelevant oder beides sei.

Diese Revolte gerade in Frankreich war naheliegend durch den überragenden Einfluss des Soziologen und Sozialphilosophen Pierre Bourdieu (1930 bis 2002), der ganz auf die empirische Sozialforschung setzte und seine Theorien aus den Milieustudien gewann. Bourdieu hatte sich im Studium mit der Sprachtheorie von Ferdinand de Saussure (1857 bis 1913) beschäftigt: Sprache ist immer eine intersubjektiv geltende gesellschaftliche Institution, ein sozial erzeugtes und in den Köpfen der Sprecher aufgehobenes konventionelles System sprachlicher Gewohnheiten. Das Sprechen ist in seiner sozialen Dimension der Ort der dialogischen Hervorbringung neuen sprachlichen Sinns. In dieser Tradition lag es für Bourdieu und die Studenten nahe, von vornherein vom Menschen als einem sozialen Wesen auszugehen und nicht von einem methodischen Individualismus.

Deutlich wird auch der Einfluss von Georges Canguilhem (1904 bis 1995), der eine Philosophie forderte, die beanspruchte, das Wissen und die Wissenschaft aus der Perspektive des Lebens und des Lebendigen darzustellen. Das Wissen in seiner sozialen, religiösen, politischen und sozialen Bedeutung ist ein Phänomen der Kultur und nicht bloß ein logisch kohärentes Gefüge von Sätzen. Die innere Logik historischer Wissensordnungen hängt eng mit der Aktualität des jeweiligen Wissens in seiner jeweiligen Gegenwart zusammen. Die Wissenschaft ist also als Teil der Kultur an Zeit und Ort gebunden ebenso wie die gesamte sonstige Kultur. Dies spricht gegen das Streben der jetzigen akademischen Wirtschaftstheorie nach verallgemeinerungsfähigen Erkenntnissen, die jederzeit und überall gelten sollen. Entweder sind dies Sätze, die tatsächlich nur hier und heute gelten, aber irrtümlich für allgemeingültig gehalten und verabsolutiert werden, oder es handelt sich um bloß formale Sätze, bloße mehr oder minder tautologische Definitionen.

In seiner Erkenntnistheorie setzte Canguilhem ähnlich wie später Popper nicht auf zeitlose Wahrheiten, sondern auf eine lebendige Kritik, auf das Erkennen von Irrtümern, was die Wissenschaft vorantreibt. Die Wissenschaftsgeschichte spürt den zeitbedingten Irrtümern nach und erforscht die einzigartige lebendige Vielfalt der Normen und des Wissens.

Pierre Bourdieu begann von 1958 bis 1960 mit Feldforschungen in der Kultur der Berber in Algerien. 1963 veröffentlichte er Abhandlungen über die Entstehung der Lohnarbeit und des Proletariats in Algier, 1964 über die Krise der traditionellen Landwirtschaft, die Zerstörung der Gesellschaft und die Umsiedlungsaktionen der französischen Armee. Ähnlich wie Albert Camus untersuchte Bourdieu die jeweiligen Zustände, wie sie tatsächlich waren, also kritisch, und nicht, wie sie offiziell dargestellt wurden. So entstand 1964 das Werk *Die Illusion der Chancengleichheit. Untersuchungen zur Soziologie des Bildungswesens am Beispiel Frankreichs,* das in der Fachöffentlichkeit große Aufmerksamkeit fand. Bourdieus soziologische Forschungen sind meist im Alltagsleben verwurzelt, vorwiegend empirisch orientiert. Er versuchte subjektive Faktoren, Erfahrungen und Orientierungen, mit objektiven Gegebenheiten zu verbinden. Aus seiner Kritik an der theoretischen Vernunft und den Erkenntnismöglichkeiten eines rein theoretisch arbeitenden Wissenschaftlers entwickelte er eine *Theorie der Praxis.* Als politischer Intellektueller wandte Bourdieu sich gegen die herrschende Elite. Die neuen sozialen Bewegungen hätten die Aufgabe einer *ökonomischen*

Alphabetisierung. Durch die zunehmende neoliberale Globalisierung sind nach Bourdieu atypische Arbeitsverhältnisse zur Regel geworden, nicht nur bei marginalisierten Gesellschaftsgruppen, sondern zunehmend auch bei Gruppen mit gesichertem Einkommen.

Besonders einflussreich auch für die deutsche Forschung war Bourdieus Hauptwerk *Die feinen Unterschiede. Kritik der gesellschaftlichen Urteilskraft* von 1979 (deutsch bei Suhrkamp). Er prägte die Bezeichnung *Distinktionsgewinn* für die erfolgreiche Durchsetzung eines neuen Geschmacks und Lebensstils als Mittel im Kampf um gesellschaftliche Positionen. Diese Kulturkämpfe zwischen den gesellschaftlichen Klasen finden in einem Raum der Lebensstile statt. Dabei reproduzieren sich die hegemonialen Klassen, indem sie sich in der Regel an die jeweils neuen Bedingungen anpassen. Durch eine symbolische Gewalt grenzen sich die Klassen gegeneinander ab. Geschmack und Lebensstil beziehen sich zum großen Teil auf den Konsum: Die Klasse bevorzugt bestimmte Nahrungsmittel, Kleidung, Häuser und Einrichtungen, Fahrzeuge etc. Der Konsum dient also weniger der Befriedigungen bestimmter Bedürfnisse, wie in der Wirtschaftstheorie gelehrt, sondern die ausgewählten Artikel symbolisieren und dokumentieren die Zugehörigkeit zu einer bestimmten Klasse.

Anhand der von Bourdieu entwickelten Methoden und Begriffe haben Michael Vester und andere Forscher der Universität Hannover 1992 zunächst für die westlichen und dann für die östlichen Bundesländer qualitative und quantitative Untersuchungen angestellt, die die Klassen weiter in Milieus aufgliederten und diese charakterisierten. Das Buch *Soziale Milieus im gesellschaftlichen Strukturwandel. Zwischen Integration und Ausgrenzung* erschien 2001 bei Suhrkamp.

Franz Schultheis und Kristina Schulz gaben 2005 im Universitätsverlag Konstanz das Werk *Gesellschaft mit begrenzter Haftung. Zumutungen und Leiden im deutschen Alltag* heraus, worin ebenfalls der Forschungsansatz von Bourdieu verwandt wird. Ergebnis war, dass die meisten Probleme in den ostdeutschen Bundesländern bestehen. Aber auch im Westen tritt die relative Sicherheit der Sozialen Marktwirtschaft immer mehr zugunsten einer ungleichen Verteilung von Arbeit und Gütern in den Hintergrund. Ergebnis sind prekäre Arbeitsverhältnisse und eine verstärkte Verwundbarkeit der Menschen, die durch weniger Einkommen und schlechtere Arbeitsverhältnisse sowie psychischen und physischen Stress nach und nach ihre Beheimatung verlieren.

In empirischen Untersuchungen dieser Art werden also die tatsächlichen Lebensumstände der Menschen erforscht, wobei ihre wirtschaftliche Situation gewöhnlich von ihrer Stellung in der Gesellschaft abhängt und umgekehrt. Bourdieu hat Methoden vorgegeben, die für die gesamte empirische Forschung beispielhaft sind. Dabei ist die fachübergreifende Zusammenarbeit selbstverständlich: Ausgehend von der Soziologie und Sozialforschung geht es um wirtschaftswissenschaftliche, individual- und sozialpsychische, rechtliche und institutionelle Probleme, um ein umfassendes realistisches Bild zu gewinnen, das zum Ausgangspunkt einer politischen Debatte werden kann.

Bekannte Kritikerin des eingefahrenen wissenschaftlichen Betriebs ist in Deutschland Silja Graupe (geboren 1975). Ihre Dissertation trug den Titel *Der Ort ökonomischen Denkens. Die Methodologie wirtschaftswissenschaftlichen Denkens im Licht japanischer Philosophie.* Im Beiheft 2 der Zeitschrift *Coincidentia* veröffentlichte sie den Beitrag *Ökonomische Bildung: Die Geistige Monokultur der Wirtschaftswissenschaft und ihre Alternativen.* Ein dogmatisches Mainstreamdenken habe bewusst oder unbewusst unsere Lebenswelt gestaltet und basiere auf fragwürdigen Annahmen wie dem Homo oeconomicus oder dem Humankapital. Silja Graupe vertritt den Bereich Wirtschaft an der 2014 gegründeten Cusanus Hochschule in Bernkastel-Kues, einer offiziell anerkannten privaten Hochschule, die sich dem Erbe von Nicolaus von Kues (1401 bis 1464) verpflichtet fühlt. Im Leitbild heißt es:

Wir wollen gemeinsam mit den Studierenden relevante Lehrinhalte aus wirtschaftlichem, sozialem, kulturellem oder ökologischem Engagement entstehen lassen, in ihre historischen, gesellschaftlichen und biografischen Kontexte stellen und zum reflektierten, verantwortlichen Handeln befähigen.

Helge Peukert, geboren 1956, außerplanmäßiger Professor an der Universität Erfurt, hat sich mit heterodoxer Theoriebildung sowie post-autistischer Ökonomie beschäftigt und 2006 das Buch *Die Scheuklappen der Wirtschaftswissenschaft. Postautistische Ökonomik für eine pluralistische Wirtschaftslehre* (Metropolis-Verlag, Marburg) veröffentlicht. Ebenfalls in diesem Verlag legte er zum Thema *Die große Finanzmarkt- und Schuldenkrise* eine, so lautet der Untertitel, *kritisch-heterodoxe Untersuchung* vor: *Die Finanzkrise widerlegt radikal die von der Mehrheit der Mainstreamökonomie geteilte Weltsicht, dass das Eigeninteresse der Akteure zu effizienten Finanzmärkten führt.* In sehr weitreichenden Reformvorschlägen vertritt Peukert die Interessen der Bürger und Steuerzahler. Im Blog *Postwachstum* forderte er 2011 *Vollgeld als einen Reformschritt in der Postwachstumsgesellschaft.*

Der Verlag Metropolis in Marburg hat sich auf die Plurale Ökonomik spezialisiert. Er stellt sich vor:

Motivation zur Verlagsgründung 1986 war, dass die zahlreichen theoreti-
schen Gegenentwürfe zur neoklassischen Ökonomik, die sich in den zwei
Jahrzehnten zuvor vor allem in den USA, Großbritannien und Italien her-
ausgebildet hatten, in Deutschland zu wenig beachtet wurden.

Der Verlag hat sich dann sehr schnell auch weiterer heterodoxer Schulen angenommen. Erschienen sind hier ökologisch-ökonomische, sozioökonomische
und institutionalistische Arbeiten, ferner Arbeiten *zur reichen deutschsprachi-*
gen Theorieproduktion, die meist unterschätzt, jedenfalls zu wenig zur Kenntnis
genommen wird.

Die Bestrebungen, ökonomische Probleme aus unterschiedlichen Blickwin-
keln zu betrachten, um kreative und vor allem an der Realität ausgerichtete Ideen
und Lösungsansätze zu entwickeln, stoßen allerdings im etablierten Betrieb auf
zähen Widerstand. In seinem Artikel *Was die Kritiker der pluralen Ökonomik*
nicht verstehen – Ökonomen sollten anfangen, die verengte Sicht ihres Faches zu
öffnen in der *FAZ* vom 22. August 2016 berichtet Nils Goldschmidt (Universität
Siegen), wie schwer es nicht wenigen Ökonomen fällt, sich darauf einzulassen
und ihre gewohnten Denkbahnen zu verlassen.

Man kann sich nicht des Eindrucks erwehren, dass manche, die die plurale
Ökonomik kritisch beäugen, die reine Lehre in Gefahr sehen und sich selbst
in die (argumentative) Enge getrieben fühlen. Die Forderung, Ökonomie
breiter zu denken, wird dann gerne als Esoterik, als unnützer Luxus oder
[…] als letztlich unökonomisch gebrandmarkt, weil seine „den Geisteswis-
senschaften entlehnten Methodik" folgt.

Dabei werden, so Goldschmidt, von den Gegnern immer wieder vier Stereotype
ins Feld geführt:

(1) Plurale Ökonomen sind tendenziell linksideologische Spinner, die
    von Lehrstühlen für Marxismus und Leninismus träumen.
(2) Plurale Ökonomen können keine Mathematik und flüchten sich des-
    halb auf das Feld der Verbalakrobatik.
(3) Plurale Ökonomen unterwandern die Lehre und halten Studierende
    davon ab, das eigentliche Handwerkszeug der Ökonomen, also Mik-
    roökonomie, Makroökonomie und Ökonometrie, zu lernen.
(4) Die Ökonomik hat sich bereits modernisiert, nämlich durch die Ver-
    haltensökonomik.

Goldschmidt bemängelt die fragwürdigen und unverbundenen erkenntnistheoretischen Basissätze in der Wirtschaftswissenschaft: Der unaufgeklärte Glaube an Gleichgewichte oder Ungleichgewichte, die mechanisch-rechenhaften Verfahren und die Hoffnung, immer und überall naturwissenschaftlich-universalistische Strukturen aufdecken zu können. Wenn menschliches Verhalten von den Annahmen des Rational-Choice-Modells abweiche, werde dies als *Anomalie* bezeichnet, anstatt das Modell kritisch zu überdenken. Bei der Modernisierung der Ökonomik geht es nicht um den Einbau von richtigen Einsichten in falsche Modelle, *sondern um die Diskussion nach den richtigen Herangehensweisen, wie wirtschaftliche Interaktionen im jeweiligen Kontext historischer und kultureller Prozesse erklärt werden können.*

Ein Weiteres kommt hinzu: *Mathematische Eleganz wird nicht selten dazu missbraucht, politisch motivierte Aussagen zu legitimieren.* Und: Die Forschung entziehe sich einer Debatte um Fragen der Gerechtigkeit.

Goldschmidt spricht sich dafür aus, den Studenten den Reichtum ihres Faches nicht vorzuenthalten: *Ein prall gefüllter Werkzeugkasten ist kein Luxusproblem, sondern Voraussetzung dafür, anstehende Probleme kreativ und adäquat zu lösen.*

In der *Süddeutschen Zeitung* vom 10. November 2016 erschein der Artikel *Wenig Neues in der VWL-Vorlesung.* Hier wird berichtet: An den meisten Universitäten und ganz besonders im Bachelor dominiert weiterhin die so genannte Neoklassik: die Lehre vom rationalen Menschen und dem vollkommenen Markt. Die Lehrenden argumentieren, man müsse den vorgegebenen Stoff durchkriegen. Zudem trauten sich manche wohl nicht, von den vorgegebenen Modulhandbüchern abzuweichen. Dies betrifft vor allem die Lehrbeauftragten ohne feste Anstellung. Für ungewöhnliche Forschung, etwa mit Methoden aus der Soziologie, werden die Ökonomen nicht belohnt und erreichen keine Veröffentlichungen in Fachzeitschriften. Diese entscheiden jedoch über die eigene Karriere und über den Ruf der Universität.

10.2.2 Die Narrative Ökonomie

Für Jahrhunderte waren Religion und Kirche die sinngebenden Instanzen des menschlichen Lebens. Seit der Aufklärung ist ihr Einfluss merklich verblasst. Aber was ist an ihre Stelle getreten? Wonach richtet man sich heute? An welchen höheren Werten orientiert sich unter anderem auch das wirtschaftliche Verhalten und wie lässt es sich demgemäß verstehen und erklären?

Ein Narrativ ist eine sinnstiftende Erzählung. Sie hat Einfluss auf die Art, wie die Umwelt wahrgenommen wird. Sie transportiert Werte und Emotionen und ist in der Regel auf einen bestimmten Kulturkreis und eine bestimmte Zeit bezogen.

Die einzelnen Kulturkreise definieren sich über ihre Narrative und grenzen sich hiermit ab. Früher wurde das Narrativ auch als *Mythos* bezeichnet: Eine traditionell überlieferte, nicht nachprüfbare Erzählung, die verdeutlicht, was in der jeweiligen Gesellschaft als vorbildlich, als Wert und Richtschnur betrachtet wird.

Ein Narrativ ist beispielsweise in den Vereinigten Staaten, dass jedermann es durch harte Arbeit vom Tellerwäscher zum Millionär bringen könne. Hier geht es weniger um den Wahrheitsgehalt einer Behauptung, sondern um ein gemeinsam geteiltes Bild mit großer Strahlkraft. Ein weiteres Narrativ in den USA lautet seit der Unabhängigkeitserklärung von 1776: *No taxation without representation* (Keine Besteuerung ohne parlamentarische Mitwirkung) oder in Frankreich seit der Revolution von 1789: *Liberté, Égalité, Fraternité* (Freiheit, Gleichheit, Brüderlichkeit). Im Kommunistischen Manifest (1848) hieß es: *Proletarier aller Länder, vereinigt euch!* Dies stand bis zuletzt als Kopfzeile auf dem Titelblatt des SED-Zentralorgans *Neues Deutschland*. Hier wird die zeitliche Bedingtheit der Narrative deutlich: Ihre Gültigkeit hat einen Beginn und ein Ende, aber während dieser Laufzeit erscheinen sie dem Volk als überzeitlich oder werden zumindest von offizieller Seite so präsentiert.

Diese zeitliche Bedingtheit wird noch deutlicher in geschichtlicher Betrachtung: Während des Absolutismus war es für jedermann selbstverständlich, dass Volk, Staat und Wirtschaft ausschließlich dem Ruhm und der Ehre des Monarchen zu dienen hatten: seinem möglichst prunkvollen Hofleben und seinen kriegerischen Eroberungen. In der Adelsgesellschaft des 19. Jahrhunderts galt die Regel, dass Reichtum nur erstrebenswert und ehrenvoll war, wenn ererbt oder erheiratet, nicht jedoch durch eigene Arbeit erworben. In der nachfolgenden bürgerlichen Gesellschaft ist es genau umgekehrt: Eigene Anstrengung gilt mehr, als bloß zu erben oder eine reiche Frau zu heiraten. Aktuelle Narrative in Deutschland sind: *Soziale Marktwirtschaft, Demokratischer Rechtsstaat, freiheitlich-demokratische Grundordnung.* Ein Narrativ der Europäischen Union ist: Hier handelt es sich um einen *Raum der Freiheit, der Sicherheit und des Rechts.*

Typische Narrative sind die Motti oder Wahlsprüche der Staaten, die häufig rund um das Staatswappen oder -siegel eingraviert sind. Die USA haben das Motto *e pluribis unum* (aus vielen eines), das heißt, dass die kulturellen Besonderheiten der vielen Einwanderungsgruppen zu einer standardisierten Normalform eingeschmolzen werden und dass vom Einzelnen Anpassung und nicht etwa Originalität erwartet werden. Die EU hat stattdessen den Wahlspruch *In Vielfalt geeint,* was bedeutet, dass trotz der gemeinsamen Identität die Besonderheiten der einzelnen Staaten und Regionen beibehalten und gepflegt werden.

© Frank & Timme   Verlag für wissenschaftliche Literatur

Weil die Wirtschaft in jeder Gesellschaft nur eine dienende Funktion hat, lassen sich das Wirtschaftsleben und insbesondere die Wirtschaftspolitik häufig erst verstehen, wenn untersucht wird, welche übergeordneten Ziele und Leitvorstellungen den sämtlichen Anstrengungen zugrunde liegen. Ein Problem dabei ist, dass das Narrativ, wenn es von jedermann für selbstverständlich gehalten wird, häufig gar nicht ausdrücklich genannt wird. Wenn beispielsweise in der deutschen Tagespolitik eine zunehmende Spaltung in arm und reich beklagt wird, steht dahinter die Vorstellung, dass jeder Mensch eine gleiche Menschenwürde hat und dass daher alle Unterschiede des Wohlstands begründungspflichtig sind, also unter einem Rechtfertigungsdruck stehen. Diese Begründung wird jedoch in aller Regel nicht genannt, weil für selbstverständlich gehalten. Dies gilt jedoch nicht etwa weltweit. In vielen anderen Ländern, etwa in Lateinamerika und speziell in Brasilien, wird es als mehr oder minder natürlich empfunden, dass eine winzige Oberschicht im verschwenderischen Luxus lebt und eine riesige Unterschicht in bitterster Armut. Jedenfalls werden keine ernsthaften Anstrengungen unternommen, diesen Zustand zu ändern.

Es ist nicht leicht für die Politik, ein neues Narrativ ins Leben zu rufen, das sich dann durchsetzt im Sinne einer Sinnstiftung, die das Verhalten der Menschen leitet. Beispielsweise argumentiert das deutsche Umweltbundesamt, auf die Dauer sei ein Lebensstil mit geringem Ressourcenverbrauch eine Notwendigkeit, um den Belastungsgrenzen des Planeten gerecht zu werden. Daher werden als neue Narrative eine *Kultur der Nachhaltigkeit* und ein *Zeitwohlstand* empfohlen, wobei mit letzterem gemeint ist, den Wohlstand nicht an der Menge der Konsumgüter zu messen, sondern an der Menge der frei verfügbaren Zeit und an der *Zeitsouveränität* als der Freiheit, selbst entscheiden zu können, wann die freie Zeit in Anspruch genommen wird, sei es für Fortbildung, für Urlaub, für die Aufzucht der Kleinkinder oder wofür auch immer. Dies erlangt nicht nur aus ökologischen Gründen eine zunehmende Bedeutung, sondern auch für eine Gesellschaft mit niedriger Geburtenrate und drängenden Nachwuchsproblemen wird es immer wichtiger, junge Eltern für einige Monate oder Jahre von den Berufspflichten freizustellen.

Robert J. Shiller, geboren 1946, wurde 2013 gemeinsam mit zwei anderen Forschern mit dem Nobelpreis für Wirtschaftswissenschaften ausgezeichnet. Die *Frankfurter Allgemeine Zeitung* berichtete am 6. Februar 2017 unter der Überschrift *Ökonomen, hört die Narrative!* über einen Vortrag von Shiller über die Narrativ-Ökonomie. Nach seiner Meinung haben die meisten Ökonomen bei der Erklärung von Ursache und Wirkung wichtiger historischer Wirtschaftskrisen übersehen, welch großen Einfluss *Erzählungen* von Zeitungen, Funk und Fernsehen, Filmen und Büchern auf breite Massen der Bevölkerung und damit auf Ablauf und Intensität solcher Krisen haben können. Als Beispiel nennt Shiller den Börsenkrach vom Oktober 1929 und die darauf folgende schwere Depression mit enormer Arbeitslosigkeit, die damals von vielen Menschen als gerechte Strafe für die Exzesse, die Verschwendung, die Ausschweifungen im Konsum und Sexualleben der *Roaring Twenties* (in Deutschland meist als *Goldene Zwanziger Jahre* bezeichnet) interpretiert wurde.

Zu diesem Bericht in der *FAZ* erschien dort am 10. Februar 2017 ein Leserbrief von Erich Dauenhauer, Mönchweiler, in dem Shillers Vortrag als wirtschaftswissenschaftliche Sensation bezeichnet wird. Denn:

Seit Jahrzehnten operiert die Ökonomik nach angelsächsischem Vorbild weltweit vorwiegend als Verarbeitungsmaschine von Big-Ökonomie-Daten. In deren Schatten arbeiten die Narrativ-Ökonomen, die man als bloße Anekdoten-Kollegen belächelte. Nun vollzieht der Träger des Wirtschafts-Nobelpreises Robert Shiller eine Wende von der mathematisierten Datenverarbeitungsmaschine, die den Oikos-Bürger (Unternehmer, Sparer, Verbraucher) weitgehend aus den Augen verloren hat, hin zu ökonomischen Narrativen, die mehr mitzuteilen haben als Daten, Kurven und Modelle. Geradezu revolutionär ist die Forderung, die Ökonomik sollte sich den Kulturwissenschaften öffnen. Shiller landet bei seinem Salto mortale immer noch auf einem homoblinden Datenhaufen, der über Vergangenes berichtet und damit extrapolationsschwach ist.

Das merkwürdige Wort *homoblind* deutet an, dass das bloße Sammeln und Verarbeiten von Daten nicht zum Erklären und Verstehen des menschlichen Verhaltens beiträgt, sondern im Gegenteil diesem Verstehen im Wege steht. Weil das Verhalten nur äußerlich Zahlen registriert und nicht inhaltlich nach sozialen Zusammenhängen und Motivation hinterfragt wird, bringt es wenig ein, Trends zu errechnen und zu extrapolieren. Im Fall von Spekulationsblasen ist dies sogar ausgesprochen gefährlich, weil das Abknicken des Trends nicht vorhersehbar ist.

In einem Leserbrief von Edgar Schubert, Mörfelden-Walldorf, vom 18. Februar 2017 wird ebenfalls angemerkt, die *sogenannte Narrativ-Ökonomie* werde von vielen Ökonomen auch *Anekdoten- oder Laber-Ökonomie* genannt. *So wichtig und zum Teil sogar amüsant solche „Narrative" im Einzelfall auch sein mögen, so können sie doch eine systematische theoretische Durchdringung von wirtschaftlichen Großkrisen mit Hilfe mathematischer Modelle nicht ersetzen.* Daher sei es wichtiger, die praktische Anwendung solcher Modelle durch einen Ausbau der ökonometrischen Forschung zu verbessern.

Demgegenüber ist zu bedenken, dass die Entstehung einer Spekulationsblase und der dann unvermittelt folgende panikartige Zusammenbruch niemals mit mathematischen Mitteln berechnet werden können. Und schon gar nicht hilft die Ökonometrie bei der Frage, ob eine solche Krise als gerechte Strafe, als Versagen der Politik oder wie auch immer interpretiert wird. Es geht um die Meinungen und Verhaltensweisen, die in den Medien als normal und richtig vorgestellt werden, und um deren optimistische oder pessimistische Vorhersagen, insgesamt also um unkalkulierbare Stimmungsumschwünge, die allenfalls sozialpsychologisch erfasst werden können. Hierbei geht es auch um die Frage, wie stabil oder labil die Gesellschaft sich insgesamt darstellt und ob sie daher für hysterische Übertreibungen anfällig ist.

Berechtigt ist die Kritik an der Narrativ-Ökonomie insofern, als es nicht ganz leicht ist, die leitenden Ideen aus den unzähligen sonstigen sinnstiftenden Erzählungen und Mythen herauszusieben, zumal für diese kulturelle Frage die sämtlichen anderen Humanwissenschaften hinzuzuziehen sind. Es geht bei den Narrativen um diejenigen Leitsprüche, die nicht durch höhere Werte begründet werden, sondern sich selbst als höchste Werte darstellen, die ihrerseits alles begründen. Beispielsweise geht das Grundgesetz davon aus, dass die unantastbare Menschenwürde Grundlage der einzelnen Grundrechte ist. Dabei wird die Menschenwürde nicht ihrerseits begründet, sondern als oberster Wert konstituiert. Die fraglose Verbindlichkeit solcher Narrative, die den Sinn und die Identität einer Gesellschaft stiften, geht gewöhnlich auf die Gründungsgeschichte eines Gemeinwesens zurück, in diesem Fall auf die Gründung der Bundesrepublik und die Beratungen des Grundgesetzes nach den verheerenden menschenverachtenden Erfahrungen der nationalsozialistischen Ära.

10.2.3 Die Verhaltensökonomik

Das Wort *Verhaltensökonomik* sollte eigentlich eine Tautologie sein, denn die Ökonomik beschäftigt sich ja ohnehin nur mit dem wirtschaftlichen Verhalten, womit sonst? Weil dies aber jahrzehntelang nicht geschah und in der akademischen Lehre auch heute noch nicht geschieht, wurde ein besonderer Begriff für einen neuen Forschungszweig notwendig, der sich nunmehr tatsächlich dem menschlichen Verhalten zuwendet.

Die Verhaltensökonomik beschäftigt sich also mit dem menschlichen Verhalten in wirtschaftlichen Situationen, und zwar speziell mit solchem Verhalten, das den Modell-Annahmen des Homo oeconomicus widerspricht. Bei den alltäglichen Entscheidungen ist meist keine Zeit für eine genaue Abwägung der Vor- und Nachteile, und gewöhnlich muss unter Unsicherheit entschieden werden, weil die möglichen Folgen der Entscheidung nicht bekannt sind. Außerdem gibt es eine lange Reihe von psychologisch bedingten systematischen Fehlern bei der Wahrnehmung und Bewertung der Umwelt.

Ein bekanntes Beispiel ist der Spieler-Irrtum. Der Spieler beim Roulette geht davon aus, dass alle Zahlen etwa gleich häufig vorkommen. Ist die 18 längere Zeit nicht gekommen, so meint er, es sei jetzt günstig, auf 18 zu setzen, denn irgendwann muss sie ja erscheinen. Ist umgekehrt mehrmals die 6 erschienen, so hält er es für ungünstig, jetzt auf die 6 zu setzen, denn es ist ja unwahrscheinlich, dass sie kurz hintereinander so häufig herauskommt. Diese Betrachtung klingt überzeugend, ist aber unsinnig, weil jedes neue Spiel mit allen vorhergehenden nichts zu tun hat. Bei jedem neuen Start sind alle Wahrscheinlichkeiten genau gleich.

Außer den aus der Sicht eines streng rationalen Verhaltens fehlerhaften Entscheidungen geht es bei der Verhaltensökonomik um das weite Feld der Einstellungen, Motive und Wünsche, die das Verhalten steuern, beispielsweise bei der Kapitalanlage. Eine Beobachtung geht beispielsweise dahin, dass das Vermeiden von Verlusten für viel wichtiger gehalten wird als das Erzielen von Gewinnen. Insgesamt hat sich also die Wirtschaftswissenschaft geöffnet in Richtung der Psychologie.

Von politischer Bedeutung ist die Verhaltensökonomik, wenn die Regierung das Verhalten der Bevölkerung beeinflussen will, weil die Menschen sich so oft entgegen ihrem eigenen wohlverstandenen Interesse und dem Interesse der Allgemeinheit verhalten, beispielsweise zu viel und zu fett essen, außerdem rauchen und sich zu wenig bewegen. Hier kann die Politik kleine Anreize (englisch *nudging*, etwa: Schubser) geben, wenn sie weiß, wie diese wirken. Unter der Überschrift *Die Macht des „Nudging" ist nicht unbegrenzt* berichtete die *FAZ* am 20. Februar 2017, dass das Bundeskanzleramt Fachleute für Psychologie und Verhaltensökonomik suchte. Deren Erkenntnisse sollten genutzt werden, um effektiver zu regieren.

Von den hier untersuchten Lehrbüchern wird nur bei Bartling die Verhaltensökonomie erwähnt, und zwar schreibt er im Vorwort zur 17. Auflage vom März 2014, Erkenntnisse der Verhaltensökonomie seien verstärkt aufgenommen worden. Jedoch wird dieser Forschungszweig nur auf Seite 6 in einem einzigen Absatz skizziert, obwohl Bartling selbst schreibt, dass hiermit seit über vierzig Jahren geforscht werde, *inwieweit sich ergänzende Aussagen über Abweichungen vom individuellen Nutzenstreben treffen lassen.* Es wird also allenfalls eine Ergänzung des etablierten Modells erwartet, nicht etwa eine grundsätzliche Neubesinnung.

© Frank & Timme Verlag für wissenschaftliche Literatur

Außerdem moniert Bartling: *Vor allem fehlt für die untersuchten individuellen „Verhaltensanomalien" bisher eine geschlossene Theorie und die Ergebnisse sind oft widersprüchlich.* Diese Forderungen sind allerdings unerfüllbar. Denn für die zahlreichen Einstellungen und Gefühle, Wünsche und Vorurteile, Wahrnehmungs- und Bewertungsfehler des Menschen kann es nie eine geschlossene Theorie geben, weil es sich nicht um einen Entscheidungsautomaten handelt. Und natürlich sind die Ergebnisse widersprüchlich je nach den untersuchten Personengruppen und der aktuellen Situation. Im wirtschaftlichen Verhalten eine geschlossene und widerspruchslose Theorie zu verlangen wäre ebenso absurd, als wenn jemand eine geschlossene und widerspruchslose Theorie der Partnerwahl oder der Ehescheidung verlangen oder entwickeln sollte.

Im Rahmen der Verhaltensökonomie überprüft die experimentelle Wirtschaftsforschung in der Regel psychologische Grundlagen individuellen Handelns in ökonomisch relevanten Wirtschaftssituationen. Ein Meilenstein war 1979 ein Aufsatz von Daniel Kahnemann und Amos Tversky zur *Neuen Erwartungstheorie* mit einer psychologisch realistischen Alternative zur Erwartungsnutzentheorie. Die Theorie erlaubt zu beschreiben, wie in Situationen des Risikos Entscheidungen gefunden werden. Sie basiert auf empirischen Untersuchungen zum Entscheidungsverhalten in Lotterien. Als Pioniere dieser Disziplin errangen Vernon L. Smith und Daniel Kahnemann hierfür 2002 den Nobelpreis für Wirtschaftswissenschaften und in Deutschland Reinhard Selten (Nobelpreis 1994) und Reinhard Tietz. Trotz dieser Würdigungen bleibt dieser inzwischen längst etablierte Forschungszweig in den jetzigen Lehrbüchern unerwähnt oder allenfalls in bekrittelter Form kurz angesprochen. Das *Handelsblatt* berichtete am 4. Mai 2010 über einen *Bruderkampf der Ökonomen:*

> *Jahrelang bildeten die experimentellen Wirtschaftsforscher eine verschworene Gemeinschaft. Sie waren damit beschäftigt, ihre Methoden gegen Angriffe von neoklassischen Ökonomen abzuwehren. Die Experimentalökonomen […] interessierten sich für das tatsächliche Verhalten der Menschen und erforschten es im Labor oder im wirklichen Leben. Das aber halten viele traditionell arbeitende Ökonomen für nicht so wichtig.*

Ihnen geht es auf der Basis der üblichen Annahmen (rationales Verhalten, Gewinn- oder Nutzenmaximierung) um elegante Beweise. *Auf Wertschätzung hat die Disziplin der experimentellen Ökonomen daher lange gewartet.*

In den Experimenten kann es beispielsweise darum gehen, die Theorie des vollkommenen Marktes, die Theorie öffentlicher Güter oder die Gestaltung von

Auktionen zu überprüfen. Dabei haben die Teilnehmer in Computerlaboren unter kontrollierten äußeren Bedingungen am Computer Entscheidungen zu treffen. Insbesondere geht es um Entscheidungen unter Unsicherheit oder Risiko. Es wird versucht, bestimmte Formen des voreingenommenen Entscheidens zu isolieren und die Anzahl nachvollziehbarer Erklärungen einzugrenzen. Dabei wurde immer wieder entdeckt, dass die Vorgaben ökonomischer Entscheidungsrationalität grundlegend verletzt werden. Die in den Lehrbüchern ständig vorausgesetzte Rationalität wirtschaftlichen Handelns ist offensichtlich in der Wirklichkeit nur in höchst eingeschränktem Umfang gegeben. Die Forscher, Ökonomen und Psychologen, versuchen, die stattdessen befolgten Regeln in eine mathematische Form zu bringen. Im deutschsprachigen Raum sind in der experimentellen Wirtschaftsforschung vor allem die Universitäten Zürich, Mannheim, Magdeburg, Köln, Hamburg, Erfurt, Bonn, Karlsruhe, Jena und Konstanz tätig. Insgesamt geht es also darum, aus den luftigen Höhen der bloßen Modelle, die auf bloßen als plausibel erscheinenden Annahmen beruhen, auf den Boden der Wirklichkeit herabzusteigen, wenn auch in der etwas künstlichen Situation des Computerlabors.

Gegenüber dem in der Theorie unterstellten streng rationalen Verhalten werden im Alltag zahlreiche Fehler gemacht, die teils individuell und zufällig passieren, teils aber auch in typischer Form wiederkehren und sich daher in Gruppen zusammenfassen lassen. Diese fehlerhaften Neigungen beim Wahrnehmen, Erinnern, Denken und Urteilen werden als *kognitive Verzerrung* bezeichnet und bleiben meist unbewusst. Weshalb diese Fehlleistungen kaum vermeidlich sind, wird deutlich bei der Analyse des Erkenntnisvorgangs. Beim Stichwort *Erkenntnis* erläutert das *Metzler Lexikon Philosophie*:

> *Traditionell wird Erkenntnis oft als eine adäquate „Widerspiegelung" der Objektwelt im Subjekt verstanden. […]. Durch […] die Gegenstände erhält das Subjekt bestimmte Daten. Das Erkennen lässt sich häufig als das Erstellen einer richtigen Ordnung […] dieser Daten beschreiben. Diese richtige Ordnung wird durch zwei elementare Erkenntnisfähigkeiten ermöglicht. Erstens besteht die Möglichkeit, sinnliche Daten voneinander zu unterscheiden. Es kann eine sensorische Diskriminierung stattfinden. Diese erlaubt es zum Beispiel, Gestalten zu identifizieren. Im Diskriminierungsvorgang wird ein Datum aus dem Kontinuum von Daten, in dem es in Erscheinung tritt, separiert und in neue Zusammenhänge (zum Beispiel erlernte Schemata von Gestalten) eingeordnet. Zweitens können die auf diese Weise geordneten Daten klassifiziert, das heißt unter allgemeine Begriffe gebracht werden […]. Erkennen ist als ein Zerstören*

*einer natürlichen und als gleichzeitiges Errichten einer zum Beispiel seman-
tischen Ordnung zu charakterisieren.*

Hier wird deutlich, dass es kein neutrales unvoreingenommenes Erkennen geben kann, weil immer die neuen Daten in bekannte mitgebrachte Schemata und Vorstellungen von Gestalten eingeordnet werden. Dies wird zum Beispiel bei der Besichtigung einer fremden Stadt deutlich: Man sieht, was man weiß, was man sucht und erwartet. Ähnlich ist es beim Betreten eines Supermarktes: Es ist ganz ausgeschlossen, hunderte oder tausende Artikel nacheinander zu prüfen, sondern jeder Kunde hat gewisse Vorstellungen zur Auswahl und Bewertung.

Die objektive Welt wird also sortiert und bewertet nach einem höchst subjektiven Schema. Dieses ist höchst anfällig für Irrationales aller Art je nach Persönlichkeit, Vorgeschichte, Milieu und prägenden bisherigen Eindrücken. Zu diesen Fehlern gehören beispielsweise (ohne Anspruch auf Vollständigkeit):

- die Neigung, die Ursache für ein beobachtetes Verhalten anderer Personen in deren Charaktereigenschaften und nicht in der jeweiligen Situation zu suchen,
- die Neigung, Informationen so auszuwählen und zu interpretieren, dass sie die eigenen Erwartungen erfüllen,
- die Tendenz zu glaubwürdigen Schlussfolgerungen,
- die Tendenz, sich für unbeeinflusst zu halten,
- die Tendenz, diejenige Option zu bevorzugen, die in Kraft tritt, wenn ich selbst keine Entscheidung treffe,
- die Neigung, eine berufs- oder fachbedingte Methode oder Sichtweise über ihren Geltungsbereich hinaus auf andere Situationen anzuwenden,
- die Tendenz inkompetenter Menschen, das eigene Können zu über- und die Kompetenz anderer zu unterschätzen,
- die Tendenz, von bekannten Eigenschaften einer Person auf deren unbekannten Eigenschaften zu schließen,
- die Tendenz, eine Information besonders intensiv wahrzunehmen, wenn sie im Kontrast mit einer anderen Information präsentiert wird,
- die Illusion, zufällige Ergebnisse durch eigenes Verhalten kontrollieren zu können,
- die verfälschte Erinnerung an eigene Vorhersagen nach dem Eintreten des Ereignisses: Entscheidungen, die sich als falsch herausgestellt haben, werden schöngeredet,
- die fälschliche Wahrnehmung eines Kausalzusammenhangs zwischen zwei aufeinander folgenden Ereignissen,

- die Bevorzugung des Status quo gegenüber Veränderungen,
- die Gewohnheit, entweder den Männern oder den Frauen bestimmte Eigenschaften zuzuschreiben,
- die Neigung, in ungeordneten und zufälligen Situationen bestimmte Muster zu erkennen,
- die Neigung, eine empfundene Emotion als Beweis für eine Annahme über Tatsachen zu betrachten,
- die Neigung, eine zufällige Häufung von Ereignissen als Zusammenhang (Glückssträhne, Pechsträhne) zu betrachten,
- die Neigung, eine einmal eingenommene Position nicht aufzugeben,
- Menschen wenden unverhältnismäßig viel Zeit für kleine und wenig Zeit für große Entscheidungen auf,
- Menschen lassen sich eher manipulieren, wenn einzelne Alternativen mit Verlustangst präsentiert werden als wenn auf Gewinnchancen verwiesen wird. Entscheidungen hängen maßgeblich davon ab, in welcher Form sie präsentiert werden,
- Entscheidungen werden durch vergangene, gespeicherte und meist unbewusste Erfahrungen beeinflusst,
- gegenwärtige Gewinne und Verluste werden als weit wichtiger eingeschätzt als die zukünftigen.

Soweit nur einzelne Teilnehmer ein voreingenommenes Verhalten zeigen, haben diese keinen merklichen Einfluss oder können sich gegenseitig neutralisieren. Ungewöhnliche Effekte zeigen sich nur dann, wenn die ganze Gesellschaft von starken Emotionen erfasst wird, etwa Habgier oder Panik. Dies kann von einer kleinen, aber einflussreichen Gruppe hervorgerufen werden.

Es kann also keine Rede davon sein, dass alltägliche Entscheidungssituationen neutral, sachlich und objektiv beurteilt werden, wie es für ein rationales Verhalten notwendig wäre. Vielmehr werden Wahrnehmung und Urteil in bestimmte Richtungen verzerrt, vor allem,

- um ein positives Urteil über sich selbst zu bestätigen oder aufrecht zu erhalten, notfalls mit einer Abwertung der anderen Teilnehmer oder einer *Korrektur* der Tatsachen,
- um den Strom der Ereignisse und Informationen in irgendeiner Form zu ordnen und übersichtlich zu machen,
- aus der Neigung, vom Bekannten auf das Unbekannte zu schließen,
- aus der Vermischung von Tatsachen und Emotionen
- und durch schlichte Vorurteile, voreingenommenes Denken und Schließen.

Diese Denkprozesse laufen überwiegend automatisch, unbewusst, absichtslos, unwillkürlich und mühelos ab, so dass die Fehlerhaftigkeit von den Beteiligten nicht erkannt wird. In der Praxis des Alltags geben auch um Daumenregeln, Bauchgefühle und überschlägige Denkweisen den Ausschlag, wenn es nötig ist, schnell zu einer Entscheidung zu gelangen. Denn in vielen Situationen ist es nicht möglich oder zu aufwendig, sämtliche Alternativen zu recherchieren und dann rational abzuwägen. Oft ist ein vernünftiges Überlegen auch wegen Ermüdung, Störungen, Ablenkungen, akuter Gefahr und Handlungsdruck nicht möglich.

Dieses Gebiet, in der Fachwelt als *Urteilsheuristik* bezeichnet, wird allerdings als zu vage kritisiert und ist im Einzelnen sehr umstritten. Die *Neue Erwartungstheorie (Prospect Theory)* versucht, die tatsächliche Praxis, wie Entscheidungen in Situationen des Risikos getroffen werden, in mathematische Form zu überführen.

Außer der Modellannahme der rationalen Entscheidungen wird in der Verhaltensökonomik auch die völlig unrealistische Annahme der vollständigen Transparenz aufgegeben, wonach jeder Marktteilnehmer über alle anderen Teilnehmer, alle Produkte und deren Qualität sowie alle Preise informiert ist. Typischerweise ist hingegen der Verkäufer über ein Produkt besser informiert als der Käufer, zumal wenn es sich nicht um neuwertige Serienprodukte handelt, sondern beispielsweise um Antiquitäten oder Gebrauchtwagen. George A. Akerlof, Jahrgang 1940, beschäftigte sich mit dem Gebrauchtwagenmarkt und veröffentliche den Beitrag *The Market for Lemons*, wobei *Lemons* (Zitronen) in den USA die minderwertigen Produkte (deutsch etwa: *Montagsautos*) genannt werden. Ein freier Markt funktioniert hier nicht, weil der Händler die Qualität der einzelnen angebotenen Wagen beurteilen kann, der Kunde hingegen gewöhnlich nicht. Weil die Kaufinteressenten die guten nicht von den schlechten Wagen unterscheiden können, sind sie nicht bereit, angemessene Preise für die höherwertigen zu zahlen. Diese Wagen werden erst gar nicht angeboten. Auf diese Weise verdrängen die schlechten die guten Autos. Für die Arbeiten über das Verhältnis von Information und Märkten erhielt Akerlof zusammen mit zwei Kollegen 2001 den Wirtschaftsnobelpreis. Dabei ging es um das geschilderte Problem der *adversen Selektion*, nämlich der Gegenauslese zugunsten der schlechteren Qualitäten.

Unfreiwillig hat Akerlof allerdings bei dieser Gelegenheit einen Grund für die Exportschwäche und die defizitäre Handelsbilanz der USA genannt. Dort wird sehr auf den Preis geachtet und gern das Billigste gekauft. Daher liefern die Fabriken nur Mindestqualität, die schnell kaputtgeht und auf dem Weltmarkt nicht wettbewerbsfähig ist. In Deutschland gibt es hingegen seit mittelalterlichen Zeiten einen strengen Qualitätswettbewerb. In den Zünften waren Materialien,

Werkzeuge, Preise und Verkaufsmenge streng reguliert. Der einzelne Anbieter konnte sich also nur durch Qualität profilieren, und bevor er selbstständig arbeiten durfte, hatte er ein ausgesucht schwieriges Meisterstück abzuliefern. Dieses Qualitätsbewusstsein hat sich erhalten und wird vom Kunden durch höhere Preise honoriert – auch von den Kunden weltweit.

In der Verhaltensökonomik geht es aber nicht nur um ein fehlerhaftes, vom Modell der streng rationalen Entscheidung abweichendes Verhalten, sondern auch um die Frage, weshalb Bestimmtes gewollt oder nicht gewollt wird und weshalb die Menschen einiges für dringlich und anderes für weniger dringlich halten, also um Motivation. Die Struktur der Bedürfnisse nach Inhalt und Rangordnung wird in den klassischen Modellen immer als gegeben vorausgesetzt. Diese Fragen könnten jedoch die bedeutendsten Probleme der Wirtschaftswissenschaft sein, denn durch diese Motive erhält ja dieses Verhalten erst seinen Sinn. Die Motivation bildet Ausgangspunkt und Ziel des ganzen Verhaltens. Und nicht zuletzt hängt der Erfolg eines Unternehmens davon ab, ob die bewussten oder unbewussten Motive der möglichen Kunden richtig erkannt werden.

Der gesamte Bereich der Motivation im menschlichen Zusammenleben wurde bereits 1759 von Adam Smith in seiner *Theorie der ethischen Gefühle* (englisch: *The Theory of Moral Sentiments)* in einem zweibändigen Werk in aller Ausführlichkeit behandelt. Dabei ging es ihm vor allem um die Empathie: Aus welchen Gründen ist es für die Menschen möglich, füreinander das Gefühl des Mitgefühls zu empfinden? Diese Seite des liberalen Klassikers wurde bis etwa Mitte des zwanzigsten Jahrhunderts verdrängt oder vergessen und nimmt viele Fragestellungen der heutigen Verhaltensökonomik vorweg. In der Tat steht hier die Fähigkeit zur Empathie im Vordergrund: Der Forscher und der Unternehmer müssen versuchen, sich in die Gefühlswelt der Kunden einzufühlen. Beim Unternehmer geht es darüber hinaus um die Gefühle, Strebungen und Absichten der Kollegen, der Lieferanten, des Personals und aller anderen, mit denen er zu tun hat.

Robert Shiller und George Akerlof haben insbesondere die irrationalen Elemente im Wirtschaftsgeschehen untersucht, nämlich die *Animal Spirits* (animalischen Instinkte), unreflektierte Emotionen und Herdenverhalten, welche zu konjunkturellen Schwankungen und Arbeitslosigkeit führen können. Schon John Maynard Keynes hatte 1936 in seiner *Allgemeinen Theorie der Beschäftigung, des Zinses und des Geldes* festgestellt:

Abgesehen von der Instabilität, die aufgrund von Spekulationen entsteht, ergibt sich Instabilität auch aus der menschlichen Natur, aufgrund der ein

© Frank & Timme   Verlag für wissenschaftliche Literatur

großer Teil unserer positiven Aktivitäten, seien sie moralischer oder hedo-
nistischer oder wirtschaftlicher Art, eher von spontanem Optimismus als
von mathematischen Kalkulationen abhängt.

Diese Passagen von Keynes wurden allerdings in der Folgezeit unterschlagen, um die Lehre von Keynes an den Mainstream, die Annahme der Rationalität wirtschaftlichen Verhaltens, anzupassen. Das Buch *Irrationaler Überschwang* von Robert J. Shiller erschien im Jahr 2000 auf dem Höhepunkt der New-Economy-Euphorie und wurde zum Bestseller (deutsch im Plassen-Verlag, Kulmbach 2015). Die darin aufgestellten Thesen bewahrheiteten sich kurz darauf in der Baisse der Jahre bis 2003. Auch vor der etwa 2007 geplatzten Immobilienblase warnte Shiller frühzeitig.

Ein auf den ersten Blick verblüffendes Ergebnis erzielte die Verhaltensökonomik auf dem Gebiet der Arbeitsmotivation. Naiv und von einem mechanistischen Menschenbild ausgehend wäre anzunehmen, dass die Arbeitnehmer durch das Entgelt motiviert werden, sich am Arbeitsplatz im Sinne ihrer Pflichten einzusetzen, und dass mehr Entgelt zu höherer Leistung anregt. Dass dies nicht die ganze Wahrheit sein kann, geht aus der Tatsache hervor, dass millionenfach unentgeltlich, ehrenamtlich, gearbeitet wird und sich mancher gar in einer Vielzahl von Ehrenämtern aufreibt. Außer der von außen kommenden (extrinsischen) gibt es auch die intrinsische Motivation: Jemand setzt sich ein, weil ihm das Anliegen (Sport oder Tierschutz oder was auch immer) wichtig ist. Oder weil ihm die Arbeit Spaß macht, in der er seine Fähigkeiten einsetzen kann und ein Ergebnis sieht. Oder wegen der Ehre und des Ansehens. Wichtig für die intrinsische Motivation sind Autonomie, Kompetenz und soziale Eingebundenheit. Bekommt jemand für die ehrenamtliche Arbeit plötzlich Geld, so wird die Motivation nicht stärker, sondern schwächer: Die extrinsische Motivation verdrängt die intrinsische. Die Person bewertet die Gründe für ihr Handeln neu, und die bloße schnöde Geldzahlung steht als Motiv auf einer niedrigeren Ebene als der vorherige Einsatz für die Sache um ihrer selbst willen. Die bisherigen Motive werden *korrumpiert*.

Dieser in der Forschung so genannte *Korrumpierungseffekt* zeigt sich schon im Kindergarten: eine Gruppe, der für ihr Malen eine Belohnung in Aussicht gestellt wird, verwendet weniger Zeit auf das Malen und gibt schwächere Bilder ab als eine Gruppe, die sich ohne Aussicht auf Belohnung einfach nur kreativ austoben kann.

Es ist also nicht ausgemacht, dass ein Unternehmen durch höhere Entgelte mehr Leistung der Mitarbeiter erreichen kann. Es könnte wichtiger sein, die verschiedenen Arbeiten anders zu verteilen, nämlich so, dass möglichst jeder eine Aufgabe bekommt, die ihm besonders liegt und wozu er Talent und Neigung mitbringt. Insofern könnte auch der Grundsatz unzweckmäßig sein, dass der Stellenplan immer unabhängig von der Person sein muss, die die Stelle ausfüllt. Besonders wichtig ist daneben, dass die Leistung eines Mitarbeiters anerkannt wird.

Auf ein grundsätzliches Problem der Verhaltensökonomik weist Axel Ockenfels im Artikel *Die Ökonomik im Realitätscheck* in der *FAZ* vom 27. Dezember 2016 hin: Es gibt zehntausende von Teilnehmern an Experimenten im Labor, an Feldexperimenten und an Umfragen. Hinzu kommen die unzähligen Spuren des Verhaltens, die die Menschen jeden Tag in Netzwerken und Märkten hinterlassen. In dieser Flut von verfügbaren Daten kann sich der Forscher verlieren. Es ist nicht leicht, die relevanten Probleme herauszufiltern. *Relevanz entsteht dort, wo konkrete Probleme in den Fokus der Forschung rücken.* Wichtig ist ferner, ob präzise und überprüfbare Prognosen abgegeben werden können.

10.2.4 Die Institutionenökonomik

Das wirtschaftliche Geschehen ist dadurch gekennzeichnet, dass die Wirtschaftssubjekte (Privathaushalte, Unternehmen, Staat, Verwaltungen) miteinander agieren, indem sie kaufen, verkaufen, vermieten, pachten und so fort. Es gibt jederzeit eine große Zahl derartiger Transaktionen. Dabei werden Verfügungsrechte an materiellen Gütern oder an Forderungen auf andere Personen übertragen, beispielsweise wechselt das Eigentum beim Kauf oder es wechselt das Besitzrecht bei der Vermietung (der Mieter ist Besitzer, der Hauswirt bleibt Eigentümer). Dabei wird in der Ökonomie davon ausgegangen, dass eine Transaktion nur stattfindet, wenn sich beide Seiten einen Vorteil davon versprechen.

Wenn einer der beiden Partner den Preis zahlt und der andere die Leistung erbringt, fallen darüber hinaus bei beiden noch weitere Kosten an. Beide müssen erst mal zueinander finden, es gibt also Kosten der Information und der Kontaktanbahnung, etwa der Besuch von Messen, die Bezahlung eines Maklers oder Kontaktvermittlers, Besuche, Verhandlungen, Formulierung und Ausfertigung von Verträgen, Transport und Versicherung, Kontrolle der Vertragseinhaltung, Abnahme der Leistung, Behörden- und Notargebühren, Zoll, Verbrauchssteuern, Grunderwerbssteuer, Mahnungen, kostspielige Rechtsstreitigkeiten und dergleichen mehr. Über die primären Verpflichtungen aus der Transaktion (Leistung, Zahlung) hinaus entstehen teils umfangreiche Transaktionskosten. Besonders deutlich wird dies im Außenhandel, wenn die Geschäftspartner sich zunächst nicht persönlich kennen, wenn sie verschiedene Sprachen sprechen und wenn im Streitfalle unterschiedliche Rechtsordnungen aufeinander treffen.

Seit jeder hat es eine Vielzahl von Institutionen gegeben, um diese begleitenden Kosten zu senken und den gesamten Handel einfacher und sicherer zu machen. Eine jedermann bekannte Institution dieser Art ist etwa der Wochenmarkt, wo die Bauern aus der Umgebung ihre Stände mit Obst und Gemüse aufbauen und die Hausfrauen einkaufen. Hier ist also ein Sammelpunkt geschaffen worden, wo Angebot und Nachfrage aufeinander treffen. Ähnlich ist es beim Flohmarkt oder, in ganz anderem Rahmen, bei der Börse. Zu diesen Institutionen gehören auch die Messen. Sie dienen weniger den Transaktionen selbst als vielmehr der Kontaktanbahnung. Als Institutionen im weiteren Sinne können auch die Rechtsordnungen betrachtet werden, etwa die festen Institute wie Kauf, Miete oder Hypothek, darüber hinaus auch eine Vielzahl von Handelsbräuchen. Im Außenhandel gibt es feste Klauseln zur Auslegung der Verträge (Incoterms), etwa CIF (Cost, Insurance, Freight) oder FOB (Free on Board). Die Institution *Europäische Union* mit dem Binnenmarkt hat den innereuropäischen Außenhandel bedeutend erleichtert, also die Transaktionskosten gesenkt, indem die Grenzkontrollen fortgefallen sind: die früher üblichen stundenlangen Aufenthalte der Lastwagen mit Kontrolle der Ladung und der Papiere gibt es nicht mehr, sondern die Wagen rollen ohne Aufenthalt durch. Im Binnenmarkt gilt das Grundprinzip, dass jede Ware, die irgendwo legal hergestellt und verkauft wird, im ganzen Raum der EU legal verkauft werden kann. Dies erleichtert den Handel und vertieft die Arbeitsteilung, wirkt also im Sinne einer gewaltigen Rationalisierung und Wohlstandsmehrung für alle.

Die Institutionenökonomik als eine neuere Theorie der Volkswirtschaftslehre untersucht die Wirkung von Institutionen auf die Wirtschaftseinheiten. Hierbei geht es um die Institute, die Regeln und die Mechanismen ihrer Durchsetzung. Die Institutionen erhöhen den Informationsgrad der Teilnehmer und reduzieren die Unsicherheit. In diesem Zusammenhang fallen immer wieder die Namen Ronald Coase (1910 bis 2013, Nobelpreis 1991) und Douglass North (1920 bis 2015, Nobelpreis 1993). Ganz so neu ist diese Sichtweise allerdings nicht. Hans Albert bekennt sich in *Ökonomische Theorie als politische Ideologie* (Verlag Mohr-Siebeck, Tübingen 2009, Seite XIII) zu der *Auffassung, dass die Rückkehr zu einem Denken von Vorteil ist, in dem der Bedeutung der institutionellen Vorkehrungen des sozialen Lebens Rechnung getragen wird, wie es bei den Klassikern des ökonomischen Denkens zu finden ist.*

Im Rahmen der Institutionenökonomik wurde auch erklärt, weshalb es überhaupt Unternehmen gibt. Im Prinzip wäre es ja auch möglich, dass alle

Transaktionen von Einzelpersonen über den Markt abgewickelt werden, wie es beispielsweise in der Kunst üblich ist, wo es die unabhängigen Künstler gleichsam als *Produzenten* gibt, aber keine Unternehmen zum Schaffen von Kunstwerken. In der Wirtschaft gibt es Unternehmen, weil die Transaktionskosten innerhalb des Betriebes in aller Regel geringer als auf dem Markt, weil es feste Arbeitsverträge, Weisungen der Vorgesetzten, eine einfache Planung der Aktivitäten, eine eingespielte Arbeitsteilung und vertrauliches Wissen gibt. Eine strategische Frage ist aber die optimale Fertigungstiefe, das heißt, ob das Unternehmen vom Rohstoff bis zum fertigen Produkt alles selbst erledigt oder ob es die Fertigung der Komponenten auslagert und sich nur auf die Schlussmontage und die Pflege der Marke konzentriert. Hier werden also die Transaktionskosten, wie sie sich innerhalb des Unternehmens oder bei der Koordination über den Mark ergeben, miteinander verglichen.

Als Institution im weitesten Sinne kann auch die jeweilige Wirtschaftsordnung betrachtet werden, die zusammen mit der politischen Ordnung das wirtschaftliche Handeln, die Produktion und den Warenaustausch entweder erschwert oder erleichtert. Ein wichtiges Problem der Entwicklungspolitik ist, dass keine stabilen Institutionen, etwa gesetzestreue Verwaltungen und unabhängige Gerichte, vorhanden sind und stattdessen die Korruption grassiert, sodass es für die Unternehmen keinen gesicherten Rahmen für Investitionsentscheidungen oder auch nur für den alltäglichen Betrieb gibt.

Nicola Fuchs-Schündeln (geboren 1972) wurde 2016 mit dem Gossen-Preis des Vereins für Socialpolitik geehrt (Bericht in der *FAZ* vom 6. September 2016). Sie hat erforscht, wie unterschiedliche politische Systeme die Präferenzen der Bürger prägen und konkret, wie sich die Werthaltungen der Menschen in den Neuen Bundesländern auch viele Jahre nach dem Untergang der DDR von denen im Westen unterscheiden. Beispielsweise sind die Bürger der neuen Bundesländer viel stärker dafür, dass der Staat sich um Familien, Alte und Kranke kümmere. Marktwirtschaftlichen Arrangements misstrauen sie. Ferner legte Nicola Fuchs-Schündeln detaillierte Forschungsergebnisse zu der Frage vor, weshalb die Arbeitszeiten in den verschiedenen Ländern extrem unterschiedlich sind und welche Wirkung die Einkommenssteuer hierbei hat, also ob eine höhere Arbeitszeit als lohnend betrachtet wird im Vergleich mit dem zusätzlich erzielbaren Nettoeinkommen.

Eine entscheidende Aufgabe des Staates ist es also, Institutionen zu schaffen und zu erhalten, die für das Wirtschaften einen gesicherten und zuverlässigen Rahmen bilden, die die Transaktionskosten verringern und die den Anreiz zur Arbeit und überhaupt zur Beteiligung am Wirtschaftsleben nicht zerstören, sondern den Menschen zu wirtschaftlichen Aktivitäten aller Art ermutigen. Dieser längst etablierte und durch Nobelpreise anerkannte Forschungszweig ist in den hier untersuchten Lehrbüchern noch nicht angekommen. Von den drei Lehrbüchern zur Wirtschaftspolitik (Mussel, Klump, Fredebeul) wird die Institutionenökonomik bei Mussel gar nicht erwähnt. Klump widmet ihr auf Seite 26 ganze sieben Zeilen. Bei Fredebeul wird sie auf zwei Seiten (55f.) etwas ausführlicher behandelt. Nur hier findet sich die entscheidende Aussage: *Der Staat hat die zentrale Aufgabe, diese Institution, also die Wirtschaftsordnung, zu schaffen, für die Einhaltung der Regeln zu sorgen und die Funktionsfähigkeit der Wirtschaftsordnung aufrecht zu erhalten.* Wenn dies die zentrale Aufgabe des Staates ist, dann ist die Behandlung auf zwei von 500 Seiten allerdings relativ kurz. In den volkswirtschaftlichen Lehrbüchern von Altmann, Bartling und Woll kommt die Institutionenökonomik gar nicht vor, obwohl in den 1930er Jahren begründet, seit Jahrzehnten etabliert und längst durch Nobelpreise gewürdigt. Insofern wirkt es merkwürdig, wenn in den Vorworten zur jeweils neuen Auflage stereotyp erklärt wird, die Neuauflage sei aktualisiert worden.

10.2.5 Das Marketing Management

Abseits der akademischen Theorie hat sich längst eine reichhaltige rein anwendungsbezogene Wirtschaftsforschung entwickelt. Das Wort *anwendungsbezogen* könnte so verstanden werden, als fände an den Universitäten die Grundlagenforschung statt und hieraus würden an den Fachhochschulen Konsequenzen zur praktischen Anwendung gezogen. Hiervon kann gar keine Rede sein. Vielmehr nehmen beide sich wechselseitig gar nicht zur Kenntnis. Der Unterschied besteht darin, dass in der akademischen Wissenschaft rein deduktiv gearbeitet wird: Aus vorgegebenen Obersätzen werden plausibel erscheinende Folgerungen gezogen. Die anwendungsbezogene Forschung, die gewöhnlich als *Marketing Management* bezeichnet wird, geht demgegenüber induktiv vor: zunächst rein empirisch, nämlich durch Beobachtungen und Befragungen und dann durch verallgemeinernde Schlüsse hieraus. Dabei werden ganz selbstverständlich Psychologie, Soziologie und Anthropologie mit einbezogen. Es geht nicht nur um Erkenntnis der Vorgänge, sondern hieraus abgeleitet auch um die Anwendung dieser Erkenntnisse, nämlich Versuche, das Verhalten zu beeinflussen.

Inhaltlich geht es um das Wo, Wann, Wie und Warum der Kaufentscheidung, und zwar einerseits um die Entscheidungen des privaten Kunden beim Kauf im Einzelhandel (eher irrational), zweitens um die Käufe von gewerblichen Betrieben untereinander (eher rational) sowie das Einkaufsverhalten der öffentlichen Hand (eher durch rechtliche Verfahren gebunden).

Obwohl in der marktwirtschaftlichen Ordnung der gesamte Wirtschaftsapparat direkt oder indirekt auf die Konsumentenwünsche ausgerichtet ist und diese das Ganze steuern, kommt das Problem, wie sich diese Wünsche bilden und wovon sie abhängen, in der akademischen Wirtschaftstheorie nicht vor. In den drei von uns durchgesehenen volkswirtschaftlichen Lehrbüchern (Altmann, Bartling, Woll) werden Marktforschung, Konsumforschung oder Marketing nicht behandelt. Altmann gibt nur auf Seite 8 den kurzen Hinweis, Marketing sei kein Problemfeld der volkswirtschaftlichen Mikrotheorie. Als zuständig wird die Betriebswirtschaftslehre angegeben, und in der Tat behandelt Wöhe dieses Problemfeld ausführlich. Die volkswirtschaftliche Theorie hingegen, die es grundsätzlich ablehnt, sich mit dem Zustandekommen der Konsumentenwünsche zu beschäftigen, bewegt sich insofern in einem luftleeren Raum. Hier wird deutlich, was ihr immer wieder vorgeworfen wird, nämlich dass ihr die empirische Grundlage fehle.

Klump stellt in seinem wirtschaftspolitischen Lehrbuch (Seite 55) fest:

Die nachgefragte Menge steht [...] in einer Funktionalbeziehung zu den unabhängigen Determinanten der Nachfrageentscheidung: dem am Gütermarkt für das Gut zu zahlenden Preis, den Preisen anderer an den Gütermärkten nachgefragten Güter [...] dem verfügbaren Einkommen der Konsumenten sowie ihren Erwartungen.

Es ist jedoch nicht etwa bei den Konsumenten erforscht worden, ob gerade dies die Determinanten der Nachfrageentscheidung sind, welchen Einfluss sie haben und ob es weitere Bestimmungsgründe gibt. Vielmehr ist die Aufzählung dieser Determinanten eine Schlussfolgerung aus dem gleich anschließend genannten Obersatz: *Analog zur Gewinnmaximierungshypothese in der Angebotstheorie unterstellte die mikroökonomische Nachfragetheorie Nutzenmaximierung bei den Konsumenten.* Es wird mithin auch hier rein deduktiv vorgegangen.

Demgegenüber hat das Marketing Management als empirische Erforschung des Kaufverhaltens, insbesondere des Konsumenten, eine Vielzahl tatsächlich einflussreicher Bestimmungsgründe identifiziert und nur teilweise bewusste Wünsche, Vorstellungen und Bedürfnisse aufgedeckt. Dabei werden klassisch vier Arten des Kaufverhaltens unterschieden:

- Echte Kaufentscheidungen, meist für hochwertige und langlebige Gebrauchsgüter. Der Kunde informiert sich eingehend und wägt kritisch ab. Der Fachmann spricht vom *extensiven Kaufverhalten.*

© Frank & Timme   Verlag für wissenschaftliche Literatur

- Gewohnheitsverhalten bei Gütern des täglichen Bedarfs. Auf die Suche nach Alternativen wird verzichtet, Werbung hat nur geringe Wirkung (*habituelles Kaufverhalten*).
- Eine überschaubare Anzahl von Produkten wird bewusst verglichen. Sobald ein passendes Produkt gefunden ist, wird der Vergleich abgebrochen. Dabei verlässt man sich auf bekannte Marken (*limitiertes Kaufverhalten*), etwa bei Kleidung.
- Spontane affektive Reaktionen (*impulsives Kaufverhalten*).

Bei den Einflussfaktoren geht es um aus der Person erwachsende (psychische) und um soziale Faktoren. Diese stehen im Vordergrund: Das Individuum wird durch Gesellschaft, Werte und Normen, Familie und Kultur geprägt. Innerhalb dieses Rahmens bemüht es sich um eine bestimmte soziale Stellung und um einen bestimmten Ruf (*Image*). Der Mensch möchte den Rollenerwartungen entsprechen, die von seiner Bezugsgruppe an ihn herangetragen werden. Meist werden individuelle Wünsche diesen Erwartungen untergeordnet. Hieraus resultiert ein bestimmtes Kaufverhalten: entweder bemüht angepasst oder bemüht originell. In verschiedenen Milieus sind charakteristische Lebensstile mit entsprechendem Kaufverhalten üblich. Am bekanntesten sind die *Sinus-Milieus,* die vom Marktforschungsinstitut *Sinus*, Heidelberg, entwickelt wurden.

Beim Kaufen selbst geht es um den Grad der Aktivierung, nämlich wieweit der Kunde bereit ist, auf Reize zu reagieren, um seine Aufmerksamkeit und seine Stimmung. All dies wird zu beeinflussen versucht, etwa durch Lautstärke und Auswahl der Musik. Dabei wird spezielle Kaufhaus-Hintergrundmusik (*Muzak*) eingesetzt. Ein tüchtiger Auktionator erzeugt ein förmliches *Auktionsfieber,* was zu impulsiven Kaufentscheidungen führen kann.

Das Wort *Motivation* wird im Marketing in zweierlei Sinn benutzt: nicht nur als Sammelbegriff aller Motive, die ein Mensch hat, sondern auch als Vorgang des Motivierens, des gezielten Beeinflussens und Steuerns.

Eingehend erforscht sind die Einstellungen der Menschen zu bestimmten Produkten:
- entweder kognitiv oder emotional geprägt,
- auf konkrete Objekte (Wein eines bestimmten Weinguts) oder auf Kategorien (Rotwein oder Weißwein) bezogen,
- übernommene Einstellung oder auf eigener Erfahrung basierend,
- stabil im Langzeitgedächtnis verankert oder labil und leichter beeinflussbar,

- Kunde ist zufrieden (Erwartungen wurden erfüllt oder übertroffen) oder enttäuscht. Dementsprechend wiederholt er den Kauf in absehbarer Zeit oder ist für den Kaufmann verloren.

Jeder dieser Punkte ist eingehend erforscht worden. Dabei stellt sich insgesamt heraus, dass die oben von Klump genannten Determinanten der Nachfrageentscheidung (Preis, Preisvergleich, Einkommen, eigene Erwartung) und insgesamt die Rationalität des ganzen Vorgangs weit überschätzt werden. Der methodische Individualismus, wonach ein isolierter Einzelner seine Entscheidungen trifft, ist vollständig unrealistisch. Gerade in dem sensiblen Lebensalter zwischen Pubertät und Anfang zwanzig, wenn die später verfestigten Muster des Kaufverhaltens sich ausprägen, ist der Mensch extrem abhängig vom Urteil der anderen und den Erwartungen seines sozialen Umfeldes.

© Frank & Timme   Verlag für wissenschaftliche Literatur

11 Zusammenbruch und Neubeginn

Könnte es sein, dass es in den nächsten zehn oder zwanzig Jahren einen Paradigmenwechsel in der Wirtschaftswissenschaft gibt: dass nämlich die herrschende Lehre nicht durch ein einige neue Gesichtspunkte ergänzt wird, sondern verschwindet? Es wäre ja nicht das erste Mal, dass eine Lehre, die lange Zeit allein geherrscht hat, die gelehrt und geglaubt wurde, plötzlich verschwindet. Von der mittelalterlichen Scholastik, die ein ganzes Jahrtausend (vom 6. Bis zum 16. Jahrhundert) das akademische Leben beherrschte, spricht heute niemand mehr. Die nationalsozialistische Rassentheorie gilt heute als Irrtum, wenn nicht als Verbrechen. Der Marxismus-Leninismus als Grundlage des sozialistischen Staates DDR war dort für alle Studenten Pflichtprogramm und galt von einem Tag auf den anderen als erledigt. Die Bücher wanderten in den Container für Altpapier, die Lehrer und Professoren wurde nicht in den weiteren Dienst übernommen.

Einmal angenommen, die Hochschulabteilungen für Volkswirtschaftslehre und für Wirtschaftspolitik würden Ende des Jahres aufgelöst. Wer würde dies außer den dort Beschäftigten bemerken? Würde es jemandem auffallen, dass in den amerikanischen und kanadischen Fachzeitschriften keine formelgespickten Aufsätze deutscher Autoren mehr erscheinen? Würde das Wirtschaftsministerium den Verlust bemerken, zumal dieses Ministerium von der akademischen Lehre konsequent ignoriert wurde? Gibt es Unternehmen oder Verwaltungen, die auf die jetzigen Absolventen des wirtschaftswissenschaftlichen Studiums unbedingt angewiesen sind und ihre Positionen nicht anderweitig besetzen können? Hat jemand bei der Bewerbung außerhalb der Universität einen Startvorteil, wenn er darlegt, dass er Spezialist im Lösen von Differenzengleichungen ist?

Im Bundestagsausschuss für Wirtschaft und Energie sind heute (März 2017) unter 46 Mitgliedern fünf Volkswirte, hingegen zehn Betriebswirte, acht Politikwissenschaftler, vier Juristen und ansonsten ein Querschnitt aus den unterschiedlichsten Berufen, von der Mode-Designerin bis zum Lokomotivführer, vertreten. Es lässt sich insofern nicht gerade behaupten, dass die Volkswirte eine entscheidende oder auch nur eine wichtige Stellung in der Wirtschaftspolitik einnehmen. In der öffentlichen Debatte, gerade auch zur Wirtschaftspolitik, halten sich die Professoren eher zurück. Als ihre Königsdisziplin gilt die Ökonometrie. Aber kann sich jemand daran erinnern, dass gerade aus der Ökonometrie in den letzten Jahren eine über das engere Fach hinaus bedeutsame Einsicht oder politische Initiative gekommen wäre?

Wie eingangs geschildert, wird unter den Wirtschaftswissenschaftlern selbst ein Legitimationsdefizit gesehen. In der Theorie der Politik wird unterschieden:

- Die Input-Legitimation ist gewahrt, wenn jemand ordnungsgemäß ins Amt gekommen ist. Zum Beispiel übt der Bundeskanzler legitim seine Richtlinienkompetenz aus, wenn Bundestagswahl und innerhalb des Bundestages die Wahl des Kanzlers gesetzmäßig, regelgerecht, gelaufen sind. Demgemäß wäre die Input-Legitimation für einen Professor (und immer auch: Professorin) gewahrt, wenn er/sie auf dem üblichen Wege diese Stellung erlangt hat: erfolgreich abgeschlossenes Studium, Promotion, Habilitation, Berufung auf einen Lehrstuhl.

Bei der Legitimationskrise der Wirtschaftswissenschaft ist hingegen eher an die Output-Legitimation gedacht, die darin besteht, ob jemand etwas Nützliches für die Allgemeinheit schafft. Es geht um die Relevanz, um die Bedeutsamkeit. Die Output-Legitimation entsteht wohlgemerkt nicht durch den persönlichen Erfolg, wie etwa, in führenden internationalen Zeitschriften einen Artikel untergebracht und auf diese Weise die eigene Karriere vorangebracht zu haben. Denn eine solche Veröffentlichung in fremdsprachlichen Zeitschriften in Übersee nützt ja hier in Deutschland niemandem. Aus Loyalität zum hiesigen Dienstherrn und der hiesigen Bevölkerung wären Veröffentlichungen in deutscher Sprache verpflichtend, mindestens als Ergänzung zu internationalen Veröffentlichungen. Ebenso wenig wie eine Veröffentlichung in Kanada oder USA nützt es der Allgemeinheit, wie häufig sich die Wissenschaftler gegenseitig zitieren, denn dies interessiert ja nur innerhalb der abgeschlossenen Szene. Die Output-Legitimation eines Wirtschaftsprofessors in Düsseldorf müsste vielmehr darin bestehen, dass er für das Land Nordrhein-Westfalen (als seinen Dienstherrn), für Deutschland, für die Europäische Union oder gar für die Welt etwas Nützliches schafft. Dies kann in der Hauptsache auf viererlei Weise geschehen:

(1) Ein Wissenschaftler klärt und erklärt ein Phänomen, das bisher rätselhaft war. Hier geht es im klassischen Sinne um Aufklärung im Unterschied zu Mystifikationen, Verschwörungstheorien und den interessegeleiteten Argumentationen der vielen Verbände. Vor allem könnte es bei den Forschungen um Krisen, Versagen und Scheitern im weitesten Sinne gehen, beispielsweise um Banken- und Finanzkrisen, Konjunkturkrisen, typische Ursachen für Insolvenzen und

 © Frank & Timme   Verlag für wissenschaftliche Literatur

für die massenhafte private Überschuldung, um Arbeitslosigkeit, um Studienabbrecher, um das Zurückbleiben einzelner Regionen oder Bevölkerungsgruppen, um die geringe Geburtenrate und den Nachwuchsmangel und zahlreiche weitere Probleme. Die Klärung der Ursachen wäre dann Anlass zu einer Debatte über mögliche Gegenmaßnahmen – sei es in der Gesetzgebung, in der Aufklärung in öffentlicher Debatte oder wie auch immer. Ebenso könnte es aber auch um positive Phänomene gehen wie etwa die Frage, weshalb so viele Menschen ehrenamtlich tätig sind und auf welche Weise sie hierzu ermutigt werden können. Oder: In welcher Weise Kindererziehung und Erwerbsbeteiligung organisiert werden können.

(2) Eine weitere nützliche und daher legitimierende Tätigkeit wäre die Politikberatung im weitesten Sinne, also nicht nur durch Gutachten für den Minister, sondern vor allem auch durch Teilnahme an der öffentlichen Debatte über Wünschenswertes, Mögliches und Unmögliches. Wenn beispielsweise die Bundesregierung sich das wirtschaftspolitische Ziel gesetzt hat, langfristig und nachhaltig die internationale Wettbewerbsfähigkeit Deutschlands zu sichern, so lässt sich dieses oberste Ziel herunterbrechen zu zahlreichen Maßnahmen, Vorschlägen und Warnungen, sei es in der Infrastruktur, im Bildungswesen, in Außenpolitik und Außenwirtschaft und wo auch immer. Eine Grundfrage wäre dabei immer, inwieweit noch auf eine nachfrageorientierte Wirtschaftspolitik zurückgegriffen werden kann oder ob man sich ganz für die angebotsorientierte Linie entscheidet. In entsprechender Form wie die Bundesregierung können die Landesregierungen, die Kommunen und sonstige Körperschaften beraten werden.

(3) Als dritte nützliche und legitimierende Tätigkeit kommt eine Beratung des Justizministeriums in Betracht, nämlich zu der Frage, wie sich einzelne Gesetzesvorhaben und schon bestehende Gesetze in der Praxis auswirken. Wie wir von Rudolf von Jhering (1818 bis 1892) und seinem Werk *Der Zweck im Recht* (Verlag Breitkopf & Härtel Leipzig 1883, inzwischen als Reprint erhältlich) wissen, hat jedes Gesetz einen bestimmten Zweck. Dies gilt besonders deutlich bei den wirtschaftsnahen Gesetzen. Wenn allerdings der Gesetzgeber ein Gesetz veröffentlicht und auf die Reise geschickt hat, kontrolliert er selten, wie sich dieses Gesetz tatsächlich auswirkt. Häufig gibt es ja Umgehungen, Fernwirkungen und Widerstände, an die vorher

niemand gedacht hat – nicht nur bei den Steuergesetzen, aber dort besonders ausgeprägt. Eine praktische Frage ist beispielsweise, wie ein schädliches Verhalten (Genuss von Tabak, übermäßiger Alkoholgenuss, Rauschgifte, Glücksspiel, Umweltverschmutzung und wirtschaftsnahe Straftaten aller Art) eingedämmt werden können.

Tatsächlich gibt es ja Gesetze, die ihren Zweck verfehlen und wirkungslos bleiben. Aktuelles Beispiel ist die volkstümlich so genannte Mietpreisbremse. Das 2015 verabschiedete Gesetz erlaubt es den Bundesländern, für alle Vermieter die verlangte Miete zu begrenzen, und zwar so, dass sie in angespannten Wohnungsmärkten höchstens 10 Prozent über der ortsüblichen Vergleichsmiete liegt. Auf diese Weise sollte auf die überall zu hörende Klage reagiert werden, dass es ja keine bezahlbaren Wohnungen gibt. Dieses Gesetz erwies sich als Fehlschlag, als wirkungslos, und zwar aus einem einfachen Grund. Wenn der Vermieter einem interessierten Ehepaar erklärt, die Kaltmiete betrage 1000 Euro pro Monat, dann kann dieses Ehepaar überlegen, ob sie dies für angemessen und finanzierbar halten. Falls ja, interessieren sie sich nicht für den örtlichen Mietspiegel und auch nicht für die Frage, wie viel die vorigen Mieter bezahlt haben. Stellen sie später fest, dass rein rechtlich diese Miethöhe gesetzwidrig war, so werden sie deshalb nicht den Vermieter zur Rede stellen oder gar ausziehen.

Ein derartiger Fehlschlag der Gesetzgebung hätte durch eine vorherige Erforschung des tatsächlichen Verhaltens vermieden werden können.

(4) Und schließlich geht es um die großen Fragen, die den ganzen Staat und die zahlreichen überstaatlichen Organisationen betreffen: innerhalb Deutschlands etwa den mühsamen Aufholprozess der Neuen Bundesländer und überhaupt die so verschiedene Entwicklung der einzelnen Bundesländer, ferner die Zielkonflikte in der Bundespolitik, die Entwicklung der Europäischen Union, die Folgen des Brexit, die gemeinsamen Probleme der westlichen Industriestaaten, das Verhältnis zur übrigen Welt und die Entwicklungshilfe.

Wollte sich die Wirtschaftswissenschaft in derartigen Richtungen legitimieren, so würde dies allerdings bedeuten, dass sie sich inhaltlichen Fragen der Wirklichkeit zuwendet, nämlich den tatsächlichen Verhältnissen und dem Verhalten von Herrn Meyer, Herrn Müller, Frau Schulze, Frau Dolovac und überhaupt den

© Frank & Timme   Verlag für wissenschaftliche Literatur

lebendigen Menschen. Die Verhaltensökonomik und die Institutionenökonomie wären der Anfang. Sie würden die jetzige herrschende Lehre nicht ergänzen, sondern ersetzen. Für die heutigen grundlegenden Annahmen wäre kein Platz mehr:

- Rationalität des wirtschaftlichen Handelns, Homo oeconomicus,
- Gewinnmaximierung, Nutzenmaximierung,
- vollkommener Wettbewerb, vollkommene Transparenz,
- methodischer Individualismus
- sowie für das Modelldenken und die Ceteris-Paribus-Klausel.

Ebenso würde auf die Verallgemeinerungsfähigkeit verzichtet: Es gibt keine Gesetze, die zu jeder Zeit und in jeder Gesellschaft gelten. Vielmehr würden einzelne Effekte konkret an Ort und Stelle untersucht, wie bei den Arbeitslosen in Marienthal, und dann gefragt, ob diese Resultate in ähnlicher Form immer wieder auftauchen.

Für die mathematische und die ökonometrische Methode wären dann ebenfalls kein Platz mehr, denn es gibt nur Tendenzen von Wirkungszusammenhängen. Auf formelmäßige scheinbare Exaktheit und das Vorbild der Naturwissenschaften würde verzichtet. Vielmehr würden sich die Wirtschaftswissenschaften konsequent als Sozialwissenschaften begreifen. Als Methode würde der Versuch zum nachvollziehenden Verstehen des menschlichen Verhaltens im Vordergrund stehen. Mit den Nachbarwissenschaften (Psychologie, Soziologie, Rechtswissenschaft, Politische Wissenschaft) würde eng zusammengearbeitet bis dahin, dass sich die Wirtschaftswissenschaft ähnlich wie die Geografie als Querschnittswissenschaft versteht. Die Pluralität der Forschungsmethoden wäre selbstverständlich. Insgesamt ließe sich an die große Tradition der deutschen und österreichischen Ökonomie, wie sie sich bis in die 1920er Jahre entfaltete, anknüpfen. Die sämtlichen jetzigen seit den 1950er Jahren entstandenen Lehrbücher hingegen würden in den Papiercontainer wandern. Im Universitätsbetrieb, angefangen bei den Studenten, wären vor allem Originalität und Kreativität beim Finden und Lösen von Problemen gefragt.

Wann es zu diesem Paradigmenwechsel, diesem Zusammenbruch und Neubeginn, kommen wird, ist schwer zu sagen. Vielleicht wird es die jetzige Studentengeneration noch erleben oder gar ins Werk setzen.